हिन्दी कहानी : वक़्त की शिनाख़्त और सृजन का राग

हिन्दी कहानी

वक़्त की शिनाख़्त और सृजन का राग

रोहिणी अग्रवाल

वाणी प्रकाशन

वाणी प्रकाशन
4695, 21-ए, दरियागंज, नयी दिल्ली 110 002

शाखा
अशोक राजपथ, पटना 800 004

फ़ोन : +91 11 23273167 फ़ैक्स: +91 11 23275710

www.vaniprakashan.in
vaniprakashan@gmail.com

Hindi Kahani : Waqt Ki Shinakht Aur Srijan Ka Raag
by Rohini Aggarwal

ISBN : 978-93-5072-926-7
Criticism

प्रथम संस्करण 2015
मूल्य : ₹ 395

हर्ष प्रिंटर्स, दिल्ली-110 093 में मुद्रित

वाणी प्रकाशन का लोगो मक़बूल फ़िदा हुसेन की कूची से

अनुक्रम

आईने में प्रतिबिम्बित अक्स से सवाल कि 'पार्टनर, तुम्हारी पॉलिटिक्स क्या है'?

- *"दुनिया में कोई ऐसी कलुषता नहीं थी जिस पर उलटी हो जाये। सिवाय विस्तृत सामाजिक शोषणों और उनसे उत्पन्न दम्भों और आदर्शवाद के नाम पर किये गये अन्य अत्याचारों, यांत्रिक नैतिकताओं और आध्यात्मिक अहंताओं की तानाशाहियों को छोड़ कर।" (अँधेरे में, मुक्तिबोध : प्रतिनिधि कहानियाँ पृ. 33)*
- *"आजकल हमारे अवचेतन में हमारी आत्मा आ गयी है, चेतन में स्वहित, और अधिचेतन में समाज से सामंजस्य का आदर्श भले ही वह बुरा समाज क्यों न हो। यही आज के जीवन-विवेक का रहस्य है।" (क्लॉड ईथरली, वही, पृ. 79)*
- *"(गाँधीवादी दर्शन) गरीबों के लिए बड़े काम का है। वैराग्य भाव, अनासक्ति और कर्मयोग सचमुच एक लौह-कवच है, जिसको धारण करके मनुष्य आधा नंगापन और आधा भूखापन सह सकता है। सिर्फ सहने की बात नहीं, वह उसके आधार पर आत्मगौरव, आत्मनियन्त्रण और आत्मदृढ़ता का वरदान पा सकता है।...मृत्यु उसके लिए केवल एक विशेष अनुभव है। गरीबी एक अनुभवात्मक जीवन है।" (सतह से उठता आदमी, वही, पृ. 102)*
- *"आदिवासियों जैसे उस अमिश्रित आशावाद में मुझे आत्मा का गौरव दिखाई देता है, मनुष्य की महिमा दिखाई देती है, पैने तर्क की अपनी अन्तिम प्रभावोत्पादक परिणति का उल्लास दिखाई देता है—और ये सब बातें मेरे ह्रदय को स्पर्श कर जाती हैं।" (पक्षी और दीमक, वही, पृ. 68)*

मैं स्वीकारती हूँ कि कविता की तरलता में पगी मुक्तिबोध की कहानियों को पढ़ना सरल काम नहीं है। वे समुद्र की गहराइयों-सी अतल हैं, और कुशल गोताखोर हुए बिना उनके मर्म तक पहुँचना सम्भव नहीं। लेकिन उससे पहले तो लहरों का रौरव शोर और एक-दूसरे को पछाड़ कर खुद को प्रतिस्थापित करती होड़ से जूझना पड़ता है। मैं तय नहीं कर पा रही हूँ कि अभी जो नैरेटर अपने को 'भूत जैसा अप्राकृतिक'

बता कर गया है, क्या वही मुक्तिबोध हैं? या वह शिल्पी जो अभाव की मिट्टी को आँसुओं के जल से गूँध कर अपनी तस्वीर उकेर रहा है—"थके कन्धे, जिन पर पीली मिट्टी का सा चौड़ा चेहरा, उस पर कोयले के से दो दाग" (काठ का सपना)? लेकिन इस तीसरी लहर का क्या करूँ जो उमड़ कर आते ही दोनों चित्रों को मिटा देती है, और आत्महत्या के लिए उत्सुक उस पगले को फोकस में ले आती है जो आखिरी पल सिर्फ इसलिए ज़िन्दगी की दौड़ में कूद पड़ता है कि वह मर गया तो साथ-साथ प्यार भी मर जायेगा, और उम्मीद का बिरवा भी। (समझौता) या फिर वह हैं मुक्तिबोध जो 'प्रूफ कॉपी में टूटे हुए अक्षर' सरीखी अपनी वंशज पीढ़ी से अनुरोध कर रहे हैं कि "तुम्हारी जन्मभूमि ज़मीन और धूल और पत्थर से बनी यह भारत की धरती ही नहीं है, वह है—गरीबी। तुम कटे-पिटे दागदार चेहरे वालों की सन्तान हो। उनसे द्रोह मत करना। अपने इन लोगों को मत त्यागना।" (जंक्शन) लेकिन यह क्या? वह व्यक्ति तो उधार लिए गये 'ठाठ' (कीमती ओवरकोट और नरम-गरम बिस्तर) पर इतराता सामन्त बन गया है, और करुणा-सहानुभूति के आवेग से बिना भीगे वर्ग-व्यवस्था को बनाये रखने की कूद-फाँद कर रहा है।

मैं लहरें गिनना छोड़ समन्दर में गोता लगा देती हूँ। भीतर छाती को मथती वेदना का शोर नहीं है। अपनी शिनाख़्त होते ही वे तरल-रंगीन आलोक-रश्मियों में फूट पड़ी हैं; और इन्हीं में दिपदिपाते खड़े हैं मुक्तिबोध।

मुक्तिबोध यानी वैचारिकता, दार्शनिकता और रोमानी आदर्शवाद के साथ जीवन के जटिल, गूढ़, गहन, संश्लिष्ट रहस्यों की बेतरह उलझी महीन परतों की सतत जाँच की हठपूर्ण अपराजेय संकल्पदृढ़ता!

1

"हर आदमी एक-दूसरे की परिस्थिति है, एक-दूसरे का परिवेश है" (सतह से उठता आदमी) बनाम "हममें जनतांत्रिक संस्कृति की कमी है" (उपसंहार)

अकस्मात् मैं चौंक उठती हूँ। नेहरू जी और मुक्तिबोध का मृत्यु-वर्ष एक ही—1964। भारतीय राजनीति यदि नेहरु-युग के अन्त के साथ मोहभंग की पीड़ा को मूल्यों के विघटन में पिरो कर एक नयी यात्रा पर चल निकली, तो साहित्य में भी मुक्तिबोध जैसी प्रतिबद्धताएँ आत्मघाती ईमानदारी के साथ फिर कहाँ देखने को मिलीं। मुक्तिबोध नेहरू के अनुयायी नहीं हैं, लेकिन सैंतालीस वर्ष की जीवनावधि तक स्वतन्त्रता के लिए सिर पर कफन बाँध कर जूझते भारत के राष्ट्रीय स्वाधीनता आन्दोलन को उन्होंने खुली आँखों से देखा है। अपनी निर्मिति के दौर में उन्होंने देखा है कि भौतिक अभावों से बेपरवाह आजादी के दीवाने त्याग और संघर्ष को, महानता और कर्मठता को, आदर्श और वैचारिक क्रान्ति को लक्ष्य बना कर भारत की सामाजिक-राजनीतिक-सांस्कृतिक संरचना में आमूलचूल परिवर्तन कर देना चाहते हैं। आजादी यानी देश के आखिरी

व्यक्ति तक पहुँची गरिमा और आत्मसम्मान की लहर! आजादी यानी अपनी मनुष्यता के साथ-साथ दूसरों की 'नाक' को बचाये रखने की नाजुक एहतियात! सपने, आदर्श और रोमान अध्यवसाय बन कर मुक्तिबोध में जड़ें जमाते हैं तो वैचारिक दर्शन बन कर उन्हें जीवन से जोड़ते भी हैं। जीवन उनके लिए निजी साँसों की डोर नहीं, सामंजस्यपूर्ण सम्बन्ध में गुँथी अस्मिताओं का कलरव है। लेकिन दरकन... टूटन... स्खलन... मोहभंग का विस्तार! स्वतन्त्र भारत में वह सब तो नहीं जिसके लिए जी-जान लगा दी गयी थी। राजनीति सत्ता और पूँजी का गठबन्धन कर जिन मूल्यों से अपनी खुराक खींच रही है, वे सब तो भ्रष्टाचार और शोषण के सामन्ती मूल्यों के अँधेरों में पलते हैं। राजनीतिक व्यवस्था समाज-कल्याण के बड़बोले दावों के साथ जिन विकास-योजनाओं को शुरू कर रही है, वे अपने गन्तव्य—आम आदमी—तक तो पहुँच ही नहीं रहीं। गरीबी आज भी आम आदमी के ललाट पर श्मशान की निर्जनता और भयावहता की लिपि लिख रही है।

मेरे हाथ मुक्तिबोध की कहानियों को पढ़ने की कुंजी लग गयी है। बेशक, इन कहानियों की आउटलाइंस प्राथमिक स्तर पर मोहभंग की पीड़ा से उकेरी गयी हैं। मोहभंग यानी आस्था पर जबरदस्त आघात! आस्था, जो व्यक्तिगत सुख-लाभ में नहीं डूबती, समग्रता को एक इकाई मान कर सहेजती है। एक के बाद एक तीन कहानियाँ मेरे सामने आ खड़ी हुई हैं—समझौता, पक्षी और दीमक, और सतह से उठता आदमी। कहीं ग्रांट मंजूर कराने के लिए मुट्ठियाँ गर्म करने का सिलसिला (पक्षी और दीमक); कहीं व्यवस्था के लौह-शिकंजे में जकड़ कर मनुष्य को 'पशु' बनाये जाने की ट्रेनिंग (समझौता); कहीं बिकने के लिए तैयार बैठा अवसरवादी बुद्धिजीवी (सतह से उठता आदमी) तो कहीं उस 'भगवे खद्दर कुरतेवाले' के आतंक तले अपने को तिल-तिल क्षरित करती बेबसी। बीच में कहीं अ-चर्चित कहानी 'भूत का उपचार' भी है जो बेहद तिर्यक चितवन के साथ नौकरशाही के बचे-खुचे राज भी उगल देती है—"हमारे छोटे से दफ्तर में बड़ी इंट्रीग्स चलती हैं। या तो कुंडली देखते हैं लोग-बाग या लड़कियों की चर्चा होती है, या व्यूह-रचना होती है।" मैं थम कर सोचने लगी कि इस भविष्यवक्ता कलाकार ने पचास साल आगे के वक़्त की भविष्यवाणी की है, या वक़्त को आगे ले जाने में अक्षम हम लोग ही पिछले वक़्तों में जी रहे हैं?

मुक्तिबोध मानते हैं कि हर व्यक्ति का अपना व्यक्तिगत इतिहास है और हरेक के व्यवहार का अपना-अपना औचित्य भी। ऊपरी तौर पर अलग-अलग दीखते हुए भी अमूमन हर आदमी एक-दूसरे की परिणति है, और एक-दूसरे का परिवेश भी। इसलिए यह निर्णय करना सम्भव नहीं कि कौन सही है और कौन गलत। हाँ, इतना तय है कि विघटन की प्रक्रिया में अपनी-अपनी जगह स्थिर खड़े रहते हुए भी वे एक-दूसरे के साथ गहरे जुड़ जाते हैं। मुक्तिबोध देखते हैं कि साम्यवादी राह

पर वैचारिक क्रान्ति करने निकला बुद्धिजीवी अचानक अपनी ही किन्हीं ग्रन्थियों/दुर्बलताओं का शिकार होकर निष्क्रिय निषेधवादी बन जाता है; और घनघोर गरीबी के अभिशाप से मुक्ति पाने के लिए अवसरों की तलाश में रेंग कर आगे बढ़ता व्यक्ति किसी धन-कुबेर के किले में जरा सी दरार देख पानी की तरह घुस जाता है। दिक्कत तब आती है जब तमाम चैतन्य मुद्राओं के बावजूद वह स्वतन्त्रचेता बुद्धिजीवी (रामनारायण) तय नहीं कर पाता कि "पूँजीवाद के विरुद्ध, धन-सत्ता के विरुद्ध, उसकी अपनी सत्ता के विरुद्ध उसकी यह प्रतिक्रिया क्या सचमुच सिद्धान्त और आदर्श के अनुसार है? निषेध और निषेध करके वह क्या सचमुच शोषितों का उपकार कर रहा है?" (सतह से उठता आदमी) न, दरअसल उसका सारा बौद्धिक प्रपंच इस सवाल की नुकीली नोक से अपने को बचा लेने की जुगत है। वह जानता है, सही दिशा के अभाव में अपने अनुयायियों को 'कुंठित' और 'बिकाऊ' बनाने के अतिरिक्त वह समाज को कोई सकारात्मक योगदान नहीं दे रहा है। वह यह भी जानता है कि जब तक विद्रोह रचनात्मक स्वप्नशीलता के साथ जुड़ कर ज़मीनी संघर्ष और सक्रियता का रूप नहीं लेता, तब तक निषेधवादी आलोचना बन कर अपनी ही ऊर्जा के मूल स्रोतों को खाता रहता है।

मैं अनायास रामनारायण के चेहरे में यू. आर. अनंतमूर्ति के कन्नड़ उपन्यास 'संस्कार' के नारणप्पा का चेहरा पढ़ने लगती हूँ। बोहेमियन जीवन-दृष्टि को वैचारिक उदारता का पर्याय मानते हुए नारणप्पा सृजन को नहीं, उपभोग को अपना जीवन-लक्ष्य मानता है। दम्भ अलबत्ता कूट-कूट कर भरा है—विशिष्ट होने का, ज्ञानवान (वैल-इन्फार्म्ड) होने का, और कुलीनता के तमाम आग्रहों को तोड़-फेंक कर आम आदमी से जुड़ जाने का। इसलिए श्रीपति आदि दिशाहीन युवा पीढ़ी को वह जिन मूल्यों की थाती सौंपता है, वे उपभोगवाद और आत्मसंकीर्णता के जरिए समाज को बाँटने और तोड़ने का विष ही फैलाते हैं। मुक्तिबोध कथा का वितान फैला कर रामनारायण की कुंठाओं और ग्रन्थियों को एक-एक कर पाठक के सामने उपस्थित नहीं करते, बल्कि कथा के केन्द्र में रखने के बावजूद वे उसे सूच्य पात्र बना कर छोड़ते हैं। इसका प्रमुख कारण यही है कि व्यक्ति की अपेक्षा व्यक्ति को संचालित करने वाली मनोवृत्तियों और विचार की तह तक पहुँचना उन्हें अधिक प्रिय है। नैरेटर की चेतना को दो भागों में विभाजित करके या दो पात्रों के बीच डिबेट का आयोजन करवा कर वे समस्या को रेशा-रेशा और अलग-अलग कोणों से देख लेना चाहते हैं।

इसलिए रामनारायण का समूचा व्यक्तित्व इस सवाल में सिमट जाता है कि क्या निहिलिज़्म किसी भी क्रान्तिकारी दार्शनिक की शैली हो सकता है? इसी प्रक्रिया में नैरेटर कन्हैया और रामनारायण का प्रतिपक्षी कृष्णस्वरूप अपनी-अपनी कन्विक्शंस को जीती दो भिन्न जीवन-दृष्टियाँ बन जाती हैं जिनके पास स्थिति के विश्लेषण के

लिए अपने-अपने तर्क हैं। मुक्तिबोध कहानी में अपने को छुपाने की चेष्टा नहीं करते, बल्कि वे प्रयासपूर्वक किसी एक पात्र (बहुधा नैरेटर) के भीतर स्वयं को प्रत्यारोपित कर वाद-विवाद को गहरे ले जाते हैं। दरअसल मुक्तिबोध के लिए कहानियाँ मनन का एक मंच हैं। चूँकि एक पारदर्शी तल्लीनता के साथ वे पात्र का व्यक्तित्व और विचार का चरित्र रचते हैं, अतः उनके शारीरिक विन्यास से परिचित होते ही पाठक समझ जाता है कि लेखक उसके अन्तस को किस रंग में चित्रित करने वाले हैं। अचरज नहीं कि बहुत जल्द रामनारायण के चेहरे का 'भयानक अनगढ़पन' और 'एक विचित्र विद्रूपता' उसके वैचारिक बौनेपन को उजागर करने लगती है। वह स्खलनों और दरकनों से अटे एक बौद्धिक आतंक का पर्याय भर बन जाता है जो घृणा से उबलती अपनी कुंठाओं को छिपाने के लिए आलोचना में सैडिस्टिक प्लेज़र ढूँढ़ता है और अपनी क्षुद्रताओं का अतिक्रमण न कर पाने की अक्षमता के कारण महानता के नकाब के नीचे मन ही मन और छोटा होता चलता है। पाखंड और जड़ता ताकत के सहारे अपने खिसकते आधार को बनाये रखने का जतन करते हैं; ठीक वैसे ही जैसे आत्मरतिग्रस्तता संवेदनहीनता बन कर बर्बरता में ढल जाया करती है। नौकरशाही के लुम्पेन चरित्र पर छींटाकशी करने वाले मुक्तिबोध रामनारायण जैसे सूडो क्रान्तिकारियों को हलके ढंग से नहीं ले सकते। वे मानते हैं अतिशय भोग से अघा कर अभावों की दुनिया में 'पिकनिक' मनाने निकले ऐसे लोग देर-सबेर अपने 'साम्राज्य' को सँभालेगे ही, लेकिन इस दौरान कृष्णस्वरूप जैसी अभाव की सन्तानों को लालसा की दौड़ में बदहवास दौड़ा कर उन्हें अपने 'गुप्त षड्यंत्र' में साझीदार बना लेंगे। "मेरे ख़याल से तुम दोनों एक ही सिक्के के दो पहलू हो। आज रामनारायण ने तुम्हें चिढ़ाने के लिए सूट पहना है, कल वह तुम्हें नीचा दिखाने के लिए अपनी जायदाद खुद सँभाल लेगा। और तब चक्र पूरा घूम जायेगा। अगले दस साल के बाद मुझे रिपोर्ट देना।" ठीक कहते हैं मुक्तिबोध! बुद्धिजीवी (टैक्नोलॉजी की सन्तान) होने का दम्भ भरता यह वर्ग (रामनारायण) आज जिस तेजी से जन-हित के नाम पर व्यापक जन-शोषण करते हुए अपनी निष्ठाओं को 'कैमाफ्लाज' कर रहा है, और पूँजी को सांगठनिक पूँजी का रूप देने के लिए सत्ता और धर्म के दलालों (कृष्णस्वरूपों) को मलाईदार रोटी के टुकड़ों पर पाल रहा है, वह मानो चेता देने के लिए काफी है कि आम आदमी की राजनीतिक तटस्थता व्यवस्था को विघटित करने में अप्रत्यक्ष भूमिका निभाती है।

पैनी आब्जर्वेशन क्षमता के धनी मुक्तिबोध देख रहे हैं कि राजनीतिक व्यवस्था बेहद शाइस्तगी के साथ आम आदमी को 'पशु' बनाने की ट्रेनिंग दे रही है। उसकी संवेदनाओं को 'जड़ीभूत सूनेपन में परिवर्तित' कर देने का यह खेल आज सहमति पाकर इतना लोकप्रिय और वैध हो गया है कि ब्यूरोक्रेसी की दैत्याकार मशीन में ऊपर-तले की विषमतामूलक स्थितियों में फिट होकर भी 'भाईचारे' का मजमा जोड़

लिया जाता है—"अगर पशु की ज़िन्दगी ही बितानी है तो ठाठ से बिताएँ, आपस में समझौता करके।" मुक्तिबोध का आक्रोश शेर-रीछ सरीखी नौकरशाही पर नहीं, 'भगवा खद्दर कुरतेवाले' नेताजी पर है जो रामनारायण और कृष्णस्वरूप के गुँथे हुए रूप की स्थूल अभिव्यक्ति है।

लेकिन शायद यह पूर्ण सत्य नहीं। मुक्तिबोध समझना चाहते हैं कि 'भगवा खद्दर कुरतेवाले' के भीतर ताकत का संचार करती बेबसी क्यों इतनी मूल्यवान होती है कि उसके एवज में इंसान अपनी गरिमा को खो दे? "मैं उसके प्रति वफादार रहूँगा क्योंकि मैं उसका आदमी हूँ। भले ही वह बुरा हो, भ्रष्टाचारी हो, किन्तु उसी के कारण मेरी आमदनी के जरिए बने हुए हैं। भक्ति-निष्ठा भी कोई चीज है, उसके कारण ही मैं विश्वास-योग्य माना गया हूँ। इसी कारण मैं कई महत्त्वपूर्ण कमेटियों का सदस्य हूँ।" (पक्षी और दीमक) न, यह पशु का क्रन्दन नहीं, गन्दी नाली में बिलबिलाते कीड़ों की रिरियाहट है।

तो क्या गिरने की प्रक्रिया शुरू हो जाने के बाद किसी बिन्दु पर रुकना नहीं जानती?

मुक्तिबोध के पास सवालों का जखीरा है, और उससे भी कई-कई गुणा ज्यादा धीरज। सवाल उन्हें परेशान नहीं करते, परेशानी को हल करने का जरिया बनते हैं। इसलिए अपने रचयिता की बेचैनियों, प्राथमिकताओं, राजनीतिक समझ और चिन्ताओं को व्यक्त करने के बावजूद 'समझौता' और 'सतह से उठता आदमी' मुक्तिबोध को द्रष्टा या 'संत' (seer) के रूप में नहीं उभार पातीं। वे यहाँ अधिक से अधिक अपने समकालीनों की तरह समय के व्याख्याकार बन जाते हैं। मैं इन कहानियों को मुक्तिबोध के भीतर उतरने का प्रवेशद्वार मानती हूँ। वहीं कहीं दिखाई पड़ता है असली मुक्तिबोध जो अपनी अकिंचनता को झाड़ कर अँगड़ाई लेता है तो आँखों में धधकती 'मैली आग' तलस्पर्शी साफगोई बन कर झूठ के मनोहारी लबादे को तार-तार कर देती है। बेहद बेलौस, बेमुरव्वत अन्दाज़-ए-बयां—"झूठ से सचाई और गहरी हो जाती है, अधिक महत्त्वपूर्ण और अधिक प्राणवान, मानो वह हमारे लिए और सारी मनुष्यता के लिए विशेष सार रखती हो। ऐसी सतह पर हम भावुक हो उठते हैं...एक हो जाते हैं"। (पक्षी और दीमक)

2

"अपने भीतर की जड़ प्रकृति पर विजय प्राप्त करने में असफल हो जाना मानवीय है" (अँधेरे में) क्योंकि "स्वयं का चरित्र-ज्ञान होना बड़ा मुश्किल है" (भूत का उपचार)

कहानियों के भीतर गहरे उतरते हुए मुझे कुछ और चीजें दीखने लगी हैं। निर्जनता, अँधेरे की चादर और भाँय-भाँय करता सन्नाटा; मानो हर पल रहस्यात्मकता को गहरा देने का खेल रच रही हो प्रकृति! और फिर जरा सा प्रकाश और रव (कोलाहल)

पाते ही वह माहौल किन्हीं खंडित/धुँधले आईनों से पट जाता है जहाँ से प्रतिबिम्बित होती हैं उतनी ही खंडित, विकृत, भुतहा आकृतियाँ। नारसिसोन्माद पैदा करते आईने नहीं, बल्कि "दिल के किसी कोने में कोई अँधियारा गटर" खोलने वाले आईने। यह गटर है आत्मालोचन, दुख और ग्लानि का।

सचमुच कमाल के कथाशिल्पी हैं मुक्तिबोध। वातावरण को पात्र बना कर कहानी में ले आते हैं, और फिर उसे ही चुनौती का रूप देकर कथानायक को लड़ने की दिशा और प्रेरणा देते हैं। निर्जनता को संवादरत सघन ऐकांतिकता से, अँधेरे को आत्मावलोकन की प्रकाश-रश्मियों से; और सन्नाटे को जीवन के राग से परास्त किया जा सकता है। बस, सधी दृढ़ता के साथ साफ-साफ पता होना चाहिए कि मैं क्या चाहता हूँ और क्या नहीं चाहता। अभीष्ट को पहचानने और पाने की प्रक्रिया में जो दृढ़ निश्चयात्मकता आत्मविश्वास का प्रकाश-पुंज बन कर व्यक्तित्व को भासमान करती है, वहाँ द्वन्द्व और दिशाहारा होने की विकलता शेष नहीं रहती। मुक्तिबोध बाहर की निर्जनता में घनघोर सन्नाटा बुनते हैं ताकि भीतर की मद्धम आवाजों को सुन सकें। "उसको जहाँ जाना था, वहाँ का रास्ता उसे नहीं मिल सकता था''–भीतर के अँधेरे अनसुना रह जाने पर ही आत्मदया और पराजय के विकल्प चुनते हैं। इसलिए मुक्तिबोध सबसे पहले भीतर की अँधेरी दुनिया में पलती दमित वासनाओं और विकृतियों की आँख में आँख डाल संवाद कर लेना चाहते हैं। वह देखते हैं, उनके अन्दर घर से विद्रोह करके भागा एक युवक बैठा है जो महानगर की संघर्षसंकुल ज़िन्दगी जीते-जीते स्वयं ऐसा टूटा-फूटा यंत्र बन गया है कि भावनाओं में बहना और उनका आदर्शीकरण करना उसे बचकाना लगता है। वह विश्वास दिलाता है बार-बार स्वयं को कि रिश्ते नहीं, "रोज़ का कठिन, शुष्क, दृढ़ जीवन उसे एक विशेष तरह का आत्मविश्वास देता है (अँधेरे में); लेकिन परायी बसावटों के गरीबी से जूझते-चहकते घर के किसी आँगन को देख पाता है कि "जल के निर्मलिन सहस्र स्रोतों सी भावना'' उसके मन में आ गयी है।

आत्मविश्लेषण और आत्मस्वीकार–यह है मुक्तिबोध की कथा-यात्रा का दूसरा पड़ाव, जिसे एक गहरी अर्थव्यंजक सक्रियता के साथ रखती हैं दो कहानियाँ–'अँधेरे में,' और 'क्लॉड ईथरली'। चूँकि मुक्तिबोध अपने को सान पर चढ़ा कर कई-कई कोणों से जाँचने की चेतना का नाम हैं, इसलिए इन दोनों कहानियों का शिल्प भी आश्चर्यजनक ढंग से अलग-अलग है। 'अँधेरे में' दबे पाँव अपने भीतर के अँधेरों में उतरते चले जाने की कहानी है जहाँ खौफ दो रूपों में कुंडली मार कर बैठा है। एक, "ढीले-ढाले, सुस्त, मध्यवर्गीय आत्मसन्तोषियों" की-सी बीभत्स बेहयाई से हर्षित होते रहने का पाप; और दूसरा, बाहर के अँधेरों में विलीन कर दी गयी मानव-अस्मिताओं से संवाद न कर पाने का पाप। जड़ों की तलाश में पाँच बरस बाद अपने पुराने शहर लौटा यह युवक अभी भी द्वन्द्व की भूलभुलैया में चक्कर काट

रहा है। फिलहाल अपने साथ आत्मतुष्ट मध्यवर्ग की विशाल ताकत को जोड़ कर अपनी स्थिति मजबूत कर रहा है। अँधेरे से ढके रास्ते को टटोल-टटोल कर आगे बढ़ते इस युवक को मुक्तिबोध सहानुभूति नहीं देते। शायद वे उससे क्रोधित हैं कि स्थितियों के सामान्य स्वीकार की अपेक्षा क्यों नहीं वह इस सवाल पर विचार करता कि चाँदनी रात के बावजूद रास्ते अँधेरे क्यों हैं? चन्द्रमा की चाँदनी तो सर्वसुलभ प्राकृतिक संसाधन है। फिर उस पर अट्टालिकाओं का ही आधिपत्य क्यों? और क्यों बहुसंख्य आबादी उन अट्टालिकाओं से प्रत्यावर्तित प्रकाश को ही अपना प्रसाद मान कर प्रसन्न हो? लेकिन अपने एकान्त से मुखातिब वह युवक अपने रचयिता के उद्वेग को नहीं जानता। चलते-चलते सहसा वह काँप उठा है। पैरों तले सड़क की कठोरता की बजाय जो नरमाई आयी है, वह सड़क पर सोया कोई भिखारी-परिवार है। कुचल कर आगे बढ़ने के बाद वह लगातार पश्चात्ताप कर रहा है कि "क्यों नहीं इतने सब भूखे, भिखारी जग कर, जाग्रत होकर उसको डंडे मार कर चूर कर देते? क्यों उसे अब तक ज़िन्दा रहने दिया गया?" मुझे लगता है, यहाँ मुक्तिबोध ठठा कर हँस पड़े हैं। फिर हँसी को तंज बना कर पन्नों में कुछ शब्द टाँक देते हैं–"वह पुण्यात्मा विवेक-शक्ति केवल काँप रही थी।" मैं उनके तंज को मशाल बना कर अपने वक़्त के अँधरों में ऐसे कितने की 'हिट एंड रन' केस देख पा रही हूँ जहाँ अदालती कार्यवाही में 'सुपरिचित' अमीरजादे अपराधी की शिनाख़्त बरसों बरस की मशक्कत के बाद भी नहीं हो पाती।

सहसा यह क्या हुआ! मुक्तिबोध तो अपने अँधेरे तलघर में अकेले उतरे थे। फिर उसमें एक पूरी उच्चमध्यवर्गीय स्नॉब पीढ़ी का सच कैसे उभर आया?

'अँधेरे में' के विपरीत 'क्लॉड ईथरली' फैंटेसी के जरिए प्रकाश-वर्ष (सूर्य के प्रकाश की गति को मापने का वैज्ञानिक पैमाना) की गति से काल और भूगोल-रचित तमाम दूरियों को पाट कर आने वाली चमकदार कहानी है। पीली प्रखर धूप में चमकती इमारतें, चाय की गुमटी पर अड्डेबाजी, और सहयात्री के संग रास्ता नापने के दौरान गपशप का आनन्द! बातों में अखबारी खबरों से लेकर रहस्य-रोमांच-सनसनी और कपोल कल्पनाधारित किस्से। मुक्तिबोध सहयात्री के रूप में एक 'जनाना' से सी. आई. डी. इंस्पेक्टर को चुनते हैं–ऐसा "नारीतुल्य पुरुष, जिनका विकास किशोर काल में ही रुक जाता है" और फिर कहानी के अन्त तक आते-आते उसकी ठोस भौतिक इयत्ता को नैरेटर की चेतना के अर्धांश में बदल देते हैं। मैं हठात् सोच उठती हूँ, क्यों मुक्तिबोध ने 'स्त्री' और 'किशोर' को दो स्थितियाँ बना कर उस हमराही में आरोपित किया? क्या इसलिए कि स्त्री संवेदना का साकार रूप है; और किशोर तमाम पूर्वाग्रहों-दुराग्रहों की विषभरी बाड़ से सर्वथा स्वतन्त्र उन्मुक्त उड़ान भर लेने की नैसर्गिक ऊर्जस्विता? मुक्तिबोध बाहर की तमाम हलचलों को सवाल बना कर भीतर

उतरते हैं तो "अणु युद्ध का विरोध करने वाली आत्मा की आवाज" क्लॉड ईथरली (पागलखाने में बन्द मानसिक रोगी जो असल में द्वितीय विश्व युद्ध का 'वार-हीरो' अमरीकी पायलट है जिसने मित्र राष्ट्रों की ओर से हिरोशिमा और नागासाकी पर बम गिराये; और फिर बमवर्षा के भयावह परिणामों को देख आत्म-धिक्कार की आग में जलने लगा।) बन उनसे अपनी रिहाई की माँग करने लगती है। क्लॉड ईथरली उस सहयात्री के भीतर प्रविष्ट होकर नैरेटर को बताता है कि कुछ बेहतर और असाधारण करने की हमारी बेचैनी किसी मानसिक रोग का लक्षण नहीं, 'आध्यात्मिक उद्विग्नता' का प्रतीक है जो पूरी व्यवस्था के मौजूदा अमानवीय स्वरूप को बदल डालना चाहती है। इंस्पेक्टर नहीं, मुक्तिबोध ही क्लॉड ईथरली उर्फ मुक्तिबोध को बता रहे हैं कि "हमारे अपने-अपने मन-हृदय-मस्तिष्क में ऐसा ही पागलखाना है जहाँ हम उन उच्च, पवित्र और विद्रोही विचारों और भावों को फेंक देते हैं जिससे कि धीरे-धीरे या तो वे खुद बदल कर समझौतावादी पोशाक पहन सभ्य, भद्र हो जायें, यानी दुरुस्त हो जायें, या उसी पागलखाने में पड़े रहें।"

यह तो सीधे-सीधे अपने खिलाफ ट्रायल शुरू कर देने का निमन्त्रण है। अपने आपको जस्टीफाई करती परतों को खोलते चलो तो पता चलता है कि शोषण और पापाचार का विरोध न कर पाने की हमारी अक्षमता कुंठा बन कर हमारे ही भीतर पाखंड और दमन के समानान्तर साम्राज्य विकसित करती जा रही है।

मैं देखती हूँ, कहीं से भी यात्रा शुरू करें मुक्तिबोध, घूम-फिर कर आत्म-स्वीकार के उसी बिन्दु पर आ जाते हैं जहाँ सारे जमाने की क्रूरता के प्रति खफ़गी अपनी ही दैन्यपूर्ण कारस्तानियों का अक्स बन जाती है। कहानी के केन्द्र में स्थित यह चिन्तक कहानीकार मुझे बाँधता भी है और डराता भी है। इतनी निर्भीकता और ईमानदारी के साथ अपनी नग्नता को कबूल करना...सचमुच, एक लुप्त हो गयी प्रजाति के अन्तिम अवशेष हैं मुक्तिबोध।

बेशक! मैं देख रही हूँ, समुद्र की अतल गहराइयों के भीतर एक पनीली रोशनी संगीत की जुगलबंदी के साथ पानी में सतरंगी हिलोरें उठाने लगी है।

3

"नहीं, मुझमें अभी बहुत कुछ शेष है, बहुत कुछ!... मैं अभी भी उबर सकता हूँ। रोग अभी असाध्य नहीं हुआ है। ठाठ से रहने के चक्कर से बँधे हुए बुराई के चक्कर तोड़े जा सकते हैं। प्राणशक्ति शेष है, शेष है" (पक्षी और दीमक)

कामना करने से बुराई के चक्कर तोड़े जा सकते तो कोई भी बुरा बनना न चाहता। बुराई से जूझना पड़ता है—अपने भीतर की तमाम क्षुद्रताओं और तामसी प्रवृत्तियों का संहार करते हुए। अन्यथा 'पंडित' होने का सात्विक ज्ञान भी अहंकार के तमस में चूर होकर 'ब्राह्मण' को 'ब्रह्मराक्षस' बना देता है जो सदियों-युगों-कल्पों तक मुक्ति

के लिए किसी एक शिष्य की प्रतीक्षा में अपने ही सुन्न-महल में सिर धुनता रहता है। 'ब्रह्मराक्षस का शिष्य' कहानी में मुक्तिबोध मुक्ति की नयी परिभाषा गढ़ते हैं जहाँ अपरिग्रह भाव से वस्तुओं/गुणों/भावनाओं के हस्तान्तरण की प्रक्रिया को अबाध बनाये रखने की दायित्वशील चिन्ता ही मुक्ति है। यह एक ऐसी जीवन-शैली है जहाँ 'देना' त्याग में नहीं, बल्कि दूसरे के साथ अपने रागात्मक सम्बन्ध को सुदृढ़ करना है। जाहिर है यहाँ जिजीविषा, उत्साह, उमंग, संघर्ष, दृढ़ता, और आशा की प्रखर चमकीली धूप में सीलन भरी निर्जन कोठरियाँ और रहस्य बुनते अँधेरे कहीं गायब हो जाते हैं। बेशक रास्ता बीहड़ है और मंजिल बहुत दूर, लेकिन लेखक प्रसन्न है कि गन्तव्य तक पहुँचाती डगर पाँवों के नीचे है। अब कैसा भी हाहाकार, रुदन और पाखंड उन्हें पसन्द नहीं। खासतौर पर साहित्यिक अभिव्यक्ति के नाम पर शोषितों की दुरवस्था पर आठ-आठ आँसू बहा कर उन्हें यथास्थितिवाद के लौह-शिकंजे में बाँधे रखने की चाल! आत्मविश्वास आत्माभिमान को अपनी ताकत बना कर साथ लाता है और वाणी में अपनी प्राथमिकताओं को साफ-साफ बयान कर देने की कुव्वत पैदा करता है—"मैं इस बात का विरोध करता हूँ कि आप निम्नमध्यवर्गीय कह कर मुझे जलील करें; मेरे फटेहाल कपड़ों की तरफ जानबूझ कर लोगों का ध्यान इस उद्देश्य से खिंचवाएँ कि वे मुझ पर दया करें।'' (भूत का उपचार) 'दार्शनिक संगति-संवेदन'[4] यानी 'एक सामंजस्य ज्ञान' पर बल देते हुए मुक्तिबोध वक़्त की विभीषिका के साथ बहने की बजाय अपने द्वन्द्वात्मक सम्बन्ध की प्रकृति को जान लेना चाहते हैं। समय यदि प्रलोभनों का चारा फेंक कर हमारी चेतना का आखेट कर लेना चाहता है तो अक्लमन्दी उसके जाल में फँसने में नहीं, जाल को ही उड़ा कर ले जाने में है। 'पक्षी और दीमक' मुक्तिबोध की सर्वाधिक सशक्त प्रतीक कहानी है जो व्यक्ति, चिन्तक और कलाकार के रूप में उनकी भीतरी उथल-पुथल और जद्दोजहद की साक्षी है। यह कहानी उनकी कथा-यात्रा का तीसरा पड़ाव भी है जहाँ दो प्रतीकों—अच्छाई का पेड़ और पक्षी और दीमक-व्यापारी के जरिए वे मानो आज की उपभोक्तावादी संस्कृति के आप्लावनकारी आक्रमण से बचने की ताईद करते हैं। सबसे पहले बात पक्षी और दीमक-व्यापारी की। "दो दीमकें लो, एक पंख दो"—इस तरह के एक्सचेंज ऑफर प्रत्यक्षतया मूर्खों के सहारे अपने व्यापार को चमकाने के व्यापारिक कौशल तो हैं ही, समर्थ और क्षमतावानों के विवेक को हर कर उन्हें अपने रास्ते से हटाने के लिए भी हैं। दीमक (दैनंदिन उपभोग) के बदले पंख (विचार, संघर्ष एवं सृजन करने की शक्ति) का सौदा सम्भावनाशील पीढ़ी को नशेड़ी बनाने की साजिश है जिसे वक़्त रहते न चीन्हा जाये तो आकाश की ऊँचाइयाँ नापती सृजनशीलता पंख गँवा देने पर साधारण बिल्ली का आसान शिकार बन सकती है। मुक्तिबोध अपनी कहानियों में सन्दर्भ के तौर पर दन्तकथाओं या किस्से-कहानियों का उपयोग भी करते हैं, किन्तु विचार की सघन बुनावट में गुँथ कर वे प्रतीक बन

जाती हैं, घटनात्मकता के कौतूहल में ढल कर मनोरंजन का टपकता रस नहीं बनतीं। यही नहीं, वे रस से भरी हंडिया पेड़ की सबसे ऊँची डाल पर लटका आते हैं ताकि संवेदनात्मक पहल कर पाठक स्वयं ज्ञानार्जन की मशक्कत करे। चूँकि उनके लिए साहित्य एक दृष्टि और संस्कार है, इसलिए रसलोलुप पाठकों से उन्हें सख्त परहेज है। वे 'मास' के नहीं, 'क्लास' के रचनाकार हैं। जाहिर है इसलिए दृष्टि और रुचि में एक सजग सतर्क चौकन्नेपन की माँग उनकी कहानियों की दुनिया में उतरने की अनिवार्य शर्त बन जाती है।

गहराई की तीसरी परत में उतरती इन कहानियों में ठंडी जलती हुई वाचाल आँखें यहाँ से वहाँ दिखाई पड़ती हैं। "किसी तेज रोशनी से चमकती हुई वे आँखें मानो किसी पागल की हों। फिर भी वे सचेत थीं, अपनी हताशा में सम्मिलित प्रतिरोध से भरी हुई, सम्पूर्ण निरपेक्ष, किन्तु किसी को उसके कर्त्तव्य का भान कराती हुईं; निराश और किसी अमूर्त (यानी तुरन्त समझ में न आ सकने वाले कि क्यों ऐसा है) क्रोध और क्षोभ में जलती हुई।'' (उपसंहार) यह क्षोभ अपने व्यक्तिगत हानि-लाभ के ब्योरों की चिन्ता के कारण नहीं, समूची मानवता को अपने साथ आत्म-परिष्कार की साधना में लीन न कर पाने की अक्षमता के कारण है। मुक्तिबोध ऐसे पागलों की बिरादरी खड़ी कर लेना चाहते हैं जो "आत्मा की आवाज जरूरत से ज्यादा सुन करके हमेशा बेचैन रहा करता है और उस बेचैनी में भीतर के हुक्म का पालन करता है", लेकिन पाते हैं कि अपने पाले में अकेले खड़े हैं। अकेलापन उन्हें भयभीत नहीं करता, वक़्त की बंजर-जमीन को अपनी संवेदना और निष्ठा से सींच कर सपनों के बीज बोने की और ज्यादा प्रेरणा देता है। घर के आँगन में पलती अभावग्रस्त नयी पीढ़ी को उन्हें ही बताना है कि "काले सल्यूरिक एसिड की भयानक बू-बासवाला वह गटर (घृणा)" पहले-पहल विपरीत परिस्थितियों में अपनी बेबसी को जाहिर करती तात्कालिक प्रतिक्रिया के रूप में फूटता है, लेकिन सचेत न रहने पर धीरे-धीरे वह पूरी शख्सियत को अपने में समा लेता है। अभाव, गरीबी, और प्रलोभनों से जूझने का एकमात्र उपाय है व्यक्तिगत स्तर पर इनके दबाव को महसूस करने की बजाय विषमतामूलक व्यवस्था के चरित्र को पहचानने और उसकी बुराइयों को समूल उखाड़ फेंकने की आलोचनात्मक दृष्टि विकसित करना। मुक्तिबोध सपना देखते हैं कि अपने पिता से संघर्ष और 'ज्ञानात्मक संवेदन' की विरासत हासिल कर उनके बच्चे फटेहाल गरीबी के बावजूद कांट, मार्क्स और नेहरु की वैचारिक थाती सँभाले "किसी सुनहले लक्ष्य के लिए लड़ रहे हैं।" समाज की तलछट के साथ एकमेक होकर वे 'उन सब भड़कीले दम्भों से घृणा कर रहे हैं जो शिक्षा और संस्कृति के नाम पर चलते हैं।'

मैं हठात् थम जाती हूँ। सोचती हूँ, मुक्तिबोध ने सैंतालीस बरस की उम्र न पाकर सत्तासी बरस की उम्र पायी होती तो? अपने सपने की ऐसी भयावह परिणति

देख क्या वे पगला न जाते? आज जैसा परिदृश्य हम गढ़ रहे हैं, उसमें ज्ञानात्मक संवेदन और 'संवेदनात्मक ज्ञान' दोनों के लिए कोई जगह नहीं है। है तो भेड़िया धसान और भेड़चाल। तो क्या पुरखों के स्वप्न-बीजों की नस्ल खराब थी? या उनके सपने शेखचिल्ली की कल्पनाएँ भर थीं? लेकिन मैं यह कैसे स्वीकार करूँ कि आचार और व्यवहार के बीच की फाँक उनकी विरासत को विघटित करती गयी? ठीक है कि 'पक्षी और दीमक' कहानी में अपने विचार और व्यवहार की फाँक को उन्होंने खुली आँखों से देखा है, लेकिन उसे दूर करने का बीड़ा भी तो खुद उठाया है न! "कमरे के एकान्त में प्रत्यावर्तित और पुनः प्रत्यावर्तित प्रकाश के कोमल वातावरण में मूल-रश्मियों और उनके उद्‌गम-स्रोतों पर सोचते रहना, ख़यालों की लहरों में बहते रहना कितना सरल, सुन्दर और भद्रतापूर्ण है।... किन्तु प्रकाश के उद्‌गम के सामने रहना, उसका सामना करना, उसकी चिलचिलाती दोपहर में रास्ता नापते रहना और धूल फाँकते रहना कितना त्रासदायक है। पसीने में तरबतर कपड़े इस तरह चिपचिपाते हैं और इस कदर गन्दे मालूम होते हैं...कि अगर कोई इस हालत में हमें देख ले तो वह बेशक हमें निचले दर्जे का आदमी समझेगा।...लेकिन अब मैं ऐसे कामों की शर्म नहीं करूँगा क्योंकि जहाँ मेरा हृदय है, वहीं मेरा भाग्य है।"

मुक्तिबोध की खासियत है कि अपनी कहानियों में वे मनुष्य के अन्तस का एकरेखीय चित्रण करते ही नहीं। जानते हैं कि अलग-अलग परतों, मुखौटों, मनोवृत्तियों और दृष्टियों से निर्मित यह 'मनुष्य' सतह पर भले ही अन्तर्विरोधों के साथ अपने को झुठलाता जान पड़े, किन्तु यही आम आदमी का यथार्थ है और यही उसके सतत द्वन्द्व और असमाप्त वेदना का मूल कारण भी। इसलिए उनकी कहानियों में दो विरोधी युग्म बराबर बने रहते हैं—बेबसी और जिजीविषा, पलायन और सृजन, अभाव और औदात्य, रहस्य और पारदर्शिता।

मुक्तिबोध की कहानियाँ एक साथ 'विचार कहानियाँ' हैं और आत्मकथात्मक भी। 'आत्म' की घनघोर संलग्नता और 'विचार' की निःसंग निर्लिप्तता! सिर्फ विश्लेषण नहीं, संश्लेषण भी। इसलिए उनकी कहानियों में न घटनाओं का मकड़जाल है, न बेवजह पात्रों की भीड़; न बड़बोलापन, न संकोच। वे शब्दों के जरिए नहीं, फैंटेसी के जरिए स्वयं को अभिव्यक्त करते हैं। उनकी फैंटेसियों में यथार्थ से पलायन नहीं, दूनी ताकत और प्रखरता के साथ यथार्थ का पुनर्सृजन है। फैंटेसी उन्हें जीवन-बाधाओं से परिचित करा कर उनसे लड़ने का हौसला देती है। मेरी दृष्टि में मुक्तिबोध के यहाँ फैंटेसी आलोचना का एक विशिष्ट रूप बन कर आती है। दरअसल आलोचना वक़्त के फैलाव पर दृष्टि गड़ाये रखते हुए व्यवस्था की गहराइयों में उतरने की विश्लेषणात्मक ताकत का नाम है। अपनी मूल इयत्ता में यह सृजन की पीठिका है। मुक्तिबोध चूँकि जीवन के कड़े आलोचक हैं, इसलिए वक़्त के कुशल शिल्पी भी हैं। यह अनायास नहीं कि संगीत, बिम्ब और स्पन्दन— जीवन, सृजन और शिल्प तीनों की तीन आन्तरिकताएँ उनकी कहानियों में भी मौजूद हैं। ठीक इसी स्थल पर

मुझे एक पेड़ दिखाई देने लगता है। "कटी हुई बाँहों वाले उस पेड़ में से नयी डालें निकल कर हवा में खेल रही हैं। उन डालों में हरी-हरी पत्तियाँ झालर सी दिखाई देती हैं... अजीब पेड़ है, अजीब।... छाया प्रदान नहीं कर सकता, आश्रय प्रदान नहीं कर सकता... वह तो कटी शाखाओं की दूरियों और अन्तरालों में से केवल तीव्र और कष्टप्रद प्रकाश को ही मार्ग दे सकता है।" मुक्तिबोध इसे 'अच्छाई का पेड़' कहते हैं। मैं एकाग्रचित्त हो इस पदबन्ध पर मनन करने लगती हूँ। कटा-पिटा क्यों? इसलिए कि बुरी ताकतें संगठित होकर हमेशा अच्छाई को नष्ट कर डालना चाहती हैं? लेकिन रचयिता 'अच्छाई का पेड़' से आश्रय और छाया देने का गौरव क्यों छीन लेना चाहते हैं? पेड़ के बड़प्पन को रेखांकित करने के लिए छाया और संरक्षण जैसे गुणों का ही तो उल्लेख किया जाता है। विचार को बिम्ब में और बिम्ब को प्रतीक में ढाल कर अपनी संश्लिष्ट अवधारणाओं को पाठक तक संप्रेषित करने वाले मुक्तिबोध छाया और संरक्षण न दे पाने की अक्षमता को अच्छाई के पेड़ के साथ देखते हैं तो जरूर कुछ गहरा बताना चाहते हैं। मैं कहानी की गहराई में एक तह और नीचे उतर पड़ती हूँ। देखती हूँ, अपने ऐंठे बड़प्पन को बुजुर्गियत की झुर्रियों में छिपाये बरगद का पेड़ कितने ही पन्थियों और पंछियों की शरणस्थली है। यहाँ शीतलता से सिहरता गुनगुना झुटपुटा है। जड़ों के जाल पर चौपाल जमा कर बैठी सभ्यता कितने ही स्थानीय फसादों का निबटारा यहीं कर रही है। मानो जीवन के बहाने परम्परा और विरासत को सँभाले रखने का अभयदान दे रहा हो पेड़। दूर-दूर तक वनस्पति की कोई इतर प्रजाति नहीं। बस, अपनी ही जड़ों को टहनी बना कर अपने चारों ओर के वर्गक्षेत्र को मजबूत करने का उपक्रम। विविधता और विरोध की कोई गुंजाइश नहीं। एक दृष्टि, एक विचार, एक उन्माद! जीवन इतना बेरंग, बेस्वाद, बेलहर तो नहीं ही होता। आश्रय और छाया (संरक्षण) देकर वैचारिक संकीर्णता को हठधर्मिता का, हठधर्मिता को सांगठनिक उन्माद का और उन्माद को विध्वंस के तांडव का रूप नहीं देना चाहते मुक्तिबोध। उनका 'अच्छाई का पेड़' गिरोहबन्दी की हर घिनौनी चेष्टा का विरोध करता है। वह विपरीत परिस्थितियों में अडोल रह कर जिजीविषा और सृजन की अनवरतता का संवाहक है। वह अच्छाई की तलाश में निकले साधकों को अत्यल्प समय के लिए अपनी गोद में बैठ लेने की अनुमति देता है। फिर हौले से उनके ललाट का पसीना पोंछ उनके अवसाद के अन्धेरों को अपने तीखे चिलचिलाते प्रकाश से बींध कर पुनः कर्मयोग में जुट जाने की प्रेरणा देता है। मुक्तिबोध की सत्यान्वेषण की साधना उन्हें एक साथ पथिक, साधक और अच्छाई का पेड़ बनाती है।

"सहानुभूति की एक किरण, एक सहज स्वास्थ्यपूर्ण मुस्कान का चिकित्सा सम्बन्धी महत्त्व सहानुभूति के लिए प्यासी-लंगड़ी दुनिया के लिए कितना हो सकता

है—यह वह जानता था। इसलिए मतभेद और परस्पर होने वाली विशिष्ट विसंवादी कटुताओं को बचा कर निकल जाता था।" (अँधेरे में)

यह है मुक्तिबोध का वैचारिक दर्शन। स्पेस देकर स्पेस लेना; और उस स्पेस में 'अच्छाई का पेड़' रोप देना। नम ऊबड़-खाबड़ ज़मीन को सीमेंट की बंजर निर्लज्जता से पाट देने वाली मानसिकता के साथ एक अनवरत युद्ध उनकी कहानियों की ताकत है, जो उनके भीतर भी सक्रिय है और बाहर पूँजी, सत्ता और धर्म के गठबन्धन के साथ भी। मुक्तिबोध की आस्था यह मानने को तैयार नहीं कि व्यवस्था का अनुशासन और वर्जना का शास्त्र कहीं बाहर से थोपा जा सकता है। वह व्यक्ति के भीतर स्थित है—जड़ अहंकार के साथ फुँफकारता और हर अहम्मन्य जड़ता के खिलाफ मोर्चा लेता। मुक्तिबोध कड़े और दुर्बोध हैं क्योंकि पुचकार और मरहम-पट्टी की अपेक्षा में पास आयी इंसानी कातरताओं को सहलाते नहीं, प्रोमीथियस बन कर अपने अन्तर की लौ को आलोकित करते रहने की हिदायत देते हैं। अपने वक़्त के सामाजिक-राजनीतिक-सांस्कृतिक इतिहास की नब्ज टटोलते हुए वे कहानियों में संवेदना की तरलता लाते हैं, भावुकता की लिजलिजी चिपचिपाहट नहीं। सही मायनों में वे कालजयी रचनाकार हैं। उनकी कहानियाँ आज की इक्कीसवीं सदी की युवा-कहानी का विलोम भी रचती हैं जो मूल्यहीनता और अपसंस्कृति का रोना रोकर अवसरवादिता और समझौतापरस्ती को बेहया ठाठ के साथ जीवन-शैली बनाने की पैरवी कर रही है।

पुनश्च : कायदे से मुझे अपनी बात यहीं खत्म कर देनी चाहिए। लेकिन दो बातें और कहना चाहूँगी। लेख की लय के साथ चूँकि ये बातें नहीं घुलतीं, इसलिए अलग से, दो बिन्दुओं में। सबसे पहले यह कि जीवन की विडम्बनाओं के पूर्ण स्वीकार और संकल्पदृढ़ सक्रियता पर अगाध विश्वास ने मुक्तिबोध को नीलकंठ सरीखा व्यक्तित्व दिया है। इसे स्थूल अर्थ में दाम्पत्य समरसता के चित्रण में, और प्रतीकार्थ में जीवन-जगत के प्रति सामंजस्यपूर्ण दृष्टि के रूप में देखा जा सकता है। बेशक नायक आग से जली पत्नी के जख्मों पर बर्नोल लगाना भूल गया है; बेशक पत्नी 'एक बीमार छाया' की तरह उसकी स्मृति में कौंधती है; बेशक एक हिंसक बड़बड़ाहट द्वारा अपने आक्रोश को ठंडा करने की जुगत में पत्नी घर भर को संत्रस्त किये रहती है, लेकिन अन्ततः "एक ही जीवन-संघर्ष की प्रक्रियाओं में से गुजरने के कारण वे एक-दूसरे के मित्र तथा सहायक" (उपसंहार) ही हैं। "तुम मुझे छोड़ कर मत जाया करो" (जलना)— नैरेटर पाता है कि पत्नी की यह कातर पुकार विश्वास और स्नेह की गूँज बन कर उसके भीतर से भी उठ रही है, और बूढ़े माँ-बाप और बच्चों के भीतर से भी, जिस कारण अभावग्रस्त घर एक आह्लादकारी ऐश्वर्य से जगमगा उठा है।

दूसरे, अतिरेकपूर्ण ऊटपटाँग हरकतों द्वारा हँसाने वाला जोकर उन्हें मनोरंजन की सामग्री नहीं, परवर्शन का प्रतीक लगता है। दरअसल स्थूलता की दीवार को बींध कर जहाँ कोमल मानवीय अहसास निष्कवच अवस्था में पड़े होते हैं, वहाँ जोकर के करतब घुटन, खौफ और घृणा की उत्पत्ति करते हैं। चूँकि परवर्शन एक अस्वाभाविक प्रवृत्ति है, इसलिए "वह मनुष्यता की सारी सभ्यता के पूरे ढाँचे" के चरमरा कर नीचे गिर पड़ने की वर्चुअल रिएलिटी रचती है। जोकर उस वर्चुअल रिएलिटी का प्रस्तोता है, जो किसी भी विवेकशील व्यक्ति के भीतर भय एवं घृणा की लहरें इसलिए नहीं दौड़ाता कि मनुष्य के परवर्ट होने के सत्य पर उँगली रखता है, वरन् इसलिए कि तमाम सांस्कृतिक मुखौटों के नीचे "परवर्शन के प्रति उसका विशेष आकर्षण है।"

यह एक बार फिर अपने आप को तेज रोशनियों से दिपदिपाते आदमकद आईनों में जाँचने की चुनौती है। यानी कहानीकार मुक्तिबोध का अन्तर्भूत सत्य!

ठहरे हुए जीवन का विराट चित्र

मैं ज्ञानरंजन की कहानियाँ पढ़ रही हूँ और वॉन गॉग की पेंटिंग्स की स्मृतियाँ कहानियों की प्रभाव-लहरियों के साथ घुलमिल कर एकमेक हो रही हैं। खासतौर पर 'पोटैटो ईटर्स' पेंटिंग की स्मृति जो पेट में आक्रोश और करुणा के कितने ही गोले उमड़ा कर साँस के द्वार रुद्ध कर देती है। लेकिन ताज्जुब है कि दम घुटने की प्रतीति दम तोड़ने की क्रमिक प्रक्रिया में विघटित नहीं होती, दम साध कर स्वस्थ माहौल की रचना की प्रक्रिया में अपनी सर्जनात्मक सम्भावनाओं को खँगालने लगती है। यही कला की अपराजेय शक्ति है जो मृत्यु के पार जीवन का संधान और अभिषेक करती है। ज्ञानरंजन की कहानियों में जीवन के प्रति अनुराग मनुष्य, उसकी जिजीविषा और मानवीय सम्बन्धों के प्रति अगाध विश्वास के रूप में अभिव्यक्त हुआ है। लेकिन यह घोर चुप्पा और अन्तर्मुखी कहानीकार अपनी भावनाओं को व्यक्त करना भी तो नहीं चाहता। मन में जो है—आत्मीयता और कन्सर्न (लगाव) के रेशमी धागों से बुना एक विवेकशील संवेदन—उसे मन के ही किसी तहखाने में जतन से छिपा कर खाली हाथ सबके बीच लौट आता है और फिर नाज से अपना परिचय देता है कि "घर में भी मैं हमेशा बुरे लोगों के सन्दर्भ में उपलब्ध रहा करता हूँ और किसी न्यायपूर्ण निष्कर्ष तक पहुँचने के लिए एक आवश्यक बुरे पक्ष की तरह लोकप्रिय हूँ।" (सम्बन्ध) नहीं, यह ज्ञानरंजन नहीं हैं, यह उनकी अभिव्यक्ति-शैली है, कहन की भंगिमा जो अपने संवेदनात्मक चिन्तन के मर्म को इतनी नजाकत से अर्थ-बेधन की महीनतर परतों में लपेटे रखती है कि उन्हें खोलते हुए धीर-गम्भीर-संवेदनशील पाठक अपने को क्रमशः समृद्ध करता चले और फिर 'तूँ तूँ करता तूँ भया मुझमें रही न हूँ' वाली एकात्म अवस्थिति में पहुँच जाये। ज्ञानरंजन की कहानियों को रसलोलुप पाठक की दरकार नहीं, वे रचयिता पाठक की तलाश में बाँहें फैलाए खड़ी प्रतीक्षा हैं कि मिलजुल कर भीतर और बाहर के लोक को आलोकमय कर दें।

ज्ञानरंजन की कहानियाँ भीतरी अँधेरों की शिनाख़्त की कहानियाँ हैं, हालाँकि ऐसी किसी भी उदात्त कोशिश का दावा न करते हुए वे इन्हें नैरेटर की लाउड बड़बड़ाहट का रूप देकर स्वयं नेपथ्य में चले जाते हैं। जाहिर है बड़बड़ाहट में और जो भी हो, राग और उल्लास, सन्तोष और आत्मसार्थकता का भाव नहीं होता।

बड़बड़ाहट दबे हुए आक्रोश, घुटे हुए रोष, उफनती हुई घृणा और धीरे-धीरे वजूद में पैबस्त होती हताशा की सूचक है जो व्यक्ति और परिवेश के आपसी तालमेल के अभाव को रेखांकित करते हुए सवाल उठाती है कि इस अ-समन्वयात्मक स्थिति के लिए आखिरकार दोषी कौन है? ताली एक हाथ से कभी नहीं बजती—नैरेटर को धकिया कर ज्ञानरंजन कथा-परिदृश्य में एक बार भी अवतरित नहीं होते, लेकिन मानो दसों दिशाओं से उनका ही स्वर बार-बार गूँज उठता है। मैं तल्लीनता से अनुपस्थित लेखक की गूँजती पुकार सुनने लगती हूँ तो कहानी के पाठ के भीतर खुलती कितनी ही अछोर सीढ़ियों के मुहाने आ खड़ी होती हूँ। इन सीढ़ियों पर चढ़ते-उतरते अनायास नैरेटर के संग एक जज्बाती सम्बन्ध बनने लगता है, हाथों का स्पर्श दोनों के भीतर सोई कितनी ही तरलताओं को जगाने लगता है, और फिर जाने कब किसी कमजोर क्षण में (शेयरिंग का क्षण क्या वाकई कमजोर होता है?) अपने भीतरी जख्मों को दिखाते हुए वह फफक-फफक कर रो पड़ता है—“क्या तुम भी यही सोचती हो कि मैं अपने माता-पिता से नफरत करता हूँ—इतनी नफरत कि उन्हें झेलना-देखना भी न चाहूँ—उन माँ-बाप को जिन्होंने मुझे जन्म ही नहीं दिया, वजूद भी दिया और दुनिया का सबसे अच्छा इन्सान होने का विश्वास भी?” मैं जानती हूँ यह सवाल नहीं, आत्मालाप है। दम्भ से ऐंठती ग्रन्थियाँ जब पिघलने लगती हैं, तब धुल-गल कर मुखौटे इन्सान की असलियत को उघाड़ने लगते हैं। अलबत्ता मुझे हैरत से ‘मर’ जाना चाहिए था कि यह आवेगहीन भावहीन निहायत ठंडा नैरेटर रोना और भाव विगलित होना भी जानता है? हाँ, ज्ञानरंजन की कहानियों की यही तो खासियत है कि वे अदृश्य, अमूर्त, अनुपस्थित को फोकस में लाती हैं, और रोज के जाने-चीन्हे व्यक्तियों/स्थितियों को एकदम नये रूप में उद्‌घाटित करती हैं। पिता को लेकर ढेरों-ढेर शिकायतें पाले बैठा है नैरेटर कि “मौसम की गर्मी से कहीं अधिक प्रबल पिता हैं;” कि “पिता एक बुलन्द भीमकाय दरवाजे की तरह खड़े हैं जिससे टकरा कर हम सब निहायत पिद्दी और दयनीय होते जा रहे हैं”; कि “पिता की अड़ में कभी कोई झोल नहीं आता”; कि सदा चुप रहने वाले पिता मौका लगने पर ‘काफी करारी और हिंसात्मक बातें’ कह कर घर भर को अपना शत्रु बनाये रखते हैं। अलबत्ता इतना सजग वह है कि शिकायतों को विरोध का पर्याय नहीं बनने देता। जानता है पिता के प्रति ‘असन्तोष और सहानुभूति’ ने उसे खासा अस्थिर कर दिया है मानो ‘भूखे के सामने खाने’ की व्यथा झेल रहा हो वह हर समय। भौतिक सुविधाओं और घर के ‘अन्तःपुर’ से कट कर बाहरी व्यक्ति बनते चले जाने वाले इस ‘पुरुष’ के मनोविज्ञान को जानने की कोशिश भी करता है वह कि “हमारे समाज में बड़े-बूढ़े लोग जैसे बहू-बेटियों के निजी जीवन को स्वच्छन्द रहने देने के लिए अपना अधिकांश समय बाहर व्यतीत किया करते हैं, क्या पिता ने भी वैसा ही करना तो शुरू नहीं कर दिया है?” उषा प्रियंवदा की कहानी ‘वापसी’ का विलोम

रचता है 'पिता' कहानी का नैरेटर जहाँ सम्बन्ध की स्वीकृति ही नहीं, उसे अमूल्य निधि की तरह सहेजे रखने की चिन्ता भी है। "उसे पिता के बूढ़ेपन का ख़याल आने पर सिहरन हुई। फिर उसने दृढ़ता से सोचा, पिता अभी बूढ़े नहीं हुए हैं। उन्हें प्रति क्षण हमारे साथ-साथ जीवित रहना चाहिए, भरसक।" इस निर्लिप्त आवेगहीन नैरेटर ने मेरे भीतर खलबली मचा दी है—तो मैं अकेली नहीं हूँ जो दिन-ब-दिन बुढ़ाते पिता (माँ भी) की ओर बेआहट बढ़ती मौत की पदचापों को सुन कर रात-रात भर अँधेरे से लड़ती रहती हूँ। प्रार्थना में ढल कर सम्बल बनती यह चिन्ता सम्बन्धों को मजबूत करने की डोरी ही तो है। लेकिन क्या कहानी निरी इतनी है? ऐसा होता तो नैरेटर के पिता का व्यक्ति-चरित्र मेरे पिता का चित्र बन कर वर्ग-चरित्र में न ढल जाता। क्या यह महज संयोग है कि हम दोनों के पिता 'जीवन की अनिवार्य सुविधाओं से चिढ़ते हैं' हमारे (वयस्क सन्तान) द्वारा लायी गयी चीजों की श्रेष्ठता से कभी प्रभावित नहीं होते, बल्कि अपने अर्जन में सन्तोष कर कहीं हमारे अहं (केयरिंग सन्तान होने का दम्भ) पर चोट पहुँचाते हैं? या पिताओं का वर्ग ही ऐसा होता है—वत्सल और निरंकुश एक साथ? मैं सोच में डूब जाती हूँ कि वह कौन सी ताकत या उत्प्रेरणा है जो अधेड़ होते पुत्र को अपनी सन्तान के सामने हू-ब-हू पिता के नैन-नक्श के साथ पेश करती है? ज्ञानरंजन कहानी में अन्तर्ध्वनियों को गूँथते हैं, उनका खुलासा नहीं करते। इसलिए अनुत्तरित मौन के साथ जब कहानी पाठक की चेतना पर दस्तक देती है, तब इन सवालों के साथ निपटना और उनका जवाब ढूँढ़ने के लिए व्यवस्था के मनोविज्ञान से टकराना उसकी मजबूरी बन जाता है। पड़ताल की प्रक्रिया में वह जान जाता है कि पिता की ही तरह माँ से भी ढेरों शिकायतें हैं उसे। माँ की करुण आँखें, हरदम घबराई-ममताई मुद्राएँ, चौकन्नापन और बेबसी, अपने को तिल-तिल मार कर बच्चों का हर सुख बचा लेने की व्यग्रता बचपन में भले ही उसे सुरक्षा और सुकून देते हों, युवावस्था में अपराध-बोध की सृष्टि करते हैं—माँ का भावनात्मक शोषण करने या उसकी मानवीय शख़्सियत की अवमानना करने से उपजा अपराध-बोध। 'यू वुमैन!' 'सम्बन्ध' कहानी का नैरेटर मानता है कि दाँत पीस कर बड़बड़ाई गयी इस गाली में माँ से मुक्ति की कामना छिपी है—जिस तरह बचपन में आपकी माँ मर गयी थी, मेरी भी मर गयी होती तो बहुत सी बेहूदा स्थितियों से मेरा भी बचाव हो जाता।'' (सम्बन्ध)

उल्लेखनीय है कि 'शेष होते हुए' कहानी में भी माँ के प्रति प्रत्यक्षतया उँडेली जा रही उत्कट हिकारत में अपनी अकिंचनता से उत्पन्न अपराध बोध की ग्रन्थि छुपी है। मझले जानता है कि सात सदस्यों वाले इस घर के भीतर जगह-जगह कई 'घर' उग आये हैं, और इन 'घरों' के इर्द-गिर्द ऊँची मजबूत दीवारें उठाने में सभी कोई कोर कसर नहीं छोड़ रहे हैं। अकेली माँ है जो रोज इन दीवारों को ढहा कर घर को 'सबका' घर बनाने की जी-तोड़ मेहनत कर रही है। सबके साथ जुड़ी और

सबको एक साथ जोड़ लेने को आतुर माँ सबकी चिन्ता में दुबली होती जा रही है और सबको एक-दूसरे की चिन्ताओं में शरीक होने की दुर्बल कोशिशें कर रही है। माँ की इन 'खतरनाक' गतिविधियों से खौफजदा है मझला। फिर भी यदि माँ की आँखों में झाँकने की मजबूरी न हो [1]तो माँ क्षम्य भी है और सह्य भी। शायद इसलिए कि माँ ऐसी खूँटी है जिस पर पिता सहित परिवार का हर स्दस्य अपना असन्तोष आसानी से टाँग कर स्वयं को भारमुक्त कर सकता है। लेकिन पिता के साथ ऐसा करना सम्भव नहीं। पिता से भी कहीं ज्यादा बड़ा है पिता का श्रेष्ठता दंभ। परिवार के अर्जक, पोषक, कर्त्ता, स्वामी होने के अहं ने उन्हें हमेशा अपने को सर्वश्रेष्ठ और सर्वोच्च होने का अहसास दिया है। वे निरंकुश आचरण करें न करें,[2] अधिनायकवादी तत्व बहुतायत में उनके व्यक्तित्व की संरचना में सक्रिय रहे हैं। पत्नी और बेटियों से उन्हें असुविधा नहीं क्योंकि 'औरत' होने का प्रशिक्षण पाकर वे न अहं का अर्थ समझती हैं, न अर्जन का सुख।[3] प्रतिद्वन्द्वी है बेटा जिसे उन्होंने स्वयं अपनी ही तरह अर्जक, पोषक, कर्त्ता और स्वामी होने का प्रशिक्षण दिया है और अब एक म्यान में दो तलवारें आ पड़ने की स्थिति में अपने-अपने स्थान के लिए 'शीत युद्ध' चलाये जा रहे हैं दोनों—सहानुभूति और असन्तोष के परस्पर विरोधी भावों से बिलबिलाते हुए। जब तक पितृसत्तात्मक व्यवस्था लैंगिक विभाजन के बहाने पुरुष को अधिनायक बना कर मनुष्य न बनने का प्रशिक्षण देती रहेगी, तब तक अपने-अपने अहं का बघनखा लेकर पिता-पुत्र एक-दूसरे को घायल करते स्वयं भी घायल पड़े रहेंगे। जाहिर है अकेलापन और आत्मनिर्वासन पिता का अपना चुनाव है, उन पर लादी गयी स्थितियाँ नहीं। गूढ़ प्रतीकार्थ की सृष्टि करते हुए वे उस सामन्तवादी मानसिकता का प्रतिरूप बन जाते हैं, जो 'हाइरार्की' को सम्बन्धों की अपेक्षा वरीयता देकर शिखर पर अकेली रह जाती है। ठीक इसी तरह 'फेंस के इधर और उधर' कहानी का अन्तर्पाठ कहानी को न पड़ोसी के घर की ताक-झाँक की मध्यवर्गीय कोशिश का रूप देता है, न दो भिन्न जीवन-दृष्टियों का तुलनात्मक अध्ययन करते हुए किसी एक के पक्ष में खड़े होने का भाव। यह कहानी निःसंगता के नीचे खदबदाती व्याकुलता की कहानी है जहाँ पड़ोसी लड़की के बरक्स पम्मी और भाभी, तथा पड़ोसी पिता के बरक्स नैरेटर के पिता के परस्पर विरोधी युग्म पितृसत्तात्मक व्यवस्था की आधारभूत संरचना और उसके दुष्प्रभावों को समझने का विवेक देते हैं। सिर्फ शिक्षा नहीं, मेंटल रि-ओरिएंटेशन भी घेराबन्दी कर डालने वाली किसी भी व्यवस्था को प्रश्नांकित करने और बदल डालने की ताकत रखती है। स्त्री को 'माल' समझने का भाव अपने मन में होगा तो घर के आँगन में खेलती बेटी भी अपहृत कर लिए जाने वाले कीमती सामान की तरह जिम्मेदारी और असुरक्षा का सबब बनेगी; अपने ही भीतर का भय बहू-बेटियों को भय के साये में बाँधे रखने की दुश्चिन्ता देगा; अपनी ही लम्पटता उन्हें सड़क के शोहदों से बचाने की फिक्र

में तालाबन्द सुरक्षा के एकमात्र विकल्प में कैद करने की विवशता बनती होगी। इस पिता/पुरुष की नज़र में हर युवक लम्पट है और हर लड़की मौका मिलते ही बदचलनी करने को तैयार। इसलिए पिता/संरक्षक होने के नाते सन्तान (पुत्र व पुत्री दोनों) के चरित्र और व्यक्तित्व का निर्माण करने की स्वस्थ चिन्ता से कहीं ज्यादा पुत्री (अपना बेटा लम्पट नहीं होता, ठीक उसी तरह जैसे दूसरों की बेटी 'माल' होती है) के चरित्र[4] को बचाये रखने की व्यग्रता उन्हें पहरेदार या पुलिस कांस्टेबल की भूमिका में उतारती है। इसलिए परिवार की स्त्रियाँ 'बाहर भी डरती हैं और घर में भी'; भाई के दोस्तों को 'आवारा हिंसक जानवर' मान कर सामना होते ही अपने में गुड़ीमुड़ी हो जाती हैं; और जीवन-जगत की समस्याओं और सरोकारों से जुड़ने-जूझने की बजाय चूल्हा-चौका, मौसम-मच्छर, प्रजनन-शिकायतों में रम कर भरी-पूरी ज़िन्दगी को शून्य की परिक्रमा करते हुए काट लेती हैं। लेखक जानते हैं कि हर घर का अन्तःपुर ऐसी ही डरी हुई लड़कियाँ पाकर धन्य हो उठता है। पड़ोसी लड़की जैसी बेखौफ अलमस्त उन्मुक्त लड़की उनकी 'बंदी रियाआ' के लिए खतरा हो सकती है, इसलिए उसकी बदचलनी की कहानियाँ प्रचारित कर वह बिना लड़े ही बड़ी जंग जीत लेता है। लेखक यह भी जानते हैं कि पितृसत्तात्मक व्यवस्था से दीक्षित दोनों लिंग अपनी-अपनी भूमिकाओं का मुस्तैदी से निर्वहण किये जा रहे हैं, लेकिन यह विचार नहीं करते कि फेंस के उस पार शिक्षा और वैचारिक उदारता के आलोक में जो 'मनुष्य-लोक' है, वहाँ क्या आपसी विश्वास, सद्भाव और सम्बन्धों का मजबूत, बेहतर आधार नहीं? यदि पितृसत्तात्मक व्यवस्था यथास्थितिवाद और वैचारिक संकीर्णता की पोषक है तो उसके चंगुल से मुक्त होने के लिए क्या खुद अपने भीतर बैठी सुविधाभोगी सामन्तवादी मानसिकता से लड़ना जरूरी नहीं?

सादगी ज्ञानरंजन की कहानियों की अप्रतिम विशेषता है। अक्सर यह सादगी आडम्बरहीन सपाटबयानी के रूप में अभिव्यक्त हुई है जहाँ न घटनाओं का मुखर घात-प्रतिघात है, न स्थितियों का द्वन्द्वात्मक टकराव। एक सीध में चलती इन कहानियों में चरमोत्कर्ष का आरोहण नहीं, बल्कि तथ्य तो यह है कि ये कहानियाँ क्लाइमैक्स के बाद के गतिहीन शैथिल्य के बीच से गुजर कर देखे हुए जीवन को देखने का नाट्य करती हैं। इसलिए कहानियों की सादगी अनुर्वर नहीं, वक्रता और व्यंग्यात्मकता से भरपूर है जो अनन्त धीरज के साथ ठहरी हुई ज़िन्दगी के भीतर दबे स्पन्दनों को सुनती-उकेरती हैं। इन कहानियों में चित्रित जीवन प्रायः घटनाविहीन है (अनुभव) या इतनी गहरी निरुद्विग्नता कि घटनाओं का अप्रत्याशित गति से घटना भी चौंकाता नहीं (सम्बन्ध)। हलचल और उत्साह से हीन ये कहानियाँ बेरोजगारी और पारिवारिक विघटन से जूझते मध्यवर्गीय युवक (जिसकी उम्र अमूमन हर कहानी में अट्ठाईस साल है) के अवसाद और अनास्था की कहानियाँ जान पड़ती हैं जिसके लिए "अच्छा खाना, अच्छा बिस्तर, आराम और दूसरी बहुत सी सहूलियतें" मिलने के

बावजूद घर 'घर' न हो कर 'आश्रम' है। घर/आश्रम के प्रति हिकारत इतनी प्रबल है कि बार-बार एक ही सवाल दोहराए जा रहा है, "इस तरह की स्पन्दनहीन जगहें अब तक क्यों और कैसे बची हुई हैं?" (अनुभव) इस युवक के लिए पच्चीस वर्षीय छोटे भाई के लापता होने की सूचना और आत्महत्या करने की आशंका (सम्बन्ध) महज एक खबर है जिसके आरपार श्रद्धांजलिस्वरूप भाई की स्मृतियों को घड़ी दो घड़ी जीने का उपक्रम रचा गया है। ज्ञानरंजन का नैरेटर अपने सर्जक की तरह बेहद कौशल और संयम के साथ एक-एक कर अपने पत्ते खोलता है। तीन साल से नौकरी की असफल तलाश में असमय 'बुढ़ा' गये भाई को लेकर करुणाविगलित नहीं होता नैरेटर, बल्कि चाहता है कि वह "आत्महत्या कर ले और एक बहुत ही घिसटती हुई निर्मम समस्या का समाधान हो जाये।" यह न क्रूरता है, न सम्बन्धहीनता से उपजी संवेदनहीनता, और न ही कठोर यथार्थ से पलायन। यह सामाजिक-आर्थिक-राजनीतिक व्यवस्था के बर्बर चेहरे पर करारा तमाचा है जो अपने नागरिकों को वर्तमान और भविष्य की रक्षा के लिए बुनियादी जरूरतें जुटाने और न्यूनतम मानवीय गरिमा को बचाये रखने का अवसर तक नहीं देतीं। ज्ञानरंजन रोमान, आदर्श और भावुकता जैसी किसी भी लिजलिजी चीज से प्रभावित हुए बिना अपनी कहानियों में एक मारक निस्पृहता के साथ दो परस्पर विरोधी बातें संग-संग रख देते हैं। चूँकि उनकी शैली में चीर कर रख देने वाली ठंडी निःसंगता है, इसलिए वे परस्पर विरोधी बातें अन्तर्द्वन्द्व से जूझते एक ही पात्र की दो मनःस्थितियाँ नहीं लगतीं, बल्कि पाठक की स्मृति को भ्रमित करने या नायक को पुनर्सर्जित करने की लेखकीय युक्तियाँ अधिक लगती हैं। जैसे 'घर' के नाम से बिदकने वाले नैरेटर का बार-बार दावा करना कि उसे अपने शहर से 'घातक लगाव' है (अनुभव) या आत्महत्या की पैरवी करते नैरेटर (आत्महत्या) का 'एक सार्थक आत्महत्या' करने का प्रयास ताकि युगों-युगों तक वह अमर रहे। ज्ञानरंजन एक चौकन्नी सादगी के साथ इन युक्तियों को कहानी में पिरोते हैं क्योंकि इन्हीं के जरिए वे सतह पर दीखते अर्थ को धकिया कर उसमें गहरे व्यंग्यार्थ की निष्पत्ति करते हैं। तब 'आत्महत्या' और 'सम्बन्ध' कहानियाँ साथ-साथ पढ़ने पर जिजीविषा और आत्मसार्थकता की तलाश की कहानियाँ बन जाती हैं—मौत से पहले जीवन को कुछ सार्थक, कुछ अमूल्य दे जाने के विश्वास की कहानियाँ, जीवन को समृद्ध करते सम्बन्धों को बचाने की कहानियाँ।

ज्ञानरंजन की विशेषता है कि उनका नायक चहलकदमी करते हुए इस कहानी से उस कहानी की ज़मीन पर आराम से चला आता है। इसलिए उनकी हर कहानी स्वायत्त होते हुए भी एक-दूसरे से बहुत गहरे सम्पृक्त है। जैसे 'यात्रा' कहानी के साथ जुड़ी हैं 'अनुभव', 'शेष होते हुए' और 'सम्बन्ध' कहानियाँ। अन्तिम तीन कहानियों की फिज़ा में तैरता पारिवारिक सम्बन्धों के प्रति अवज्ञा और उपेक्षा का प्रबल भाव 'यात्रा' में मानो आत्मसमर्पण कर देता है। यह यात्रा दम्मो दा की मृत्यु

पर मातमपुर्सी के लिए की जाने वाली यात्रा नहीं, आत्मसाक्षात्कार की संश्लिष्ट यात्रा है जहाँ एक-एक कर सामाजिक मर्यादाओं के कृत्रिम आवरण फेंकते हुए नैरेटर अपने को डिस्कवर करता है। आवरण की क्रमिक प्रक्रिया में स्वयं को 'नये' (नग्न?) रूप में देख पहले-पहल वह आतंकित है, शर्म और ग्लानि से अपने से भी मुँह चुराता हुआ। "जिस व्यक्ति का मृतात्मा से लम्बा दिली रिश्ता रहा हो, उसके लिए ऐसे समय में समोसा भकोसना या उसकी इच्छा मात्र ही करना चांडालपना नहीं तो और क्या है?" (यात्रा) वह अपने 'लोभी' 'भूखे' मन को धमका कर सुसंस्कृत बनाये रखना चाहता है लेकिन घर लौटने का रोमांच उसे ढीठ और निर्लज्ज बनाये जा रहा है। "अगले स्टेशन पर मैंने संतरे खाये"– मानो अँगूठा दिखा-दिखा कर वह व्यक्तित्व पर आरोपित व्यवहार की सारी कृत्रिमताओं को चिढ़ा रहा है। लो, और सुनो, मृतक की याद में ऊभ-डूब का चेहरे पर मुर्दनी पोतने का विचार 'मुझे अप्रिय सा लगने लगा है।' अलबत्ता यह विचार उसके रोम-रोम में रोमांच भर रहा है पिछली बार घर के सामने वाली जो सड़क मरम्मत के लिए खुद रही थी, उस पर चलने का सुख अब कुछ ही घंटे दूर है। नैरेटर के लिए मृत्यु, कलेजे में उठती टीस की हिलोर, अतीत में बहा ले जाने वाली स्मृतियाँ सब सच हैं, लेकिन इनसे भी बड़ा सच है मृत्यु पर विजय-पताका फहरा कर अबाध गति से आगे बढ़ता जीवन। फिर वह अपने पैरों को पीछे क्यों धकेले? जीवन का सत्कार मृत्यु के स्वीकार के बाद ही सम्भव है, अन्यथा भय-ग्रन्थि बन कर मृत्यु जीवन को बुनते गति और उल्लास के पलों को कुतरती रहती है। "अस्तित्व की रक्षा की मानवीय क्रियाओं को कमीनगी समझना उचित नहीं है"–जीवन के प्रति आस्थावान है लेखक/नैरेटर; जीवन जो परिवार और समाज के बीच सम्बन्धों से पगी सुरक्षा और विश्वास देता है;[5] जीवन जो अपने आप को 'मनुष्य' के सन्दर्भ में चीन्हने और पाने का संवेदनात्मक विवेक देता है। तब सामाजिक आडम्बर पाखंड बन जाते हैं और नैतिक/मूल्यधर्मी प्रतिमान जड़ताओं का जखीरा जो समग्र मनुष्य को जाँचने की कुव्वत न होने के कारण अंग भंग कर उसकी विकलांगता को ही पोषित करते हैं। इसलिए नैरेटर जब अपने पाखंडहीन वास्तविक चरित्र से साक्षात्कार कर 'लोक' से भिन्न होने की प्रतीति में किंकर्त्तव्यविमूढ़ खड़ा है, उसके भीतर का मनुष्य हौसला बँधाने आगे आता है कि "करुणा तुम्हारी छाती के अन्दर उस तरह से अदृश्य रहा करती है जिस तरह से पहाड़ों के पेट में जल।" ज्ञानरंजन भीतर के इस मनुष्य को जिलाने और प्रतिष्ठित करने के कहानीकार हैं। इसलिए यहाँ हाय-हाय का क्रन्दन नहीं, रुक कर स्थितियों पर विचार करने का निमन्त्रण है। जाहिर है क्रॉस वेरिफिकेशन की प्रक्रिया में कठघरे में व्यवस्था को रखने का सुख नहीं, अपने अन्दर के अभियुक्त से शातिर वकील की तरह तीखी जिरह करने की जरूरत है।

व्यंग्य ज्ञानरंजन की कहानियों में प्राण की तरह विन्यस्त है। वह चेखव की

कहानियों की तरह टीस बन कर नहीं उमड़ता, मनुष्य और समय के सन्दर्भ में एक-दूसरे को जाँचने का अवसर देता है। 'घंटा' कहानी में तथाकथित बुद्धिजीवियों के भीतर पलती तृष्णाओं और मरीचिकाओं का मखौल उड़ा कर उन्हें कैरीकेचर के रूप में प्रस्तुत जरूर किया गया है,[6] लेकिन उनकी अपमान की एक भी गर्हित कोशिश नहीं करते ज्ञानरंजन। इक्कीसवीं सदी के कथा लेखन[7] से भिन्न वे हर पतन और विघटन के लिए 'मैं' को जिम्मेदार मानते हुए अपना कैरीकेचर खुद रचने का सामर्थ्य रखते हैं। 'बहिर्गमन' में अलबत्ता व्यंग्य की उजास को अपनी ही आँखों में धूल झोंकती आत्मप्रवंचना के शेड में रंग कर एक नया ही रूप दिया है ज्ञानरंजन ने जहाँ विश्लेषण और उद्‌बोधन काफी मुखर होकर कहानी से बाहर छलक आये हैं। 'बहिर्गमन' इस अर्थ में उनकी विशिष्ट कहानी है कि पारिवारिक सम्बन्धों की परिधि से बाहर निकल कर वह एक नये बनते हुए समय, समाज और संस्कृति के साथ व्यक्ति के सम्बन्ध के बनने और इस प्रक्रिया में अपनी जड़ों से कटते चले जाने के बृहत्तर सन्दर्भों को समाविष्ट करती है। बेशक 'अनुभव' कहानी का पाठ 'बहिर्गमन' की पूर्व पीठिका के रूप में भी किया जा सकता है जहाँ दबे पाँव चल कर आती उपभोक्तावादी संस्कृति (जिसे लेखक ने शहर में घूमते 'सुदर्शन चक्र' का नाम दिया है) धीमे-धीमे अपने को अनावृत्त करने लगी है। बिना किसी विद्वेष के ज्ञानरंजन नैरेटर के जरिए सूचना देते हैं कि अब उनका शहर काफी सुन्दर होता जा रहा है क्योंकि "अच्छी अमरीकन पैटर्न की इमारतें बन गयी हैं।" (अनुभव) शहर से 'घातक लगाव' होने के कारण शहरवासी भी उनके आत्मीय हैं, इसलिए बिना किसी धिक्कार के वे जहाँ-तहाँ सुनी उनकी बातें उद्‌धृत कर देते हैं, बस, कि "मैं तो पुराने शहर की तरफ जाता ही नहीं। वहाँ मेरा दम घुटता है।... भीड़ में जीवन की उत्तेजना नष्ट हो जाती है।... अंग्रेजों के समय अच्छा था जब सिविल लाइंस में हिन्दुस्तानी घुसने नहीं पाते थे। असली बात यह है कि इन लोगों को ज्यादा आजादी दी तो ये इतने असभ्य हैं कि बीच सड़क पर ही हगने लगेंगे।" लेखक उत्तेजित नहीं है, लेकिन उसकी निःसंग टिप्पणियाँ सन्दर्भों से जुड़ते ही व्यंग्यात्मक हो उठती हैं। उल्लेखनीय है कि यहाँ व्यंग्य घन बन कर सीने को चोटिल नहीं करता, अभियोग बन कर चेहरे पर कालिख पोत देता है। यह विषमतावादी आत्मरतिग्रस्त उद्धत स्वर क्या किसी मनुष्य का हो सकता है जो आभिजात्य में ढकी हैवानियत में लहालोट हो इतराये जा रहा है? क्या यह उसके आत्मदैन्य और असुरक्षा बोध का ही प्रदर्शन नहीं जो चारों ओर स्फीत अहं की बाड़ाबंदी करके अपने को बचा लेना चाहता है? लेकिन क्या बाड़ाबंदी सिर्फ जानवरों की नहीं की जाती जिनका न अपने मस्तिष्क पर अधिकार है, न अन्तःकरण में सिमट कर बैठे विवेक, संवेदना और कल्पना के सर्जनात्मक उपकरणों का ज्ञान? तो क्या बाड़े में बन्द इन्हीं 'मनुष्य-जानवरों' का 'चारा' है उपभोक्तावादी संस्कृति?

'अनुभव' कहानी ज्ञानरंजन की दुधारी तलवार है। एक ओर अनुभव की प्रामाणिकता का नारा लगा कर अपनी पैठ बनाने वाली 'नई कहानी' का मजाक उड़ाती दीखती है तो दूसरी ओर विकास की जगमगाहट के पीछे छुपे घुप्प अँधेरों को समय रहते पहचानने का आग्रह भी करती है– "उद्योग और वाणिज्य बड़े बहुरंगी उत्पादन पेश कर रहे हैं। उनकी मदहोशी को तिलिस्मी लखलखा भी नहीं उड़ा सकता।" ज्ञानरंजन की आर्त्त पुकार में चौकन्नेपन का मिकदार कुछ ज्यादा ही है। इसलिए कहानी इन अँधेरों से उपजे और त्रिशंकु की तरह अधर में लटके 'नये युवक' पर फब्तियाँ कसती है जिसके लिए लोगों का अस्तित्व अपने 'होने' के साथ जुड़ा हुआ नहीं है, बल्कि उन्हें उल्लू बना कर अपना उल्लू सीधा करने के लिए है। "अच्छा खासा साढ़े पाँच फुटा आदमी ऐसी नींद ले रहा है जैसे गर्भाशय में पिंड।" फब्तियाँ कसते-कसते वे संजीदा हो गये हैं और गमगीन भी। क्या मदहोश नयी पीढ़ी नयी चुनौतियों का नयी ऊर्जा और दृष्टि के साथ सामना कर पायेगी? 'अनुभव' कहानी का हताशा के नोट के साथ हुआ अन्त चौंकाता है। आस्था (आशा, विश्वास और कर्मनिष्ठा का संयुक्त रूप) के सहारे सारे विचलनों-विघटनों से दो-दो हाथ कर लेने वाला कहानीकार क्या आत्मग्लानि और बेहयाई की परिधि में घूमती मतवाली नयी पीढ़ी से निराश हो गया है? तो क्या रपटीली ढलानों से लुढ़कते वक़्त को थाम कर गरिमा देने वाला कोई नहीं? लेखक के पास अब सिर्फ बेचैन सवाल हैं और आगे के वक़्त को सूँघ लेने की पैनी घ्राण शक्ति। तब ताज्जुब नहीं होता कि आठवें दशक में रची गयी कहानी समय का लम्बा अन्तराल पाटते हुए इक्कीसवीं सदी के ग्लोबल समाज का मनोविज्ञान कैसे जान सकी।

'तुम जू में रह सकते हो, इस देश में नहीं... यहाँ रहना अपने को किल करना है।" 'अनुभव' का नाक भौं सिकोड़ता नाराज नागरिक 'बहिर्गमन' में आकर मनोहर नाम ले लेता है। देश (दिल्ली) को चिड़ियाघर से भी बदतर किसी जगह की संज्ञा देने वाला मनोहर पहले-पहल इसी देश (दिल्ली) में आने के लिए 'मरा' जा रहा था। तब कस्बा उसके पैर की बेड़ी था ("पिछड़ी और मरी हुई जगह") और आँखों में अनन्त आकाश समाया हुआ था। टुकड़ा भर आसमान पाकर कैसे सन्तुष्ट होता वह? आत्मविकास की ललक यदि आत्मविस्तार का सकारात्मक रूप लेकर व्यक्ति और समाज से नहीं जुड़ती तो वह अपने को सिकोड़ कर लालसाओं की धधकती भट्ठी में बन्द कर लेती है जहाँ मनुष्यत्व की मौत अवश्यम्भावी है। दरअसल लोभ के मायावी लोक में घुसने के बाद उससे बाहर निकलना सम्भव नहीं होता। भीतर कितनी ही सुरंगों और तिलिस्मी लोकों की रचना करते हुए वह व्यक्ति को उसके आधार – मनुष्य लोक – से इतनी दूर ले आता है कि रेंगते-रपटते वह खुद अपनी असली योनि भूल जाता है। जाहिर है 'बहिर्गमन' कहानी सारी व्यंजनाओं को पैनाते हुए इस 'कृमि-कीट' के बाहर निकलने की कथा नहीं कहती, इसी में गहरे डूब-लिथड़

कर 'सुख' पाने के दारुण सत्य को रचती है। अपने विवेक का सदुपयोग करने की बजाय मनोहर "सीधे मुनाफे की तरफ चला गया... वह तिकड़मी होता गया और उसकी अभूतपूर्व आक्रामकता की गर्दन टूटती गयी"। लेखक परेशान है कि ऐसे 'बोदे' या 'गिद्ध' आदमी के पीछे 'एक अच्छा-खासा अहो-अहो दल' कैसे जुट गया? तो क्या पूरी की पूरी पीढ़ी ही 'मनोहर' हो गयी है? 'छाती में मानवता का दर्द और मुँह में लोकतन्त्र की चुसनी' लिए ये लोग समूची मनुष्यता के कत्ल की साजिश क्योंकर रच रहे हैं? जनता क्या इतनी नादान है कि इनकी हर कुटिल चाल पर 'मूंड हिला कर हाँ करे और हुक्का गुड़गुड़ाने' लगे? क्या "अपनी रोजमर्रा की ज़िन्दगी में सोए हुए से चुपचाप और शान्त चल रहे लोग' अपनी यथास्थितिवादी मानसिकता के कारण युगीन पतन के लिए उतने ही जिम्मेदार और अपराधी नहीं जितने मनोहर सरीखे लोग? एक कठिन कठोर मुद्रा अपना कर ज्ञानरंजन किसी भी निष्क्रिय-नकारात्मक ताकत को क्षमा नहीं करते। "पुख्ता आदमी बनने की अभिलाषा लेकर पिछले पच्चीस वर्षों से कछुआ" बने नैरेटर पर भी क्षुब्ध है लेखक। क्या शून्य में तब्दील होने की यह निरर्थक निष्क्रियता आत्महत्या का ही पर्याय नहीं? 'पुख्ता आदमी' की पहचान उसकी संघर्षशीलता और रचनात्मक हठ में निहित है, हाशिए पर आकर अदृश्य होने में नहीं। क्या इसीलिए नगर पर 'वनमानुषों' और 'गिद्धों' का कब्जा होने लगा है? मनोहर हिकारत से इस देश को 'सूअर और गधों का देश' कहता है। तो क्या अपनी ही बेखबरी में अलमस्त 'सूअर और गधे' ही इस देश में बचे रह जायेंगे? 'गिद्ध और वनमानुष' बहिर्गमन कर अपनी रमणीक दुनिया अलग बसा लेंगे?

'मैं' ज्ञानरंजन का नैरेटर जरूर है, किन्तु वह उनसे दुलार और सहानुभूति नहीं पाता। उसकी अकर्मण्यता उन्हें तिलमिलाती है, लेकिन उसकी संवेदनशक्ति, पर्यवेक्षण क्षमता और विवेकशीलता के कारण वे कहीं आशान्वित भी हैं और उसे 'जगा' डालने हेतु जब-तब उसका उद्‌बोधन भी करते रहते हैं। वे उसे निरन्तर मनोहर के सम्पर्क में रखे हुए हैं, दोस्त होने के भ्रम के नीचे दबी सेकेंड रेट सिटिजन होने की असलियत के साथ। मनोहर को 'टूटा हुआ पत्ता' के रूपक में बाँध कर वे उसे बताते हैं कि 'अपनी जगह बेमिसाल होती है'; कि मनोहर का छोड़ना छूटने की करुणा' जैसा नहीं है, न ही 'छोड़ना छप्पर और पेट की मजबूरियों में उजड़ जाने जैसा' है, बल्कि वह 'गुमनाम लोभ से पराभूत, अज्ञात दुनिया के प्रति चमत्कृत एक बेबुनियाद भागमभाग' है। गाँव से शहर, शहर से महानगर, महानगर से 'महादेश'—वे उसे समझाते हैं कि तृष्णाओं को जीत न ले आदमी तो मनोहर से सोमदत्त बनने की दौड़ में कतरा-कतरा कुतरता रहता है अपने वजूद को। आज के दौर में उपभोक्तावाद के दुष्प्रभावों पर रची गयी कई बेहतरीन कहानियों के साथ बेशक 'बहिर्गमन' की तुलना करना सही नहीं, लेकिन इतना तय है कि उपभोक्तावादी संस्कृति के प्रभावों

की अपेक्षा यह इसकी प्रकृति और नीति को सतह पर लाती है। सामन्तवाद और पितृसत्तात्मक व्यवस्था की तरह भेदभाव (डिस्क्रिमेशन) और विषमता को आधार बना कर चलती है उपभोक्तावादी संस्कृति। पैसा, स्टेटस, ग्लैमर, वर्जनाहीन उच्छृंखल जीवन, मूल्यहीनता – डिस्क्रिमेशन के प्रतिमान हैं जो 'जूझते हुए लोगों' को 'मूर्ख' का खिताब दे दरकिनार कर डालते हैं। जड़ों से कटे अधर में लटके हर भगोड़े को नायक बना कर पूजने वाली इस संस्कृति में न राम-रावण के मूल्यधर्मी बुनियादी भेद हैं, न आजादी[8] के साथ अनिवार्यतः जुड़ी आत्मानुशासन की पाबन्दी। व्यक्ति को हवा की तरह निर्बाध-निर्बन्ध बनाने की जुगत में यह उसे शाख से झरे सूखे पत्ते की तरह जहाँ-तहाँ उड़ाये जा रही है। कहीं भी बो कर, कहीं भी उगाने, और कहीं भी काट लेने का दर्शन देती उपभोक्तावादी संस्कृति ने उसे ग्लोबल भी किया है और 'अपनी भाषा', 'अपना धर्म', 'अपना क्षेत्र' के नॉस्टेल्जिक व्यामोह में खींच कठमुल्ला भी बनाया है। (क्या इन दिनों हो रहे सारे आन्दोलनों के मूल में अपनी 'मैं' का ही घिनौना प्रदर्शन नहीं?) कमिटमेंट और संघर्ष जैसी चीजें यहाँ प्रतिबन्धित हैं। द्रष्टा के भीतर उगे विवेक, संवेदना और विज़न को जब्त कर और उस रिक्त स्थान पर यांत्रिक जुमलेबाजी को आरोपित कर वह उसे 'दर्शक' की भूमिका में उतार रही है– जल में कमलवत् रहने की दार्शनिक ऊँचाइयों का मुलम्मा चढ़ा कर। "जुड़ोगे तो भागोगे। लोगों को पहचानने में व्यर्थ वक़्त जाया न करो।" (अनुभव)-जीवन का मूलमंत्र हो तो 'स्व' से बड़ा और कौन? नहीं, पतन का यह कुत्सित राग और देर तक नहीं छेड़ सकते लेखक। "(मैं) एक नौजवान आदमी के इस अन्त का समारोह नहीं मना सकता था"–मनोहर के बहिर्गमन में उसके व्यक्तित्व, समय और समाज के विकास की समस्त सर्जनात्मक सम्भावनाओं का निषेध देखते हैं ज्ञानरंजन। यह पलायन है और पलायन आत्म-पराजय और आत्मघात का मुखर स्वीकार है।

ज्ञानरंजन इस अर्थ में रचनात्मक कहानीकार हैं कि वे रोने, गरियाने और सरापने वाले 'मैन्युफैक्चर्ड' कहानीकार का विलोम प्रस्तुत करते हैं। बेशक जड़ता में सुख ढूँढ़ते, यथास्थितिवाद को सांस्कृतिक विरासत मानते, विघटनशील ताकतों के दबाव तले कुचले जाते दिशाहारा मध्यवर्गीय शहरी युवक की कहानियाँ रचते हैं वे, लेकिन इस युवक में अपनी पराजय और पतनशीलता की निर्लज्ज उत्सवधर्मिता नहीं, अपने 'होने' के अर्थ को उदात्त सन्दर्भों में पाने की जिद है। जाहिर है उनकी कहानियाँ उपभोग की ज़मीन पर टिके मध्यवर्गीय युवक के स्खलन-विघटन, सपनों-आकांक्षाओं की कहानियाँ नहीं, तमाम अराजक और क्रूर परिस्थितियों के बीच से अपनी डगर आप बनाते संकल्पों और दायित्वों की कहानियाँ हैं। इसलिए ये कहानियाँ अर्थ को पाने और गुनने के लिए पाठक से जितनी गहरी तल्लीनता की माँग करती हैं, उतनी ही प्रकट निःसंगता की भी कि राग-द्वेष से परे वस्तुपरक दृष्टि से स्वयं को और परिवेश को जाँच कर सुधरने-बदलने की प्रक्रिया को वह भीतर-बाहर अनवरत

चलाये रखे। विराट को क्षुद्र में तब्दील कर देना या क्षुद्र के भीतर छिपे विराटत्व को प्रकट करना – सब अन्तर्दृष्टि पर ही तो निर्भर है जो सत्य की पहचान और कर्म के सौन्दर्य के साथ जुड़ कर मनुष्य मात्र के शिवत्व का सन्धान करती है।

सन्दर्भ

1. मझले के अनुसार मानो "माँ की आँखों में दर्द की एक शिला है जो अन्दर ही अन्दर उसे भेदती है" (शेष होते हुए, सपना नहीं, प्रतिनिधि कहानियाँ, पृ. 177) और 'सम्बन्ध' के नैरेटर के अनुसार "माँ की आँखें इस तरह की थीं जैसे खाल को चाकू से चीर दिया गया हो और लहू समाप्त होकर लपलपाती हुई सफेदी में बदल गया हो।" (प्रतिनिधि कहानियाँ, पृ. 75)
2. हालाँकि जिस तरह 'सम्बन्ध' का नैरेटर बात-बात पर पिता द्वारा हड़का/अपमानित कर दिये जाने की घटनाओं का जिक्र करता है और 'शेष होते हुए' के पिता मुद्दत बाद घर लौटे जवान बेटे को गले लगाने की आन्तरिक इच्छा का 'निषेध' कर खाँसी के सहारे उसका ध्यान आकर्षित करने की 'दयनीय' कोशिशें करते हैं, वे उनके विशिष्टि, वर्चस्ववादी और निरंकुश होने के प्रमाण ही तो हैं।
3. यानी पैसा कमाना भर नहीं, उस पैसे को धौंस और अहसान बना कर 'अपनों' की परवरिश में लगाना जिस शहादत भरे सुख की सृष्टि कर परिवार के मुखिया के मुख पर ओज और रोब की कान्ति फैलाता है, उसे 'बेचारी' औरतजात क्या जाने? हाँ, अति विकसित छठी इन्द्रिय के बल पर इतना जरूर जानती है कि अपनी कमाई को 'अपना' कह देने भर से ही कोर्ट-कचहरी-हवालात सब तुरन्त घर में ही मुहैया करा दिये जाते हैं। इसलिए भरण-पोषण के लिए 'दूसरों' पर निर्भर रहने के भाव को रोम-रोम में बसा कर रहे तो खुश रह सकती है, वरना कुलटाओं के साथ कौन गृहस्थी बसाना चाहता है?
4. ऐसे पिताओं के लिए चरित्रवान होने का अर्थ है सतीत्व की रक्षा। चरित्र यौन शुचिता के नैतिक प्रतिमानों के पार एक गहन सर्जनात्मक शक्ति है जिसे निरन्तर अर्जित और संवर्धित करते रहने पर ही जड़ताओं और विडम्बनाओं से अकेले अपने दम जूझने का साहस पाया जा सकता है– यह बात उनके लिए न समझने की है, न समझाने की।
5. "लगा कि घर पहुँच कर, लोगों से मिल कर उनकी मृत्यु की याद करते हुए मैं बहुत शक्तिशाली हो जाऊँगा। कोई तकलीफ नहीं होगी और धीरे-धीरे मिलने-जुलने की खुशी सब लोग महसूस करने लगेंगे।" यात्रा, प्रतिनिधि कहानियाँ, पृ. 103 तथा "मैं निडर उतरा और अपने को सुरक्षित महसूस किया। उनकी मृत्यु को सोच कर कभी-कभी जो अकेलापन छा जाता था, उसका नामोनिशान नहीं था। हलकी स्फूर्ति और दबंगई से मैं सामान उतरवाता रहा। यहाँ मुझे कोई डर नहीं, यह शहर मेरे काबू में है। यहाँ अगर मैं रो भी दूँ तो अफसोस की कोई बात नहीं।" वही, पृ. 103
6. "उखड़े होने के कारण लग सकता था, समय के साथ सबसे अधिक हम हैं, लेकिन हकीकत यह है कि बैठे-बैठे हम आपस में ही फुफकार लेते हैं, हिलते नहीं हैं" तथा "हमारे शरीर में लोथड़ों जैसी शान्ति भर गयी है। नशे की वजह से कभी-कभी थोड़ा-बहुत गुस्सा बन जाता है और आपसी चिल्ल-पों के बाद ऊपर आसमान में गुम हो जाता है।" घंटा, पृ. 104
7. उल्लेखनीय है कि प्रभात रंजन की कहानी 'फ्लैशबैक' हो ("दिल्ली के सांसद निवास में रहूँगा। ट्रांसफर-पोस्टिंग में पैसा बनाऊँगा। किस्मत चली तो रूस में लड़कों को मेडिकल-इंजीनियरिंग में दाखिला दिला कर कमाऊँगा ...न सही टाटा सफारी, टाटा सूमो तो खरीद ही लूँगा। समाजसेवा और उसके माध्यम से मेवा बनाने के अनेक रास्ते अपने आप निकलने लगेंगे।" 'जानकीपुल',

पृ. 22) या रवि बुले की 'एक असाहित्यिक की कथा' ("फिलहाल लिखने की छोड़ दे। पैसा बनाने की सोच। असली चीज वही है।... पैसा कमाने का मौका कभी-कभी आता है... वह निकल गया तो हाथ मलते रह जायेंगे।... पैसा बनता है हाथ की सफाई से।" पृ. 97), अथवा कुणाल सिंह की 'शोकगीत' ("मेरी उम्र महज पच्चीस साल है। मैं सिर्फ इश्तहारों को पढ़ सकता हूँ और लड़कियों के साथ फ्लर्ट कर सकता हूँ। या ज्यादा हुआ तो मल्टीप्लैक्स सिनेमा पर बहस कर सकता हूँ।" पृ. 18), अपने नायक से एक सुरक्षित दूरी बना कर लेखक उसके पतन की कथा रस ले-लेकर कहते हैं। जाहिर है इसलिए वे मात्र 'दर्शक' हैं या रिपोर्टर। द्रष्टा बन कर स्थितियों में हस्तक्षेप करना, अपना रचनात्मक प्रतिरोध दर्ज करना और यथार्थ का अतिक्रमण कर एक उदात्त भाव लोक की रचना करना उनके बूते का काम नहीं रहता।

8. 'घंटा' कहानी में पूरे समय नैरेटर के साथ मिल कर अपने 'मैं' का मजाक उड़ाने वाले ज्ञानरंजन 'बहिर्गमन' में बस एक बार ही खुल कर सहल होते हैं जहाँ फॉरेन रिटर्न्ड (परमादरणीय विशिष्ट व्यक्ति?) सोमदत्त की जुबानी अमरीका को 'बहिश्त' बनाने वाली 'आजादी' की कथा कहते हैं। आजादी की बात, जाहिर है, लड़कियों के सन्दर्भ में ही होगी। कल की दबी-कुचली लड़कियाँ प्रोग्रेसिव समाज में रह कर इतनी 'विकसित' हो गयी हैं कि कामातुर पति को वेश्या का फोन नम्बर देकर शयन कक्ष का दरवाजा बन्द कर लेती हैं या नन्दन कानन में चार 'ताजा' प्रेमियों संग प्रेम क्रीड़ाएँ करते हुए 'बासी' प्रेमी को गोली से उड़ा देती हैं। "दिल्ली में अब काफी आक्रामक गतिविधियाँ हैं और तनाव भी, और लड़कियाँ खूब दुस्साहसी, बुद्धिमान तथा आजाद हो चली हैं"—बादशाह पर जोकर फेंकते मनोहर की खिसियानी टिप्पणी का लुत्फ लेते हैं ज्ञानरंजन। लेकिन क्या हर हँसी निर्मल आनन्द की सूचक होती है?

प्रतिबद्धता का सर्जनात्मक गान

नॉस्टेल्जिया में भुरभुराती ऊर्जा और बीहड़ यथार्थ से टकराने का सख्त संकल्प!

शोध की निःसंग गहनता और पत्रकारिता का सनसनी फैलाता सतहीपन!

अपनी ही रची मृगमरीचिकाओं में उलझ कर दम तोड़ती आदर्शवादी रोमांटिक भावुकता और भविष्य को बुनने की आकुलता!

मैं हर वाक्य में अन्तर्विरोधों को गिना रही हूँ और ताज्जुब में हूँ कि संजीव के कथा-जगत में मुझे एक-दूसरे से ठन कर सवाल पूछते ये अन्तर्विरोध ही क्यों मिल रहे हैं? कहते रहें लोग कि अन्तर्विरोध अन्तर्निहित दुर्बलताओं की मुखर अभिव्यक्ति हैं या अस्पष्ट दृष्टि के साक्षी, लेकिन मैं तो ऐसा नहीं मान सकती न! अपने मानस-लोक में बहुत गहरे डूब कर जब चौतरफा आदमकद आईनों से लकदक कमरे में स्वयं अपने को निर्वसन देखता है मनुष्य तो घबरा कर आँख मूँद लेता है। गजब का निर्भीक हुआ और दुस्साहसिक रूप से ईमानदार भी, तो आँखें खोल कर सत्य का साक्षात्कार करता है, साक्षात्कार को संज्ञान बनाता है और उस संज्ञान को जीवन-यात्रा का लक्ष्य। अन्तर्विरोधों को झुठला कर सपाट ज़िन्दगी जी ही नहीं सकता आदमी। अन्तर्विरोध यानी उसके सपने और संस्कार, परिवेशगत दबाव और सर्जनात्मक सरोकार उसकी रपटीली ढलानों की ओर संकेत नहीं करते, वरन् उन बीहड़ घाटियों की ओर संकेत करते हैं जो अपनी पुख्ता गिरफ्त को पाताल तक धँसा कर गगनचुंबी पहाड़ों को थामने का हौसला पाते हैं। संजीव की कहानियों में आकाश की बाँहों में झूलते हिमाच्छादित पहाड़ों का दिखना अन्तर्विरोधों के सहारे वक़्त के बहुपरती संश्लिष्ट रूप को साफ-साफ पहचान लेना है।

लेकिन क्या यह कथन मानपत्र देती मुद्रा में अतिरेकी नहीं हो गया है? या कहीं लेखकीय वक्तव्य के तिलिस्म में धँसने के बाद वैसी ही चामत्कारिक 'रचना' करने का संक्रामक प्रभाव तो नहीं? कैसे तो सम्मोहक अन्दाज में संजीव लिखते हैं—"लिखना मेरे लिए चौबीसों घंटे की प्रक्रिया है—प्रश्न भी, समाधान भी; यातना भी है और यातना से उबरने का माध्यम भी; निपट एकान्त गुफा भी है और पछाड़ खाती झंझा में उतरने का साधन भी; हर पल तिल-तिल कर मरना भी है और मौत के दायरों के पार जाने का महामंत्र भी।" सच है तिलिस्म को तोड़ना कठिन होता है

और 'प्रिय लेखक' के रचे तिलिस्म को तोड़ना तो और भी कठिन क्योंकि तिलिस्म के झीने सूत्र के साथ ही बँधते हैं प्रगाढ़ रोमानी सम्बन्ध। "मेरे लिए साहित्य कोई निष्क्रिय बौद्धिक उत्पाद नहीं है"—संजीव कहते हैं। वे रचना कर्म में प्रवृत्त ही इसलिए हैं क्योंकि साहित्य "मनुष्य की ऊर्जा को मनुष्य के लिए इस्तेमाल करते हुए उसे मनुष्य बनाये रखता है।" जनधर्मी साहित्य एवं आन्दोलन पर अगाध आस्था के साथ वे अमेरिकी साम्राज्यवाद और बाजारवाद के मायावी दैत्य को पछाड़ देना चाहते हैं, लेकिन कब और कैसे, नहीं जानते। यह न जानना लेखकीय विफलता नहीं। लेखक नजूमी नहीं होता। होता है योद्धा—आस्था, संकल्पदृढ़ता और मिशन के हथियारों से लैस! मैं अपने प्रिय लेखक को कहानी-दर-कहानी नायक में ढाल कर इसी अपराजेय योद्धा के रूप में देख रही हूँ—एक गहरे सुकून और छीलते आश्चर्य के साथ कि मेरे भीतर सोए आदर्शवाद और रोमानी भावुकता पर सवारी गाँठ यह चतुर सवार कैसे मुझे उड़ाये ले जा रहा है। यह नायक "प्रत्यक्षतया बहुत ही मामूली है, मगर फिर भी विराट; कोई माया नहीं, फिर भी अद्‌भुत मायावी; बुनियादी रूप से एक पर्वतारोही है मगर अपने आप में खुद एक पहाड़, ऐसा पहाड़ जहाँ से सारी धाराएँ फूटती हैं।" (आरोहण) मैं चकित-विस्मित एक सवाल पूछना चाहती हूँ—"आप पहाड़ हैं या पहाड़ पर चढ़ने वाले"? लेकिन गहरी चुप्पी ठान लेती हूँ। यह सवाल उसी तिलिस्म को पान के बीड़े की तरह मुँह में घुलाते रहने की निरर्थक क्रिया नहीं तो और क्या है।

जंगली बहू ('प्रेरणा स्रोत' कहानी की नायिका) मुझे उबार लेती है। बताती है कि तिलिस्म और कुछ नहीं, अपने ही अज्ञान और रोमान की मानसिक रचना है; कि तिलिस्म तोड़ना कठिन नहीं होता, कठिन होता है तिलिस्म की मायावी दुनिया छोड़ कर खुरदरी ज़मीन पर खड़े होना। लगता है लील जायेंगी दसों दिशाएँ और चिंदी-चिंदी होकर हवा में घुल जायेगा वजूद। लेकिन साँस दर साँस कमाये अनुभवों का निचोड़ हो संग में तो डर कैसा। "यह ज़िन्दगी ही श्मशान है। जनमते ही मौत की धारा हमें काटने लगती है, करार (कगार) गिरते रहते हैं। कभी अररा कर, कभी चुपचाप, आवाज तक नहीं होती। मौत और श्मशान कोई एक मुकाम नहीं, एक फैला हुआ सिलसिला है।" (माँ) मैं उसकी उँगली पकड़ कर जीवन का सबक लेने का संकल्प करती हूँ तो वह हँस पड़ती है—'अरे! मैं तो खुद लेखक की उँगली पकड़ कर चलती रही हूँ जीवनपर्यन्त। लेकिन उँगली पकड़ कर चलना भी क्या चलना होता है। वह सिर्फ जड़ता है और अहम्मन्य छलना!' जंगली बहू कठोर हो गयी— अपने पैरों आप चलोगी, तभी अपनी नज़र से सब कुछ देख पाओगी — अपने अन्दर और बाहर का विस्तार; अपने भीतर पैठने की ताकत और वक़्त को चीर कर भविष्य को गढ़ने की क्षमता।

मैं अपने में लौट आयी और सोचने लगी कि इतने-इतने फौलादी महानायकों

के बीच मुझे धूल में अँटी हारी-दुरदुराई जंगली बहू ही क्यों याद आयी? संजीव स्त्री मानस के चितेरे कथाकार तो बिल्कुल नहीं। स्त्रियाँ यदि उनके कथालोक में आयी हैं तो महज इसलिए कि कथा को गति दी जा सके या फिर मन में पलती अपराध-ग्रन्थियों को खोलने हेतु प्रायश्चित्तनुमा श्रद्धांजलि अर्पित की जा सके। यानी एक सुविचारित कथा-योजना! 'माँ' कहानी की माँ को जटिल चरित्र के रूप में गढ़ते हैं संजीव लेकिन अपनी तमाम साधारणता के साथ वह हर घर में मौजूद है। ममता और जीवनीशक्ति के अजस्र कोष से सिरजी इस माँ का न कोई चेहरा है, न नाम। है तो गन्ध, शरीर के रोम-रोम से फूटती गन्ध—अपनी गरज हो तो दूध की सोंधी गन्ध और माँ की गरज हो तो जी मिचलाती बदबूदार गन्ध। इस माँ को देखना मनुष्य और माँ के मानस को जानने के लिए नहीं, सिर्फ अपने लिए है। जरूरत हो तो माँ की 'अललल', 'मिल्लू-मिल्लम, 'तक्कू-तक्कू' जैसी निरर्थक ध्वनियों में छिपी सार्थक व्यंजनाओं को भी समझ लेता है अबोध शिशु मन और जरूरत न हो तो उसकी सार्थक बातों में भी निरर्थकता को ढूँढ़ खीझ-खीझ उठता है पौरुष से उद्दीप्त उद्धत अहं। फिर क्यों न "लाल लाल दुलहनों की भीड़ में फीकी" पड़े माँ? या तब्दील हो जाये कामधेनु में— बाँध, दुहा और सामान समेट कर चम्पत। चारा डाल कर जिलाए रखने का भी झंझट नहीं। संजीव अजय-विजय के बहाने हम सब की कमजोर नस पर उँगली रख देते हैं और पूछते हैं सवाल कि क्यों घर के पिछवाड़े खरपतवार की तरह उग कर मुरझा जाने को अभिशप्त है माँ? कि क्यों अधेड़ उम्र में हलवाहे सुमेर की जवान बेटी के साथ खेत में मड़ैया डाल कर रहते पिता का अपराध और अपमान से तिल-तिल झुरती माँ की कातरता घर-गृहस्थी की आमफहम तस्वीर लगते हैं, लेकिन जब अपमान से सिकुड़ी माँ हाथ-पैर समेत कद्दावर देह को खोल दुश्चरित्र पति को त्यागने की सार्वजनिक घोषणा कर अकेली 'जीने' का संकल्प करे तो दाल में सब कुछ काला दीखने लगता है? कि सुमेर जैसे विश्वासपात्र हलवाहे के साथ खेती, निगरानी और फसल के बँटवारे सरीखे 'मर्दाने' कामों को अकेले करती माँ के व्यक्तित्व में न स्वाभिमान की आभा दीखती है, न अपराजेय योद्धा का संकल्प; दीखती है वीभत्स चरित्रहीनता और अपराधी मनोवृत्ति। क्या इसलिए कि औरत होती ही पाप की गठरी है, या 'पाप की गठरी' कह कर माँ सरीखे बोझ को पटकना जायज हो जाता है? संजीव माँ के रूप में जिस चरित्र को गढ़ते हैं, वह दरअसल समाजशास्त्रीय जटिल विडम्बनाओं को जीता नारी आख्यान है। अग्नि-परीक्षा और वनवास का दंड भोगता नारी आख्यान! जाहिर है, धीरे-धीरे माँ के लिए हमदर्दी का बिला जाना और कड़ी घृणा का ठोस रूप में जमते जाना अस्वाभाविक परिणतियाँ नहीं। बीमार पिता को देखने तक नहीं आयी माँ—एक अभियोग! (औरत होकर इतना कड़ा दिल!) सिकुड़ कर बदबूदार गठरी में तब्दील होती माँ—चरित्रहीनता के लिए मिला ईश्वरीय दंड—एक गहरी आश्वस्ति! ऐसी स्त्री को माँ कह कर मातृत्व

का अपमान ही क्यों किया जाये—मुक्ति भरा एक संकल्प! 'चुप्पा' माँ की सफाई में कुछ भी नहीं कहते संजीव। बस, पात्रों और परिस्थितियों को ही आपस में भिड़ा देते हैं। फिर अन्त में बेहद लाउड धमाका—माँ की बदबूदार बीमारी असल में गैंग्रीन है। अब दोनों टाँगें और बाँहें खोकर अपने पाले में जीत का सेहरा बाँधे खड़ी है माँ। अपनी ज्यादतियों और खुदगर्जियों पर शर्मसार होते दूसरे पाले को बार-बार कोंच रहा है डॉक्टर—"गौर से देखने पर आप पायेंगे कि हार्ट में एक क्लाटिंग है। क्या कभी धक्का या किसी किस्म की चोट लगी है इन्हें यहाँ?" माँ अब भी चुप है और शायद जीत के सेहरे के बोझ से परेशान भी कि चुप्पी शिला सी पसर कर सम्बन्धों में आयी 'रोक' को पोस क्यों रही है, तरल संवेदना बन कर उसके दिल पर लगे जख्मों को समझने-सहलाने का विवेकपूर्ण दायित्व क्यों नहीं देती पुत्रों को? तो क्या तर्पण ही माँ के प्रति सम्पन्न किया गया अन्तिम दायित्व है?

स्त्री को लेकर दुविधाग्रस्त हैं संजीव। वे उसे स्त्री छवि से इतर मनुष्य रूप में नहीं देख पाते। बेहद संजीदगी के साथ देखना चाहते हैं किन्तु चेतना पर कुंडली मार कर बैठे संस्कार आड़े आ जाते हैं। 'मानपत्र' कहानी में वीणा को प्रवक्ता बना कर वह विवाह संस्था के खोखलेपन, पुरुष के वर्चस्व और स्त्री के उत्पीड़न की कथा कहते हैं। "पत्नियाँ शायद इसीलिए होती हैं कि सफलता के लिए उनकी बलि दी जा सके"—संजीव इस कटु सत्य को सतह पर नहीं लाते, दीपंकर के क्रमशः विघटित होते व्यक्तित्व के जरिए इसे साबित भी करते हैं। पिता के शिष्य को पति के रूप में वरण करने के लिए आयशा से वीणा बनी इस स्त्री ने पहले नाम खोया, फिर कलाकार के रूप में अपनी स्वतन्त्र पहचान। पति को 'उजाले' में लाने के लिए अँधेरों में गुम होती पत्नी का पारम्परिक किरदार नहीं निभाना चाहती वीणा। वह चाहती है पिता से विरासत में मिले संगीत के हुनर को अपनी साधना के साथ शिखर पर ले जाना, लेकिन पाती है कि पति के स्टेज शो के लिए ड्रेस डिजाइन करने, डाइट शेड्यूल तैयार करने, प्रोग्राम तय करने में ही उसकी ऊर्जा और कला खत्म हुई जा रही है। कला को बचाने के लिए जिद में तानपूरा सँभालना भी चाहे तो अगली पाँत में या अलग मंच पर उसके लिए जगह ही नहीं। अब वह कलाकार नहीं, नितान्त घरेलू स्त्री है और कितनी ही मुस्तैदी से अपने दायित्वों का वहन क्यों न करे, शोहरत के मद में झूलते पति के अहंकार और 'दूसरी' औरतों के वजूद को सहने को विवश। कितना-कितना लड़े वह! लड़ती भी है लेकिन दीपंकर के छल-बल, उसके पौरुष और पतित्व के समर्थन में खड़ी पूरी व्यवस्था से टक्कर नहीं ले पाती। दीपंकर उसे अपनी ज़िन्दगी से निकाले या स्वाभिमान के नाम पर वह स्वयं छिटक कर उससे दूर चली जाये—बाहरी स्थिति में हेर-फेर भले ही दिखाई दे, नियति में फर्क नहीं आता। रो-रो कर तिल-तिल मरती इस 'पत्नी' के प्रति सबकी मुखर सहानुभूति है क्योंकि उसके आँसुओं में रिरियाहट है, परिवर्तन की ज्वाला नहीं। कहानी में

वह पति दीपंकर को उसकी ज्यादतियों का चित्र उकेर कर 'मानपत्र' दे रही है। विडम्बना! यथास्थितिवाद के पोषण का स्त्री-पक्ष! क्यों न बलिहारी जाये पुरुष ऐसी स्त्री पर? ऐसी माँ का विलोम रच कर कला जैसी कोई स्त्रीवादी यदि यह ऐलान करे कि "मैं अपनी एंटिटी से किसी भी खुदगर्ज को खिलवाड़ नहीं करने दूँगी" तो समझा जा सकता है कि यह दमघोंटू स्थिति के विरुद्ध एक प्रतिक्रियात्मक कोशिश भर है। माँ की नियति, व्यवस्था का दबाव और संस्कारों का अलक्षित प्रभाव – उसकी प्रतिक्रियात्मक मुक्ति यात्रा का घेरा दूर तक फैलने नहीं देंगे। स्त्री को लेकर महिमामंडित करती आदर्शवादी भावुकता का पोषण यूँ ही नहीं करता समाज। यदि माँ और पत्नी अपने भीतर के 'मनुष्य' को पहचान मनुष्य की दीप्ति के साथ रहना भी चाहें तो क्या रहने दिया जा सकेगा? एक म्यान में दो तलवारें! असम्भव!

एकाएक 'आरोहण' कहानी की एक पंक्ति मेरी स्मृति में अटक जाती है–शैला (भूप की पत्नी और नौ वर्षीय महीप की माँ) को ''जाणे क्या सूझा कि एक दिन हयांई से कूद गयी सूपिण (नदी) माँ।" यह वही शैला है जिसके साथ भाई के प्रेम के किस्से बेहद नॉस्टेल्जिक अन्दाज से याद करता है नैरेटर रूप। यह वही शैला है जिसके साथ गृहस्थी करते हुए भूप ने खेतों का घेरा ही नहीं फैलाया, बल्कि उन्हें सींचने के लिए झरने का मुँह भी मोड़ दिया। प्रेम और श्रम के ताने-बाने से सिरजी शैला 'जाणे क्या सूझा' के पागलपन से रची स्त्री नहीं थी कि नदी में कूद कर आत्महत्या कर लेती। शैला ने आत्महत्या की, यह एक तथ्य है; लेकिन शैला ने आत्महत्या क्यों की, इसकी तहकीकात नहीं करता लेखक। कथानायक रूप! तहकीकात की जरूरत और अवकाश भी नहीं रखा गया कहानी में। शैला को रिप्लेस करती एक दूसरी औरत भूप की ज़िन्दगी में है–उसी घुटे मौन के साथ मुस्तैदी से सारे कर्त्तव्यों को अंजाम देती। स्त्री क्या इतनी ही अदृश्य होती है कि उसके जीवन और मृत्यु, सपनों और आकांक्षाओं, यहाँ तक कि वजूद की आहट को सुना-समझा ही न जाये?

अलबत्ता संजीव पुरुषों की दुनिया में वर्ग-वर्ण की लड़ाई के बीच अपने फुल फार्म में हैं। 'सावधान नीचे आग है' में कोयला खदान के मजदूरों की दुर्दशा हो या 'जंगल जहाँ शुरू होता है' में डाकू बनने को विवश एक पूरे हाशियाग्रस्त समाज की यंत्रणा; 'लिटरेचर' कहानी में दवाइयों की तिजारत के नाम पर अपने देश की समृद्ध आयुर्वेदिक ज्ञान-परम्परा को बेचती उपभोक्तावादी मानसिकता पर करारा प्रहार हो या 'अपराध' और 'मैं चोर हूँ, मुझ पर थूको' में वास्तविक अपराधियों की शिनाख़्त में असफल रह जाने की पीड़ा के जरिए उभरा व्यंग्य; 'प्रेतमुक्ति' में तमाम दीनता के बावजूद विद्रोह की चिंगारियाँ ढूँढ़ने की लालसा हो या 'कदर' में अपनी खोई अस्मिता और आत्माभिमान पाने का संकल्प–संजीव की बारीक नज़र से समस्या का कोई भी कोण और पक्ष नहीं छूटता। मौत और उत्पीड़न का शिकंजा अपनी दम घोंटती गिरफ्त के साथ उनकी हर कहानी में मौजूद है। जाहिर है सर्वहारा

और शोषक –दोनों वर्ग अपनी-अपनी दयनीयता और निर्लज्ज उद्दण्डता के साथ आमने-सामने एक दूसरे को तोल रहे हैं। तैयारी सम्पूर्ण है, बस वर्ग-संघर्ष शेष है। अलबत्ता वर्ग संघर्ष के विज़ुअल ड्राफ्ट की प्रतीकात्मक अभिव्यक्ति वे जहाँ-तहाँ कर देते हैं। मसलन 'जंगल जहाँ शुरू होता है' में बाघ और पाड़ा का यह संघर्ष–"पाड़े का मस्तक तिरछा था, आँखें क्रोध से भैंगी, उसके असहनीय वार से बाघ उबर नहीं पा रहा था। मगर कब तक? बाघ के नुकीले मजबूत पंजे निरन्तर पड़ रहे थे उसके थूथन पर, खून ही खून! अब बाघ हावी होता गया, पाड़ा गिर पड़ा।... बाघ अब उसे घसीट ले जायेगा किसी झाड़ में, मगर ऐसा न कर सका वह। कभी अपने दोनों पंजों को चाटता, कभी भैंसे के गले में मुँह मारता। फिर धीरे-धीरे चला गया वह झरने के पार।"

इसके बाद है नैरेटर की टिप्पणी–"दो चीजें इस युद्धस्थल से मैं उठा कर ले आया हूँ– एक है, बाघ का वह नुकीला दाँत, जिसके अभाव में पाड़े को घसीट कर नहीं ले जा सका था वह। दूसरी है, पाड़े की आँख, बाघ के पंजे से छिटक आयी आँख जिससे वह टूटने लगा... दोनों खून से सने।"

संजीव के लेखकीय व्यक्तित्व की सबसे बड़ी खूबी है–शोधार्थी की ललक। कुशल गोताखोर की तरह वे समस्या के भीतर ही भीतर न जाने कितनी तहों को चीरते हुए बिल्कुल तल पर पहुँच जाते हैं और दक्ष जौहरी की तरह असली और नकली पहचानना भी खूब जानते हैं। शोध उनकी रचना प्रक्रिया को गति देता है तो मूल्यांकन की ईमानदारी एक मनुष्य के रूप में अपने को देखने का आत्मविश्वास। मार्क्सवाद के प्रति उनकी निष्ठा ने उनकी प्राक्कल्पना (hypothesis) को आकार दिया है। जाहिर है दिशा और डगर भी वे वहीं से तय करते हैं, लेकिन उस रास्ते पर बढ़ते हुए तथ्यों और अनुभव के सहारे जिस निष्कर्ष तक पहुँचते हैं, वह उनकी अपनी मौलिक उपलब्धि है और वही है उनके लेखकीय व्यक्तित्व की निजता। 'अपराध' कहानी प्रत्यक्षतया नक्सली आन्दोलन के प्रति गहरी श्रद्धा विज्ञापित करती है। नक्सली युवक-युवतियाँ उनके आराध्य हैं और देश को उज्ज्वल भविष्य देने का आधार भी। उनकी गहरी आस्था समूल क्रान्ति के लिए इससे बेहतर विकल्प की परिकल्पना ही नहीं कर सकती। तब नक्सली आन्दोलनकारियों–शचिन और संघमित्रा–के पक्ष में खड़े होकर वे समूची बूर्जुआ व्यवस्था की बारीक पड़ताल करने लगते हैं। कथानायक दमन पर टिके विशेषाधिकारों पर पलती इस बूर्जुआ व्यवस्था का हिस्सा है। पिता मजिस्ट्रेट, भाई जिलाधीश और पुलिस अधिकारी, बहनोई गृह विभाग के सचिव–कथानायक की यह पारिवारिक पृष्ठभूमि अनायास नहीं उभरी, एक कथा-युक्ति के रूप में जानबूझ कर उकेरी गयी है। शायद लेखक बताना चाहते हों कि भीतर ही भीतर सामन्ती स्वभाव और सुविधाभोगी मानसिकता के साथ जीता मध्यवर्गीय युवक/नयी पीढ़ी अपनी ही दुर्बलताओं का शिकार हो शोध/आत्मान्वेषण

नहीं कर पाता/पाती; कि अपनी महफूज स्थिति को देखते हुए वह व्यवस्था में आमूल परिवर्तन के क्रान्तिकारी सपने को बीच राह छोड़ देता/देती है। या शायद लेखक इसे एक चुनौती के रूप में रखना चाहते हों कि क्या अपनी घिनौनी असलियत देख कर स्वीकारने का साहस रख पायेगा यह युवक? व्यवस्था की घिनौनी असलियत को बेहद तल्ख ढंग से उकेरते हैं संजीव। माफी या 'कन्सेशन' की कोई गुंजाइश नहीं। पुलिस के उच्चाधिकारी भाई और उनके सहकर्मियों के साथ वाद-विवाद में वे भ्रष्ट राजनीति के हाथों पीड़ित पुलिस के 'बेचारे' चेहरे को चित्रित जरूर करते हैं और उसके क्रमिक विघटन के कारणों का रेखांकन भी कि ये नेता लोग "एक तरफ कहेंगे, पुलिस को अपना आचरण बदलना चाहिए। दूसरी तरफ गन्दे से गन्दे काम के लिए हमें इस्तेमाल करेंगे।" लेकिन आसानी से इस्तेमाल हो जाने वाले को क्लीन चिट न देकर तमाचा मारते हैं—"यानी पुलिस अपने गलत कामों के लिए स्वयं दोषी नहीं है?" न्याय व्यवस्था कथानायक की जनक है। "हम जिसे न्याय कहते हैं, वह तथ्य सापेक्ष है, सत्य सापेक्ष नहीं। तथ्य का प्रमाण स्वयं में सामर्थ्य सापेक्ष है, अतः निर्णय लचीला होता है।" पिता द्वारा अपनी सीमाओं और मजबूरियों का स्वीकार किस पुत्र को भावुक नहीं बना देगा? पिता तो लिजलिजी भावुकता के दलदल में धँस कर पतन की अतल गहराइयों को सेलीब्रेट कर ही रहे हैं—"न्याय वह तरल पदार्थ है जिसे जिस पात्र में ढाल दें, वैसा ही ढल जायेगा।" लेकिन पुत्र लज्जा और अपमान से गड़ा जा रहा है। नहीं, गड़ने का समय लद गया है, 'गाड़ने' का संकल्प लेकर वह व्यंग्य वार करता है—"और सोने और चाँदी के पात्रों में यह ज्यादा शोभता है।" संजीव कथानायक की रूह में प्रविष्ट हो शचिन – नक्सली आन्दोलन – की मनुष्यता और सृजन को भी तोल लेना चाहते हैं। बेहद अनास्थावादी है शचिन। पूँजीवादी प्रतिक्रियावादी न्याय-व्यवस्था में उसे विश्वास नहीं। विरोध प्रदर्शन के नाम पर भदेसपन और हिंसा। क्रान्ति के बाद भविष्य निर्माण के लिए किसी वैकल्पिक सैद्धांतिकी का 'ले आउट' नहीं, बस, मार्क्सवाद का तोतारटन्त पाठ! क्षुब्ध कथानायक सवाल पूछता है—"लोग व्यक्तिगत स्वार्थ के लिए या अत्याचार के खिलाफ अस्त्र उठाते हैं, तुम लोग सामूहिक स्वार्थ और एक्सप्लायटेशन के खिलाफ... मगर करते हो तुम भी अपराध ही। क्या हिंसा से हिंसा को और नफरत से नफरत को दबाया जा सकता है?... यह संशय का महाभारत कब तक?" प्रतिबद्ध लेखक गहरे विस्मय से भर कर देख रहा है कि जेल तोड़ कर भागते नक्सलियों को जेल के सामान्य कैदी लड़-जूझ कर जेल के भीतर ठेल लाये हैं। ये वही कैदी हैं जो दमनकारी व्यवस्था की बर्बरताओं का शिकार होकर सहज-सामान्य जीवन से हाथ धो बैठे हैं; जो जेल से छूट कर जब ज़िन्दगी की धार में शामिल होंगे तो हाशिए पर बिन्दु भर जगह पाने के लिए जीते-मरते रहेंगे। इन्हीं लोगों के 'उत्थान' के लिए नक्सल आन्दोलन है। लेकिन इन तक उनकी सहानुभूति और आत्मीयता की पहुँच क्यों नहीं? कहीं नक्सल

आन्दोलन विद्रोह की आत्मरतिग्रस्त बौद्धिक भंगिमा तो नहीं? क्या इन सामान्य कैदियों को मूढ़ कह कर खारिज किया जा सकता है? क्या अपराध साबित होने पर भी इन्हें अपराधी माना जाना चाहिए? पूरा का पूरा परिदृश्य गड्डमड्ड हो गया है। लेखक बेहद तकलीफ में कि गड्डमड्ड होती संक्रमणशीलता को वह अलग-अलग रेख-रंग में क्यों दिखा नहीं पा रहा? न, स्याही में पुते चेहरों की शिनाख़्त क्यों न करे वह? 'मैं चोर हूँ, मुझ पर थूको' कहानी में संजीव इस ऊहापोह से मुक्त हो 'अपराध' कहानी का पूरक प्रसंग खड़ा करते हैं– ''कभी वह देखता कि प्रधानमंत्रीनुमा कोई व्यक्ति उनका अभिनय करते हुए अटक-अटक कर परची देख-देख कर जबरन बोल रहा है... उधर से सेठ राघोमल मंत्री बने बोलते, 'रेलवे राष्ट्र की सम्पत्ति है। हम एक-एक पैसे के लिए राष्ट्र की जनता के प्रति जवाबदेह हैं।' ये दोनों आवाजें एक-दूसरे से टकराने लगतीं। इसके साथ ही हबीब मियाँ का बोलता चेहरा भी इम्पोज हो जाता। इसी पर राघोमल के गोदाम में हबीब मियाँ का सिलतोड़ी का सामान पहुँचाने का दृश्य भी चस्पां हो जाता... दृश्य और आवाजें इस कदर गड्डमड्ड हो जातीं कि पता न चलता कौन सा दृश्य कहाँ का है और कौन बोल रहा है। सबसे ऊपर द्विवेदी जी की आवाज मँडराती, 'ऊपर से नीचे तक यह एक वृत्त है।''

चीरफाड़ की इस पूरी प्रक्रिया में अक्षत-अलक्षित खड़ा है स्वयं कथानायक। क्या हर 'मैं' निरपराध होता है और हर 'तू'-'वह' अपराधी? संजीव 'मैं' को मसीहा होने की गुरुता से मुक्त करते हैं। वे उसके सामने आत्ममंथन के रूप में सिर्फ एक ही सवाल फेंकते हैं–"कर सकूँगा मैं सत्ता, व्यवस्था और समाज के तमाम अपराधी पुर्जों को जेल में?" जवाब कहीं दूर नहीं, कराहता हुआ वहीं आसपास पड़ा है कि "शायद नहीं क्योंकि मैं पैरासाइट हूँ उनका, क्योंकि वे मेरे अपने पिता, भाई, स्वजन, मित्र और औजार हैं।" ईमानदारी! कन्फैशन! लेकिन निष्क्रियता और यथास्थितिवाद का पोषण करती ईमानदारी क्या स्वयं एक बुराई नहीं? क्या इसे ईमानदारी की बजाय पलायन की स्वयंतुष्ट भंगिमा कहना ज्यादा ठीक नहीं? अजीब बात है कि पलायन का स्वभाव और जंग लड़ने की बौद्धिक लालसा संजीव के शहरी पात्रों के पास है, अपढ़ गँवई पात्रों में तो सिर ओखल में दिये रखने का बांकपन है। इस दृष्टि से डागडर बाबू के विलोम रूप में 'प्रेतमुक्ति' का चलित्तर विशेष उल्लेखनीय है। शायद इसलिए कि खोने के लिए इनके पास कुछ नहीं। लेकिन नहीं, सूक्तियों की जुगाली हमेशा सच का बयान नहीं करती। जब तक जान है, और जान के साथ लगा परिवार और समाज का जंजाल है, प्राण से ज्यादा आन को बचाये रखने के लिए मारा-मारा दौड़ता फिरता है आदमी। ठीक है कि कालापानी नाम से विख्यात उस पिछड़े जंगली इलाके में आधारभूत सुविधाओं के अभाव में अरसे से लिलीपुटियन बौनों की जमात पैदा हो रही है; आदमी, मकान, मवेशी, फसल सब कुछ इतना दयनीय कि बाघ भी कुपोषण के चलते 'बिलाव' हुए जा रहे हैं, तिस पर हरहराकर बहती आती नदी का

अचानक लुप्त हो जाना– दुर्दान्त परिस्थितियों के बावजूद इंसानी सम्बन्ध, सपने और आदर्श समाप्त नहीं होते। स्वयं अन्याय सहते जाना एक बात है, बहू-बेटियों को अपने हाथों अन्याय की उस ज्वाला में झोंक देना दूसरी बात। बदनसीबी से जूझता चलित्तर हो या बदनसीबी पर आँसू बहाता जगेसर – कोई भी घर की 'इज्जत' को मुखिया के दरवाजे नीलाम नहीं करना चाहता। इसलिए "उस आतंक के बिन्दु को बिना छुए, उसके इर्द-गिर्द पैंतरे भांजते हुए बाप-बेटे" ठेलते रहते हैं कनिया को एक-दूसरे पर। यह आँखमिचौली का खेल शायद अपनी-अपनी ताकत को थहाने का स्पेस भर पाना है। पिता चलित्तर ने हाथ खड़े कर दिये हैं–"एक तो अपना मिजाज, दूसरे बुढ़ापा, हमसे अब यह गुलामी नहीं निभती।" और जगेसर में भीतरी ताब ही नहीं। रोता, पिटता और पिछड़ता रहता है हर जगह – गाँव में, शहर में - मृत पिता के साथ-साथ जीवित माँ और पत्नी तीनों की अपेक्षाओं पर खरा न उतरने का संत्रास लेकर। बौरा गया है जगेसर। गुर्रा रहा है चलित्तर। माँ की भूख, पत्नी की लाज – शिजोफ्रेनिया के अटैक में मेमने से बाघ बन जाता है जगेसर। सबसे पहले भीतर बैठे डर को गर्दनिया देकर बाहर खदेड़ता है–"नामरद हैं सब का सब नामरद। तनिको हिम्मत करबे नहीं करेगा सब! अरे, पटकनिया दे के मार! ऐसे भी तो मरिये रहा है।" फिर सरस्वती की तरह अचानक लुप्त हो जाती नदी को वहीं उन्हीं कूलों के बीच लाने को कृतसंकल्प! वह जानता है, नदी कहीं लुप्त नहीं होती, नदी कैद कर ली जाती है बाँध बना कर – अपनी फसलों को सींचने, अपने स्वार्थों को पूरने के लिए। नदी को मुक्त कराने का जो काम चलित्तर नहीं कर पाया, उसे पूरा करता है जगेसर पागलपन में। शायद इसलिए कि सिर पर कफन बाँधने के बाद होश नहीं, जुनून जरूरी होता है। होशमंद 'चलित्तर' मुखर विरोध करे तो पकड़ कर बाघ के लिए ज़िन्दा चारा बना दिये जाते हैं और सिर झुकाये हुक्म मानते चलें तो केंचुआ बनते चलते हैं। लेखक स्याह-सफेद, सही-गलत के पचड़े में नहीं पड़ता, वह तो अपने पात्रों के साथ इज्जत और सत्ता का स्वाद चखना चाहता है। "बैल की इज्जत नहीं होती, सांड की इज्जत होती है। असल चीज है डर। जिससे आदमी डरता है, उसी की कदर करता है।" वह 'कदर' कहानी के बोदा की तरह अपने होने को महसूसना और जताना चाहता है। लेकिन साँपों की आड़ तले आतंक फैलाता संपेरा बन कर क्या वह खुद को अपनी ही उत्पीड़ित बिरादरी से काट कर एक और वर्ग में तब्दील करना नहीं हो जायेगा? यह चेतना का प्रसार नहीं, वर्चस्व को अपनी मुट्ठी में भींचना है। संजीव शायद यहीं कहीं चूक जाते हैं। 'आरोहण' कहानी के भूप की अपराजेय जीवनीशक्ति, संघर्ष और जुझारूपन को वे लोक के बीच विन्यस्त नहीं कर पाते। अपने ही समाज से कट कर भूप उपलब्धियों का एकाकी शिखर बन कर रह जाता है। औरों से न सम्बन्ध, न संवाद! अपनी समानान्तर सृष्टि को ठसके के साथ जीता अहंकार! तो क्या सबसे बड़ी और पहली

लड़ाई अपने भीतर बैठे सामन्त से ही करनी है इंसान को? क्या इस लड़ाई के लिए तैयार है व्यक्ति? लेखक??

मैं फिर से संजीव के लेखकीय वक्तव्य की ओर लौट पड़ी हूँ। "अक्सर लोग मुझसे पूछते हैं मैं क्यों लिखता हूँ। यह प्रश्न वैसा ही छीलने वाला है जैसे यह पूछा जाना चाहिए कि मैं क्यों ज़िन्दा हूँ। वक़्त और हालात ने हमें ऐसे मोड़ और मुकाम पर ला खड़ा किया है जहाँ न ज़िन्दा रहने की कोई तुक समझ में आती है, न लिखने की। फिर भी मैं लिखता हूँ क्योंकि अपनी सीमाओं को देखते हुए मेरे पास कोई विकल्प नहीं है।" क्यों, ज़िन्दा रहने की तुक क्यों नहीं? मैं प्रतिवाद करना चाहती हूँ। ऐसे आवेश में कह देने भर से केंचुआ बन सकता है क्या सारा देश? डागडर बाबू का अनुभवजन्य सत्य सही है कि सभी उसे बहती गंगा में हाथ धोने की सलाह देते हैं– "सब लूट रहे हैं तो तुम भी लूटो।" लेकिन सब का मतलब 'सब' तो नहीं न। स्थिति का इतना सामान्यीकरण क्या एक और अन्दाज में स्थिति से पलायन नहीं? ठीक वह अन्दाज जो उदयप्रकाश की कहानियों में क्रमशः गहराते अँधेरे के गाढ़े काले रंग को कायनात का एकमात्र रंग घोषित करने के हठ में उभरता है। इतनी निराशा! इतना खौफ! "आग की लपटों में घिरे रबर की तरह खुद में सिकुड़ते जाना" कोई पसन्द नहीं करता–'जंगल जहाँ शुरू होता है' का पाड़ा भी नहीं। संजीव जहाँ संघर्ष और जिजीविषा से कतराते हैं, वहीं उदयप्रकाश की तरह संशय और अनास्था की कताई करते हुए नकारात्मकता के सूत्र सँजोने लगते हैं।

दरअसल संजीव के व्यापक सामाजिक सरोकार कहानी के छोटे फलक में अंटते ही नहीं। उन्हें बड़ा कैनवस चाहिए जिस पर उकेर सकें बरगद का पेड़, पाताल तक जाती जड़ों का महीन जाल और क्षितिज को बाँहों में भरती व्यापकता और ऊँचाई। समस्या उनके लिए अखबार नहीं कि हैडलाइन में खबर की तरह पिरो दें, वैज्ञानिक की प्रयोगशाला है जिसमें चीरफाड़ की लम्बी संश्लिष्ट प्रक्रिया जाने किन-किन जुड़े विषयों और अनुशासनों को भी चपेट में लेती चलती है। इसलिए वे सफल उपन्यासकार हैं और बिखरे कहानीकार। ईमानदार इतने कि अपने पूर्वग्रह और प्राथमिकता को छिपाने का छल-बल नहीं। उपन्यास का विराट फलक हो तो अपने को उँडेलने की सादगी अनायास पूर्वग्रहों को तर्कसंगत परिप्रेक्ष्य देती चलती है और अपने को करेक्ट करते चलने की उत्कंठा भी। कहानियों में न क्रॉस वेरीफिकेशन की गुंजाइश है, न डिसेक्शन की। है तो पत्रकार सरीखी सीधी-सादी स्टेटमेंट जो 'ज्वार' और 'ब्लैकहोल' सरीखी कहानियों को औसत दर्जे की रचना बना देती है। 'लिटरेचर' कहानी का औपन्यासिक फलक संजीव की चिन्ताओं और पूर्वग्रह को संजीदा मानवीय आधार देता है, लेकिन उपभोक्तावाद का विरोध करती कहानी 'ब्लैकहोल' कहीं अनजाने में रैट-रेस में शामिल स्त्रियों का मखौल उड़ाने लगती है। तब वे मुशर्रफ आलम जौकी की कहानी की याद दिलाने लगते हैं जहाँ परिवार के

भीतर बाजार की सर्वसमावेशी लालसा लाने की एकमात्र दोषी पत्नी है; पति बेचारा उस 'मूढ़मती' स्त्री के 'त्रिया हठ' के आगे लाचार निःशब्द है। शायद अवसर की टोह में कि सब कुछ भरभराकर गिरे तो वह दोष का ठीकरा पत्नी के सिर फोड़ कर अपनी सत्ता पुनः कायम करे। यह कहानी अप्टन सिंक्लेयर के उपन्यास 'द जंगल' की हलकी-सी याद भी कराती है कि भौतिकता की बदहवास अँधी दौड़ मुहरे में बदलने के बाद इंसान को आखिर कहाँ तक ले जायेगी? साथ ही प्रश्न भी उठाती है कि यदि लेखक खुद को अतिक्रमित और अन्वेषित करना चाहता है तो वह इस दिशाहीन अन्धी दौड़ पर सिर्फ आठ-आठ आँसू ही क्यों रोए? क्यों नहीं भीतर बैठे विवेक के अजस्त्र शक्ति स्त्रोतों को खोले जो हर फौरी अराजकता और बदहवासी से निपटना जानते हैं? क्यों भूल जाता है लेखक कि बाजार के हाथों मनुष्य परास्त नहीं होता, परास्त होता है अपने भीतर बैठे लोभ और अहंकार से जो बाजार का संबल पा उसकी असलियत पर दीनता का मुखौटा चस्पां कर देते हैं।

जंगली बहू मेरे पास आकर बैठ गयी है। चुपचाप! भोली, निश्छल और अन्याय का मुखर प्रतिकार करने वाली 'मिलिटेंट' जंगली बहू। चुप्पी में हर्षातिरेक की भीनी गन्ध थी। मैं मुस्करा उठी—"कुछ छुपा रही हो?"

"कहाँ?" वह लजा गयी और फिर जीत की खुशी में लहरा गयी— "मेरे रचयिता ने आज पहली बार मुझे स्वीकारा है।"

"हूँ?" मेरे हुंकारे में आगे की बात सुनने का चाव था।

"सिर्फ स्वीकारा नहीं, मुझसे नया जीवन भी पाया है।" वह सकुचा गयी— "लेकिन मुझे तो उसने गढ़ा है न। फिर मैं उसे पुनर्जीवन कैसे दे सकती हूँ? उसकी प्रेरणा स्त्रोत कैसे बन सकती हूँ? मैं तो उसकी सोच की परछाईं हूँ, बस!"

मिलिटेंट जंगली बहू के तेवरों में दूध का सोंधापन घुल आयास। कौन सोच सकता था कि लेखक की कहानी में अपना अक्स पा यह अनपढ़-गंवार बिल्कुल उसी किरदार को जीने लगेगी। झूठमूठ नहीं, सच के ठोस और खरेपन के साथ। चालीस पार की उम्र में बिल्कुल धूल से ही शुरू की रूपान्तरण की प्रक्रिया उसने – खेती गयी तो गुलामी स्वीकार करने की बजाय इक्के से स्वतन्त्र व्यवसाय, ज्ञान के पट खोलने के लिए प्रौढ़ शिक्षा, बेटे का स्कूल, ग्राम पंचायत के चुनाव, मीटिंगों में सक्रिय भागीदारी, अपनी माँगों की वैधता के पक्ष में तर्कों की ठोस श्रृंखला, चेतना का प्रसार, नेतृत्व की अद्भुत क्षमता – वर्ग, वर्ण और लैंगिक व्यवस्था ने हाशिए पर न फेंका होता तो व्यापक जनाधार के साथ शायद नये वक़्त का सृजन करती। जनाधार तो अब भी जुटाया, लेकिन अपने जैसी पिछड़ी-दुरदुराई कमजोर औरतों का। और इतने भर से खौफ खा गया 'बड़कवों' का ताकतवर समाज। 'वीरता जब भागती है तो राजनीतिक छल-छन्द की धूल उड़ती है'—कितना ठीक कह गये हैं जयशंकर प्रसाद।

मारपीट, अपहरण, जलावतन–इतनी यातनाएँ देकर भी उस निहत्थी फौलादी औरत को तोड़ सका कोई? वह औरत जिसने कभी शिकायत नहीं की कि "यह जीवन व्यर्थ गया। काश, इसे फिर से जिया जा सकता!" वह औरत जिसके पास न डर है न कायरता। है तो बहादुरी लेकिन बहादुरी कोई बड़ी नियामत नहीं क्योंकि जानती है बहादुर होना जरा भी तो कठिन नहीं। "मन में ठान लेने भर की देर है, बस।" लेकिन यह 'ठानने' की दृढ़ता ही भला कितनों के पास है? और अगर है भी तो उसे व्यावहारिक रूप देने की व्यग्रता? जंगली बहू का स्रष्टा अपनी दुर्बलता पर स्वयं शर्मसार है। न, लिख-विख कर क्रान्ति की बात कर सकता है वह। बस! लेकिन जंगली बहू यह सब थोड़े ही न जानती है। कर्मयोगिनी जंगली बहू!

जाने क्यों, मैं अपनी ही उलझन में उलझती चली गयी। लेखक यदि अपने ही पात्र से हार जाये तो? यह उसकी वैयक्तिक दुर्बलता है? या लेखकीय संकल्प की जीत? क्या यह ऐसा चक्र नहीं जो सृजन-संघर्ष-जिजीविषा और पुनर्निर्माण की वर्तुलाकार परिधि को जीवन और वक़्त का सत्य बना देता है? ठीक कहते हैं संजीव–"किसी को देखना हो तो उसे तब देखो जब वह तुम से दूर जा रहा हो और उसे बिल्कुल साफ-साफ देखना चाहते हो तो तब देखो जब वह दिखाई ही न दे।" 'फौलादी महानायकों' की भीड़ को पछाड़ती जंगली बहू यदि लुप्त हो गयी तो रचनाकारों को पुनर्जीवन कौन देगा भला? दीपों की पाँत जलाने के लिए एक जलता दीया तो चाहिए न पहले!

"हम स्त्रियों पर ही सृजन का भार क्यों?" मैं जंगली बहू से सवाल कर बैठती हूँ, हठात्। वह चौंकती नहीं, अपने भीतर उतर जाती है। "सृजन के मानी क्या हैं, जानती हो?"

"नहीं।" मैं उत्सुकता का टहोका लगाती हूँ।

"सृजन यानी आस्था-जिजीविषा-संकल्प की आभा!

सत्य-शिव-सुन्दर का राग!

समर्पण का सुख और आत्मविस्तार की ललक!

अहं का विसर्जन और संवाद का नाद!

आत्मपरिष्कार का अनिवार्य विकल्प!

अपने को सम्पूर्ण खोकर अपने को सम्पूर्ण पाने का दाँव है सृजन!"

"अरे!" मैं विस्मित-अचम्भित!

"हम स्त्रियाँ ज़मीन की तरह तरलता सोख लेती हैं भीतर और उर्वरता बन कर लौटा देती हैं कई गुना। रिक्तहस्ता, फिर भी सम्पन्न! लेखक जब अपने हठ और राग-द्वेष को विसर्जित कर देता है तो सर्जक बन जाता है।"

संजीव की सर्जनात्मकता पर शंका करने का सवाल ही नहीं। बस, जंगली बहू के संरक्षण में ही रहे उनकी कलम!

आमीन!

जड़ता का गुरुत्वाकर्षण और उड़ान की तैयारी के बीच कहानी-तन्त्र पर बात

कहानी (लिखना और पढ़ना, दोनों) वक़्त काटने के लिए ठाली बैठे व्यक्ति का तथाकथित बौद्धिक शगल नहीं है। साहित्यिक विधा के रूप में कहानी यथार्थ की कितनी ही अचीन्ही और गूढ़ परतों को खोलते हुए जिस सघन संश्लिष्ट अर्थ की व्यंजना करती है, वह टी.वी. सीरियलों के जरिए उभरते कथा-संसार का विलोम रचती है। कहने को कहानी में कथा-सूत्र हैं जो घटनाओं के मजबूत खूँटे से बँध कर पात्रों के भीतरी-बाहरी व्यक्तित्व को रचते हैं और लेखक के संवेदन तथा अन्तर्दृष्टि के अनुरूप स्वयं अपनी गहराई और व्याप्ति की सीमाएँ निर्धारित करते चलते हैं, लेकिन यही तो कहानी नहीं। बेशक पाठक के लिए कहानी में मौजूद ये कथासूत्र अत्यन्त महत्त्वपूर्ण हैं। इन्हीं कथासूत्रों के सहारे पहले वह कहानी के तिलिस्मी लोक में प्रविष्ट होता है, फिर उस लोक से परिचित और तादात्मीकृत होकर अपने में लौट आता है। गौरतलब है कि लौटने की यह प्रक्रिया प्रवेश-प्रक्रिया की तरह एकाकी और अनिश्चित नहीं होती। कहानी की प्रभाव-तरंगों से घिरा पाठक लौटता है तो उसकी स्मृतियों में अपने समय और समाज को विरूप करती विडम्बनाओं की कसमसाहट है। कसमसाहट की यह प्रक्रिया जितनी तीव्रतर होती चलती है, उतनी ही प्रखरता से उसके सामने स्पष्टतर होता चलता है एक समानान्तर काम्य संसार जो उसके अनजाने उसकी अन्तश्चेतना में आक्रोश, उम्मीद और संघर्ष के धागों के साथ बुना जाता रहा है। कहानी इस अर्थ में रचना है कि वह लेखक के बरक्स पाठक के भीतर भी सृजन के सोते प्रवाहित करती है। यह सृजनात्मकता पाठक द्वारा अपनी चेतना, संवेदनात्मक विवेक और भविष्य-दृष्टि को पहचानने की अन्तर्यात्रा है जहाँ अपने युग के नुकीले सवालों से उसे अकेले दम अपनी प्रतिरोधी ताकत के साथ जूझना है; और एक दस्तक बना कर अपने इर्दगिर्द एक सार्थक संवाद की शुरुआत भी करना है। इसलिए कहानी रेडीमेड डिश नहीं है कि गप से खाकर उदरस्थ कर लिया जाये और तृप्ति की डकार के साथ गाढ़ी नींद की तैयारी में चादर तान कर लमलेट हो लिया जाये। अलबत्ता टी.वी. सीरियलों की कहानियाँ नींद की मीठी खुमारी देने में माहिर हैं। न सोचना, न अपने को खँगालना, बुद्धू बक्से के सामने बैठ कर बुद्धू

नज़र से जो भी खाद्य-अखाद्य मिले, उसे नज़रों से निगले जाओ। अपच नहीं करता बुद्धू बक्सा। खुमारी को गाढ़े नशे में तब्दील कर देता है। भावुकता, अतार्किकता और विवेकहीनता का लुंजपुंज संसार जहाँ कुछ भी समग्र नहीं है—न रिश्ते, न इंसान, न दृष्टि। दरअसल बुद्धूबक्सा वह है ही नहीं। वह है शातिर खिलाड़ी जो मेमने का मुखौटा पहन कर 'मनुष्य' का आखेट कर लेता है—उसकी तर्कशीलता और विवेकशीलता का आखेट; उसकी वैचारिक सक्रियता और सृजनात्मकता का आखेट। लेकिन इसकी कार्य-प्रणाली (आखेट विधि) है सीधी-सादी। कुछेक स्पष्ट चरणों में विभाजित। सबसे पहले वह कथा का मनोरम जाल फेंक कर (जहाँ भावुकता को उभार कर उसकी भावनाओं के साथ खिलवाड़ किया जाता है) उसकी स्वतन्त्र सोच को अपहृत करता है और फिर लपलपाती लालसाओं की बुनियाद पर ग्लैमरस वर्चुअल संसार को रच कर उसे उसके भीतर उतरने और जीने का न्यौता देता है। इस संसार में सुविधाभोगी व्यक्ति की निष्क्रियताएँ हैं; चोरी और सीनाजोरी की दंभपूर्ण सफल दास्तानें हैं; राग-द्वेष के मानदंडों पर टिकी प्राथमिकताओं को अंजाम देने की अति-व्यस्तताएँ हैं।... गति और चकाचौंध!... निष्क्रियता और व्यस्तता!...एक-दूसरे का विलोम होकर भी दोनों के बीच गहन अन्तःसूत्र रचता छल!... पल के उपभोग के लिए व्यस्तता के सैकड़ों तामझाम... और सम्बन्धों की गरिमा से लेकर मानवीय अस्मिता से जुड़े सवालों पर दूर-दूर तक पसरी पलायन भरी निष्क्रियता!

साहित्यिक विधा कहानी पल और पलायन को जीवन-मूल्य बनाये जाने वाली हर ताकत का विरोध करती है ताकि जीवन की निरन्तरता के बीच मनुष्य के अन्तर्मन में पलते शाश्वत सत्यों का साक्षात्कार कर सके जो एक ओर अमूर्त मनोवृत्तियों और मनोवेगों के रूप में अभिव्यक्ति पाते हैं तो दूसरी ओर स्थूल तिकड़मों और ऊष्म सम्बन्धों के संजाल में अपने को बचाये रचाते हैं।

कहानी लेखक और पाठक की साझी क्रिएशन है, अलबत्ता इस रचनात्मक अनुभव की पहल हमेशा लेखक की ओर से ही होती है। कहानी चूँकि हर स्तर पर निष्क्रियता का विरोध करती है, इसलिए वह पाठक को लेखक का पिछलग्गू नहीं बनने देती। कहानी पाठ के दौरान पाठक लेखक के साथ-साथ कहानी का सहभोक्ता भी है और रचयिता भी। अन्त तक आते-आते कहानी वह नहीं रहती जो लेखक कहता है, वह बन जाती है जो प्रभाव के स्तर पर पाठक अपने भीतर महसूसता है —एक झन्नाटेदार तमाचा! एक अर्थगर्भित गहरी चुप्पी! चीत्कार को दबा कर निकली एक दीर्घ निश्वास! कर्म की प्रेरणा! संघर्ष का विश्वास! क्रान्ति का आह्वान! आत्मसाक्षात्कार का निबिड़ मौन! व्याकुलता और सवालों की बौछार! जहाँ कहानी विस्मृति या तृप्ति की चादर पाठक पर फेंक कर इतराने लगे, वहाँ अपनी अर्थवत्ता नष्ट कर वह 'स्लीपिंग पिल' भर बन कर रह जाती है। जाहिर है कहानी का त्रिकोण कहानी के भीतर फैले कथाजगत् की हलचलों और लेखक के

मनोजगत् के उद्घाटन के साथ-साथ पाठक की संवेदना और अन्तर्दृष्टि को पाये बिना पूरा नहीं होता। कहानी को मुकम्मल बनाने में चूँकि पाठक की अनिवार्य सत्ता है, इसलिए अपने अन्तिम ड्राफ्ट में बँध कर वह जड़ नहीं होती, पाठक की संवेदना और दृष्टि के अनुरूप जीवन की ही भांति अपने भीतर छिपे अनेकानेक संश्लिष्ट आयामों को धीमे-धीमे खोलती चलती है। रोजमर्रा के क्षुद्र यथार्थ का अतिक्रमण करके एक उदात्त भाव बोध की रचना करना, यही तो है कहानी।

मैं सोचती हूँ भालचन्द्र जोशी के कहानी संग्रह 'पालवा' के सन्दर्भ में मुझे कहानी के तंत्र की ये तमाम बारीकियाँ क्यों याद आ रही हैं? क्या इसलिए कि कोई भी समर्थ रचना जिस अनायास भाव से जीवन की संश्लिष्टता का अवगाहन करती है, उसी अनायास भाव से, और किंचित अधिकारपूर्वक भी, अपने पारम्परिक फॉर्म में हस्तक्षेप करते हुए उसे समृद्ध भी करती चलती है? लेकिन फिलहाल मैं 'पालवा' कहानी के रेशे-रेशे में बुने नॉस्टेल्जिया से अभिभूत हूँ जो मुझे दूर कहीं दृष्टिओझल होती पगडंडियों में छूटे बचपन की स्मृतियों में ले जा रहा है। समझ नहीं पा रही कि नॉस्टेल्जिया को मैं किस रूप में व्याख्यायित करूँ? विकराल भयावह यथार्थ से पलायन कर दो घड़ी अपनी ही स्मृतियों से सींचे दरख्तों की छाँह में बैठने का उपक्रम? या लेखक की डोंगी में सवार होकर उस-सी 'अपनी' स्मृतियों के द्वीप का पर्यटन? यकीनन यह एक्सप्लोरेशन की दुर्गम यात्रा नहीं है, लेकिन एक्सप्लोरेशन का उछाह, निरन्तरता, पीड़ा और अनिश्चितता यहाँ भी है। दरअसल नॉस्टेल्जिया पलायन नहीं है, न ही अतीत का पर्यटन, वरन् अपनी जड़ों से जुड़े रहने की व्याकुलता है जिन्हें सींचे बिना न अपने को 'मनुष्य' रूप में निरन्तर ताजादम बनाये रखा जा सकता है, न बदलते वक़्त के साथ मुठभेड़ करती हताशाओं या अपेक्षाओं को समझा जा सकता है। मैं रह-रह कर अपने से पूछती हूँ यह जो भालचन्द्र जोशी अबोध बिन्नू की व्यग्र उत्कंठाओं, अनुत्तरित सवालों और वयस्कों की नज़र चुराती आँखों के जरिए गाँव के ठहरे हुए जीवन का चित्रण करते हैं, वह क्या अपने बचपन को बार-बार जीने का रोमान भर है? यदि ऐसा है तो पचास-साठ के दशक तक पैदा हुई पीढ़ी तक ही इन चित्रोपम डिटेल्स की महत्ता बनी रहेगी; बाद की पीढ़ियों से इन बचकानी हरकतों और गतिहीन जड़ जीवन के विवरणों में रुचि लेने की अपेक्षा क्यों की जाये? खासतौर से अस्सी के दशक में पैदा हुई पीढ़ी से जिसने गति और ग्लैमर के फास्ट ट्रैक पर चलते हुए बहुत तेजी से पूरी दुनिया मुट्ठी में कर ली है। और मानो यहीं नॉस्टेल्जिया का रोमान झड़ कर एक तीखे सवाल के रूप में कोंचने लगता है कि जीवन क्या बदहवास दौड़ का नाम है? माना, कस्तूरी मृग है मनुष्य, लेकिन अपने को भरमा कर क्या कभी कस्तूरी पा सकेगा वह? तब समझ आता है कि क्यों लेखक इत्मीनान से बुने गये एक-एक डिटेल के सहारे बिन्नू और उसके सम्बन्ध-संजाल (माँ-बाप, दादा-दादी, मित्र-पड़ोसी, समाज की संरचना और उसके

विधि-निषेध) को जाँचने का जतन करता है। एस्केलेटर के सहारे भले ही कितनी मंजिल ऊपर उठ जाए इंसान, खुद अपने पैरों से एक-एक सीढ़ी पार किये बिना न ऊँचाई की कठिनाइयों और वैभव का भान होता है उसे, न उन ऊँचाइयों तक ले जाने वाले रास्तों की विकरालता और न्यूनताओं का। बिन्नू के सवालों की झड़ी लगा कर 'पालवा' कहानी अपनी ओर से एक भी शब्द बोले बिना आज के परिदृश्य पर व्यंग्यात्मक टिप्पणी कर जाती है जहाँ की 'निष्क्रिय व्यस्तता' में खाना बनाने और खाने, अतिथियों से मुखातिब होने और परिवार-जन से बतियाने का अवकाश टी.वी. धारावाहिकों के कमर्शियल ब्रेक्स में ही मिल पाता है। फिर अपने होने के चैतन्यपूर्ण बोध, समाज व्यवस्था के चरमराने के कारणों और मूल्यहंता समय को पुनर्सर्जित करने की कवायदों से दो-चार होने की बात कौन कहे? बेशक वक़्त की ज़मीन पर मजबूती से पैर गड़ा कर खडे एकान्त और आत्मालाप सृजन की बुनियाद हैं, लेकिन क्या साथ ही इतनी, या कहीं ज्यादा जरूरी ईमानदार निर्भीकता नहीं जो विकृतियों की आँख में आँख डाल कर अपनी ही दुर्बलताओं/वासनाओं को गुनहगार के रूप में पहचान कर सके? 'पालवा' कहानी की ताकत यही है कि वह विलुप्त होती ईमानदारी और निर्भीकता दोनों को धारदार औजार की तरह इस्तेमाल कर विघटनशील मौजूदा समाज व्यवस्था की खुर्दबीनी जाँच करने लगती है। न, किसी भी तरह का रोमान नहीं। न ही पूर्वग्रह कि पुराना सब अच्छा, नया सब गर्हित। यथार्थ की खुरदरी ज़मीन पर खड़े होकर वह बिन्नू की मासूमियत से उपजे नोकदार सवालों को हवा में उछाल देती है कि "अरे! इनका (बड़ों का) ऐसा करना बुरा है या मेरा पूछना? जब इनकी कोई बात बुरी होगी, तभी तो मेरा पूछना बुरा होगा।"

भालचन्द्र जोशी बिन्नू को नैरेटर बनाते हैं क्योंकि जिस सिस्टम के दोगले और अमानवीय तंत्र को वे कहानी में उद्घाटित करना चाहते हैं, बिन्नू अपनी अबोधता के कारण उस सिस्टम का हिस्सा नहीं है, और इस प्रकार बेहद वस्तुगत ढंग से वह उस पर टिप्पणी करता है। दूसरे, बच्चे की ऑब्जर्वेशन पावर वयस्क के मुकाबले कुछ अधिक प्रखर होती है जो नज़रअन्दाज कर दी जाने वाली दैनंदिन सच्चाइयों को पूरी भयावहता और परिप्रेक्ष्य के साथ उजागर कर देती है। इसलिए जब बिन्नू ऑब्जर्व करता है कि "माँ और दादी का मुँह किसी अजाने अचरज में खुला रहता है या 'हे भगवान' कह कर डर से बन्द हो जाता है। इस घर की औरतों को सोने के बाद भी अचरज और डर से छुटकारा नहीं है" या अपने आप में सिकुड़ कर सोई माँ को देख कर सवाल पूछता है कि "माँ सोते हुए भी इतना डरती क्यों है? पैर फैला कर सोने में क्या डर?" तो यह सवाल बिन्नू की माँ और दादी की आदतों पर टिप्पणी भर नहीं रहता, पूरी स्त्री जाति की नियति का उद्घाटन बन जाता है। जाहिर है तब सवाल के कठघरे में माँ या स्त्री नहीं रहती, पूरी समाज व्यवस्था आ जाती है जिससे सवाल पूछने की जुर्रत कौन करे? एक बार फिर बिन्नू का आब्जर्वेशन–"पढ़ाई के

समय वह खेलने चला जाता है तो बाबू भी माँ को ही डाँटते हैं। दादा जी ने कभी बाबू को नहीं डाँटा। बिन्नू के बदले जो भी डांट पड़ती है, वह या तो माँ को सुननी पड़ती है या दादी के हिस्से में आती है। बिन्नू ने सोचा, यह बुरी बात है, लेकिन ऐसा वह बाबू या दादा जी से कह नहीं सकता।" अलबत्ता इस छोटी सी वय में भी इतना जरूर जानता है कि ताकत और दमन में गहरा अन्तर्सम्बन्ध है। साथ ही अपनें भीतर पैदा होती इस लालसा को भी स्वाद लेकर भोग लेना चाहता है कि "वह भी बड़ा होकर सभी पर हुक्म चलाएगा।" तो क्या यह कहानी व्यक्ति द्वारा व्यवस्था के आन्तरिकीकरण की क्रमिक प्रक्रिया की दास्तान है जो एक ओर उर्मि की गौण एवं अलक्षितप्राय भूमिका के सन्दर्भ में स्पष्ट होती है तो दूसरी ओर रतन काका के प्याले में ग्लूकोज पीने की विद्रोही भंगिमा 'पहन' कर इमोशनल ब्लैकमेलिंग करते बिन्नू के सन्दर्भ में?

सबसे पहले उर्मि की बात! उर्मि बिन्नू की समवयस्का है और सहपाठिन भी। पड़ोस की इस लड़की की 'श्याणपत' की वजह से दादी उसकी मुरीद है, "होशियार लड़की है। सत्रह का पहाड़ा बोल लेती है। रामायण की चौपाइयाँ कैसे फर-फर बोलती है। गीता के श्लोक तो उसे कंठस्थ हैं। रोटी बना लेती है। सब्जी बघार लेती है।" उर्मि के गुणों की लम्बी सूची न कहते हुए भी बिन्नू की 'नालायकियों' का पुलिंदा खोल जाती है। उर्मि को लेकर बिन्नू की झुंझलाहट भरी नापसन्दगी का मूल कारण भी कमतरी का यही अहसास है। सचमुच बिन्नू के पास कोई मानीखेज ठोस उपलब्धि नहीं। है तो शरारतों का जखीरा जिसमें पेड़ पर चढ़ कर कच्चे आम तोड़ना है; दौड़ती बैलगाड़ियों से गन्ना खींच लेना है; बिच्छू बैड़ी से बिच्छू पकड़ कर, उसका डंक तोड़ कर माचिस में बन्द करना है। उर्मि के मुकाबले कितने जोखिम भरे काम, लेकिन दादा जी से कहो तो वे सिर्फ हँस देते हैं कि "यह सब तो बदमाशियाँ हैं। होशियारी नहीं। यानी जो कठिन काम है, वह सब बदमाशियाँ हैं और रट्टू तोता होना होशियारी है।" ध्यान देने लायक बात है कि वयस्कों की प्रतिक्रिया में बिन्नू को उसकी 'पीड़ा' से मुक्त करने की व्यग्रता नहीं है, बल्कि उसकी बदमाशियों पर हँस कर शह देने की मानसिकता है। उर्मि की होशियारी और सुघड़ता को बिन्नू के व्यक्तित्व में सर्जित कर देने की ललक नहीं है, वरना क्या वजह है कि गर्मी की छुट्टियों के लम्बे उबाऊ एकाकी दिनों में डाँव-डाँव डोलते बिन्नू को इन सब कामों में प्रशिक्षित करने की सुध कोई नहीं लेता? क्या इसलिए कि उर्मि औरत है और बिन्नू मर्द, और बकौल दादा जी "मर्द का औरतों के बीच क्या काम?" और मानो यहीं उर्मि के सामने पड़ते ही मन में घुमड़ने वाले कमतरी के सारे अहसास बिन्नू की चेतना से उड़नछू हो जाते हैं। 'मर्द' – वह पहली बार अपनी ताकत और वजूद से परिचित होता है। उर्मि माने औरत... माने कमतरी की पुड़िया... माने मर्द की ताकतवर दुनिया से बाहर की चीज। "मर्द बनना उसे अच्छा लगा"—भालचन्द्र जोशी

एक छोटी सी टिप्पणी करते हैं। इस टिप्पणी के जरिए बिन्नू के अन्तर्मन में उतरें तो वहाँ होने वाली हलचलों में गुड्डे-गुड़िया खेल रचाते बाल-जगत के सारे संस्कार और कर्मकांड मौजूद हैं। यकीनन मर्द बनने के अच्छे अहसास को गुड़ सरीखा मीठा बनाते हुए बिन्नू ने अपने मनोलोक में उर्मि को माँ की भूमिका में रख कर खुद को बाबू जी की भूमिका में उतारा होगा—वे बाबू जी जो माँ को कारण-अकारण डाँटते रहते हैं, लेकिन फिर भी दौड़-दौड़ कर माँ उनकी मान-मनौवल और सेवा में जुटी रहती है; वे बाबू जी जो ढेर सारे पैसे और सोने के मालिक हैं कि माँ के होते हुए भी घर की नौकरानी सरला को दो जोड़ी सोने के कंगन देने का वादा कर घर के पिछले अँधेरे कमरे में आने का न्यौता देते हैं। बिन्नू नहीं जानता कि भेद खुलने पर क्यों बाबू जी के चेहरे का रंग उड़ गया और माँ गुस्से तथा बेबसी में तड़फड़ा कर और भी जर्जर हो गयी, लेकिन इतना जानता है कि 'भाग खड़े हुए' पिता को दादा ने ओट देकर बचा लिया है—"बहू को नौवाँ महीना चल रहा है। इतने दिनों से अलग सो रहा है। मर्द है। पकड़ लिया होगा हाथ।" साथ ही माँ के गुस्से और आँसुओं से पसीजे बिना उन्होंने माँ के लिए ही 'भूल सुधार' के निर्देश जारी कर दिये हैं— "बात को तूल मत दो। बहू को कहो, खुश रहे। पूरे दिनों में रोने-धोने से बच्चे पर बुरा असर पड़ता है।" कहानी उर्मि को 'औरत' बनाये जाने की दुरभिसंधि को उजागर नहीं करती, बिन्नू को 'मर्द' बनाये चले जाने के सूक्ष्म प्रशिक्षण का पाठ बुनती है जहाँ बाबू जी के सरला-प्रकरण के बरक्स उषा का 'पेट गिरा कर आने' का प्रकरण नैतिकता के दोहरे मानदंडों की सपाटबयानी नहीं करता, उन मानदंडों को स्वीकारती अपंग बेबसियों और निर्लज्ज निरंकुशताओं को उजागर करता है। लेकिन ठीक यहीं एक सवाल फन काढ़ कर फुँफकार तो उठता ही है न कि समाज में जो हो रहा है, उसे यथावत् दिखा देना ही क्या साहित्य है? साहित्य की ताकत का असली स्रोत क्या जड़ यथार्थ का अतिक्रमण करने की क्षमता में निहित नहीं जो अनिवार्यतः सृजन की पीठिका बुनती है और अखबारी साहित्य का विलोम रचती है? सृजन जो कालबद्ध होते हुए भी कालातीत है?

लेकिन फिलहाल रतन काका के प्याले की बात और उसे हथियार बना कर भावनात्मक ब्लैकमेलिंग करते 'मर्द' बिन्नू की रणनीति पर विचार! हालाँकि यह भी लगता है कि कहीं यह कहानी प्रचलित विमर्शवादी बहस में शिरकत करते हुए पितृसत्तात्मक व्यवस्था और ब्राह्मणवादी संस्कृति पर कटाक्ष तो नहीं? कम से कम जिस लाउड तरीके से बीमार बिन्नू परिवार द्वारा अपने दलित दोस्तों से न मिल सकने की मुखालफत का विरोध करता है, उससे तो जाहिरा तौर पर यही निष्कर्ष निकाला जा सकता है, लेकिन भालचन्द्र जोशी अपने नायक को लेकर ऐसी किसी खुशफहमी में नहीं हैं। तमाम असहमतियों, शंकाओं और सवालों के बावजूद वे अपने नैरेटर को वही सब करते देखते हैं जो व्यवस्थागत परिवेश उससे करवाना चाहता

है। उसमें अधिकार-लिप्सा भी है और चोरी-चोरी वर्जित कार्य करने का आनन्द भी। पिता के सन्दर्भ में वर्जना का आनन्द यदि परस्त्री से देह की याचना है तो बिन्नू के सन्दर्भ में दलित लड़कों से दोस्ती। तो क्या इसी वजह से बिन्नू की जिद और प्रतिरोध की लड़ाई को मसीहाई तेवरों में व्यंजित किया जाये कि वह वर्ण व्यवस्था का प्रतिकार करने को प्रतिबद्ध है? लेकिन प्रतिबद्धता, वर्ण व्यवस्था और प्रतिरोध की लड़ाई जैसे भारी भरकम शब्दों से वाकिफ तक नहीं है बिन्नू। वह बीमार है और बीमारी के कारण तन-मन से अधीर, अशान्त और अशक्त। परनिर्भरता ने उसकी जड़ता को बढ़ाया है और जड़ता ने विवेकहीन हठ को। भीतर की उदग्र अशान्ति उतने ही अनुपात में दूसरे को चोटिल करके शान्त हो जाना चाहती है। इसलिए बिन्नू भीतर उमड़ते आवेग को शान्त करने के लिए बाहर उतनी ही बड़ी तोड़फोड़ कर देना चाहता है। बिन्नू नहीं जानता कि कहार मुहल्ले या चमारबाड़ी में जाकर अपने दोस्तों से मिलना या हरि के पिता से जूता बनाने के लिए चमड़ा काटना सीखना ब्राह्मण लड़के के लिए विधर्म क्यों है? लेकिन इतना जरूर जानता है कि उसका यह आचरण पारिवारिक मर्यादा के लिए गर्हित है, और उसे अपने इस 'कृत्य' की भनक घरवालों को नहीं लगने देनी है। किसी व्यक्ति के अस्पृश्य हो उठने के कारणों को वह नहीं जानता क्योंकि उसके हर सवाल को 'उल्टी-सीधी बात' कह कर उसे घुड़क दिया जाता है, लेकिन रोज-रोज बढ़ती वय के साथ उसे इतना भान अवश्य हो गया है कि दुनिया में अकेले रतन काका ऐसे नहीं हैं जिन्हें छप्पर में लटके हुए कप में डाल कर चाय पिलाई जाती है और फिर उसे रसोईघर ले जाने की बजाय वहीं टाँग दिया जाता है। इस अनुभव के साथ अनायास भाव से उसने अपने 'विशिष्ट' होने के बोध को भी अर्जित किया है—ब्राह्मण होने के कारण; मर्द होने के कारण। "मार-कुटाई मत करो। हजार मन्दिरों में माथा टेका, तब नसीब हुआ है"— माँ की गोद उसे प्रश्रय देती है और दादा का लाड़ अभय। इसलिए पिता की जिद की टक्कर में उसकी जिद भी अन्धी, नुकीली और अहं रक्षा के प्रयास में प्रतिशोधात्मक हो उठी है।

बच्चे को केन्द्र में रखने के बावजूद यह कहानी उस अर्थ में बाल मनोविज्ञान की कहानी नहीं है जिस अर्थ में जैनेन्द्रकुमार की 'पाजेब'। यह लेखक के इस विश्वास को पुष्ट करने के लिए रची गयी है कि व्यवस्था का समेकित प्रभाव हर चेतन प्राणी की स्वायत्तता को कुचल कर उसे अपने अनुकूल ढालता चलता है। स्वायत्तता के नाम पर उसके अन्तर्मन में रह-रह कर उठती टीसें शेष रह जायें या दूसरों के दोगलेपन की प्रतिक्रिया में जन्म लेती नपुंसक कसमसाहटें—अन्ततः वह व्यवस्था को मजबूत करने का घटक भर बन कर रह जाता है। "देखण का बग उजला/भीतर का मन काला/हो गुरु जी... भीतर का मन काला"—सूक्तियों में पिरोई गयी सान्त्वनाओं को चाहे खिसियानी बिल्ली द्वारा खम्भा नोचने की कोशिश कहा जाये या 'अंगूर खट्टे

हैं' का दर्प भाव ओढ़ कर 'त्यागी' बनने का ढोंग—'पालवा' अपनी क्षुद्रताओं में घिरे व्यक्ति के मानसिक तोष को ही चित्रित करती है। क्षुद्रताओं को झकझोर कर आत्मसाक्षात्कार करने की व्यग्रता किसी में भी नहीं। माँ-बाबू, दादा-दादी, रतन काका, बिन्नू-उर्मि जैसे सब जन्म और मृत्यु, दिन और रात, पल और साँस की डोर में बँध कर अपने ही जिए हुए जीवन को दुहराते चले जाने को अभिशप्त हैं। जीवन यदि दोहराव बन जाये तो वह मृत्यु से भिन्न कहाँ है? 'पालवा' के पात्र इस सत्य को नहीं समझते। भालचन्द्र जोशी जानते हैं, इसलिए रतन काका और दादाजी की बात में अपना विचार 'इम्प्लांट' कर देते हैं कि "पालवा खोदना तो पड़ेगा... नहीं खोदा तो खेत में फसल से ज्यादा पालवा दिखेगा।... अभी इन झाड़ियों की जड़ें गहरी नहीं हैं। बाद में ये व्यर्थ की झाड़ियाँ बड़ी हो जायेंगी तो खोदना मुश्किल होगा।" लेकिन विचार भावना की तरह स्वतः गतिशील नहीं होता। वह तमतमाते लाल लौह-पिंड की तरह ठोस है। विचार पहले व्यक्ति से ऊर्जा, कर्मनिष्ठा और स्फूर्ति की अपेक्षा करता है। उसके बाद कहीं जाकर बाहर के अँधेरों से लड़ने के लिए अपने भीतर के आलोक को भावना की स्वतःस्फूर्त तरलता में प्रवाहित करता है। 'पालवा' कहानी के पात्रों को चूँकि विचार के चरित्र और ताकत से कुछ लेना-देना नहीं है, इसलिए पालवा को प्रतीक रूप में इस्तेमाल करने की लेखकीय युक्ति अलंकरण बन जाती है या फिर व्यंग्य।

लेकिन अभी से इतनी जल्दी कोई भी निष्कर्षात्मक टिप्पणी देने की बेचैनी क्यों जबकि 'पालवा' अलग-अलग सात कहानियों का संग्रह होने के बावजूद विचार एवं प्रभाव की दृष्टि से इतनी सघन बुनावट में गुँथा है कि एक औपन्यासिक कृति का आभास देता है। संग्रह में आद्यन्त सवाल हैं—कहीं बाहर से आरोपित नहीं, भीतर से उठती बेचैनियों से रचे। मजे की बात यह कि ये सवाल किसी अन्य को सम्बोधित नहीं, अतः इनके जवाब भी भीतर अपनी ही बेचैनियों से गुजर कर ढूँढ़ने पड़ते हैं। चाहे वह अपनी लुप्त हो गयी हँसी को खोजने की कष्टकर कवायद हो (जतरा) या अपने भीतर बैठे प्रेत की मन्त्रणा पर इस निष्कर्ष पर पहुँचने की विवशता कि "तकलीफ की कहानी तो सैकड़ों सालों से एक जैसी है।" (बाहरी बाधा) भालचन्द्र जोशी का नैरेटर निरन्तर अपने से मुखातिब है—अपने को 'दूसरा' में विभाजित कर वह बेहद स्वाभाविकता के साथ अपने सुख-दुख, स्वप्न-आकांक्षाओं का रेशा-रेशा उधेड़ कर देखने लगता है। यह अपने समेत पूरे युगीन परिदृश्य को ऑब्जेक्टिव ढंग से विश्लेषित करने की क्षमता है जहाँ किसी पर टीका-टिप्पणी करने की कोई दुर्बल उतावली नहीं। विचारप्रधान कहानियाँ होने के बावजूद भालचन्द्र जोशी अपनी रचनाओं में किसी वैचारिक क्रान्ति का आह्वान नहीं करते। घटनाओं का संजाल वे जरूर बुनते हैं, लेकिन घटनाओं का होना महज ऊबड़खाबड़ पगडंडियों को बनाने के लिए है ताकि पाठकों को कथा के बीहड़ में ले आया जा सके जहाँ अर्थगर्भित चुप्पियों

का मुखर प्रभाव चहुँ ओर पसरा पड़ा है। जोशी कंटेंट के जरिए अपनी बात नहीं कहते, कंटेट के कारण बनते प्रभाव को घनीभूत कर पाठक तक सम्प्रेषित करते हैं कि अपनी संवेदना से उन प्रभाव-तरंगों को अनूदित करते हुए वह अपनी 'रचना' करे। इसलिए उनकी कहानियों में स्मृतियाँ हैं। नहीं, 'स्मृतियों की पृथ्वी।' "सच पूछो तो स्मृतियों के बोझ से छुटकारा ही मोक्ष है" (बाहरी बाधा) आजिज आकर वह भले ही कह दे, लेकिन जानता है कि स्मृतियाँ ही "उसकी उदासी, हर्ष, अकेलापन और गर्व के क्षणों में एकमात्र सहारा है।" (किला समय) "किले में स्मृतियाँ होती हैं तो स्मृतियों के अनगिनत किले होते हैं। इन किलों में कितनी ही अजानी लड़ाइयाँ लड़ी जाती हैं... ऐसा क्या है कि इनमें हमेशा पराजय का द्वार ही खुलता है। विजय की स्मृतियाँ भी पराजय की सीढ़ी पर खत्म होती हैं। क्यों?" लेकिन चुप्पा और आत्मस्थ नैरेटर से पाठक कैसे बात करे? 'लौटा तो भय' कहानी का भ्रान्त पाठक नायक की भंगिमाओं को ध्यान से पढ़ने लगता है ताकि भावों के सहारे उसके मन के भीतर पैठ सके—उसकी स्मृतियों में उतरने और ग्रन्थियों को खोलने। तब 'योग्यता के भरोसे लोअर मिडल क्लास को माइग्रेट' कर जाने के विश्वास की 'ठोस हँसी' हँसता भुवन उसे स्वप्नजीवी अधिक लगता है। सिविल सर्विसेज की चयन-प्रक्रिया के भीतरी सच से वाकिफ पाठक भुवन को बता देना चाहता है कि "योग्यता सिर्फ नासमझ लोगों का धैर्य है"; कि "पैसा अब सुविधा नहीं, ताकत हो गया है। किसी को भी, कहीं से भी धक्के देकर गिराया जा सकता है।" तीन-तीन बार की रिजेक्शन के बाद आँखों में मृत सपनों का बोझ और खारा चिपचिपापन लिए भुवन पर संवेदनाओं के सारे कोष लुटा देने को तैयार है पाठक, लेकिन भालचन्द्र जोशी को यह सरलीकरण स्वीकार नहीं। भ्रष्ट शासन तंत्र और बेरोजगार युवा पीढ़ी की फार्मूलाबद्ध कथा को अप्रत्याशित झटका देकर वे तारा दीदी (ब्राह्मण युवती) और जयंत (दलित युवक) के अन्तरजातीय प्रेम-विवाह प्रसंग को जबरन कथा में गूँथ कर कहानी की दिशा ही बदल डालते हैं। भौचक पाठक भौचक नैरेटर की तरह अपनी असफलता पर सिर धुनता निर्वाक् वहीं खड़ा भी है और उसके साथ जबरन ठेल दी गयी स्थितियों से मुठभेड़ करने के लिए आगे भी बढ़ता है। जाहिर है कथा में अचानक नाटकीय ढंग से घटनाओं की बहुलता, स्मृतियों का रेला और पात्रों की बहस चली आती है। चुप्पी को तार-तार कर देने को आतुर बड़बोलापन! लेकिन कथा के प्रारम्भ में सड़क पर पसरे प्रगाढ़ अन्धकार को चीर कर सर्राटे से गुजरती और सड़क पर दूने अँधेरे को पसार कर जाती लाल बत्ती वाली गाड़ी का बिंबित मानो पाठक की स्मृति में अटका रह जाता है। ऐसे ही बिम्बों से प्रतिबिंबित होती अर्थध्वनियों को गूँथ कर वह जिस प्रभाव की सृष्टि करता है, कथा रह-रह कर उसी को जैसे अनावृत्त करती चलती है। "बढ़ी हुई सफेद दाढ़ी और मैले चीकट कपड़ों में बूढ़ा खुद भी घिसे हुए टायरों का हिस्सा लग रहा है" जैसे स्टेटमेंट्स के बरक्स

जेनेरेटर से उपजी बिजली का उपभोग कर "शोर में डूबी हुई रोशनी फैलाता" बिजली का बल्ब वर्गभेद के जिस बिम्ब की सृष्टि करता है, वह मार्क्सवादी मान्यताओं पर आधारित नहीं, बल्कि सत्ता की ताकत और आतंक के सामने अपनी अदना हस्ती के पस्त होते चलते आम आदमी की दुर्दशा; और ठीक वैसी ताकत अर्जित कर लेने की लालसा को विज्ञापित करता है। इसलिए इस कहानी में लाल/पीली बत्ती वाली वी.आई.पी गाड़ियों का जिक्र बार-बार है। कभी गाली के रूप में; कभी त्राता के रूप में (जब बदतमीजी करते ट्रैफिक पुलिस के सिपाही से बचाने तारा दीदी नाटकीय ढंग से सिटी सुपररिंटेंडेंट की गाड़ी से नीचे उतरती हैं); और कभी गिर कर समझौता करने वाली मानसिकता के रूप में ("जयन्त पीली बत्ती वाली गाड़ी से उतरे हैं। पीली बत्ती यानी सत्ता का प्रतीक। निश्चित रूप से अब इन जनेऊधारियों की हिम्मत नहीं कि कोई कुछ उलाहना दे या कुछ प्रतिकूल टिप्पणी करे। तारा दीदी सच कहती हैं, ब्राह्मणों का इतिहास, चाटुकारिता का इतिहास ज्यादा है। निश्चय ही यहाँ खड़े अधिकांश ब्राह्मण सोच रहे होंगे कि इस पीली बत्ती वाले से निकटता कैसे हासिल हो। सत्ता की निकटता में बने रहना इनकी कमजोरी और आदिम लालसा है।") ताज्जुब की बात है कि दलित से प्रेमविवाह रचाने वाली तारा दीदी के प्रति घृणा, तिरस्कार और गुस्से के मिश्रित भाव के ऊपर एक और भाव हावी होता जा रहा है भुवन की चेतना पर जो उसके ब्राह्मणत्व को निरन्तर आहत भी कर रहा है और सत्ताधारी का 'सगा' होने का सकून भी दे रहा है—"मैं तारा दीदी की सम्पन्नता से आतंकित हूँ या किसी अजाने लोभ से परास्त हो रहा हूँ?" मानव मन के भीतर पलती विडम्बना को व्यंग्य की तीखी मार के साथ उभार देना—यही कहानी का क्लाइमेक्स है जिसे पाठक की दृष्टि से अर्थ-ग्रहण का पूर्णत्व भी कहा जा सकता है। वस्तुतः कहानी यहीं आकर खत्म भी हो जाती है। इसके बाद घटनाओं के नाम पर जो ब्यौरे दिये गये हैं, वे ज्वलन्त मुद्दों पर किसी सधे उपदेशक की तरह पाठक/समाज का उद्‌बोधन करने के लिए हैं (जैसे "जाति के संस्कार को क्या आप खून में शामिल मानती हैं" सवाल के जवाब में तारा दीदी का कहना है कि "खून में शामिल होने का मामला होता तो मेडिकल साइंस इसे सुलझा ले जाती, लेकिन यह तो ब्रेन वाशिंग है— शताब्दियों की कंडीशनिंग।") या अगली कहानी की भावभूमि रचने के लिए है जहाँ बेरोजगार भुवन से सम्बन्ध-विच्छेद कर (तारा दीदी की तरह?) किसी मालदार वर की तलाश में निकलती अंजलि की खबर ली जा सके। कहानी संग्रह में औपन्यासिकता के अन्तःसूत्र पिरो कर भालचन्द्र जोशी एक नया कथा शिल्प रचते जरूर हैं, लेकिन यह युक्ति हमेशा अर्थ को एक नयी चौंध के साथ सम्प्रेषित करने में सफल नहीं होती। जाहिर है सन्दर्भ 'किला समय' कहानी का ही है। यदि इस कहानी पर तारा दीदी के प्रभाव से ग्रस्त अंजलि की छाया न होती तो स्वतन्त्र रूप से यह असफल प्रेम की सफल कथा होती जहाँ उपभोक्तावादी ताकतों

के द्वारा जीवन की हर निधि को नष्ट किये जाने वाले ऐलानों के बावजूद विनय में प्रेमिका की अवसादपूर्ण स्मृतियों के साथ सत्-शिव-सौन्दर्य का साक्षात्कार करने की संवेदना भी है और रोमान भी। "लड़की को मिल गया है वह दरवाजा... गर्ल्ज आर फोंड ऑव शॉर्ट कट्स" – विनय की यह टिप्पणी विनय के भीतर जीते उसके स्मृतिजीवी पक्ष – लड़के – को स्तम्भित और आश्वस्त करने के बाद पाठक की कल्पना में शॉर्टकट की तलाश में न्यूयार्क निकली लड़की का चित्र उकेरने लगती है। जाहिर है अंजलि तुरन्त उसके जेहन में आ जाती है, लेकिन समस्या यह है कि अंजलि को भी नैन-नक्श कहाँ दिये लेखक ने। वह ज्यादा से ज्यादा तारा दीदी का क्लोन है। और तब यहीं इसी बिन्दु पर कहानी दम तोड़ जाती है और जयंत से विवाह कर पीली बत्ती वाली गाड़ी की स्वामिनी बन गयी तारा दीदी के अक्स में न्यूयार्क का ऐश्वर्य भोगती लड़की का अक्स गड्डमड्ड होने लगता है। तो क्या लेखक ने अन्तरजातीय विवाह जैसे गम्भीर संवेदनशील मसले को उपभोक्तावादी बाजार की एक भ्रामक चाल की तरह चित्रित किया है? तो क्या "शी इज़ लिंचपिन ऑव फैमिली एंड सोसायटी बोथ"–तारा दीदी का यह दावा ही नहीं, समूची तारा दीदी ही कैरीकेचर हैं? फिर लेखक के विचारों का संवाहक कौन है? क्या 'निरात' का नैरेटर जो आजिज आकर पहले बीमार पिता को दवा देने की बजाय विटामिन की सस्ती गोलियाँ देकर फुसलाता है और फिर खतरनाक पुल जैसी जुटाई गयी 'सुविधा' का 'रचनात्मक' उपयोग कर पिता को सैकड़ों फीट गहराई में धकेल देता है? क्या सन्देह-लाभ देते हुए इसे विशुद्ध व्यंग्य-कहानी मान लिया जाये? बेशक व्यंग्य भालचन्द्र जोशी की कहानियों में आन्तरिक लय की तरह मौजूद है, और इसका टारगेट अपनी क्षुद्रताओं में लथपथ आम आदमी ही है जो अपनी तमाम अकर्मण्यता के बीच इस भ्रांति का भी शिकार है कि पालवा खोदने की जिम्मेदारी भरा काम वह अकेले अपने दम पर कर रहा है। 'लौटा तो भय' कहानी इस मायने में 'पालवा' का विस्तार प्रतीत होती है और भुवन बिन्नू का युवा संस्करण। 'पालवा' कहानी पढ़ते हुए एक आशंका बराबर मन में घुमड़ती रही थी कि दादा द्वारा मर्द बनने का भरोसा दिला दिये जाने पर इतराता घूमता बालक बिन्नू क्या बड़ा हो जाने पर ब्राह्मणत्व के सम्मोहन को त्याग पायेगा? ब्राह्मणत्व अपनी ऊँची जाति और स्थिति पर अभिमान भर नहीं है, बल्कि अपने से इतर अन्य जातियों/व्यक्तियों के प्रति घृणा और तिरस्कार का भाव भी है? वह मनुष्यत्व की बात करता है लेकिन अपने से भिन्न किसी अन्य को मनुष्य मानने को तैयार नहीं। यह एक ऐसी सामन्ती वृत्ति है जिसका चेतन अवस्था में 'विरोध' किया जाता है, लेकिन अवचेतन में व्यक्ति के आचार-विचार की नियामक शक्ति भी वही है।

भालचन्द्र जोशी अपनी कहानियों के जरिए जिस कहानी-तंत्र को रचते हैं, वहाँ नायक कोई विशिष्ट पहचान या व्यक्तित्व लेकर नहीं आता। उसकी कुछेक

बाह्य रेखाएँ भर हैं जिनके भीतर किसी भी समय और समाज के व्यक्ति की ठोस आकृति फिट हो जाती है। चूँकि उनके यहाँ सुपरिभाषित (वैल डिफाइंड) नायक नहीं, इसलिए वह लेखकीय दृष्टि और विचारों का भार वहन करने को बाध्य भी नहीं। भालचन्द्र जोशी ज्ञानरंजन की परम्परा के समर्थ कहानीकार जान पड़ते हैं, लेकिन जड़-रुग्ण-खंडित पात्र में जड़-रुग्ण-खंडित समय से लड़ने की स्वस्थ-समग्र जंग की तत्परता अन्वेषित नहीं कर पाते। यह असमर्थता क्षुद्र के भीतर सिरजे विराट को न देख सकने की अन्तर्दृष्टि से उपजी है या कहानी को वर्तमान का अक्स बनाने के युगीन दबाव से (जिसे हठपूर्वक आज की कहानी की उपलब्धि के तौर पर पेश किया जाने लगा है)? यह निर्णय स्वयं कहानीकार को करना होगा क्योंकि पंखों की ताकत तौलने के बाद उड़ान की दिशा और गति का निर्णय किये बिना ब्यौराधर्मी जड़ यथार्थ के गुरुत्वाकर्षण से मुक्ति सम्भव नहीं।

वक़्त की शिनाख़्त और सृजन का राग

गहन अनुमानिता
तन की मलिनता
दूर करने के लिए प्रतिपल
पाप-छाया दूर करने के लिए, दिन-रात
स्वच्छ करने
ब्रह्मराक्षस घिस रहा है देह
हाथ के पंजे, बराबर
बाँह-छाती, मुँह छपाछप
खूब करते साफ
फिर भी मैल
फिर भी मैल!!!

प्रियंवद की कहानी 'दास्तानगो' के सम्मोहन में बँधी हूँ मैं। नहीं, कहानी में बुने गये इतिहास के सम्मोहन में नहीं, कहानी के प्रभाव के सम्मोहन में। पढ़ चुकने के बाद कहानी को गढ़ने वाले पात्र, वातावरण और घटनाएँ अपने आप झड़ जाते हैं। याद रहता है उनके द्वारा मिल-जुल कर बुना गया प्रभाव — एक प्रकार का बुद्धि-रस जो मस्तिष्क के पाचन-तंत्र को ऊर्जा, सक्रियता और सार्थकता देता है। मैं सोचती हूँ भीतर के तमाम अवरोधों और शुष्कताओं को पार कर यह प्रभाव जिस आलोड़न को जन्म देता है, वह क्या इतिहास की कोई पोथी पढ़ कर ठीक इसी रूप में घुमड़ता-विह्वल करता? नहीं, मैं इतिहास के बरक्स साहित्य की ताकत को महिमामंडित करने की कोशिश नहीं कर रही हूँ, सिर्फ एक बुनियादी बात की ओर संकेत करना चाहती हूँ कि शुष्क तथ्यों के भीतर जीवन की विराटता को गूँथ देने वाली साहित्यिक कृति का मूल्यांकन वस्तु (कंटेंट) की बजाय उसके फॉर्म (संरचना) के आधार पर क्यों न होना चाहिए? वह फॉर्म जो रचयिता के रूप में लेखक को घटनाओं और ब्यौरों के दलदल में लिथड़े पत्रकार से अलगाता है और एक दार्शनिक चिन्तक के रूप में उसकी भूमिका और महत्ता को सुनिश्चित करता है।

प्रियंवद समकालीन हिन्दी कथाकारों की भीड़ में अपनी विशिष्ट पहचान बनाते हैं क्योंकि पाठक को अपने साथ वे जिस कथालोक में ले चलते हैं, वह सूचनाओं द्वारा जुटाई गयी रोजमर्रा की सुपरिचित ज़िन्दगी का अक्स नहीं है, बल्कि रहस्य और रोमांच से भरा एक तिलिस्म-लोक है। इस लोक में सर्वत्र अपरिचय का घना अँधेरा पसरा हुआ है जो रहस्यमयता को प्रगाढ़ कर एक रोमांचक भय की सृष्टि भी करता है और अँधेरे के पार आलोकित दुनिया को जान लेने के कौतूहल को बढ़ाता भी है। जिज्ञासा मनुष्य की आदिम वृत्ति है और विजेता होना उसकी परम साध। प्रियंवद मनुष्य की इस 'कमजोरी' को जानते हैं, इसलिए रचना-दर-रचना इतिहास की भूलभुलैया रच कर वे उसे अपने समय, समाज और व्यवस्था के साथ सीधी निःसंग दृष्टि से मुठभेड़ करने का विवेक देते हैं। खँडहर सरीखी निर्जनता, एकाध अधपागल बूढ़ा, अँधेरे और उजाले के सन्धिस्थल पर गलबहियाँ डाल कर मुस्कराता आलोक, और क्षितिज रेखा तक फैली धुँधली मानवाकृतियाँ— अपने इन हमराहियों के साथ प्रियंवद जब समय के हरहराते समंदर में गोता लगाते हैं तो इतिहास, वर्तमान और भविष्य—तीनों को एक गेंद में बाँध कर सतह पर लौटते हैं— वर्तुलाकार! सुनिश्चित आदि और अन्त की निरर्थकता का ऐलान कर एक-दूसरे में अन्तर्लीन होती समय-लहरियों का निनाद!

चूँकि साहित्य लेखक की वैचारिकता का संवेदनात्मक निदर्शन है, इसलिए 'दास्तानगो' में प्रियंवद अपने विचार-सत्य को कथा-यात्रा का प्रस्थान बिन्दु बनाते हैं कि "हम सब, हर समय में होते हैं... पर हमें यह सच पता नहीं होता। बहुत पहले बीत चुके किसी समय को हम हमेशा एक अजनबी की तरह देखते हैं, हालाँकि हम उसमें जी चुके होते हैं... बिल्कुल उसी तरह जैसे इस समय में जी रहे होते हैं। सब कुछ हमेशा वैसा ही होता है जैसा होता आया था। कहीं कुछ नहीं बदलता।...हम हर समय का सबसे बड़ा सच होते हैं, फिर भी कोई समय हमारा या हमारे लिए नहीं होता। हमसे नहीं पहचाना जाता, उसी तरह जैसे समुद्र लहरों से होता है, पर किसी लहर से नहीं पहचाना जाता। हजारों सालों से हर लहर बार-बार उसी समुद्र में उसी तरह लौटती है, पर वह समुद्र नहीं है। इसी तरह हम हर समय में बार-बार लौटते हैं, पर कोई समय नहीं हैं।" अपने इस वैचारिक-सत्य के निष्पादन के लिए प्रियंवद जिस कथा-शिल्प को रचते हैं, वह कथा के पारम्परिक ढांचे को तोड़ कर गणित की थ्योरम का चरित्र ग्रहण करने लगता है। गणितज्ञ प्रमेय को सुलझाने के लिए जिस प्रकार अपने विश्लेषण को 'दिया गया है' (गिवन), 'सिद्ध करना है' (टू प्रूव), प्रक्रिया और 'इति सिद्धम्' (प्रूव्ड)— चार चरणों में विभाजित करता है, उसी प्रकार प्रियंवद बेहद सुचिंतित ढंग से 'टू प्रूव' और 'प्रूव्ड' के दो पाटों के बीच कथा की अन्तःसलिला प्रवाहित करते हैं। दरअसल सिद्ध करने की चुनौती को सामने पाकर ही उनके भीतर का सर्जक सक्रिय होता है। उसे तब ढेर से दायित्व सम्पन्न करने

हैं। अमूर्त विचार को ठोस जीवन्त रूप देने के लिए पात्रों और उनकी गतिविधियों को अनुशासित करती घटनाओं की सृष्टि करनी है; और अन्तर्निहित विडम्बनाओं को बेहद मार्मिक ढंग से उकेरते हुए समय की निरन्तरता में शासक और शासित के बीच के अपरिवर्तनशील एकरूपी सम्बन्धों को उभारना भी है। प्रियंवद की चिन्ताएँ वर्तमान सन्दर्भों की उपज हैं। वे पाठकों को आज की कठोर भयावह सच्चाइयों से अवगत कराना चाहते हैं। नहीं, पाठक अवगत तो है ही, उसे 'चेतन' करना चाहते हैं, उसकी अपनी भागीदारी के साथ-साथ उसकी अपनी जिम्मेदारी के प्रति भी। वे उसे विश्वास दिलाना चाहते हैं कि तमाम विभीषिकाओं के बीच भी मनुष्य अकेला और असहाय नहीं है, क्योंकि उसके पास जिजीविषा है और संघर्ष करने की अकूत ताकत। लेकिन लेखक के पास दीप्तिमान घटनाओं का संजाल नहीं है और न उन्हें निष्पन्न करने का दायित्व लेते पात्रों का संसार। प्रियंवद जानते हैं बौद्धिकता के सहारे प्रखर समाजशास्त्री की तरह युगीन यथार्थ का विश्लेषण किया जा सकता है, लेकिन कहानी लिखना सम्भव नहीं। इसलिए वे इतिहास की गुफाओं में उतरते हैं, और इतिहास को अपना वर्ण्य विषय बनाने का भ्रम देते हैं। लेकिन वे जयशंकर प्रसाद या वृन्दावनलाल वर्मा की तरह किसी एक विशिष्ट कालखंड के इतिहास का उपयोग करते हुए अपने रचनागत लक्ष्यों की पूर्ति हेतु रि-इन्वेंट नहीं करते, बल्कि एक सत्याभासी काल्पनिक इतिहास की रचना करते हैं। 'दास्तानगो' में इतिहास इतना भर है कि किसानों-कारीगरों और शेष रिआया से लगान वसूलने के लिए मध्ययुगीन औपनिवेशिक भारत में राजा और सामन्त भाड़े पर फ्रांसीसी सैनिकों की सेवाएँ लिया करते थे। इन सैनिकों को तिलंगे (मस्केटियर्स) कहा जाता था जो बलपूर्वक अपने कार्य को अंजाम देकर स्वयं आतंक की मिसाल बन गये थे। चूँकि वे जानते थे कि "इनकी क्रूरता, इनके आतंक और युद्ध कौशल पर इनका मूल्य निर्भर करता था", इसलिए 'विद्रोहियों के काटे हुए सिरों को भाले पर लटका कर', बकाया लगान न दे पाने वाले गाँव के गाँव को आग लगा कर निरन्तर अपनी 'योग्यता' का परिचय देते चलते थे। कथा का वितान फैलाने के लिए लेखक को चप्पा भर ज़मीन पर्याप्त है। प्रियंवद कल्पना करते हैं कि 18वीं सदी की उन भयावह जीवन स्थितियों को जीते हुए फ्रांसीसी हुक्मरान के एक अशिक्षितप्राय हिंदुस्तानी सेवक ने टूटी-फूटी भाषा में तिलंगों की क्रूरता को लिपिबद्ध कर दिया है। लेकिन तथ्यों को जुटा भर देने से वह सन्तुष्ट नहीं हो पाया है बल्कि सत्य को अभिव्यक्त न कर पाने की असमर्थता उसके भीतर खदबदाते खौफ, आतंक और बेचैनी को निरन्तर बढ़ाये जा रही है। "मछलियों के सौदागरों, बावर्ची, हुक्काबरदार, साईस, चोबदार, आइनासाज, रंगरेज, मशालची, पालकी ढोने वाले कहार और दाइयों" से सुन-सुन कर उसने दमन के जिस हिंसक नर्तन को जाना है, वहाँ हर बार वह स्वयं हताहत हुआ है। इसलिए मुक्ति की कामना में मानो वह अपनी ही नियति और हताशा, जिजीविषा और

मृत्यु-भय को चार भिन्न-भिन्न रेखांकनों द्वारा उकेरता है। कटी-फटी छितराई लाशों के बीच अट्टहास करता आतंक और मौत के आगोश में जाते प्राणों को बचाने की प्रतिरक्षात्मक कोशिश में जीवन का अदम्य राग। चित्रकार ने आतंक और संघर्ष का भाव मरे हुए लोगों की आँखों में फ्रीज कर दिया है। वे "भय से पीली हो चुकी काँपती आत्माओं" की आँखें भी हैं और "मारे जाने के विश्वास से आखिरी दम तक लड़ने वालों" की आँखें भी। फ्रांसीसी साम्राज्य की कॉलोनी रहे 18वीं सदी के दक्षिण भारत के इस सच को प्रियंवद साम्राज्यवादी ताकतों की कार्यशैली के प्रामाणिक दस्तावेज के रूप में रखते हैं। तो क्या अनजाने ही उस सेवक ने इतिहास को दर्ज करने का गुरु दायित्व सम्पन्न कर लिया है? नहीं, आम आदमी की संवेदनात्मक टिप्पणियों को सत्ता 'इतिहास' का दर्जा नहीं देती। वह ज्यादा से ज्यादा क्षण में गुँथी तात्कालिकताओं का भावुक भाष्यकार हो सकता है। इतिहास-लेखन सामान्य को विशिष्ट बनाते विराटत्व का चयन, विश्लेषण और प्रतिष्ठापन है। इसके लिए एक ठंडी निःसंगता नहीं, विशिष्ट 'दृष्टि' चाहिए जिसके पीछे व्यवस्था के मनोविज्ञान और मनोरथों का पूरा संजाल मुस्तैदी से सक्रिय है। जाहिर है इसलिए फ्रांसीसी सरकार द्वारा नियुक्त वेतनभोगी इतिहासकार वामगुल के लिए ये दस्तावेज इतिहास नहीं, इतिहास की समझ को बनाने के लिए सहायक सामग्री भर हैं। आश्चर्य कि इस 'सहायक' सामग्री का उपयोग कर वामगुल तिलंगों का जो शौर्य-इतिहास लिखता है, वहाँ मनुष्य नहीं, राजसत्ता के हित और चिन्ताएं केन्द्र में हैं; जीवन नहीं, मृत्यु का आतंक मूल्य बन कर उभरे हैं। "युद्ध ही मनुष्य की प्रगति का मूल मंत्र है" सिद्धान्त में गहरी आस्था तथ्यों का विश्लेषण कर जिन निष्कर्षों की ओर चलती है, वामगुल पूरी ईमानदारी के साथ उन्हें कलमबद्ध करता है कि "ये (तिलंगे) मैकयावली और नीत्शे के स्वप्नों के उस महानायक को प्रतिबिम्बित करते हैं जो हीन, लोभी, दुर्गंन्धयुक्त भीड़ का विनाश करके समर्थ मनुष्यों के लिए लौकिक और सुखी जगत रचने की क्षमता रखता है। हमें याद रखना चाहिए कि... सिकन्दर, हैनिबल, तैमूर, चंगेज़, नेपोलियन मनुष्यता के लिए सदैव बुद्ध, ईसा या दूसरे सन्तों से अधिक उपयोगी और श्रेयस्कर सिद्ध हुए हैं।" तो क्या इतिहास मानव-विरोधी है? या इस प्रश्न के नुकीले कोणों को तराश कर पूछा जाना चाहिए कि क्या इतिहास राजसत्ता के संकेत पर राजसत्ता के हितों की रक्षा के लिए गढ़ा गया 'शास्त्र' है जहाँ सिर्फ और सिर्फ आधे सच का ही उद्घाटन और महिमामंडन होता है? लेकिन यह खंडित दृष्टिकोण क्या मनुष्य और समय के प्रति किया गया जघन्य अपराध नहीं? समय की निरंकुशताओं और नृशंसताओं को जीते आम आदमी के पास समय का इतिहास रचने की स्वतन्त्रता क्यों नहीं? खामोशी प्रियंवद की कहानी-कला की विशेषता है। इसलिए 'दास्तानगो' में इस तरह के सवाल कहानी में स्थूल रूप से आरोपित नहीं किये जाते, अपनी अर्थगर्भित चुप्पियों के साथ कहानी की संरचना के भीतर

से स्वतः ही सतह पर आ जाते हैं। प्रियंवद समय के भीतर निरन्तर प्रवाहमान दो विरोधी शक्तियों के द्वन्द्वात्मक सम्बन्ध को समझने के लिए दो भिन्न दृष्टियों द्वारा लिखे गये इतिहास को अगल-बगल रख देते हैं, बस। एक इतिहास जो मनुष्य की स्मृतियों, साँसों और वक़्त के कण-कण में समाया हुआ है। दूसरा इतिहास जो किताब के पन्नों में दफन है, और जब-जब पन्नों से बाहर आता है, अपनी वैचारिक विकृतियों के कारण भीषण नरसंहार करता है — कभी मन्दिर-मस्जिद विवाद को अंकुरा कर; कभी सदियों पुरानी फलती-फूलती सभ्यताओं को जंगली-जाहिल सिद्ध करते हुए उनका उद्धारक होने की मुद्रा अख्तियार कर; और कभी लोकतंत्र के अन्तस में साम्राज्यवादी मनोवृत्तियों को रोप कर। "राज्य-सत्ता के अपने कुछ नैतिक सिद्धान्त और नियम होते हैं जिनके अनुरूप आचरण करना हर शासक का कर्त्तव्य होता है।... मनुष्य की रक्षा के लिए मनुष्य की हत्या, शान्ति बनाये रखने के लिए युद्ध और श्रेष्ठ मनुष्यों की स्वतन्त्रता के लिए हीन मनुष्यों को गुलाम बनाना ही वह नीति और विवेक है जो किसी भी राज्य सत्ता का प्राण तत्व होता है।"

गुलाम प्रथा के विरुद्ध विद्रोह का बिगुल फूँकने वाले आदिविद्रोही गुलाम स्पार्टाकस और उनके तीन सौ रणबांकुरों के समकक्ष दस तिलंगों को रख कर 'इतिहासकार' वामगुल जिस मूल्य की प्रतिष्ठा करता है, वहाँ जीवन के नाम पर जड़ता, यथास्थितिवाद, नियतिवाद, निष्क्रियता और मृत्यु का आतंक शेष रहता है। इसलिए ताज्जुब नहीं कि इतिहास का वातावरण बुनते हुए प्रियंवद जड़ता और दहशत का प्रभाव सघन करते चलते हैं। लेकिन जड़ता और दहशत क्या मनुष्य, जीवन और सृष्टि का कुल परिचय है? नहीं, किसी भी संवेदनशील सर्जक कलाकार की तरह प्रियंवद सख्ती से इसे नकारते हैं। अपनी चिन्ताएँ और प्राथमिकताएं वे पूर्ववर्ती रचनाओं में बयान कर ही चुके हैं, खासकर 'छुट्टी के दिन का कोरस' उपन्यास में जहाँ वे दो महत्त्वपूर्ण बातें कहते हैं। एक, "किसी भी लावारिस लाश के मिलने का मतलब है हमारी बुनियादों में दीमक होना; हमारे सारे ढाँचों का झूठा, बेमानी, बेमकसद होना।" और दूसरे, "संघर्ष में जिजीविषा के सूत्र होते हैं।" इसलिए प्रियंवद अपनी रचनाओं में इतिहास को जीते नहीं हैं; एक तटस्थ दूरी के साथ अपने वक़्त की शिनाख़्त के लिए इतिहास का इस्तेमाल करते हैं जिसे अपने विज़न के साथ जोड़ कर इतिहास-दर्शन का रूप देते हैं। ताकत और दहशत के अन्तर्सम्बन्धों की व्याख्या नहीं, वक़्त को गढ़ने वाली मनुष्य की जिजीविषा — मानव-सत्य — को उकेरता इतिहास-दर्शन।

विमूढ़ सी मैं सोच रही हूँ कि 'दास्तानगो' में जिजीविषा की स्फूर्ति और ओज आखिर है कहाँ? यह सवाल शायद इसलिए उठा है कि जेहन में अनायास अज्ञेय की कहानी 'जयदोल' अपनी पूरी नाटकीयता के साथ घटित हो उठी है। फैंटेसी का कैसा अद्‌भुत सर्जनात्मक उपयोग! अज्ञेय अहोम वंश के इतिहास की पुनर्रचना करते हैं और अपने नैरेटर लेफ्टिनेंट सागर को पूरी छूट देते हैं कि वह अहोम राजा चूलिक-फा

की नृशंसता से अहोम राजकुमार, उसकी पत्नी जयमती और समूची अहोम प्रजा को बचाने के लिए कथा में प्रवेश कर इतिहास की दिशा को ही बदल दे। समय में नैरेटर का यह हस्तक्षेप हाशिए पर रखी गयी अस्मिताओं की ललकार है जो इतिहास के चरित्र को 'शुद्ध' करने के साथ-साथ 'आज' को भी मनवांछित मोड़ देने को प्रतिबद्ध है। अज्ञेय इतिहास को विजेताओं का दर्पपूर्ण अहंकार नहीं, 'मानव मात्र की अदम्य स्वातंत्र्य प्रेरणा' का प्रतीक बनाना चाहते हैं। इसलिए वे चूलिक-फा की नृशंसता में 'डर' को देखते हैं ("डर निरंकुश होता है") और इतिहास के भीतर प्रविष्ट सम्मोहित सागर से उस समय चूलिक-फा पर रिवाल्वर की गोली चलवाते हैं, जब अपनी बर्बरता से पूरी अहोम प्रजा को थर्रा दिया है उसने कि "क्यों नहीं बताएगी जयमती? वह प्रजा है, प्रजा की हड्डी-बोटी पर भी राज्य का अधिकार है।" वैचारिक मान्यताओं की दृष्टि से अज्ञेय से सहमत होते हुए भी प्रियंवद अज्ञेय की भाँति सिर्फ अतीत और वर्तमान के बीच किसी द्वन्द्वात्मक सम्बन्ध की परिकल्पना नहीं करते, बल्कि मानते हैं कि समय का प्रत्येक पल अपने भीतर अन्तर्निहित विरोधी ताकतों की द्वन्द्वात्मक स्थिति के कारण ही रचनात्मक और गतिशील होता है। वे अपनी इस निष्पत्ति पर बल देते हैं कि इतिहास वर्तमान में लौट-लौट कर अपने को पुनर्जीवित करता रहता है; कि दरअसल 'आज' और 'व्यतीत कल' में कोई बुनियादी अन्तर है ही नहीं। ये दोनों एक ही स्थिति का विस्तार हैं; कि ऊपरी तौर पर समय बेशक परिवर्तनशील दीखे, उसका चरित्र अन्ततः अपरिवर्तनशील है। आश्चर्य नहीं कि इसीलिए जब तक प्रियंवद इतिहास को बुनते हैं, कथा और कथा-पात्रों के साथ-साथ वक़्त भी ठहर जाता है। वर्णनात्मक शैली में तफसील से दिये गये ब्योरे हैं जो अँधेरे में डूबी इतिहास की परतों को पहचानने के लिए हैं, लेकिन प्रभाव की दृष्टि से रहस्यमयता को गहराते हुए वे खँडहर की भाँति भयावह, निर्जन और अपनी ही गूँज से प्रतिगुंजित हो गये हैं। 'जयदोल' में त्वरित वेग से घटती घटनाएँ कहानी को गतिशीलता और नाटकीयता देती हैं, एक अनुभव का साक्षात्कार कर पाठक निरन्तर कुछ न कुछ अर्जित करता चलता है, किन्तु 'दास्तानगो' अगस्त की उमस भरी शाम की तरह है जहाँ हवा न चलने से वातावरण भारी तथा दमघोंटू हो गया है और साँस ले सकने की आस में बेचैन तड़फड़ाहट टकटकी लगाये आसमान की ओर ताक रही है— हवा का झोंका! बारिश की बौछार! तनावपूर्ण घुटन को सहिष्णुता के अन्तिम बिन्दु तक ले आना प्रियंवद का लक्ष्य है क्योंकि वे जानते हैं यहीं से मुक्तिकामी संघर्ष के द्वार खुलते हैं। यह वह बिन्दु है जहाँ गलबहियाँ डाल कर गड्डमड्ड हुए अँधेरे-उजाले में से खींच कर किसी एक को अपने लिए चुन लेना है। चयन का यह अवसर मनुष्य की निजी जीवन-दृष्टि से अनुशासित है जो उसके व्यक्तित्व का सृजन भी करती है और समय के भीतर उसके स्थान का निर्धारण भी। प्रियंवद अपनी प्रत्येक कृति में पात्रों को यह अधिकार देते हैं जिसके आरपार उनका व्यक्तित्व और जीवन दोनों नयी

दिशा ग्रहण करते चलते हैं। 'दास्तानगो' में लेखक की इस सुपरिचित कथा-युक्ति का प्रयोग अधिक प्रत्यक्ष और मुखर है। सबसे पहले यह वर्तमान पर छाई जड़ता और अवसाद की झिल्ली को तोड़ती है और फिर खँडहरनुमा इमारत की वीरानगी में खँडहर सरीखा निर्जन जीवन जीते वामगुल को जर्जर अधपागल रहस्यमय अधबूढ़े से क्रमशः विवेकशील जुझारू नायक के रूप में रूपान्तरित करती चलती है। मानो केंचुली उतार कर ऊँघती-लड़खड़ाती कथा एकाएक नाटकीय मोड़ लेकर 'युवा' हो गयी हो। इसलिए कहानी में 'कहानी' तभी शुरू होती है जब 'वर्तमान' स्वयं चल कर वामगुल की उस खँडहर इमारत में लड़की और पुलिस अफसर के साथ प्रविष्ट होता है और उसे 'घर' में तब्दील कर देता है। अलबत्ता घटनाएँ अब भी नहीं हैं और 'घर' के दो स्थायी सदस्यों के अतिरिक्त नये पात्र भी महज दो हैं। मजे की बात यह कि लेखक इनके व्यक्तित्व को सिरजने की कोई कोशिश भी नहीं करता। हाँ, इतना जरूर किया है कि एक अदद बैकग्राउंड और परेशानियों में घिरी उस आगन्तुक लड़की की समूची जीवन्त इयत्ता क्रमशः पिघल कर दीवार पर टँगी पेंटिंग में चित्रित लड़की में तब्दील हो जाती है मानो लेखक के इस विश्वास को पुष्ट कर रही हो कि "उसका जीवन अपने पवित्रतम, अपने श्रेष्ठतम रूप में उसकी देह में ही है।" और जहाँ तक पुलिस अफसर का सवाल है—अपने बड़बोलेपन के बावजूद वह जैसे वहाँ है ही नहीं। वह सेवक द्वारा उकेरे गये चारों रेखांकनों में बर्बरता का आनन्द उठाते आतंक का चेहरा बन जाता है—जनसंहार को 'नृत्य-नाटिका देखने जैसे आनन्द, कौतुक और निशिचिन्तता' से देखने वाले तिलंगों, का विस्तार। कहना न होगा कि कहानी 'जयदोल' का शार्प कंट्रास्ट रचती है। दरअसल इसकी कथा-संरचना मुक्तिबोध की कहानी 'ब्रह्मराक्षस का शिष्य' के अधिक निकट है। वही, चरित्र और घटनाओं की न्यूनता; आठ मंजिल की उस विशाल अट्टालिका में निरन्तर गहराती रहस्यात्मकता और निर्जनता; चुप्पियों में घिरी ध्वनि-तरंगों के सहारे त्रिकाल के समस्त रहस्यों को बूझ लेने की संकल्पदृढ़ता लिए आगे बढ़ता बटुक; उसके अडिग विश्वास, ज्ञान-पिपासा और चुनौतियों से जूझने की निर्भीकता के आगे परास्त (अभिभूत?) हो अपने सारे ज्ञान-रहस्यों को उगलता ब्रह्मराक्षस (समय!) एक-दूसरे की संगति में मैं दोनों कहानियों का पाठ करने लगी हूँ और मुक्तिबोध तथा प्रियंवद के साथ "सुन रहा (रही) हूँ मैं वही/पागल प्रतीकों में कही जाती हुई/ वह ट्रेजेडी/ जो बावड़ी (खंडहर) में अड़ गयी।" (ब्रह्मराक्षस, मुक्तिबोध)

सचमुच, वातावरण की सृष्टि करने के बाद प्रियंवद कहानी में आगे कुछ और नहीं कहते। दरअसल अपना मंतव्य वे चार रेखांकनों के जरिए स्पष्ट कर ही चुके हैं और उसे ऐतिहासिक धरोहर बता कर पाठकों को सौंप भी चुके हैं। अब तो सिर्फ जोड़-घटा की दौड़धूप बाकी है जिसे पुल और चित्रांकनों के भीतर फड़फड़ाते समय के बीच भागदौड़ करते हुए पाठक को स्वयं निष्पन्न करना है। अलबत्ता पाठक की

मदद के लिए उन्होंने आगन्तुक लड़की और पुलिस अफसर को नियुक्त कर दिया है जो उसे अपने-अपने स्तर पर पुल (घटनास्थल) पर होने वाली घटनाओं की 'सूचना' देते हैं। लड़की सूचित करती है कि शहर के सँकरे पुल को पार करते समय चावल के बोरों से लदी एक घोड़ागाड़ी अचानक दुर्घटनाग्रस्त हो गयी है। घोड़े दुर्घटनास्थल पर ही दम तोड़ गये हैं; गाड़ीवान लड़का घायल और बेहोश एक ओर पड़ा है; बोरों से चावल छितरा कर चारों ओर बिखरे पड़े हैं जिन्हें लूटने के लिए 'भूखों' की भीड़ प्रतिपल बढ़ती जा रही है। इस दुर्घटना में नाटकीय विडम्बना की सृष्टि करता है पुलिस अफसर का बयान कि इस कस्बे को ग्लोबल विलेज बनाने के लिए प्रशासन ने विकास की सारी योजनाएँ 'चाक आउट' कर ली हैं। इस सँकरे पुल को तोड़ कर नया और बड़ा पुल बनाया जायेगा। दोनों तरफ बड़े-बड़े मकान, शॉपिंग कॉम्पलेक्स, अस्पताल, यूनिवर्सिटी, क्लब और न जाने क्या-क्या बनेगा। चूँकि सरकार जन-कल्याण के लिए प्रतिबद्ध है, इसलिए इन विकास योजनाओं के जरिए वह दुनिया के सबसे पिछड़े 'इस' इलाके के लोगों को रोजगार मुहैया कराएगी... जिनके पास खाली, ऊसर ज़मीन बेकार पड़ी है, उन्हें उसकी मुँहमांगी वाजिब कीमत दिलाएगी "वे सब जो आज भी उसी तरह रह रहे हैं जैसे सैकड़ों साल पहले रहते थे, एक झटके के साथ इस नयी तरक्की में शामिल हो जायेंगे। उनकी पूरी ज़िन्दगी ही बदल जायेगी।" पुलिस अफसर के बयान में स्थानीय लोगों को पिछड़ा यानी मूर्ख, जाहिल, अन्धविश्वासी समझने का गुमान 'इतिहासकार' वामगुल द्वारा लिखित इतिहास को जीने लगता है जहाँ औपनिवेशिक भारत की संस्कृति को 'पृथ्वी के सबसे अशिक्षित, निकम्मे, भूखे और अन्धविश्वासी लोगों' का नाम देकर हिकारतभरी टिप्पणी की गयी है कि इनके पास न 'कानून की कोई किताब' थी, न ज्ञान की कोई संहिता। 'जानवरों की शक्लों वाले' और 'हरदम भूखे रहने वाले देवताओं' की पूजा करना और 'नये सूरज की नयी रोशनी की तरफ पीठ करके जीते रहना' इनकी परम्परा थी। "अपनी इन्हीं अँधेरी गुफाओं को सृष्टि की अन्तिम सीमा और इसकी सम्पूर्ण परिधि" मानते हुए वे इन्हीं में रहना चाहते थे। 'दास्तानगो' में 'कितने पाकिस्तान' की अन्तर्ध्वनियाँ भी विन्यस्त हैं जो इतनी ही मारक व्यंग्यात्मकता के साथ ताकतवर समृद्ध समुद्री लुटेरों के गिरोह द्वारा माया-अजटक जैसी समृद्धतम सभ्यताओं को नष्ट किये जाने की विडम्बना को उजागर करती हैं। यह सत्ता का चरित्र है कि अपने हर (कु) कृत्य की जस्टीफिकेशन के लिए वह दूसरों पर आरोपों की झड़ी लगाता चलता है; ताकत के मद को सृजन की तन्मयता में नहीं, दमन की नृशंसता में महसूसता है। चूँकि विकास की अवधारणा के साथ किसानों की ज़मीन अधिग्रहीत करने की 'मजबूरी' भी अनिवार्यतः जुड़ी है, इसलिए प्रौद्योगिकी के बरक्स कृषि और कृषि आधारित कुटीर उद्योगों के महत्त्व को सुनियोजित ढंग से नष्ट किया जाता है; और भूमि अधिग्रहण के विरोध में सिंगूर-नंदीग्राम-नोएडा के किसान आन्दोलनों को विकास

विरोधी राजनीतिक साजिशों का नाम देकर पीड़ित पक्ष का गला घोंटा जाता है। राज्य की भूमि अधिग्रहण नीति के आलोक में यदि जयशंकर प्रसाद की 'पुरस्कार' कहानी का पुनःपाठ किया जाये तो मधूलिका की अनास्था, द्वन्द्व और विडम्बना के मूल में भूमिपुत्री को जबरन भूमिहीन किये जाने की राज्य की अहम्मन्य प्रवंचना ही तो है। जैसा कि पहले भी कह चुकी हूँ, आगन्तुकों के कथा में आगमन के साथ ही प्रियंवद कहानी में अपनी ओर से कुछ भी नहीं जोड़ते। दर्शक और पाठक की तरह दम साधे वे भी वक़्त की आहट ले रहे हैं, फिर भी कहानी में लगातार कताई-बुनाई जारी है। कहानी में 'बड़ा' कुछ भी नहीं घटता, लेकिन कहानी के फलक के बाहर रोजमर्रा की ज़िन्दगी में रोज-रोज घटने वाली 'बड़ी' घटनाएँ अपनी त्रासद परिणतियों और जवाब माँगती जिद के साथ कहानी में प्रविष्ट हो जाती हैं। कहानी के बाहर न्याय के बदले दमन पाती नर-कंकालों की जिस भीड़ को सुविधापूर्वक नज़रअन्दाज कर दिया जाता है, वही कहानी के अ-गतिशील वक़्त में गति और क्रान्ति की चेतना भरती है। यह भीड़ – एक इकाई – नहीं है, अपने हक के लिए लड़ते मनुष्यों की शृंखलाबद्ध कतार है जो दसों दिशाओं से एकत्रित होकर अपने आक्रोश और विद्रोह को वाणी दे रही है। "वे अनगिनत हैं। वे आते जा रहे हैं... झाड़ियों से... पुल के नीचे से... पेड़ों के पीछे से... पानी पर तैरती नावों से... जंगलों से... खानों से... खेतों से... श्मशानों से... चावल मुट्ठी में भरते ही वे खुशी से चीखने लगते हैं उनके नंगे बदन की हड्डियाँ भी नाचती हुई दिख रही हैं... उनकी मुरझाई हुई पीली आँखों में उम्मीदें है।" पूरक पक्ष की तलाश में सहसा कहानी पलट कर वामगुल द्वारा लिखे इतिहास के पन्ने टटोलने लगती है जहाँ दर्ज है कि अपनी ही कूपमंडूकता में मग्न जाहिलों की जमात जब-जब उन्नत सभ्यता और संस्कृति का आलोक फैलाती राज्य सत्ता के 'शासन और व्यापार को, उसकी बनाई नयी भूमि व्यवस्था को, संगठित कर ढाँचे को, न्याय प्रणाली और नयी भाषा की शिक्षा को स्वीकार नहीं करती, तब-तब राज्य सत्ता के लिए उनको कुचलना और उनसे सहानुभूति रखने वालों को सबक सिखाना" अपरिहार्य हो जाता है। कहना न होगा कि यहाँ अनायास 18वीं सदी के इतिहास में 21वीं सदी के पुलिस अफसर की निर्लज्ज हँसी शामिल हो जाती है जब खुर पटकते, नथुनों को सिकोड़ते-फैलाते, बेचैनी से फेन उगलते आक्रमण के लिए तैयार घोड़ों को 'लाड़' से धमकाता है वह—"देखो इन मरदूदों को ...उनसे कहो कि कुछ देर बाद उनकी लगामें फटकारते हुए उन्हें चारों ओर दौड़ाया जायेगा। बेचैन न हों।" अपनी सीमाओं को नकार कर एक-दूसरे में घुलमिल जाने की आतुरता में आवाजाही का यह सिलसिला यहीं नहीं रुकता बल्कि पीतल के हुक्के के नीचे दबे चारों रेखांकनों की लाशें उठ कर जीवित सर्वहारा में तब्दील हो जाती हैं। अपने अस्तित्व और अस्मिता के लिए 'लाशों' का यह संघर्ष पाठक को एक लोमहर्षक अनुभव की प्रतीति कराता है जहाँ न जीवन का अन्त है, न विकल्प।

प्रियंवद की विशेषता है कि 'दास्तानगो' में वे अपने कथा-चरित्रों को रेखांकन शैली में बाह्य रेखाओं के सहारे चित्रित करते हैं, उनका व्यक्तित्व नहीं रचते कि होरी या हीरामन की तरह वह पाठकों की स्मृति में ताजा रहे। चूँकि समय उनका केन्द्रीय पात्र है, अतः शेष सब पात्रों की उपादेयता, उनके लिए, मनोवृत्तियों के रूपक के तौर पर है। अकारण नहीं कि इसीलिए पुलिस अफसर के जरिए वे हर वक़्त में पायी जाने वाली 'तिलंगी मानसिकता' को निष्ठुर निर्लिप्तता के साथ उकेरते हैं। नहीं, लेखक नहीं, स्वयं पुलिस अफसर क्योंकि आतंक को मूल्य बना कर उसने अपने वजूद को पाया है। आतंक उसकी ताकत है, पहचान भी और जीवनीशक्ति का मूलाधार भी। आतंक का पोषण-संवर्धन उसके अपने होने की पहली शर्त है, ठीक तोता-मैना के किस्सों की तरह जहाँ राक्षस की जान सात तालों में बन्द तोते के भीतर सुरक्षित रहती है। 'मानुस गंध' पाकर उसे कच्चा चबा जाने वाली परीकथाओं के राक्षस का प्रतिरूप है पुलिस अफसर जो हत्याओं में सुख पाता है और सुख के इन पलों में अपने उस्ताद को याद करता है कि "उसने मुझे सिखाया था कि किसी की हत्या करते समय अपने अन्दर घृणा की भावना मत रखना। क्रोध की भी नहीं। बल्कि कोई भावना ही मत रखना। शान्त... निर्लिप्त... जैसे समाधि में होता है कोई। जैसे कसाई करता है अपना धर्म... अपनी रोजी... अपना ईमान समझ कर। मौत की आहट मौत से भयानक होती है। तुम किसी हँसते-खिलखिलाते आदमी को अचानक मार दो तो तुम सचमुच उदार हो... तुम्हारे अन्दर अभी गहरी करुणा बची हुई है... गरुड़ की करुणा किसी भी हत्यारे के धर्मग्रन्थ का पहला पाठ होनी चाहिए।" प्रियंवद की विशेषता है कि पुलिस अफसर को वे चारों रेखांकनों में पाये जाने वाले आतंक का चेहरा ही नहीं बनाते, वरन् उन रेखांकनों में लाशों की फटी और उबलती आँखों के राज भी खोलते हैं। ये 'उबलती आँखें' विद्रोहियों की हैं जो सिर्फ अपनी आँखों में सपने ही नहीं सजाते बल्कि उन्हें अपनी आत्मा में बसा लेते हैं, अपनी नसों में खून के साथ दौड़ाने लगते हैं और फिर दूसरों की आत्मा के भीतर भी उतारते चलते हैं। ऐसी हर स्वप्नशील सर्जनात्मकता का विरोध करती है सत्ता क्योंकि वह निजी हितों से परिचालित नहीं है, मनुष्य को उन्नत बनाने के आत्मोत्सर्गी जज्बे से स्पंदित है। "अब यह तुम्हारा दुर्भाग्य और मेरी मजबूरी है कि इसके लिए मुझे तुमको फाँसी देनी होगी। इस तरह कि मैं अपनी आँखों से देखूँ कि तुम्हारी आँखों में तुम्हारी आत्मा दम तोड़ रही है... यानी तुम्हारा सपना सचमुच मर रहा है... (और) मैंने उसे पूरी तरह मरते देखा। उसके सामने पत्थर पर कोहनी टिका कर... हथेली पर सिर रख कर। उसकी तड़पती देह को उसी तरह देखा जैसे कोई नृत्य नाटिका देखता है... आनन्द और विजय के अहंकार से लबालब मैं गहरी घृणा के साथ उसे देख रहा था।"

वर्तमान की विडम्बनाओं के सहारे इतिहास को बुन कर और फिर इतिहास

में उपस्थित उन अ-लोकतान्त्रिक जनविरोधी दमनकारी ताकतों को चिन्हित कर प्रियंवद समय और व्यवस्था के साथ व्यक्ति के अन्तर्सम्बन्धों की जटिल सूक्ष्मताओं को उजागर करते हैं। व्यंग्य उनकी वैचारिक प्रक्रिया को धारदार बनाता है; लेकिन वे एक बड़बोली आतुरता के साथ व्यंग्य को हथगोले की तरह प्रयुक्त नहीं करते, वरन् ठंडेपन के साथ एक तीखी कटारी की तरह पाठक के सीने में घोंपते चलते हैं। इसलिए 'दास्तानगो' पढ़ते हुए कौतूहल के साथ दर्द की टीसती परत भी भीतर तक उतरती चलती है जो हताशा बन कर निष्क्रियता को नहीं टेरती, बल्कि संघर्ष की अग्निशिखा बन कर लपलपाती है। लेकिन घोड़ों को 'खोलने' का आदेश देकर पुलिस अफसर 'विद्रोह' का 'सफाया' करने 'साइट' (पुल) पर चला गया है और कल महामहिम द्वारा नये पुल के शिलान्यास के लिए माक़ूल तैयारियाँ करते हुए उसने 'अराजक तत्त्वों' की सफाई के साथ-साथ शान्ति व्यवस्था भी बहाल कर दी है। तो क्या दमन और हताशा ही कहानी का मूल स्वर है? मैं सवाल उठाने से पहले वामगुल और पाकुड़ की आँखों में झाँक भर लेती हूँ। वहाँ आत्मा तक उतरे सपनों का हरहराता समंदर है। शंख से तरह-तरह की ध्वनियाँ निकाल कर आठ मील दूर बैठी पत्नी से ही नहीं, पूरी सृष्टि से संवाद करता पाकुड़ है—चाँद पर बैठ कर सूत कातती बुढ़िया से, समुद्र की मछलियों और घोंघों से, पानी की लहरों से। और वामगुल भी जो प्रेतात्मा का चोला उतार कर फेंकते ही अन्तःशक्ति को संचित करती जिजीविषा का रूपक बन गया है। दरअसल पाकुड़ के अतिरिक्त वही एकमात्र अन्य व्यक्ति है जो अखंड समय के भीतर हवा के झोंके की तरह निर्बाध आवागमन कर पाता है। पाकुड़ ने संवेदना के सहारे वक़्त का अतिक्रमण करने की ताकत अर्जित की है तो वामगुल ने अन्तःदृष्टि के सहारे समय की अनवरतता में मनुष्य के भीतर छिपी परस्पर विरोधी ताकतों को निरन्तर द्वन्द्वात्मक स्थिति में देखा है। बौद्धिक गाम्भीर्य और भावनात्मक संयम वामगुल की चारित्रिक विशिष्टताएँ हैं जिनकी वजह से वह न छवियों और छायाओं के मोह में ग्रस्त होता है और न स्वयं अपने को किन्हीं सीमाओं में बाँधना चाहता है। लेखक ने बेशक उसे बाह्य रेखाओं में ही उभारा है, लेकिन अपने व्यक्तित्व की सर्जना वह स्वयं करता है और क्रमशः कर्मयोगी के रूप में दृष्टिगत होने लगता है। असावधान पाठक को वामगुल का कर्मयोगी रूप अप्रत्याशित और आरोपित भले ही जान पड़े, लेकिन चुप्पा वामगुल प्रारम्भ से ही संकेतों में अपनी कार्यशैली, मनोभावनाओं और प्राथमिकताओं को अभिव्यक्त अवश्य करता रहा है। आजीविका के लिए उसने अपनी कलम को सत्ता के पास बन्धक बनाया है, अपनी निष्ठा और विवेक को नहीं। इसलिए तिलंगों की 'शौर्यगाथा' लिखने के तुरन्त बाद वह जिस घनत्व के साथ ऊब, ग्लानि और अपराध-बोध को महसूसता है, उतनी ही सघन व्यग्रता के साथ आत्म-पीड़न की कोशिशों में अपने अपराध की इंटेसिटी को कम कर लेना चाहता है—"लिखने के

बाद वामगुल ने बन्द मकड़ी की शीशी (जिसमें कामोत्तेजना को चार गुणा बढ़ाने का जहर है) में तीन उँगलियाँ एक-एक कर डालीं... नारियल की शराब में मिर्च डाल कर पी और उस चाँदनी रात की रोशनी में पगडंडियों पर चलता हुआ रात के तीसरे पहर नीली खिड़की वाली औरत के घर पहुँचा। बची हुई रात में उसने उसके साथ अप्राकृतिक सम्भोग किया। लौटते समय एक खारिशजदा कुत्ते के साथ लिपट कर रोया।'' यह अपने भीतर छिपी पाशविकता से आत्मसाक्षात्कार का क्षण है। वामगुल ने इस 'क्षण' से उपजे 'संज्ञान' को निधि की तरह मुट्ठी में भींच लिया है जिसके संकेत पुनः कहानी में बिखरे पड़े हैं। मैं तीन संकेतों को उठाती हूँ। पहला, कोशिश करने पर भी वामगुल को नीली खिड़की वाली औरत का घर दिखाई न देना; दूसरा, पुल पर पुलिस अफसर द्वारा की गयी हिंसात्मक कार्यवाही के बाद आत्मरक्षा की तैयारी में सोयी हुई स्त्रियों—पाकुड़ की पत्नी और आगन्तुक लड़की – के सिरहाने भाले रख देना; और तीसरा, पूर्वलिखित अध्याय का पुनर्लेखन कर दराज में बन्द करने की बजाय पीतल के हुक्के के नीचे रख देना। चूँकि प्रियंवद का कलात्मक वैशिष्ट्य सांकेतिकता में निहित है, इसलिए संकेतों में प्रतीकात्मकता का स्फुरण कर वे उन्हें अर्थगर्भी बना देते हैं। जाहिर है वामगुल का यह कृत्य धरोहर का संरक्षण करने, अपने वक़्त के सच को उसके समग्र मानवीय आयामों के साथ दर्ज करने और भावी पीढ़ी को सुपुर्द करने का दायित्व बोध है। इसलिए अनायास नहीं कि चौथा रेखांकन स्मृति में गहरी अर्थव्यंजना के साथ फ्रीज हो जाता है जहाँ एक हाथ और पीठ पर बच्चा, मुर्गियाँ और गृहस्थी का जरूरी सामान बाँधे स्त्रियाँ खंजर, भाला और तलवार के साथ तिलंगों से जूझ रही हैं। साथ ही वामगुल की मेज की दराज में बन्द 'इतिहास' से उछल कर बाहर आ जाता है यह तथ्य कि जन-विद्रोह में विद्रोहियों द्वारा कुचल कर मार दिये गये 'सर्वशक्तिमान' तिलंगे अजर-अमर नहीं हैं। यही प्रियंवद का इतिहास-दर्शन है जो एक समग्र दृष्टि के साथ समय की जकड़बन्दियों का ही नहीं, वरन् हर तरह की क्षुद्रताओं का अतिक्रमण कर भावी को गढ़ने की ताकत अपने भीतर पाता है। यही सृजनात्मकता का उत्स है और 'मनुष्य' की विजय का उत्सव। यह इतिहास-दर्शन उन लोगों के लिए 'बड़ा' सबक है जो नवउदारवादी आर्थिक व्यवस्था और उससे उपजे आतंक को 'आज' की विकृति बता कर हाय-हाय मचाये हुए हैं। वक़्त को कतरों में काट कर देखने से रोमान और पूर्वग्रह ही दीखते हैं। इसलिए क्यों न उसे उसकी ऐतिहासिक अनवरतता में चीन्हने का प्रयत्न किया जाये? तब सन्दर्भों से जुड़ते ही क्रन्दन और हताशा अपने आप जिजीविषा और संघर्ष का रूप ले लेते हैं। हर देश-काल का मनुष्य मूलतः एक ही है। वह कष्ट से मुक्ति चाहता है। मुक्तिकामी संघर्ष यदि मृत्यु की ओर खुलता है तो भी भय क्या क्योंकि मृत्यु से अन्तरंग सन्निकटता ही जिजीविषा को गहराती है। यही जीवन का राग है—सृजनात्मकता से भरपूर।

इतिहास यदि अखंड समय का आख्यान है और वामगुल एक प्रतिबद्ध सर्जक तो उसके भीतर प्रत्येक प्राणी की सृजनशील आस्था को प्रतिस्थापित कर मैं मुक्तिबोध की कविता 'ब्रह्मराक्षस' की इन पंक्तियों को समर्पित करना चाहूँगी–

"मैं ब्रह्मराक्षस का सजल उर शिष्य
होना चाहता
जिससे कि उसका वह
अधूरा कार्य
उसकी वेदना स्रोत
संगत, पूर्ण निष्कर्षों तलक
पहुँचा सकूँ।"

फैंटेसी कपोल-कल्पना नहीं, सृजन का औदात्य है

"रियल और वर्चुअल के आर-पार गुजरते फंतासी के बियाबान में फैली तीन यादगार कहानियाँ''। मनोज रूपड़ा के कहानी संग्रह 'टावर ऑफ साइलेंस' की परिचयात्मक टिप्पणी के रूप में पुस्तक के ब्लर्ब पर दर्ज है यह वाक्य। मैं सबसे पहले 'फैंटेसी' शब्द पर अपना ध्यान केन्द्रित करती हूँ और जानना चाहती हूँ कि फैंटेसी आखिर है क्या। कल्पना? यदि हाँ, तो क्या फैंटेसी की जगह 'कल्पना' शब्द का प्रयोग कर अभिप्रेत अर्थ को दूसरे तक सम्प्रेषित किया जा सकता है? बेशक फैंटेसी में कल्पना तत्व का समावेश है, लेकिन वह कौन सा घटक है जो कल्पना के क्षेत्र से दूर खींच कर फैंटेसी को अपनी अलग पहचान और वजूद देता है? यथार्थ के घुटन भरे माहौल से मुक्ति पाने का मार्ग है कल्पना; अपनी अतृप्त कामनाओं की पूर्ति का माध्यम। भौतिक जगत के वायुमंडल के अधीन है कल्पना का व्योम—उसके गुरुत्वाकर्षण से बँधा जहाँ परित्राण की इच्छा में ज़मीन से ऊपर उठने की लालसा भरी दिलेरी तो है, लेकिन गुरुत्वाकर्षण के नियम और दबाव से मुक्त होने की सामर्थ्य नहीं। लेकिन फैंटेसी सबसे पहले वायुमंडल को चीर कर किसी दूसरे ही ग्रह में जा निकलती है जहाँ न नियम-वर्जनाएँ हैं, न अब तक के पढ़े-गुने तर्क और कार्य-कारण श्रृंखला के दबाव; न ही अपनी भौतिक इयत्ता में अलग-अलग स्पेस और पहचान लिए चराचर जगत है। है तो तमाम तरह की अव्यवस्था और अतार्किकता के सहारे दूर की कौड़ी खोज लाने की आतुरता, लेकिन फिर भी यह पागलखाने की पागल हरकतों का कोलाज नहीं। सतह पर भले ही फैंटेसी यथार्थ की भयावहता से घबरा कर एक पलायनवादी तिलिस्मी लोक की रचना करती कोई सिरफिरी कोशिश दीखे, लेकिन गहराई में यह यथार्थ की अदृश्य कुटिलता का भयावह विस्तार करती है ताकि आतंक और त्रास की सृष्टि करती व्यवस्था को कई-कई कोणों से देख कर वह उसका और उसके साथ अपने अन्तःसम्बन्धों का रेशा-रेशा विश्लेषण कर सके। इसलिए फैंटेसी अपनी मूल संकल्पना में यथार्थ के आतंक से मुक्ति की स्वप्न-कथा है। जागती आँखों के इस स्वप्न के लिए दो चीजों की भरपूर आवश्यकता है—गहरी जीवनदृष्टि और आला दर्जे की सर्जनात्मकता। कहना न होगा कि ये दोनों ही अर्हताएँ स्व और भौतिक जगत की संकीर्णताओं से अतिक्रमण की क्षमता से उपजती हैं जहाँ शेष रहती है जीवन के प्रति उदात्त आस्था और उद्दाम जिजीविषा। कौतूहल, जिज्ञासा, चमत्कार, रोमांच, विस्मय जैसे मनोभावों के साथ कल्पना के बीहड़ में प्रवेश करते हुए फैंटेसी

फौरी तौर पर जितनी ज्यादा यथार्थ से दूर जाती दीखती है, उतनी ही गहरी तन्मयता और उत्कट व्यग्रता के साथ वह लुंजपुंज यथार्थ को बीनती-बुनती चलती है। वह, मोटे तौर पर, विघटन और वर्चस्ववादी ताकतों से अटे साम्राज्य से दो-दो हाथ करता सकारात्मक हस्तक्षेप है जिसे मनुष्य और जीवन के 'स्वास्थ्य' के लिए सृजन की निरन्तरता को बनाये रखना है। इसलिए लेखक के लिए फैंटेसी करना जितना दुरूह है, उतना ही कठिन है पाठक के लिए फैंटेसी के भीतर छिपी अर्थव्यंजनाओं को गुन-बुन कर पुनर्सर्जित यथार्थ के साथ अपने सम्बन्ध को व्याख्यायित करना। चूँकि रचना के साथ संवाद करते हुए पाठक स्वयं सर्जक की भूमिका में उतर आता है और रचना के कैनवस पर विस्तीर्ण प्रतिच्छवियाँ उतार कर जीवन के प्रति अपनी समझ को पैना करता है, इसलिए लेखक की तरह उसे भी गहरी जीवनदृष्टि और सर्जनात्मक प्रतिभा से सम्पन्न होना ही होगा। ऐसा न होने पर कोई आश्चर्य नहीं कि जादुई कालीन, पंखवाले घोड़े, बोतल में बन्द जिन्न, परियाँ और मत्स्य कन्याएँ, समुद्र को पी जाने वाले अगस्त्य मुनि, सुरसा की तरह अपने आकार को घटा-बढ़ा लेने वाले प्राणी, मनुष्य की बोली बोलने-समझने वाले पशु-पक्षी उसके तईं बच्चों के मनोरंजन के लिए लिखी गयी बचकानी कथाएँ बन कर रह जाएँ, और वह जान ही न पाये कि मनुष्य की मनोवृत्तियों, अमूर्त कामनाओं और अलक्षित अन्तःशक्तियों का प्रतीक बन कर वे उसे ही गहरी व्यंजकता के साथ परिभाषित कर रही हैं। जाहिर है जरा सी सावधानी हटते ही फैंटेसी अपनी अर्थविदग्धता खोकर एक कौतुक भरी सपाटबयानी बन कर रह जाती है।

तुलना मनुष्य का स्वभाव है। अमूमन समझा जाता है कि साहित्यिक तुलना दो रचनाकारों के बीच श्रेष्ठ-हीन का निर्धारण करने का एक जरिया है, लेकिन असल में यह एक पूरी परम्परा की पड़ताल करते हुए उसके विकास (या डिपार्चर प्वाइंट) के रूप में उस विशिष्ट कृतिकार के योगदान पर टिप्पणी का आयोजन है। इसलिए फैंटेसी का सन्दर्भ आते ही मुक्तिबोध की कहानियाँ 'क्लॉड ईथरली' या 'ब्रह्मराक्षस का शिष्य' चेतना पर छा जाती हैं। जाहिर है मनोज रूपड़ा की कहानियों का विश्लेषण करते हुए मुक्तिबोध की छटपटाहट, अपने को निःसंग भाव से चीन्ह लेने की तलस्पर्शी दृष्टि और असम्भाव्य सी लगने वाली आत्मपरिष्कार की अमूर्त सम्भावनाएँ आवश्यक मानदंड बन कर उपस्थित हो जाते हैं। 'ब्रह्मराक्षस का शिष्य' की तरह मनोज रूपड़ा अपनी कहानी 'रद्दोबदल' में रहस्य-रोमांच से भरे वातावरण की सृष्टि करते हैं। लेकिन भय और आतंक के माहौल के बीच एक यांत्रिक उदासीनता के साथ आगत की बाट जोहता मध्यवर्ग जिस जड़ता और निष्क्रियता का प्रसार करता है, वह कहीं अनजाने ही लेखक की उन्मुक्त उड़ान को भी बाधित करता है। इसलिए मनोज यथार्थ का पुनर्सृजन करने के प्रयास में यथार्थ का अतिक्रमण नहीं कर पाते, बल्कि वहीं आसपास चक्कर लगा कर लौट आते हैं और ठीक नजदीक स्थित इतिहास के पन्ने पलट इस आतंक भरे माहौल को नाजी गतिविधियों का नाम

देते हैं। पाठक जिस उम्मीद भरी उमंग के साथ लेखक की उँगली पकड़ कर फैंटेसी के वंडरलैंड में एलिस की तरह हर कदम पर कुछ नया पाने की चाह में उमड़ता जा रहा था, नाजी कैंप का नाम आते ही वहीं थम कर खड़ा हो जाता है। ठग लिए जाने का बोध उस पर हावी है क्योंकि अब सब कुछ उसके अनुमान की हदों के भीतर है। फैंटेसी में अनपेक्षित-अप्रत्याशित की प्रतीक्षा और विस्मय के साथ उनकी अन्तर्निहित अभिव्यंजनाओं को गूँथते हुए रचनात्मक आनन्द से सराबोर पाठक उदात्तीकरण की जिस अनुभूति से लहालोट हो जाता है, वह रूपक में कहाँ? रूपक गणित के फार्मूले की तरह एप्लीकेशन (निष्पादन) का चतुर आयोजन है, जो एक शातिर भंगिमा के साथ हर सवाल को एक नयी चुनौती का रूप देकर कुछ नया करने का सन्तोष अवश्य देता है।

कहानी की शुरुआत में मनोज रूपड़ा बेहद कलात्मक संयम के साथ आतंक का माहौल रचते हैं—"सिर्फ इकरारनामों और चेकबुकों पर उनके दस्तखत लिए जा रहे थे। यह दस्तखत मुहिम किसके इशारे पर चल रही थी, यह कोई नहीं जानता था।... वे सब बाहरी तौर पर तो बेफिक्र थे, लेकिन भीतर से हरेक को यह लग रहा था कि कुछ होने वाला है। कुछ ऐसा नाजाइज, नापदीद और गैरमरगूब जो पहले कभी नहीं हुआ।" और पाठक जान जाता है कि यह उपभोक्तावाद के प्रसार की कहानी है। कई-कई तरह के वेश बना कर मीडिया, अदब और खेतिहर समाज के अस्तित्व को डराता/चुनौती देता काला बिल्ला उसके सामने किसी नवीन अकल्पनीय उद्‌भावना की तरह नहीं आता, रूढ़ कथा-युक्ति की तरह आता है जिसका लक्ष्य किंचित नाटकीयता के साथ कथा-प्रभाव को बढ़ाना भर है। 'बिल्ले के एक पंजे में पृथ्वी थी और दूसरे में बम' जैसी उक्तियाँ या आर. आर. द्वारा खुदरा चीजों की दुकानों को सील कर दिया जाना, अदालतों को तहस-नहस कर उन्हें आर.आर. के गोदामों में तब्दील कर दिया जाना, विधान सभा में नेताओं की मॉनिटर और मुख्यमंत्री की सुपर मॉनिटर के रूप में परिकल्पना करना—पाठक को रोजमर्रा की ज़िन्दगी के बीचोबीच धँसा देते हैं। वह जान जाता है कि यह कहानी आर. आर. यानी रिटेल रिवोल्यूशन यानी एफ. डी. आई. पर राष्ट्रव्यापी बहस की एक कड़ी है। इन्हीं बहसों और उत्तरआधुनिक संस्कृति पर केन्द्रित साहित्य से छन कर आते जुमले उसे एक बार फिर कहानी में पढ़ने को मिल जाते हैं कि "पिछला सब कुछ भूल जाओ। कल क्या होगा मत सोचो। पीछे मुड़ कर देखना मना है और आगे की सोचना एक दंडनीय अपराध है", "तुम्हें किसी की जरूरत हो न हो, चीजों को तुम्हारी जरूरत है" तथा "तीन गुना ज्यादा चीजों का इस्तेमाल करो।" वह अचानक पाता है कि हाँ, उसकी वार्डरोब में कपड़ों की भीड़ कुछ ज्यादा ही बढ़ गयी है, इतनी कि कमीज के साथ पैंट/शलवार ढूँढ़ने के लिए उसे कई-कई हैंगरों-गठरियों को उलट-पलट कर देखना पड़ता है, लेकिन फिर भी जब किसी दावत या जलसे में बन-सँवर कर जाना होता है तो ढंग के कपड़ों की किल्लत का वही आदिम रोना उसकी जुबान पर आ

जाता है; कि टी. वी. पर चैनलों की भीड़ में किसी भी एक कार्यक्रम को टिक कर देखना उसके लिए सम्भव नहीं रह गया है (छूट गया दूसरा चैनल उसकी एकाग्रता को भंग कर देने को काफी है), ठीक वैसे ही जैसे वह समझ नहीं पाता कि भूख, पेट और जेब के अन्तःसम्बन्धों में सामंजस्य बैठाते हुए वह पीत्ज़ा, बर्गर, रोटी या डोसा में से किस विकल्प को चुने।

ठीक इसी स्थल पर कहानीकार शर्तनामे पर हस्ताक्षर कर चुके शहरी मध्यवर्ग को ट्रकों में भर कर किसी अनजान क्षेत्र में ले जाने की बात करते हैं, उन्हें अलिफ नंगा कर उनके वजूद और तहजीब को छीन कर माथे पर कंज्यूमर नम्बर दागने की प्रक्रिया का उल्लेख करते हैं, और मोहिनी मंत्र में बँधे उस विशाल जन समुदाय को ब्रांड संस्कृति के दड़बों में बन्द कर दिये जाने की त्रासदी का चित्रण करते हैं तो पाठक उस बेचेहरा हजूम के हर रेंगते प्राणी में अपना अक्स देखने लगता है। न, नाजियों के यातना शिविर के स्मरण मात्र से प्राण सूखने की स्थिति उस पर तारी नहीं होती, क्योंकि वह उसका अपना चुनाव है—ब्रांड संस्कृति उसकी पहचान है और उसकी जीवनी शक्ति भी। कहानी की दुनिया में प्रविष्ट होकर वह झूठ के सहारे दूसरों और स्वयं अपने को ठगने के अभ्यास से मुक्त हो गया है। इसलिए कबूल करता है कि काला बिल्ला (एफ.डी.आई.) उसे थर्राता नहीं, सम्मोहित करता है। वह याद करता है कि काले बिल्ले की वेशभूषा को अपने शरीर पर 'अलंकृत' करने के लिए राजसी दुकानों के कितने-कितने चक्कर बेताबी से काटता रहा है वह— "चमचमाते जूते, शानदार भूरे स्वेड का पतलून, सफेद शर्ट, बेहतरीन ढंग से बँधी टाई और चेहरे पर चपटी फ्रेम का चश्मा!' अलबत्ता कुछ घड़ी ठहर कर काले बिल्ले की प्रतीक्षा जरूर कर लेना चाहता है ताकि पूछ सके कि ये सब चीजें कौन से ब्रांड की हैं और सेल में कितने परसेंट डिस्काउंट पर उसने इन्हें खरीदा। वेशभूषा की तरह उसे काले बिल्ले की ताकत भी खूब लुभाती है। न खौफ, न बन्धन, न कानून। सोचा और तर्जनी हिलाते ही सामने वाले से उसी घड़ी इन्तकाम ले लिया। मेरे लिए यह सवाल कहानी का सबसे मजबूत स्थल है जहाँ रूपक अर्थ-साम्य स्थापित कराने के बाद पाठक को आत्मसाक्षात्कार के लिए भी प्रेरित करता है। वह महसूस करता है कि काले बिल्ले का ध्यान करते-करते वह खुद काला बिल्ला हो गया है—लोभ, अव्यवस्था, उच्छृंखलता और आतंकवाद का प्रसारक। खासतौर पर जब काला बिल्ला महात्मा गाँधी और चन्द्रशेखर आजाद के बुत तोड़ता है तो वह शर्म से पानी-पानी होकर अपना मुँह छुपाने लगता है। हाँ, वह नहीं चाहता क्रान्तिकारी बन कर अपनी जान जोखिम में डालना। हर आगत क्षण में मृत्यु की बाट जोहने वाला प्राणी कैसे दिपदिपाते गर्वीले भाव से अपनी मूँछों पर ताव दे सकता है भला? चन्द्रशेखर आजाद उसका रोल मॉडल नहीं क्योंकि अभाव, संघर्ष और मृत्यु के बरक्स बाजार, मोह और भोग उसे अधिक लुभाते हैं। फिर यदि फूलों के रंग-गन्ध, मौसमों के तेवरों, आसमानों में रहने वाले चाँद-सितारों, मुहल्ले भर में फैली रिश्तेदारियों, नुक्कड़ पर

ठहाके मारती महफिलों से किनाराकशी कर अपने फ्लैट की चारदीवारी और टी. वी. के भीतर धड़कती ज़िन्दगी के दीदार में अपने को अधिक प्रफुल्ल, मुक्त और अभिव्यक्त समझता है तो उसे दूसरों के त्याग और संघर्ष के उदाहरण दे-देकर ताउम्र नीचा क्यों दिखाया जाता रहे? वह नहीं चाहता महात्मा गाँधी की तरह आत्म-निग्रही होकर अपने को तिल-तिल मरते देखना। एक हाथ में समूची सृष्टि और दूसरे हाथ में बम लेकर वह जीत का परचम लहराना चाहता है। तब अहिंसा और भ्रातृत्व प्रेम क्या उसके आड़े नहीं आयेंगे? वह देवता नहीं, यक्ष-किन्नर बन कर अक्षय-अबाध सुख भोगना चाहता है।

यों ब्लर्ब-लेखक के दावे को कहानीकार का वक्तव्य मानना जरूरी भी नहीं। स्वयं मनोज रूपड़ा फैंटेसी के प्रदेश में प्रवेश करने से बचते रहे हैं। अलबत्ता रूपक को फोर्सफुली सम्प्रेषित करने के लिए कल्पना का जम कर प्रयोग किया है उन्होंने। जैसे उपभोक्ता संस्कृति के चित्रण के बाद अमरीका को श्रीमती लिबर्टी के रूप में पेश करना। “सिर्फ (पुरानी) चीजों को ही नहीं, उन विचारों को भी खत्म कर देना चाहिए जो बार-बार असली आजादी (उपभोक्ता संस्कृति) को आने से रोकते हैं”—श्रीमती लिबर्टी इच्छा जाहिर करती हैं और उनके रवायती दरबारी एजाज अहमद, अरुंधती राय, मेधा पाटकर, वरवर राय जैसी प्रतिरोधी ताकतों को मुजरिम बना कर पेश करते हैं। सब कुछ कितना साफ-सुथरा! एक और एक दो की तरह सरल, सहज और अनुमान भरा। कल्पना यदि पंखहीन पखेरू की तरह फड़फड़ाने लगे, तो? नहीं, जिसे मैं कल्पना का नाम दे रही हूँ, वे सिर्फ ‘चर्याएँ’ (कथा-युक्तियाँ) हैं। इसलिए पेट पालने के लिए अपने तन और मन के सारे अरमानों का गला घोंटने में दक्ष फटेहाल परिवार की कामकाजी लड़की जब अचानक एक दिन ‘बिग बाजार’ के बड़े से कैरी बैग द्वारा अपहृत कर ली जाती है और बलात्कार के बाद अपनी नग्न देह के साथ दिन-दहाड़े कॉस्मैटिक्स से भरी ट्राली खींचते हुए पुनः कथा में प्रविष्ट होती है, तब एक धाँसू फिल्मी दृश्य आँख के सामने जरूर कौंधता है, लेकिन हृत्तंत्री में स्पन्दन नहीं कर पाता। साहित्य देखे हुए को एक अलग कोण से दिखाने की भंगिमा का ही दूसरा नाम है, लेकिन मैं खोजती रह जाती हूँ कि कहानी में वह ‘अलग कोण’ कहाँ है जिसे लेखक की अन्तर्दृष्टि के साथ गूँथ कर मैं उसे वक़्त में हस्तक्षेप करने वाली ताकत के रूप में अभिषिक्त करूँ। काल के अखंड-अनन्त विस्तार में स्थित होकर साहित्य कालबद्ध समाज को देखने का बोध देता है। वह वर्जनाओं और बन्धनों से मुक्त कर पाठक को वर्जनाओं और बन्धनों की समीक्षा करने का विवेक देता है। लेकिन एक बद्ध मूल दृष्टि के साथ जब स्वयं लेखक परिवर्तनकामी सुगबुगाहटों को निष्कर्ष की लाठी से हाँकने लगे, तब आत्मान्वेषण और आत्मपरिष्कार जैसे बुनियादी तत्त्वों को वह साहित्य में कैसे प्रतिष्ठित कर पाएगा? मैं पाती हूँ कि कहानी ‘रद्दोबदल’ एक ऐसा मायावी लोक है जिसे शीशे के पार आप देख रहे हैं; उसमें शामिल होकर

घटना-चक्र को बदलना चाहते हैं; लेकिन न शीशे की दीवार टूटती है, न काँच के बहरे कानों को बींध कर आवाज वहाँ तक पहुँचती है। आप रियल को वर्चुअल मान कर निःसंग दृष्टि से देखने को बाध्य हैं; अपने को बौने किरदारों में देख कर छटपटा रहे हैं; रिमोट चालित कठपुतलियाँ बन जाने की यन्त्रणा आपका गला घोंट रही है, और जैसे ही कहानी समाप्त होती है, तिलिस्म टूट जाता है और आप अपने को 'साबुत' (?) और 'स्वस्थ' (?) देख कर आश्वस्ति की गहरी साँस खींचते हैं। यह खतरों से जूझ कर सुरक्षित घर लौट आने की सुखद प्रतीति है, विरेचन की अनिवार्य प्रक्रिया नहीं जो कहानी के भीतर जितनी मजबूत गिरफ्त में लेती है, मुक्ति (उदात्तीकरण) की सम्भावनाओं को उतनी ही तेजी से मुखर करती चलती है।

कहानी अपने बुनियादी रूप में लेखक की नज़र से किया गया जीवन का पाठ है। लेकिन फिर भी यह लेखक की सर्वोच्च सत्ता को स्थापित नहीं करता। मनोज रूपड़ा चूँकि उदयप्रकाश स्कूल के लेखक हैं, इसलिए आतंक, हताशा, घुटन और निष्क्रियता की सृष्टि कर वे इन्हें मनुष्य की गरिमा और ऊर्जस्विता को निगलने वाली अपराजेय ताकतों के रूप में प्रतिष्ठित करने लगते हैं मानो आस्था, संघर्ष, जिजीविषा जैसी रचनात्मकताएँ नेस्तनाबूद हो चुकी हैं। यह एकांगी दृष्टि कथा-चरित्र को 'मनुष्य' का प्रतिनिधि नहीं बनाती जिसके साथ तादात्मीकरण कर अपने को नये सिरे से डिस्कवर किया जा सके। इसलिए उनके कथानायक अखबारनवीस (जिसे धीरेन्द्र अस्थाना नाम दिया गया है) और शायर (जिसे निदा फ़ाज़ली कह कर सम्बोधित किया गया है) अपनी ही कमजोरियों और पाखंड के बीच टूटते-बिखरते चलते हैं, हालाँकि लेखक ने उन्हें भीड़ से अलगा कर वक़्त को रचने वाली ताकत के रूप में इंट्रोड्यूस करने की पूरी कोशिश की है— "इतिहास गवाह है कि हर बड़े सियासी और समाजी जलजले में कुछ सनकी, कुछ खब्ती और कुछ सिरफिरे होते हैं जो रेले में शामिल नहीं हो पाते। इसलिए नहीं कि वे शामिल नहीं होना चाहते, बल्कि इसलिए कि उनके अन्दर एक ऐसी चट्टानी सिफत होती है जो किसी साँचे में नहीं ढलती।" लेकिन ये दोनों ऐसे 'नायक' हैं जो हाँक कर ले जाये जाते समुदाय को छुड़ाने की अपेक्षा चोरों की तरह वहाँ से भाग निकलते हैं और शराब के नशे में क्रान्ति की बात करते हैं जिसका लब्बोलुआब यही है कि किसी तरह "मेरा और तुम्हारा वजूद बना रहे। हम दोनों तुम और मैं के रूप में बने रहने चाहिए।"

मैं ठिठक कर खड़ी हो जाती हूँ। अगला वाक्य उनके बुलन्द इरादों की पैरवी है—"दुनिया का बेहतरीन से बेहतरीन सिस्टम जाये भाड़ में। लानत है ऐसी रद्दोबदल पर जो हमसे हमारा वजूद छीन ले।" मैं पीठ ठोंकने को आगे बढ़ती ही हूँ कि फन काढ़ कर सवाल कदमों को पीछे लौटा लाता है—जिनका वजूद छीना जा रहा है या सदियों से जिनका वजूद छीन कर जीने को मजबूर किया जा रहा है, उनकी पीड़ा के बारे में आप क्या कहेंगे? 'मैं' क्या इतनी तंग गली है कि उसमें एक साबुत मनुष्य भी न अट सके? अँधेरे की चादर तानने की बजाय यदि कहानी अँधेरे की शिनाख्त

करके उसे छाँटने की कमजोर कोशिश भी करती तो शायद एक यादगार कहानी बन सकती थी। कहानी की नस-नस में रचा-बसा कलात्मक सधाव पहले पाठ में चमत्कृत तो करता ही है, लेकिन सम्मोहनावस्था से उबरते ही मदारी के निर्देश पर ताली बजाते अपने हाथों को देख कर सिर शर्म से झुक भी जाता है।

'रद्दोबदल' की तुलना में 'दूसरा जीवन' और 'टावर ऑफ साइलेंस' बेहतरीन कहानियाँ हैं क्योंकि अपने नायकों के साथ वे आतंकित कर देने वाली निष्क्रियता को नहीं बुनतीं, बल्कि निष्क्रियता के मायावी लोक में गुम होकर अपनी अन्तःशक्तियों को निःशेष कर चुके रुग्ण तत्त्वों को ज़िन्दगी में लौटा लाने का आख्यान रचती हैं। क्या यह महज संयोग है कि दोनों कहानियों का नायकत्व स्त्रियों के पास है या स्त्रियाँ नायक इसलिए हैं कि ज़िन्दगी को जन्म देने और उसे बचाये रखने की हौंस ने उन्हें जुझारू बना दिया है। वुमैन, दाइ नेम इज़ स्ट्रगल!

मैं सबसे पहले 'दूसरा जीवन' कहानी को लेती हूँ। फिर से फैंटेसी! या ब्लर्ब की भाषा में बोलूँ तो 'रियल और वर्चुअल के आर-पार गुजरता फंतासी का बियाबान'। ('बियाबान' शब्द पर मुझे घोर आपत्ति है क्योंकि फैंटेसी में तीनों कालों, सातों आसमानों, दसों दिशाओं और सारे रसातलों के चर-अचर, मानव-मानवेतर प्राणियों के आपसी संवाद और क्रियाकलाप का संगीतमय शोर अनिवार्यतः व्याप्त है) लेखक ने यहाँ दिवास्वप्नों में खोए नायक के बरक्स 'यथार्थ' को पात्र बना कर उतारा है जो अपनी तमाम भयावहता के बावजूद इंसान को सपनों के बीजों की पोटली थमा नम ज़मीन मुहैया कराता है ताकि भविष्य को सिरजने की रचनात्मकता अपने भीतर पैदा कर सके। दरअसल यह कहानी एक स्तर पर फैंटेसी को लेकर लेखक की मान्यता स्पष्ट करती है तो दूसरे स्तर पर कार्पोरेट जगत के शोषक चरित्र को जो मनुष्य से सबसे पहले सपने और उम्मीद छीन लेना चाहता है।

पहले फैंटेसी को लेकर लेखकीय मान्यता की बात। लेखक ने चूँकि फैंटेसी के अर्थ को दिवास्वप्न देखती पलायनवादी मानसिकता के सन्दर्भ में गुना है, अतः अतिक्रमण की क्षमता और कोई दूसरा लोक बुनने का विज़न वे अपने पात्रों को प्रदान नहीं कर पाते। पलायन यथार्थ की भयावहता के त्रास के साथ-साथ उससे जूझने की अपनी अक्षमताओं का स्वीकार भी है। इसलिए जहाँ फैंटेसी में एक नया लोक रचने के कौतूहल में भयावह यथार्थ को पछाड़ने का आनन्द है, वहीं पलायन की कोख से जन्मे दिवास्वप्न में आत्मरतिग्रस्तता है। और कौन नहीं जानता कि आत्मरतिग्रस्तता भोगवादी मानसिकता की उपज है जो वैचारिक शून्य की स्थिति को रेखांकित करती है। इसलिए आश्चर्य नहीं कि नायक प्रशान्त कहानी की ओपनिंग स्टेटमेंट में ही अपनी मनोवृत्तियों को साफ-साफ बयान कर देता है—"मुश्किल पड़ते ही मैं अपनी अलसाई हुई निर्द्वन्द्व स्वप्निलता में उतर जाता हूँ और तैरते-तैरते एक ऐसे टापू में पहुँच जाता हूँ जहाँ किसी का राज नहीं चलता। वहाँ मैं अच्छी तरह से धुने हुए मुलायम, शगुफ्ता और पुरखुलूस लम्हों पर सोता हूँ। और गुजरे हुए वक़्त

की सबसे हसीन, सबसे दिलकश और गुदाज रानाइयों से लिपट कर पड़ा रहता हूँ जब तक जिस्मो जां से असली दुनिया का असर खत्म नहीं हो जाता।" साथ ही वह यह भी स्वीकार करता है कि "इस संसार में अगर कमी है तो सिर्फ सच की... सुख की अधिकता से कभी-कभी मन ऊब जाता है। डर लगा रहता है कि चेतना पर कहीं चर्बी न चढ़ जाये, कि निर्द्वन्द्व स्वप्निलता कहीं नपुंसक अकर्मण्यता में न बदल जाए।" दरअसल रपटने की आशंकाओं को लेकर सदैव सजग-सन्नद्ध मुद्रा में रहने की व्यग्रता–यही वह बिन्दु है जो उसे संवेदनशील विवेकशील (sane) प्राणी बनाता है। शायद इसीलिए कल्पना लोक के भीतर 'रमण' करते हुए वह 'यथार्थ' के साथ अपने अ-सुखद सम्बन्ध को भी जीता चलता है। पात्र के रूप में यथार्थ को उस लोक में प्रविष्ट कराना यकीनन प्रशान्त का अपना चुनाव है और 'यथार्थ' के इस दावे के प्रति स्वीकार भाव भी कि "कोई भी ख्वाब दुनिया की जिम्मेदारियों को नहीं बदल सकता।... भ्रम और सपने तुम्हें आरजी तौर पर मुझसे दूर रख सकते हैं, आखिरी तौर पर नहीं।

लेखक की खासियत है कि उन्होंने प्रशान्त की द्वन्द्वग्रस्त मानसिकता को टैक्नोलॉजी के हस्तक्षेप द्वारा अधिक प्रामाणिक और व्यंजक तौर पर कहानी में उभारा है। नौकरी से निकाले जाने और आत्महत्या की विफल कोशिश के बाद यह दिशाहारा युवक अपना सब कुछ खोकर मात्र एक ही पूँजी बचाये हुए है– लैपटॉप में धड़कती इंटरनेट की दुनिया। 'दुनिया मेरी मुट्ठी में' के जहीन विश्वास के साथ। पाठक के सारे अनुमानों को धता बताते हुए वह लैपटॉप खोल कर नयी नौकरी की तलाश नहीं करता, 'सेकेन्ड लाइफ' जैसी वेबसाइट पर जाता है जहाँ मनोदशा के अनुरूप आप अपने अवतार को कामनाओं के अनन्त व्योम में संचरण करने की छूट देते हैं। तब दुनिया के तमाम ऐश्वर्य, भोग और सत्ता का एकमात्र अधीश्वर होकर वह जिस लापरवाह ठाठ से बड़ी-बड़ी अकल्पनीय इनायतों को दूसरों पर न्योछावर करता चलता है, वह एक ओर पतनशील सामन्तवाद की याद दिलाता है तो दूसरी ओर गहरी वितृष्णा की सृष्टि करता है। चूँकि प्रशान्त में अबाध भोग से घबरा कर कुछ सार्थक कर डालने की व्यग्रता भी है, इसलिए 'सेकेंड लाइफ' वेबसाइट के जरिए अब वह अपने जीवन के मकसद को पा लेना चाहता है। उसके भीतर की क्रिएटिविटी 'मदर यूनिवर्स' की परिकल्पना करती है– एक ऐसी ग्लोबल स्त्री जो दमन और आतंक की शिकार नस्लों और संस्कृतियों को बचाने के लिए गर्भ धारण करती है और हजारों की तादाद में स्वप्नदर्शी बच्चों को जन्म देकर भविष्य और उम्मीद को जिलाए रखती है। फैंटेसी का सर्जनात्मक उपयोग करते हुए मनोज रूपड़ा ने मदर यूनिवर्स को अर्धनारीश्वर का प्रतीक माना है–स्त्री और पुरुष दोनों की बायलॉजिकल भूमिकाओं को समन्वयात्मक एवं सम्मानजनक दृष्टि के साथ सम्पन्न करने वाली ऊर्जस्विता। माँ के रूप में मदर यूनिवर्स विज़न, कल्पना और प्रेरणा की प्रतीक है तो पिता के रूप में वह प्रेरणा को क्रियान्वित करने वाली कर्मठता की।

मनुष्य होने का अर्थ है इन दोनों भूमिकाओं को अपने भीतर उतार लेना। लेकिन सिर्फ इच्छा कर्म की प्रेरणा नहीं बन सकती। उसके लिए जरूरी है विज़न और उत्तेजना। आक्रोश और घृणा से नहीं, प्यार और यौवन से उफनती हुई उत्तेजना। वह उत्तेजना जो प्यार से पैदा होती है और सकारात्मक ऊर्जा में ढल कर उसका प्रसार करती चलती है।

स्वयं मनोज रूपड़ा फैंटेसी (मदर यूनिवर्स) का प्रयोग अपनी दृष्टि को पाठक तक सम्प्रेषित करने के लिए करते हैं, उसे सर्जनात्मक ऊँचाई देकर किसी असाधारण जीवन सत्य का साक्षात्कार करने के लिए नहीं। यथार्थ का दबाव उन पर इतना अधिक है कि एक निःसंग दृष्टि और दूरी के साथ वे उसका पुनर्सृजन नहीं कर पाते। अलबत्ता एक कुशल मिस्त्री की तरह अपने तमाम कलपुर्जों के साथ यथार्थ की टैरिटरी में प्रविष्ट होकर ठोंक-पीट करने लगते हैं। इसलिए उनका प्रवक्ता प्रशान्त नहीं, रीना है जिसका परिचय देते हुए वे कहते हैं, "वह ज़िन्दगी की विकरालताओं से खुद को प्रताड़ित नहीं होने देती बल्कि उसे नियन्त्रित करना जानती है। वह सचमुच बहुत स्थिर बुद्धि और दृढ़ चरित्र वाली लड़की है। वह बहुत साफ तरीके से अपने आपको व्यक्त करती है और किसी भी तरह की भावनात्मक या व्यावहारिक गड़बड़ की कोई गुंजाइश नहीं रखती।" मनोज रूपड़ा ने रीना को प्रशान्त का विलोम (और संरक्षक भी) चित्रित करने की हड़बड़ी में उसे 'लौह स्त्री' का रूप अवश्य दिया है, लेकिन कल्पनाशून्य (संवेदनशून्य नहीं) करके मदर यूनिवर्स बनने की क्षमता से भी वंचित कर दिया है। पलायन और सृजन के बीच महीन विभाजक रेखा खींच कर जीवन के बीचोबीच उगी जिजीविषा और अन्तर्दृष्टि जिस गहरी अर्थ भरी सकर्मक ऊर्जा की सृष्टि करती है, वही फैंटेसी है—यथार्थ और कल्पना तक फैले लोक के बीच संवाद और विश्वसनीयता का पुल!

'दूसरा जीवन' कहानी एक अलग स्तर पर कार्पोरेट जगत के शोषक चरित्र को उघाड़ती है जिसकी परतों को अप्टन सिंक्लेयर के उपन्यास 'जंगल' (1905) से लेकर अलका सरावगी के उपन्यास 'एक ब्रेक के बाद' में क्रमशः खुलते हुए देखा जा सकता है। 'मनुष्य के शरीर और उसके मस्तिष्क के साथ चल रहे इस खिलवाड़ के लिए शोषण कोई सन्तोषजनक शब्द नहीं है'—मनोज रूपड़ा क्षुब्ध हैं कि कैसे कोई व्यवस्था पहले मनुष्य की नींद से सपने और फिर आँख से नींद छीन सकती है। नींद शारीरिक-मानसिक-दिमागी विश्राम की वह स्थिति है जो एक अत्यल्प विराम के बाद सक्रियता, ताजगी और ऊर्जा को दूने वेग से शरीर-मन-दिमाग में संचरित करती है। लेकिन जब नींद में दफ्तर के तनाव और दबाव पूरी भयावहता के साथ मौजूद हों, तब अपने वजूद को ही बचाये रखना सबसे बड़ा सवाल बन जाता है। लेकिन रीना की मानें तो तनाव और दबाव 'बनाये' ही इसलिए जाते हैं कि इंसान अपने वजूद को भूल कर व्यवस्था का कल-पुर्जा भर बन जाये। इसलिए इन्हीं कुटिल जटिलताओं के बीच अपने को टिकाये रखने के लिए उसे अपने बलबूते कोई

पुख्ता आधार ढूँढ़ना पड़ता है। पुख्ता आधार ढूँढ़ने की प्रक्रिया में यकीनन अपनी कन्विक्शंस को जानना और थहाना भी शामिल है कि नैतिकता के स्तर पर जिन चीजों को वह गलत मानता है, क्या व्यवहार में उन्हीं को करता चले? इससे उसकी मूल्य चेतना पर लगातार लगने वाली खरोंचें क्या दबाव बना कर उसके अपराध बोध को निरन्तर गाढ़ा नहीं करती रहेंगी? अपराध बोध से ग्रस्त होकर क्या वह स्वयं अपनी अन्तरात्मा का सामना कर सकेगा? नहीं, तो पलायन का मार्ग उसे कहाँ ले जायेगा – पागलखाने की ऊँची दीवारों के भीतर या कोमा की गाढ़ी नींद में जहाँ जीवन को अंगूठा दिखा कर भागती मृत्यु यमदूतों को भी पास नहीं फटकने देती? 'दूसरा जीवन' कहानी कार्पोरेट जगत के अनन्त शक्ति स्रोतों के आगे बेबस व्यक्ति की बेबसी की करुण कथा नहीं है, सवालों से छलनी करती पुकार है जिसे रीना की स्ट्रैटजी के सहारे तभी समझा जा सकता है जब अवसादग्रस्त कमजोर प्रशान्त की उर्वर कल्पना को रीना की सन्तुलित परिपक्व मेधा में प्रत्यारोपित करना सम्भव हो। एक बेहद खूबसूरत अर्थगर्भित दृश्य की नियोजना करते हैं मनोज रूपड़ा जब प्रशान्त मदर यूनिवर्स के पास इस अनुरोध के साथ जाता है कि वह उसके लिए दुनिया भर की छापामार लड़ाइयों में मारे गये बेहतरीन छापामारों को जन्म दे। प्रशान्त की स्मृतियों में अपनी आपाधापी भरी बदहवासी के चित्र मौजूद हैं जब कम्पनी के इशारों पर नाचते हुए फील्ड वर्क के नाम पर उसने रियल एस्टेट और रिटेल्स के आंकड़े इकट्ठे किये और अपनी प्रोमोशन के लोभ में पास्को और चाइना से भी बेहतर मल्टीपरपज प्रोजेक्ट बना कर दिये। इस चित्र के ठीक बगल में उसे कम्पनी की बोर्ड मीटिंग में चल रही योजनाओं की भी जानकारी है जहाँ शेड्यूल्ड एरिया ट्राइबलइयूवेबल प्रॉपर्टी एक्ट को संशोधित करने और तोड-मरोड़ कर उसे कार्पोरेट घरानों के लिए मुहैया कराने की जालसाजी रची जा रही है। वह अपने भीतर बिलबिलाते अपराध बोध को मानसिक अवसाद और असन्तुलन के रूप में उभरता देखता है, लेकिन मदर यूनिवर्स का सान्निध्य पाकर अपना एंटी इकोनॉमिक जोन बनाने की उत्तेजना को भी अँकुराते देखता है। आत्मविश्वास और आत्मसम्मान का भाव नहीं है प्रशान्त में। प्रतिकूलताओं से जूझ कर सुरक्षित लौट आने का विश्वास नहीं है। है तो भय और हताशा जो विनाशकारी उत्तेजना का रूप लेकर सबसे पहले उसे ही नष्ट कर डालती है। मैं यहाँ अपने आप को सवालों से घिरी पाती हूँ कि जब लेखक जानता है प्रशान्त के कमजोर कँपकँपाते हाथों में सपनों की निधि थामने की कुव्वत नहीं है तो क्यों नहीं रीना को यह दायित्व सौंपते? क्यों 'एक ब्रेक के बाद' के स्वप्नदर्शी नायक की तरह वह भी अधबीच रास्ते में दम तोड़ जाता है? क्या इसलिए कि लेखकीय विज़न के अभाव में लेखकीय मनोरथ किसी असाधारण जीवन सत्य का उद्घाटन नहीं कर पाते? और तमाम चिन्ता एवं सुगबुगाते सरोकारों के बावजूद वर्तमान परिदृश्य अपनी अन्तिम परिणति में एक 'शोकगीत' के अलावा उन्हें कुछ नज़र नहीं आता? मनोज रूपड़ा जिस समाज को अपनी कहानियों में

उकेरते हैं, वह या तो अपनी बदहवास आपाधापी में डैड एंड की ओर बढ़े जाने को अभिशप्त है या एक दमघोंटू जड़ता के साथ परिस्थितियों के समंदर में डूब जाने को तैयार। तब 'टावर ऑफ साइलेंस' – पारसी समुदाय का मुर्दाघर जिसे 'डखमू' कहा जाता है– एक रूपक बन कर उनकी कहानियों की व्याख्या करने लगता है जहाँ मृत्यु के आगोश में समा गयी है मनुष्यता और उसके अभाव में मनुष्य यंत्र या नर-पशु बना जा रहा है।

आर्थिक उदारीकरण और भूमंडलीकरण की दौड़ में उपभोक्तावाद का प्रसार बदलती हुई वैश्विक संस्कृति का एक नया आयाम है जो हिन्दी लेखक को मानसिक-वैचारिक रूप से थर्रा अधिक रहा है; उसकी मुखालफत करने के लिए लामबंद कर रहा है, लेकिन उपभोक्तावाद के बीजों और उनके साथ इंसानी रिश्तों को जानने का अवकाश नहीं। इसलिए अमूमन एक ही भंगिमा, एक ही भय, एक ही हताशा के साथ हिन्दी कहानी उपभोक्तावाद के हाथों भारतीय संकृति की हत्या पर सिर धुनती है या व्यंग्य की भंगिमा ओढ़ कर एक निर्लज्ज ठाठ के साथ ताकत और ऐश्वर्य का भोग कर रही है। सामान्यीकरण की यह प्रक्रिया इतने आक्रामक उछाल के साथ उसे अपनी गिरफ्त में लेती है कि वर्तमान को गरियाने के चक्कर में देख ही नहीं पाता जिसे वह 'पुराना' (यानी 'अपना') कह कर सराह रहा है, वह नये का ही हमशक्ल है, उसकी झिलमिलाती रंगीन फोटो कॉपी न सही, रंग उड़ी श्वेत-श्याम कार्बन कॉपी तो है ही। इसलिए हर बार मुझे लगता है कि इन कहानियों की लहर बिना भिगोए वापस समन्दर में लौट गयी है। तो क्या मेरी ही अपेक्षाएँ बड़ी हैं? लेकिन मैं तो कब से प्रेमचन्द की कहानी 'ईदगाह' को उपभोक्ता संस्कृति के प्रतिरोध की कहानी मान कर उसके जोड़ की दूसरी कहानी बेताबी से ढूँढ़ रही हूँ। मनोज रूपड़ा टेम्पटन जी दस्तूर के किरदार में मुझे आश्वस्त करते हैं क्योंकि जिस चौकन्ने और धीरज भरे भाव के साथ वे परिस्थितियों की विकास-प्रक्रिया को देखते हैं और चमचमाती सतह के पीछे छिपी कँटीली परिणतियों (रंग और गन्ध से मादक कर देने वाले गुलाब के फूल के साथ काँटे का दंश) की तार्किक शृंखला को समझने के लिए अपनी ज़िन्दगी के तीस बरस लगाते हैं, वह उन्हें आम आदमी से अलग विशिष्ट बुद्धिजीवी बनाता है। उनके अध्ययन का विषय है पारसी समुदाय और मैं उनकी आब्जर्वेशन की तस्दीक करते हुए समूचे मनुष्य समाज पर एप्लाई करती चलती हूँ। पारसी बूढ़े "इतने स्थिर और शान्त... सिर्फ शहर को ही नहीं, बल्कि लड़ाइयों, दंगों, अकालों और विद्रोह से भरे बीते जमाने को भी उन सब बूढ़ों ने सिर्फ दर्शकों की तरह चुपचाप अपनी खिड़की से देखा है।" मनोज रूपड़ा लिखते हैं और मैं शब्दों के पार रोज-रोज सड़कों पर होने वाले दृश्य देखने लगती हूँ जहाँ गैंग रेप के बाद सड़क पर फेंक दी गयी लड़की अपने जीवन और सम्मान के लिए दम तोड़ रही है; गले में जलता टायर बाँध कर तमाशाई भीड़ से प्राणों की भीख माँगते-माँगते कोई निरीह आग का गोला बन कर राख हो गया है। "लेकिन खिड़की

से बाहर की सजीव दुनिया से वे जितने तटस्थ थे, घर के भीतर की निर्जीव चीजों के लिए उतने ही आतुर।" और पजेसिव! देश-विदेश से आयातित एक से एक नफीस और नायाब चीज के स्वामित्व का दिपदिपाता गरूर! यह कालीन ईरान से, शमादान जापान से, यह हालैंड का मेजपोश, और साइकल सीधे लन्दन से—सिर्फ चीजें नहीं, उनके साथ जुड़ी वैभव और ताकत की कहानियाँ भी। क्या यही उपभोक्तावाद नहीं जो 'स्व' पर केन्द्रित होकर वहीं फ्रीज भी हो जाता है? अतीत और भविष्य से कट कर उसी एक पल में जीने का आनन्द! मानो इसके आर-पार न वक़्त की सत्ता है, न अन्य किसी मनुष्य का अस्तित्व! "अपने मूलभूत स्वभाव, जिसमें कोई द्वन्द्वात्मकता नहीं थी, और दलीलों और तर्कों से दूर हट कर केवल इन्तजार करने की अपनी आदत के कारण वे किसी निष्कर्ष तक नहीं पहुँच पाये।" मुझे लगता है कहानीकार पारसियों के बारे में नहीं, उपभोक्ता समाज के बारे में टिप्पणी कर रहे हैं क्योंकि जहाँ पेट प्रमुख स्थान ले ले, वहाँ हृदय और बुद्धि निरर्थक होते-होते क्रमशः नष्ट हो जाते हैं।

टेम्पटन जी दस्तूर मुझे इसलिए भी अवाश्वस्त करते हैं क्योंकि अपनी सांस्कृतिक विरासत और इतिहास को उन्होंने बारीकी से समझा है। दूसरे, 'आज' को समझने और सिरजने के लिए वे निरन्तर दो ही चीजों पर ध्यान केन्द्रित करते हैं—ऊर्जा और बदलती हुई टैक्नोलॉजी। तीसरे, वे एक ऐसे समाज का अंग है जिसने देश के आर्थिक विकास में योगदान देते हुए अनेक मिलों, उद्यमों और उपक्रमों को ही नहीं शुरू किया बल्कि लँगड़ाते बम्बई को 'मोबाइल' करने के लिए बी.ई.एस.टी. (BEST) सरीखी सिटी बस सेवा की भी नींव रखी। वक़्त के साथ बदली हुई जरूरतों को पहचानना और नयी टैक्नोलॉजी को अस्तित्व में लाना विकास की पहली शर्त है। 'सिर्फ आदमी ही रिटायर नहीं होता, टैक्नोलॉजी भी रिटायर होती है'— टेम्पटन जी जानते हैं, लेकिन कई बार बहुत भावुक भी हो उठते हैं कि "मशीनों को गला कर नया रूप दिया जा सकता है, लेकिन मनुष्य और उसका जीवन?... उन लोगों का क्या होगा जिनका जीवन उस पुरानी तकनीक में ढल चुका था और वे उसके उतने ही आदी हो गये थे जितने बच्चे अपने माँ-बाप के हो जाते हैं?" चिन्ता वाजिब है, लेकिन इसके लिए परिवर्तन का चक्का रोक कर जीवन को जड़ तो नहीं किया जा सकता न! लेकिन शायद थक कर ठाली बैठना और वर्तमान पर अतीत को लाद कर बीते बरसों की जुगाली करना आम आदमी का शगल है। इसलिए एक जमाने में बहुत कामयाब फूड टैक्नोलॉजिस्ट हक्कू फई फूहड़ बुढ़िया में तब्दील हो जाती है, बम्बई सिटी बस सेवा के संस्थापक मुकादम बंधु हक्कू फई के दो अधपगले मरगिल्ले आशिक बन कर रह जाते हैं, और कभी नागपुर इम्प्रैस मिल की भट्ठियों के तापमान को नियन्त्रित करने वाले रोमिंगटन दस्तूर होशोहवास गँवा कर प्रेत तें रिड्यूस हो जाते हैं। ये तीनों उदाहरण वास्तव में सती की लाश को कन्धे पर ढोते शिव की हठधर्मिता के विस्तार हैं जो बदबू और सड़ांध के अलावा सृष्टि को कुछ

भी नहीं दे पाये थे। इस बिन्दु पर लेखक से अपेक्षा थी कि वे अपने पूर्वग्रह और पूर्वराग छोड़ कर स्थिति का तटस्थ विश्लेषण करते लेकिन 127 बरस पुरानी इम्प्रैस मिल की नीलामी और उसके स्थान पर बनने वाली मॉल उन्हें हतप्रभ कर जाती है। एक हठधर्मी अनुराग के साथ वे हजारों मजदूरों और आबनूसी लकड़ी के पालनों में पलने वाली नयी पीढ़ी के अँधियारे भविष्य के प्रति पाठकीय करुणा को उमड़ा देने का जतन करते हैं, लेकिन इस प्रक्रिया में भूल जाते हैं कि अनदेखे-अनपेक्षित आगत का सामना न कर सकने की हमारी अपनी भीरुता ही मोह का रूप लेकर हमें लुभाने लगती है। टेम्पटन जी यदि अपने उसी सजग-चौकन्ने भाव से पिता रोमिंगटन दस्तूर के साथ-साथ अपनी प्रतिक्रियाओं को पढ़ पाते तो देखते कि अब तक अर्जित सारा सैद्धांतिक ज्ञान पिता-पुत्र दोनों की ज़िन्दगी में खून और हवा बन कर शामिल नहीं हुआ है बल्कि एक बौद्धिक भंगिमा बन कर उन्हें स्वयं को विशिष्ट समझने का अहंकार देता रहा है। पाखंड और आत्मप्रवंचना की यह स्थिति अन्ततः उन्हें एक रोमांटिक इडियट में तब्दील कर देती है जहाँ "आग जलाने और उसे जलाये रखने से बड़ा मनुष्य का कोई कर्त्तव्य नहीं है" जैसे आप्तवचन अपनी अर्थगर्भिता खोकर एक रिचुअल बन जाते हैं और बन्द पड़ी मिल की चिमनी में रबड़ के लावारिस दस्ताने झोंक कर आग जलाये रखना जीवन की सबसे बड़ी सिद्धि। तब मुझे लगता है कि यह कहानी किसी एक समुदाय के क्रमशः हाशिए पर चले जाने या किसी मिल के बन्द हो जाने का शोकगीत नहीं है, मनुष्य को डिफाइन करने वाली ऊर्जा के निरन्तर क्षरित होते चले जाने का शोकगीत है जिस कारण जड़ता एक अड़ियल जिद के साथ नयी पैकेजिंग में आकर चेतना के चरित्र को लील लेती है और भविष्य की तरफ पीठ करके अतीत में जीने लगती है। अन्यथा क्या वजह है कि 'टावर ऑफ साइलेंस' कहानी संग्रह की कहानियाँ किसी एक पदार्थ की भौतिक मृत्यु के बाद नये जीवन के सृजन का प्रतीक नहीं बन पातीं? अलबत्ता ये कहानियाँ इस तथ्य की पुष्टि जरूर करती हैं कि गहरी जीवन दृष्टि, ऊर्जावान कर्मनिष्ठा और लगावभरी आशावादिता का अभाव फैंटेसी को दिवास्वप्न में विघटित कर देता है और मनुष्य को शेखचिल्ली में।

सांस्कृतिक राष्ट्रवाद और पत्थरों का खेल

किसी भी साहित्यिक रचना का एकल पाठ सम्भव नहीं। रचना के भीतर अपने समय की विडम्बनाओं और भविष्य की आहटों को बुनता रचनाकार स्वयं भी नहीं चाहता कि उसकी आकांक्षाओं और सपनों को महज उसी की कृति की हदबन्दी में रख-चिन कर पढ़ा जाये। वह तभी जड़ता का प्रतिरोधी हो पाता है जब देश-काल की सीमाओं का अतिक्रमण कर पाठक को साहित्यिक-सांस्कृतिक विरासत के गत्यात्मक संसार के भीतर प्रविष्ट करा सके। मैं 'पत्थर का खेल' कहानी पढ़ रही हूँ और कहानीकार एस. आर. हारनोट मेरे भीतर कड़वी-तीती स्मृतियों के कितने ही वातायन खोल देते हैं। खप्पर भर कर शत्रुओं का रक्त पीती काल भैरवी... दुःशासन के रक्त से अपने केशों को धोने के बाद बाल बाँधने का प्रण लेती अपमान से तिलमिलाती पांचाली... सती जैसी अमानुषिक प्रथा के विरोध में कमर कसते राजा राममोहन राय और उनके सारे प्रयासों को धता बता कर 160 वर्षों बाद देवराला में रूपकुंवर को जबरन सती करके 'सती-वंदना' करता आधुनिक समाज... गुवाहाटी के कामाख्या मन्दिर में दी जाने वाली नरबलि प्रथा की पृष्ठभूमि में रचित इंदिरा गोस्वामी का उपन्यास 'छिन्नमस्ता'... मुस्लिम देशों में जिना करने वाली स्त्रियों को बिना किसी सुनवाई के संगसार कर दिये जाने की बर्बर प्रथा.... और हमारे अधुनातन प्रगतिशील समाज में तेजी से जन-स्वीकृति पाती ऑनर किलिंग की घटनाएँ... फिर साम्प्रदायिक उन्माद के नाम पर अपनी रक्त-पिपासा को शान्त करती 1947, 1984, 2002 और 2013 की घटनाओं के अलावा मिर्चपुर-कनावनी-भगाणा कांड, नक्सलबाड़ी आन्दोलन और आतंकवाद तो हैं ही।

क्या रक्तरंजित खेल खेल कर ही संस्कृति जनमानस में अपनी जड़ें दूर तक जमा पाती है? मैं सोचती हूँ और निर्णय नहीं कर पाती कि कितने-कितने आयामों को एक साथ उतने ही सघन-संश्लिष्ट ढंग से विश्लेषण का मुद्दा बनाती कहानी 'पत्थर का खेल' के किस एक आयाम पर थम कर विचार करूँ। संस्कृति की आड़ लेकर धर्म का आडम्बरपूर्ण कर्मकांडी रुग्ण पक्ष जिस शातिर आक्रामकता के साथ अपने को ईश्वर, अवतार और उद्धारक के रूप में प्रस्तुत कर जन-स्वीकृति पाता है, वह किसी भी सुसंस्कृत प्रबुद्ध समाज के लिए घातक है। लेकिन 'अध्यात्म' के

घटाटोप में लिपटे पाखंड को बेनकाब करने का जुर्म कोई कैसे करे? संस्कृति व्यक्ति को मनुष्य के रूप में सिरजने का संस्कार है, और फिर अपने से भिन्न हर दूसरे को तमाम लौकिक-भौतिक भेद भुला कर मनुष्य के रूप में पहचानने की साधना। चूँकि परम्पराएँ समय के साथ नष्ट नहीं होतीं, बल्कि हर परिवर्तनशील पल के साथ अपने रूप को सुविधानुसार बदल कर वक़्त के भीतर मानीखेज हस्तक्षेप करने की ताकत रखती हैं, इसलिए एक-दूसरे के तालमेल में अपना उल्लू सीधा करते विकास और संस्कृति के मूल मन्तव्यों को जानना भी बेहद जरूरी हो जाता है। कहानी 'पत्थर का खेल' के ऊपरी खोल को चीर कर भीतर पहुँचने पर कम से कम मुझे तो यही लगा।

पहाड़ी संस्कृति के फ्रेम में हमारे वक़्त की बदनुमा सच्चाइयों को पिरोने का सामर्थ्य रखते हैं कहानीकार एस. आर. हारनोट। एक ओर भारतीय संस्कृति के स्थानिक वैशिष्ट्य के क्रमशः क्षरण का क्षोभ है उनमें तो दूसरी ओर विकास की दुहाई देकर केन्द्र को घेरने में लगी लम्पट-आपराधिक ताकतों की गिरोहबन्दी से मनुष्य-समाज को मुक्त करने की छटपटाहट भी। विघटनशील समय के बीचोबीच अपनी मजबूरियों, स्वार्थपरताओं, महत्वाकांक्षाओं और व्यावहारिक धूर्तताओं के साथ जीती युवा/अधेड़ पीढ़ी से ज्यादा उम्मीद नहीं है कथाकार को। वे मानते हैं कि एक असंलग्न दूरी के साथ पहले अपने वक़्त को जानना-गुनना जरूरी है, आदर्श और व्यवहार के बीच फैली खाई की विकरालता को समझने के लिए। तभी अपने को गिरने से बचाने के लिए जो कोशिशें की जायेंगी, वे लीपापोती नहीं, पुनर्निर्माण की भूमिका बनेंगी। इसलिए कैशोर्य और यौवन की वयःसंधि पर खड़ा आठवीं कक्षा का छात्र सीतु उनका नायक है जिसके पास अपनी दुधमुँही अबोधता और मासूमियत को पोसती आदर्शवादिता है तो किताबी ज्ञान को जीवन की रंगशाला में लँगड़ा-हाँफ कर दम तोड़ते देखने का खौफनाक यथार्थ बोध भी। परम्पराओं का दबाव नहीं, परम्परा का सहज ज्ञान सीतु को अपने वक़्त से काट कर पौराणिक/मिथकीय/ऐतिहासिक अतीत में स्थित नहीं करता, बल्कि उनकी प्रासंगिकता को आज की स्थितियों के बीच जाँचने की जरूरत पर बल देता है। मैं नादान उम्र के सीतु को परम्परा से टकराने के महत् दायित्व से जूझते देखती हूँ तो फौरी तौर पर 'यूटोपियन चरित्र' का तमगा देने के लिए हुलस उठती हूँ। लेकिन तर्कातीत फौरी प्रतिक्रियाएँ स्थिति और विचार का इकहरा और सपाट निदर्शन हुआ करती हैं। इसलिए कथागत समाज के समानान्तर कथा के बाहर फैले अपने समकालीन समाज-यथार्थ और समाज-मनोविज्ञान को परत दर परत छीलने लगती हूँ। और जब उन्हें अतीत और भविष्य के बीच फैले अखंड कालक्रम के साथ जोड़ती हूँ तो विडम्बनाएँ और उनके नीचे दबे आर्त्तनाद ही कहीं आगत को सिरजने के लिए क्रियाशील हो उठते हैं। न, सीतु महज एक बच्चा नहीं, एक छटपटाती संकल्पदृढ़ता और रचनात्मक स्वप्नशीलता का संघटित रूप है। मेरी स्मृतियों में वह स्वयं अकेला कहाँ उभरता है? उसके साथ है 'ईदगाह' (प्रेमचन्द) के

हामिद की दृढ़ता, हाजिरजवाबी और हौसला तो 'छोटा जादूगर' (जयशंकर प्रसाद) का आत्मविश्वास, कर्मनिष्ठा और सृजनात्मक ऊर्जा। इसलिए अकारण नहीं कि स्कूल की तंग परिधि में उठा सवाल – "मास्टर पाठ कुछ पढ़ाते-समझाते हैं और व्यवहार में कुछ और करते हैं"– घर में पिता की कारस्तानियों की जाँच करने लगता है और फिर एक दृढ़ असहमति में निर्णय तक पहुँचता है कि "आपस में लड़ कर या पत्थर मार कर सिर फोड़ना,...खून चढ़ाना ही तो तरीका नहीं है।"

हारनोट जी की विशेषता है कि वे तथाकथित आधुनिक सभ्यता की विसंगतियों को स्थूल मुद्दों में विघटित कर उन्हीं के चारों ओर घूमने का बौद्धिक प्रपंच नहीं रचते, बल्कि उनके मूल कारणों को मनुष्य की मनोवृत्तियों में ढूँढ़ने का आह्वान करते हैं। यह तय है कि कालाबद्ध समस्या को काल की जकड़न से मुक्त करते ही वह हवा और पानी की तरह सूक्ष्म और सर्वव्यापी हो उठती है। इसलिए अनायास नहीं कि उनकी हर उत्कृष्ट कहानी परम्परा और आधुनिकता को एक-दूसरे के बरक्स खड़ा कर प्रतीकों या रूपकों में व्यक्त आदिम मनोवृत्तियों को सामने ले आती है। 'पत्थर का खेल' में भी बात परम्परा के खेल की ही है जो एक ओर सती कर दी गयी रानी (स्त्री) की पूजा-अर्चना की महिमामंडक प्रवंचना से जुड़ी है तो दूसरी ओर मेला-संस्कृति के जरिए सामाजिक-सांस्कृतिक सौमनस्य बनाये रखने की अपील है। लेकिन निर्बल/हीन को जबरन मार कर पूज्य बना दी जाने वाली बर्बरता को 'सांस्कृतिक महानता' के मुखौटे तले कैसे ढाँपा जा सकता है? क्या यह बर्बरता अपने आप हिंसा के जघन्य चित्रों को उकेरने नहीं लगती जहाँ उत्पीड़क और उत्पीड़ित, दबंग और दीन दो वर्गों के रूप में उभर आते हैं? यह बर्बरता अपना 'मनुष-चेहरा' तराशने के लिए जिस संस्कृति को गढ़ती है, वहाँ न बहुलतावादी स्वर हैं, न मृत्यु से पूर्व तिल-तिल मरते प्रतिपक्षी मृतक के क्रन्दन की सुनवाई। हैं तो पूरे परिदृश्य को विजयी पक्ष के उन्माद और हुंकार से 'खुशनुमा' बनाने की कोशिशें। जाहिर है परम्परा के साथ-साथ चले आ रहे ये सवाल आज तक अनुत्तरित (और अदृश्य भी) हैं कि "क्यों नहीं आत्मदाह करने से बचाया होगा किसी ने उस रानी को? कि क्यों उसके बाद बलि जैसी घिनौनी प्रथाएँ निभती रही होंगी?" अलबत्ता जस्टीफिकेशन की कोशिशों में अपने को निरन्तर उदार और 'मानुष्य' दिखाते रहने के सौ-सौ चोंचले कि अमानुषिक नर-बलि प्रथा को समाप्त कर हमने भैंसा-बलि की प्रथा शुरू की... फिर भैंसे को जीवन-दान देने की आकांक्षा के चलते उसका कान काट कर रक्त-बूँदों से देवी माँ के अभिषेक की प्रथा... और अब वह भी नहीं। आपसी सौहार्द को मजबूत करने के लिए 'पत्थर का खेल' खेलते खिलाड़ियों में से किसी एक के जख्मी होते ही उसके खून की बूँदों से देवी की रक्त-पिपासा की शान्ति का आयोजन! प्रत्युत्तर में पत्थर की तरह उछल कर एक भी सवाल कभी इतिहास की सांस्कृतिक चेतना पर नहीं टकराया कि क्या सचमुच देवियाँ रक्त-पिपासु हैं?

या अपनी रक्त-पिपासा (वर्चस्ववाद की स्थूल अभिव्यक्ति) को शान्त करने के लिए सवर्ण-सम्भ्रान्त व्यक्ति द्वारा रची गयी संरचनाएँ हैं वे? न, असुविधाजनक सवालों से बचता है इंसान! इतिहास! परम्पराएँ! लीपापोती उसके 'सम्भ्रान्त', 'उदार-सहिष्णु' व्यक्तित्व को रचने के लिए कसीदाकारी करती चलती है। इसलिए पत्थर का खेल रक्तरंजित, उग्र, आक्रामक रूप लेकर लोगों की सांस्कृतिक स्मृतियों में नहीं अँटता, वह सहिष्णुता और समन्वय का प्रतीक बनता है कि "पत्थर एक-दूसरे पर निशाना साध कर नहीं मारे जाते। उन्हें ऊँचाई में आसमान की तरफ फेंका जाता है ताकि वे धीमी रफ्तार से गिरें।" फिर भी यदि कोई सिरफिरा परम्परा को 'युद्ध' के रूप में देखना ही चाहे तो ऐसे दुराग्रही को तवज्जो ही क्यों दी जाये?

एस. आर. हारनोट तंज के साथ इस मासूमियत में छिपी हठधर्मिता को बेनकाब करते हैं। वे तथाकथित 'संस्कृति के पहरेदारों' के क्रियाकलापों को परत दर परत खोलते चलते हैं और मैं उन्हें परम्परा में निहित वक़्त के साथ जोड़ कर हर देश-काल के समानधर्मी बर्बर यथार्थ के रूप में अनूदित करती चलती हूँ। मैं देख रही हूँ कि वर्तमान से बेदखल कर दिये गये दादा सीतु की ताकत और प्रेरणा स्रोत हैं। वह उसके सामने आचरण और विचार की शुद्धता के प्रतीक रूप में आते हैं और मेरे सामने छुआछूत के बहाने अपनी श्रेष्ठता ग्रन्थि को पोसते एक अहम्मन्य सवर्ण पुरुष के रूप में। वे आज्ञाकारी बेटे को मृत्योपरान्त विरासत में गद्दी देने के हिमायती हैं; महत्वाकांक्षी विद्रोही बेटे द्वारा गद्दी हथिया लेने की जुर्रत उन्हें भारतीय परम्परा का विरोध लगती है। अपने-अपने 'मैं' के साथ तन कर खड़े बाप-बेटे कहानी में एक-दूसरे का विलोम रचते हैं, लेकिन उनकी आत्मपरक एकांगी दृष्टि मुझे उन्हें एक दूसरे का विस्तार समझने का निमन्त्रण देती है। दादा के हित एक ठस्स समय में जीते युग-यथार्थ को जड़वत् बनाये रखने के यथास्थितिवादी कौशल में निहित हैं। इसलिए दलितों, स्त्रियों और मुस्लिमों के दोहन-शोषण के सारे प्रकरण उन्हें दीखते तक नहीं। या दीखते भी हैं तो आनुषंगिक रूप में जहाँ चीयर्स लीडर्स की तरह सहकारी भूमिका निभाते हुए वे अपने चेहरों को नहीं, मुखौटों को लेकर रंगमंच पर रटे-रटाये संवादों के साथ अवतरित होते हैं। जैसे पत्थर का खेल खेलते हुए सहाबुद्दीन मनियारी या उसके परिवार का सदा जोकर की भूमिका में आना और तीन दलित स्त्रियों द्वारा आँचल लहराते हुए खेल समाप्ति की घोषणा करना या फिर ब्राह्मणों-ठाकुरों के बीच भीड़ के अंग-उपांग रूप में अन्य वर्णों के लोगों की मौजूदगी। इस 'सहकारी संस्कृति' के बरक्स मुँह चिढ़ाता यह मारक तथ्य मौजूद है कि हर गाँव की बसावट में जातीय-संरचना का पैटर्न समान है। ब्राह्मणों-ठाकुरों के घर एक ओर हैं तो दलितों के विपरीत दिशा में। दोनों तरह की बसावटों में मुसलमानों की बस्तियाँ अलग हैं। अलबत्ता बाजार में जाति व्यवस्था और मजहबी पहचान के बन्धन ढीले पड़ने लगते हैं। शायद इसलिए कि यहाँ पूर्वनिर्मित संरचनाएँ नहीं,

मुद्रा (पैसा) ही किसी के रसूख और वर्चस्व को बनाती है। हारनोट की खासियत है कि अलगाव के इस विषमतावादी दर्शन की पहुँच को वे इल्म और तहजीब की दुनिया में भी देख सके हैं। सीतु चकित है और हारनोट चिंतित कि "अब स्कूल में भी बच्चे साथ-साथ नहीं रहते। ऊँची जातियों के बच्चों के साथ दूसरी जातियों के बच्चे खेलने से डरते हैं। निचली जातियों में भी कई टोलियाँ हैं। दिन के खाने में बिरादरी देख कर बैठती हैं। सीतु को भी उसके पिता ने कितनी बार डाँट-डपट दिया है कि वह इन बाहर के बच्चों के साथ न खेला करे। उन्हें ज्यादा मलाल मुसलमान के बच्चों के साथ खेलने में है।"

सीतु के जरिए दादा के प्रति तमाम सहानुभूति संकेन्द्रित करते हुए भी कहानीकार दादा को एक ऐसे अकारथ व्यक्ति के रूप में गढ़ते हैं जिसके पास अनुभव की भारी गठरी के बावजूद विवेकसम्मत विश्लेषणधर्मी आँख नहीं है। वह ज्यादा से ज्यादा 'ज्यों की त्यों धर दीनी चदरिया' जैसी गूढ़ व्यंजनाओं के फूहड़ पाठ की फूहड़ व्याख्या हैं, लेकिन विडम्बना है कि सफेद बालों की रंगत के बल पर प्रश्नसंकुल संक्रमणशील वक़्त की दिशाओं को जाँचने का अंपायर बन बैठे हैं। यहाँ यह समझ लेना बेहद जरूरी है कि पिता जैसे लोग खलनायक बन कर अचानक किसी शून्य से नहीं आते, दादा की ही वैचारिक क्षुद्रताओं और वर्चस्ववादी महत्वाकांक्षाओं का मुखर रूप लेकर क्रमशः उभरते हैं। सीतु के ज्योमैट्री बॉक्स के उपकरणों का अचानक त्रिशूलधारी भगवा कुर्तों और बन्दूकधारी मुस्लिम टोपियों का रूप लेकर उभरना धर्मोन्माद की जिस घिनौनी सच्चाई को सामने लाता है, वह सदियों के सांस्कृतिक समन्वय को एक विक्षिप्त धर्मोपदेशक की हुंकार से तहस-नहस करना सम्भव नहीं। नफरत की फसल एक ही दिन में लहलहाने नहीं लगती। यह स्वीकारना होगा कि अलग होने/कर दिये जाने का बोध अपनी स्थिति को पहले श्रेष्ठता दंभ के सहारे विशिष्ट बनाता है, फिर खिसियाहट को नफरत के सहारे हिंसा का रूप देता है, और फिर हिंसा को न्यायसंगत धर्मपरायण रूप देने के लिए सांस्कृतिक संरचनाओं की पुनर्निर्मिति करने लगता है। फर्क यह है कि अपने-अपने द्वीपों में कैद दादा जैसी पीढ़ी टकराव की स्थिति को बचाते हुए दमन को सौमनस्य के रूप में अभिषिक्त करती रही और पिता सरीखी उन्मादी पीढ़ी इस मुखौटे को चीर कर निर्लज्जतापूर्वक आर-पार की लड़ाई में आ जुटी है। सीतु के पास पीढ़ियों और मनोवृत्तियों के अन्तःविकास के सूत्रों को विलेषित करने की समझ नहीं, इसलिए उसके सामने पिता ही 'असत्' का प्रतीक बन कर वक़्त को प्रदूषित और संस्कृति को विनष्ट करती संहारक आसुरी शक्ति के रूप में अवतरित होते हैं। फिलहाल वह नहीं जानता कि गौमूत्र/गंगाजल छिड़क कर हर अशुद्धि को शुद्ध करती दादा की श्रेष्ठता ग्रन्थि के तार एक ओर यदि मन्दिरों में दलितों के प्रवेश को निषिद्ध करती धर्माज्ञा से जुड़े हैं और मैला ढोने के काम को दलितों द्वारा

स्वेच्छा से अपनाया गया 'आध्यात्मिक सुख' की संज्ञा देते हैं तो दूसरी ओर श्रेष्ठ नस्ल को बचाने के ईश-प्रदत्त नैतिक दायित्व में हिटलर-मुसोलिनी को अपना आदर्श मानने लगते हैं। "दादा के नियम कड़े हैं", सीतु जानता है, लेकिन विडम्बना है कि इस जानकारी में दादा के नियमों की स्वीकृति है, पड़ताल नहीं। सीतु के पिता भी तो अपने अबोध बचपन से दादा की इस 'कड़ी साधना' के प्रति मोहग्रस्त रहे होंगे, और फिर जब यौवन का उबलता खून उछाल मारने लगा होगा तो दादा की निष्क्रियता तिलमिलाने लगी होगी। अपनी सहजात अन्तःवृत्तियों (Intutive power) से परिचालित सीतु अल्पज्ञान के साथ उस मोड़ पर खड़ा है जहाँ उसे समझ लेना है कि दादा के भीतर स्थित फ्यूडल लार्ड उर्वर स्थितियाँ पाते ही पिता की तरह फासिस्ट बनने की राह पर निकल पड़ता है।

दरअसल विशुद्ध राजनीतिक चेतना से अनुप्राणित यह कहानी पाठक से आज के विघटनशील परिदृश्य में एक नागरिक के तौर पर सकारात्मक हस्तक्षेप की मांग करती है। हारनोट पाठक को चेता देना चाहते हैं कि विकास और सांस्कृतिक-राष्ट्रवाद का झुनझुना बजा कर कोई भी उसके विवेक और कर्मठता को बन्धक नहीं बना सकता। बल्कि जब-जब ऐसी हरकतें होंगी, वह दूनी ताकत से प्रतिरोध करता हुआ समय-चेतना को उसकी संकीर्णताओं से मुक्त करने का बीड़ा उठाएगा। हारनोट तथाकथित विकास की अवधारणा को प्रश्नचिन्हित ही नहीं करते, उसके भीतर छिपी सांस्कृतिक ह्रास की प्रतिगामी लहरों को भी रेखांकित करते हैं। वे भीत हैं कि विकास आंधी की तरह भौतिक जगत को (दुः) प्रभावित कर रहा है। गाँव कस्बों में और कस्बे शहरों में तब्दील होते जा रहे हैं। लम्बी-चौड़ी सड़कों के संजाल ने खेतों को उनकी मेड़ों में दुबका दिया है और झोंपड़ियों में आसरा लेती बड़ी आबादी का रैन बसेरा फुटपाथों को बना दिया है। मन्दिरों की इमारतें जिस अनुपात में भव्य से भव्यतर होती जा रही हैं, उसी अनुपात में उनका हरा-भरा परिसर सिकुड़ता जा रहा है। मॉल संस्कृति ने मेलों को लील लिया है, लेकिन धर्म के अनुशासन में बँधे मेले साल में एकाध बार लगते भी हैं तो अपने पारम्परिक व्यक्तित्व को खोकर एक नयी धज के साथ, मानो मॉल संस्कृति को ही गले लगा लेना चाहते हैं। "मन्यारियों की जगह तरह-तरह के जुआघर हैं जिनमें बच्चों से लेकर जवानों और बूढ़ों तक के खेलने के लिए अलग-अलग खेल शामिल हैं। गुब्बारों, छुनछुनों और काँच की गोलियों की जगह वीडियो गेमों की भारी भरकम मशीनों को सजाया गया है... तरह-तरह की बन्दूकें हैं जो बटन दबाते ही आग उगलने लगती हैं।... उतराऊ कपड़ों का एक लम्बा बाजार भी लगाया गया है... लोकरीति निभाने की गरज से राजा की टोली के साथ जो ढोलिया, नगाड़ची और शहनाइया है, वे उनके मध्य बजा तो जरूर रहे हैं, लेकिन बैंड और अंग्रेजी बाजे के बीच उनकी स्थिति मेमनों जैसी हो गयी है। वे मुश्किल से एक किनारे खड़े होकर अपने साजों को बजा तो

रहे हैं, लेकिन उनका मीठा और पारम्परिक संगीत अंग्रेजी बाजों के शोर में शून्य हो गया है।" यानी स्पीड और ग्लैमर ने एक बदहवास चौंधियाहट से सबको ऐसा आक्रान्त कर लिया है कि अपने आप से भी गुफ्तगू करने का अवकाश नहीं। विकास आँधी में उड़ जाने की निस्सहायता का नाम नहीं। विकास एक विवेकशील मजबूती के साथ समय के चरित्र को सिरजने का दायित्व है। चूँकि अपनी मनुष्यता को विवेक के दर्पण में निहारने की लम्हा भर फुर्सत भी नहीं इंसान के पास, इसलिए हर उमड़ती-टेरती लहर के साथ उसका हैवान बन जाना तय है। अकारण नहीं कि बदहवासी के इस जड़ घटाटोप में कहानीकार विकास के भीतर छिपे विनाश को उसकी समूची विकरालता के साथ देख जाते हैं। विकास जब पोशाक की तरह नग्न वास्तविकताओं को ढाँपने के लिए आता है, तब वह विनाश के सर्वग्राही दलदल के विस्तार और गहराई को विशालतर कर चुका होता है। पिता के भीतरी बदलाव को सीतु ने पहले-पहल पोशाक के रूप में ही तो चीन्हा था। पिता भी दादा की तरह देवता के 'दीवां' हैं, लेकिन पोशाक दादा से बिल्कुल अलग– "वे (पिता) अब ज्यादातर साधुनुमा कुरता पहनते हैं, जिसके नीचे जींस पहनी होती है। गले में उसी रंग का पटका सा लटकाये रहते हैं जिसमें जगह-जगह फूल छपे होते हैं।" फिर 'पिता के कुरते जैसे झंडे', 'नुकीली चोंच वाली लोहे की छड़ें' (त्रिशूल), बांस के मोटे डंडे और बन्दूकों का दिखाई देना... और पर्व को प्रतिशोध का अवसर बना देना... कुछ भी तो अविश्वसनीय नहीं रहता। हारनोट की खूबी है कि वे पोशाक को धर्म और आधुनिकता के फ्यूजन का प्रतीक बना कर पाखंड को विघटनशील ताकतों की अन्तःशक्ति का रूप देते हैं। यह वह स्थल है जहाँ से पतन की रपटीली ढलान शुरू होती है; धर्म सुविधानुसार कभी अफीम का नशा बन जाता है, कभी शिकार करने के लिए फेंका गया 'चारा'। परम्पराएँ हाँका लगाने का निमित्त भर बन जाती हैं और लोग तेज रफ्तार गाड़ी के नीचे चिंचिया कर दम तोड़ते पिल्लों सरीखे। 'जीत की भूख' षड्यन्त्र और हिंसा की तैयारियों को फौजी अनुशासन और निष्ठा से गरिमामय बना देती है। ऐसे में गुपचुप खेल/युद्ध के नियम बदल जायें (याद कीजिए जॉर्ज ऑरवैल का उपन्यास 'द एनिमल फार्म') और पत्थर का खेल खेलने के लिए आमने-सामने डटी टोलियाँ अपने सहकारी/सेकुलर चरित्र को भूल जातिगत समीकरणों के आधार पर दबंग बनाम दलित मोर्चा या हिन्दू बनाम मुस्लिम मोर्चा का रूप ले लें तो हिंसक उन्माद हैवानियत का तांडव नृत्य करेगा ही। दूर खड़े रह कर स्थितियों का निःसंग विश्लेषण करना एक बात है, और विश्लेषणप्रसूत संहारक परिणामों को रोकने के लिए आग के दरिया में कूद जाना बिल्कुल दूसरी बात। अपने-अपने सुरक्षित बाड़े में कैद होकर दूसरों को नसीहत देना एक अन्य तरह की हिंसक सांस्कृतिक प्रवंचना है जो निष्क्रियता, स्वार्थपरता और असम्पृक्त होने के बुद्धिजीवी दम्भ में अपनी 'श्रेष्ठता' को खोजने-जताने की व्यग्र विकलता में बखूबी

देखी जा सकती है। यह वह स्थिति है जहाँ अल्पज्ञान विशिष्ट ज्ञान का हठ पाल कर आत्मालोचन के सारे रास्ते बन्द कर देता है और सक्रियता से घिरी कर्मनिष्ठा जुबानी जमा-खर्च पर आकर थम जाती है। न, हारनोट को वक़्त से जूझने और वक़्त को गढ़ने के लिए ऐसी आत्मरतिग्रस्त बौद्धिक वर्कफोर्स की जरूरत नहीं। वे जानते हैं, मनुष्य रहे न रहे, सृष्टि के विकास-क्रम को अखंड अनवरतता के साथ जीता वक़्त निरन्तर गतिमान रहता है, जैसे टूट कर गिरे उल्कापिंड के अंश के ठंडा होने और मनुष्य की उत्पत्ति से पूर्व सृजन की प्रक्रिया जारी रही। मनुष्य के लिए वक़्त बेशकीमती धरोहर है, वक़्त के लिए वक़्त की सवारी गाँठता मनुष्य; वरना जड़ से उखड़ी हर शै को उड़ा कर नेस्तनाबूद करने में वह जरा भी देर नहीं लगाता। सर्जक, नागरिक और मनुष्य होने के नाते कथाकार की चिन्ताएँ भी तिहरी हैं, और मनुष्य को बचा ले जाने की जिद भी तीन गुणा ज्यादा मजबूत। अबोध सीतु उन्हें अपने पिता और दादा की परम्परा से अलग नज़र आता है। वह संवेदनशील है, तर्कशील है, विवेकवान है और गजब का ऑब्जर्वर भी। सारी इन्द्रियों को चौकस रखते हुए वक़्त की नब्ज को पल भर के लिए भी उँगलियों से छूटने नहीं देता। जिस तरह से निशाना लगा कर फेंके गये पत्थर आसमान में मधुमक्खियों या खतरनाक भिड़ों की तरह उड़ रहे हैं, उससे कोई सन्देह नहीं कि खेल को झगड़ा, झगड़े को आगजनी और मारकाट तक ले आना ही इस समूचे आयोजन की मंशा है। मैं यहाँ एक बार फिर सीतु के सवाल और दादा के जवाब के आर-पार पूरी कहानी और परम्परा को देख लेना चाहती हूँ कि "दादा, ये मेला बन्द नहीं हो सकता?... मतलब दादा, मेले में जो एक-दूसरे पर पत्थर फेंकने का खेल होता है, वह बन्द नहीं हो सकता?"

"अरे नहीं बेटा। यही तो इस मेले की जान है... रिवाजों को कोई तोड़ सकता है क्या? ये कोई बच्चों का खेल नहीं है रे सीतु! फिर तेरी-मेरी बात कौन सुनेगा? अब देख मेरी उम्र सतहत्तर पार होने लगी है। जब से होश सँभाला है, कभी यह मेला और वह पत्थर का भेड़ बन्द नहीं हुआ।"

छटपटाहट... और यथास्थितिवाद को पोसती विवशता! एक ओर उदग्र दायित्व बोध तो दूसरी ओर शुतुरमुर्गी कांइंयापन। मैं सोचती हूँ अनिर्णय, आतंक और रचनात्मक छटपटाहट की प्रसव वेदना के इस चिरपरिचित बिन्दु पर कहानीकार ने कहानी समाप्त क्यों नहीं की? क्या उन्हें सह-सर्जक पाठक की मेधा/सृजनशीलता पर इतना विश्वास नहीं था कि लेखक की उँगली छोड़ कर वह नितान्त अकेले लेखक की सुचिंतित परिणति तक पहुँच सके? या वे कहीं मानते हैं कि वही रचनाकार ऐन डिलीवरी के क्षण पलायन करता है जो कहीं स्वीकारता है कि उसकी अन्तर्दृष्टि तमाम गत्यात्मकता के बावजूद बाँझ है? सीतु के कन्धों पर दायित्व की पोटली और आँख में सपनों की लहलहाती फसल रोप कर वे उसे महासंग्राम में उतारते हैं— सिर पर कफन बाँध कर। मस्ती का आलम यह कि वह कबीर का चेला नहीं, कबीर बन

जाता है—पिता की नफरत और हिंसा को अपनी सहिष्णुता और नैतिक ताकत के साथ जीतता हुआ; परम्परा के पहियों पर घूमती संस्कृति की बन्द किताब में परिवर्तन का एक नया अध्याय जोड़ता हुआ। सीतु यूटोपिया है; अनुभव, तर्क, संवाद और व्यवहार के सहारे अपने संवेदनात्मक ज्ञान को निरन्तर समृद्ध करती मनुष्य की प्रेरणा! हारनोट संस्कृति को नहीं, मनुष्य को बचाने की बात करते हैं, क्योंकि मानते हैं कि आध्यात्मिक रहस्यवाद, लोकाचार और कर्मकांडी पाखंड से मुक्त होते ही संस्कृति जब आश्रय के रूप में विवेक और संवेदना को पाती है तो अपने को मनुष्य रूप में ही प्रतिष्ठित करती है। दरअसल यह कहानी अपनी आकांक्षाओं को ऊर्ध्व रूप देने और अन्तर्निहित सम्भावनाओं को खँगालने की ज्योतिर्मयी कथा है।

पुनश्च : कहानी के भीतर कहर की विभीषिका बुनता सत्ता, धर्म और पूँजी का गठबन्धन कहानी के बाहर और भी विध्वंसकारी ढंग से सक्रिय है। दादा, पिता और सीतु इन्हीं तीन भूमिकाओं में बँटा है हमारा समाज, इस विडम्बना के साथ कि सीतु को खोजने के लिए एड़ी चींटी का जोर लगाना पड़ता है। लेकिन सीतु के बिना क्या स्थिति से परित्राण सम्भव है? और सीतु की खोज अपने से बाहर क्यों? सीतु तो हर पल जन्म लेने को आतुर है। बस, डिलीवरी के उस आखिरी पल उसकी आँख में आँख डाल मुस्करा भर दीजिए।

अँधेरे तहखानों में छिपे आलोक वृत्त उर्फ सह-सर्जक पाठक संग संलाप

"उसी आवाज में आज भी वही कहती है बार-बार। तलब किसी को नहीं छोड़ती न? हिम्मत नहीं होती न? अपनी ही तलब से ज़िन्दगी भर का डर! अब तो सब देना-पावना चुक गया। अब भी नहीं तो फिर कब?" (अर्चना वर्मा, राजपाट तथा अन्य कहानियाँ, पृ. 56)

बैठे-बैठे अचानक ख़्याल आया कि आचार्य भरत मुनि ने अपने प्रसिद्ध ग्रन्थ 'नाट्यशास्त्र' में नाटक और रंगमंच के विविध अंगों-उपांगों पर बात करते हुए दर्शक की भूमिका पर क्यों विचार किया? विचार किया सो ठीक, लेकिन 'सहृदय' विशेषण देकर अच्छी कृति के मूल्यांकन की कसौटियों की तरह अच्छे दर्शक के निर्धारण की कसौटियाँ क्यों बनायीं? इन कसौटियों को गढ़ने के जुनून में क्या वे भूल गये कि नाटक की सार्थकता मंचन में है और मंचन का अस्तित्व दर्शक की उपस्थिति में? दर्शक सुरुचिपूर्ण लक्ष्मीसम्पन्न सम्भ्रान्त व्यक्ति हो या कुरुचिपूर्ण कदाचारी ऐरा गैरा नत्थू खैरा – टिकट लेकर दोनों जब थिएटर पहुँचते हैं तो अपनी भीतरी-बाहरी असमानताओं के बावजूद दर्शक हैं। चूँकि नाटक दोनों को समान रूप से सम्बोधित है, इसलिए नाट्य कृति की वस्तु और पात्रों के साथ तादात्मीकरण करते हुए दोनों को रसास्वादन की प्रक्रिया को भी समान भाव से जीना है जो आत्मसाक्षात्कार तथा आत्मपरिष्कार के सोपानों से होते हुए औदात्य की भावभूमि तक पहुँचाती है। मैं हठात् यहाँ थम जाती हूँ क्योंकि ठीक इसी स्थल पर मुझे अपने सारे सवाल बेमानी और बचकाने लगने लगे हैं। हाँ, ठीक कहते हैं भरत मुनि, पैसे और पहुँच के बल पर टिकट (पात्रता) जुटा लेने वाला हर व्यक्ति दर्शक नहीं हो सकता। दर्शक चूँकि रची हुई कृति का पुनर्रचनाकार (भाष्यकार नहीं) है—सृजन कर्म का साझीदार, इसलिए उसे 'स-हृदय' (कितनी व्यंजनाएँ छिपी हैं इस एक विशेषण में! और कितना गहरा दायित्व बोध जो विशेषण को संज्ञा बना कर निरन्तर मुस्तैद रखता है!) होना ही होगा। साहित्य-पम्परपरा और साहित्य-रूढ़ियों के बुनियादी ज्ञान से लेकर अपनी जड़ताओं (इसे आप व्यक्तिगत पूर्वाग्रह भी कह सकते हैं) का अतिक्रमण कर सकने वाली विवेकशील

अन्तर्दृष्टि से सम्पन्न होने की अर्हता अर्जित किये बिना वह सृजन कर्म की टेक को उस बिन्दु से उठा कार आगे नहीं बढ़ पायेगा जिस बिन्दु पर टिका कर रचनाकार स्वयं नेपथ्य में चला गया है। हाँ, वहीं खड़ा-खड़ा पगुराता रहे तो बात अलग है।

अविच्छिन्न सी दीखने वाली इस चर्चा को मैं सप्रयोजन विस्तार दे रही हूँ। माना जाता है कि हर तरह का पाठक —सुपढ़/अधपढ़/ कुपढ़, ऊबा/अघाया, सुस्त/चौकन्ना —वक़्त काटने के लिए हाथ आयी किसी भी कथा-पुस्तक को पढ़ने और उस पर अपनी आधिकारिक राय देने का अधिकारी है। यह पाठक को प्रौढ़ और परिपक्व मानने की खामख्याली है या कथालोचना के मानदंडों की अनुपस्थिति के कारण उपजी अराजक स्थिति, कहना कठिन है। लेकिन इतना तय है कि गहरी अर्थव्यंजनाओं और यथार्थ की संश्लिष्ट परतों के सहारे कितने ही अचीन्हे रहस्यों को खोलता कथा साहित्य संवाद के लिए एक अदद 'सहृदय' की बाट जोहता रहता है। खासतौर पर मुख्यधारा से बाहर हाशिए के क्रन्दन और हौसले को लेकर रचा गया साहित्य जो एक ओर अपनी अनूठी (तुर्श?) गूँज के कारण मुख्यधारा के परम्परागत 'सहृदय' की संस्कारग्रस्तता और 'सुरुचि' को ठेस पहुँचाता है तो दूसरी ओर नसैनी लगा कर किसी अमूर्त आकाश में टँगे अमूर्त औदात्य को छू कर लौट आने की आदत को फटकारता है। इसके बदले वह उसे अंगुल दर अंगुल अपनी शख्सियत को नाप-जाँच कर अपने से बाहर निकलना और अपने जैसे अन्यों से जुड़ना सिखाता है। औदात्य किसी अबूझ गुमान में ऊपर उठ कर इठलाना नहीं, सतह पर छिन्न-भिन्न छितराई इकाइयों से जुड़ना और फिर सबके समवेत बल के सहारे एक निर्दिष्ट दिशा की ओर बहेलिए के जाल को उड़ा ले जाना है। इसके लिए चिड़िया होना-न होना जरूरी नहीं, जरूरी है बहेलिए के आतंक से अपने प्राण और अस्मिता को बचाने के प्रयास में तिनका-तिनका जीवन जुटाती चिड़िया की व्यग्रता में छिपी दृढ़ता और जिजीविषा को समझना। अर्चना वर्मा की कहानियाँ पढ़ते हुए मैं अनायास उन सारे सवालों (जो वक़्त के इतिहास में अब तक आरोपों की तरह दर्ज किये जा चुके है) का जवाब पा चुकी हूँ कि क्यों स्त्री विमर्श को गाली और मजाक की तरह लेकर समाज-सृजन के एक गहरे सरोकार को हवा में उड़ा दिया जाता है? मैं आगबबूला होने-होने को होती हूँ कि कक्षाओं में पढ़ाई जाने वाली रसिक शिरोमणि शृंगारराज विद्यापति-बिहारियों की पंक्तियाँ स्मृति में कौंध जाती हैं। वाह-वाह करते दरबारियों, और सहपाठिनों के शरीर में टक लगा कर उस 'कामिनी' को ढूँढ़ते नयी पीढ़ी के होनहारों को देखती हूँ तो शर्म, अपमान और क्रोध से ज्वालामुखी के ढेर पर जा बैठती हूँ— किसी भी जाहिल औरत की तरह कोसने कोसती हुई। यह आत्मघाती क्रोध विनाश का कारण हो सकता था, लेकिन मैं इसे संज्ञान का बिन्दु बना कर सहेज लेती हूँ। अपनी प्रतिक्रियाओं के अक्स में दूसरे को देखने पर समझदारी भरी सकारात्मक दृष्टि जग ही जाया करती है। मैं जान जाती हूँ कि संवाद की सबसे

ज्यादा जरूरत तो प्रतिपक्षी से ही होती है – सम्प्रेषण को सम्भव कर सकने वाले सेंसटाइज़ेशन का पुल बनाने के लिए।

बेशक यही वह बिन्दु है जो मुझे अर्चना वर्मा की कहानियों से जोड़ता है। कभी भाव की एक दुर्निवार लहर पात्र के भीतर जिए जा रहे जीवन का अविभाज्य हिस्सा बनाती है तो कभी भीतर-भीतर रमते हुए भी एक निःसंग दूरी के साथ उन्हें कार्य-कारण शृंखला में बूझना सिखाती है। स्वयं रचयिता भी तो भोक्ता और द्रष्टा की परस्पर विरुद्ध भूमिकाओं को वक़्त के एक लमहे में जीते हुए वक़्त को रचने का संस्कार दिये जा रही हैं—अपने पात्रों को, अपने 'सहृदय' पाठकों को। वे जानती हैं आनन्द और कष्ट के ताने-बाने से बुने गये सृजन का दायित्व बहुत बाद की चीज है; और हाँक कर चलाने की क्रिया भी नहीं। यह अनायास प्रस्फुटित हो जाने वाली नैसर्गिकता है। इसलिए सेंसटाइज़ेशन की प्रक्रिया (क्या इसे नाट्यालोचन की शब्दावली में आस्वाद की प्रक्रिया न माना जाये जहाँ चेतना के बन्द कपाट जब झपाटे से खुलते हैं तो संघर्ष-संकुल पूरी कायनात की गति, ऊर्जा और आशा को अपने में समो लेना चाहते हैं?) को कथा-सृजन का अनिवार्य अंग मानते हुए इसे ही एक दुरुस्त मुस्तैदी के साथ रचती हैं। तब 'सहृदय' का अर्थ सह-सर्जक होना ही तो हो जाता है – रचना के बहाने अपने और समाज के अन्तःसम्बन्ध और मनोविज्ञान को नई दृष्टि से देखना—समृद्ध होते हुए, व्याकुल होते हुए।

अर्चना वर्मा की कहानियाँ यदि एक तल्लीन दायित्व बोध के साथ स्त्री विमर्श की सैद्धांतिकी को भारतीय सन्दर्भ में गढ़ती हैं तो दूसरी ओर उतनी ही दृढ़ आतुरता के साथ स्त्री विमर्श के संग जोड़ दी गयी कुछ भ्रामक संरचनाओं को भी निरस्त करती हैं। भ्रम के कुहासे में गहरा कर स्त्री विमर्श को गाली का रूप देती इन मिथ्या संरचनाओं में मैं दो – जेंडर सेंसिटाइज़ेशन और देह विमर्श – पर बात करना चाहूँगी। जेंडर सेंसिटाइज़ेशन का अर्थ है स्त्री-पुरुष की जैविक संरचना को लिंगाधारित सामाजिक-सांस्कृतिक अर्थच्छवियों से मुक्त कर एक जेंडर न्यूट्रल समाज की रचना करना जहाँ स्त्री-पुरुष दोनों की बुनियादी पहचान मनुष्य के रूप में है। इस वांछित समाज की रचना स्त्री-पुरुष दोनों के सहयोग के बिना सम्भव नहीं क्योंकि दोनों उत्पीड़ित-उत्पीड़क होने के बावजूद लिंगाधारित सामाजिक-सांस्कृतिक अर्थच्छवियों से न केवल परिचालित होते हैं, बल्कि अपने पूर्वाभ्यास और पारम्परिक माइंड सैट के कारण किसी भी तरह के बदलाव की आशंका मात्र से एक साझी ताकत के साथ प्रतिरोध में तन कर खड़े हो जाते हैं। जेंडर सेंसिटाइज़ेशन चूँकि सोशल कंडीशनिंग के खिलाफ छेड़ी गयी वैचारिक मुहिम है, इसलिए मान लिया जाता है कि जेंडर सेंसिटाइज़ेशन जैसी अवधारणा पुरुष को 'बर्बर' मानते हुए उसे स्त्री का अपराधी घोषित/स्थापित करने का आन्दोलन है। जेंडर सेंसिटाइज़ेशन की यह भ्रामक व्याख्या द्वेष और घृणा की दीवारें गहरा कर स्त्री-पुरुष को पहले से भी ज्यादा दो 'विधर्मी'

प्रतिपक्षियों में बाँट देती है, किसी से छिपा नहीं है। यह व्याख्या कहीं इस सरलीकृत निष्कर्षात्मकता से निष्पन्न है कि सारे मर्द मूलतः क्रूर और लम्पट हैं, और सारी स्त्रियाँ अनिवार्यतः त्रस्त और निरीह। यही कारण है कि चुटकलों में ही सही, पति की कुटाई के लिए बेलन का 'सदुपयोग' करती स्त्री और 'औरत औरत की दुश्मन है' जैसी उक्तियों का प्रसार कर पत्नी-भीत पुरुष की बेचारगी और 'गधेपन' के कसीदे काढ़े जाते हैं। जाहिर है ठीक इसी वजह से स्त्री रचित साहित्य में अपनी 'शैतान' छवि पा पुरुष-पाठक बौखलाकर स्त्री विमर्श को गरियाने लगता है या फिर अपने बाड़े में बन्द रोती-धुँआती 'सती' स्त्रियों की समर्पित कातरता पर सौ जान निछावर होकर उसे दूनी सहानुभूति से सींचने लगता है। अलबत्ता दूसरी कोटि के इस साहित्य को वह 'स्त्री विमर्श' के दायरे से बाहर खींच भी ले आता है और सीता-सावित्री की महिमामंडित भारतीय परम्परा में रख 'सनातन साहित्य' से भी जोड़ देता है। उल्लेखनीय है कि अस्मितामूलक साहित्य को 'खंडित एवं एकांगी अभिव्यक्ति' का खिताब देकर कला और भाव दोनों स्तरों पर सनातन और सम्पूर्ण कहे जाने वाले पारम्परिक साहित्य के औदात्य के क्षरण का दोषी भी माना जाता है। बेशक अर्चना वर्मा मानती हैं कि जेंडर सेंसिटाइज़ेशन का अर्थ है पुरुष द्वारा स्त्री की अस्मिता को सम्मान देना, लेकिन इससे पहले वे यह ज्यादा प्रखरता से मानती हैं कि स्त्री को स्वयं अपनी अस्मिता को चीन्हना और आत्मसम्मान के भाव के साथ प्रदीप्त करना होगा क्योंकि "आदत ही धीरे-धीरे खून में जज्ब होती है और खुद आदमी बन जाती है।" जाहिर है अर्चना वर्मा के यहाँ जेंडर सेंसिटाइज़ेशन कोई 'सरमन' (धर्मोपदेश) या जुमलेबाजी नहीं है, आत्मोपलब्धि की धीर गम्भीर क्रमिक अन्तर्यात्रा है जो मन के तहखानों में बसे अँधेरों से जूझती है, और उन्हें बुहार कर परे फेंकते ही पाती है कि एक बड़े से आलोक-वृत्त ने भीतर के समूचे वीराने को जगरमगर कर दिया है। "खुद बँधी बैठी रहेगी तो दूसरे को भी तो चंगुल में रखना ही चाहेगी"—जड़ता में सेडेस्टिक प्लेज़र पाना एक बात है, और सत्ता विमर्श की बारीक रणनीतियों की जड़ता को अपने भीतर देख कर थर्रा जाना दूसरी बात। इसलिए ये कहानियाँ सबसे पहले आत्मसाक्षात्कार की कहानियाँ हैं—पुरुष से अलग स्त्री नामक जीव मात्र के आत्मसाक्षात्कार की नहीं, स्त्री और पुरुष—एक अखंड मनुष्य—के आत्मसाक्षात्कार की कहानियाँ। कहानियों में बेशक स्त्री ही नैरेटर या केन्द्रीय पात्र के रूप में उभर कर सामने आयी है और सम्बन्धों की संरचना की पड़ताल करते हुए वह निःसंग ईमानदारी के साथ सिक्के के दोनों पहलुओं को उलट-पलट कर देखती है, लेकिन अपने को बचाने के लिए कहीं भी मिथ्या अभियोग लगाने की धूर्तता उसमें नहीं है। इसलिए ये कहानियाँ ज्यादा कन्विन्सिंग हैं और लैंगिक संरचना को बेमानी सिद्ध करते हुए ह्यूमन सेंसिटाइज़ेशन की बात करती हैं। सच में, क्या एक लम्बे दाम्पत्य जीवन के बाद पुरुष ही पत्नी की मनोकांक्षाओं से अपरिचित रहता है? पति की

'चाकरी' में जीवन नष्ट कर देने का 'रोना' रोती स्त्री क्या सचमुच पति के मन को पढ़ने के लिए एक कदम भी आगे बढ़ पाती है? क्या सच यह नहीं कि 'ब्याह रूपी लड्डू जो खाय सो पछताय, न खाय सो पछताय' जैसी कहावतों को गिरह-गाँठ में बाँध कर 'लड्डू' खिलाने के 'अपराधी' उस दूसरे को पटकनी देने का अखाड़ा बन जाता है दाम्पत्य सम्बन्ध? और अपनी-अपनी घुटन को शहादत का नाम देकर 'वीरगति' पाना जीवन का परम सुख?

अर्चना वर्मा सम्बन्धों के विघटन या यांत्रिकता की कहानियाँ नहीं लिखतीं; विघटन या यांत्रिकता के लिए उत्तरदायी कारणों की तलाश में मन के समंदर में गहरे उतर जाती हैं। तब उनके संग-संग भीतर की गहराइयों को थहाती सुलभा ('शिकायत') पाती है कि अपनी-अपनी भूमिकाओं को एक शालीन मर्यादा और उदारता के साथ जीने वाले ससुराल के उस प्रांगण में शिकायत की कोई वजह नहीं, लेकिन फिर भी कुछ सुलगता-खौलता सा रहता है भीतर; कि साँसों को अवरुद्ध कर देने वाले गुबार को शान्त करने के लिए शिकायतें पालना लाजिमी हो जाता है– कभी सास के विरुद्ध, कभी बहू के विरुद्ध; कि इफरात के बीचोबीच अभावों-असुविधाओं और आँसुओं की दुनिया रच कर वह अपनी अस्मिता को नहीं, खोखले अभिमान को बचाती रही है। सुलभा नहीं जानती, सुलभा की रचयिता जानती है कि जैनेन्द्र और शरच्चन्द्र की नायिकाओं का अनुगमन करते हुए हिन्दी साहित्य योजनाबद्ध तरीके से आत्मदमन और आत्मपीड़न के सहारे अपने वजूद को कुतर कर आदर्श स्त्री का खिताब पाती स्त्री-छवि को जनमानस में प्रतिष्ठित करता रहा है। इसलिए अपनी अकिंचनता पर अभिमान करती राजलक्ष्मियों-सावित्रियों या सुनीताओं-मृणालों को नहीं, सुलभा और आभा 'अब यहाँ कोई नहीं रहता' को रचती हैं जो सतह पर जी गयी ज़िन्दगी के समानान्तर भीतर की गहराइयों में धड़कती ज़िन्दगी को भी सदियों की उम्र पाकर जीती हैं और जान जाती हैं कि 'बरसों का जकड़न का अभ्यास' स्त्री और पुरुष दोनों को रूढ़ छवियों का निर्जीव साँचा भर बना रहा है; कि अपेक्षाओं और निष्क्रियताओं को पाल कर स्त्री-पुरुष दोनों न अपने को खोलते हैं और न दूसरे को खोलने के लिए "अपनी ओर से हाथ बढ़ाने की हिम्मत" करते हैं। नहीं, करुणा और सहानुभूति देकर वे जड़ता का सेलिब्रेशन नहीं करेंगी। यदि ऐसा किया तो सर्जक होने का सन्तोष कैसे अर्जित हो पायेगा? इसलिए आश्चर्य नहीं कि अपने ही सवाल –"ऐसा आखिर क्या था सास जी के पास जो उसके पास नहीं? देह के बावजूद नहीं कि सुधाकर को बाँध पाती। माँ होने के बावजूद नहीं कि राजू को बाँध पाती?" – के साथ जवाब के तौर पर सुलभा मुक्त-सम्मानित-सन्तुष्ट सास के सारे रहस्यों को पा लेती है, और स्वयं अतीत की तलहटी में जुगनू की तरह दिपदिपाते उस एक पल की स्मृति को जी लेती है जब सात बरस के वैवाहिक जीवन के बाद पहली बार उसे अपना 'मनचाहा' बनाने/करने का निर्देशपुष्ट अधिकार मिला। मारे खुशी के

वह कमरा भर के अल्पना आँकती जरूर है, लेकिन इसके बाद अपने आह्लाद को दिशा और उठान नहीं दे पाती। हाँ, वह जानती है आह्लाद का कारण! स्पेस पाना उसकी तमन्ना रहा है लेकिन अनन्त स्पेस को जीवन के कलरव से भरना वह नहीं जानती। उसके पंखों में मुर्गे जितनी उड़ान भरने की फड़फड़ाहट है, शायद इसीलिए किसी दूसरे को सुदूर आसमान में ऊँची उड़ान भरते देख बौखला जाती है; मारे दुख और ईर्ष्या के उसके पंखों को नोच डालने की फिक्र में दुबलाती चलती है। संज्ञान के इस पल में पाठक सुलभा का अवसाद और पश्चात्ताप ही नहीं देखता, कहानी दर कहानी संवेदना पगी अन्तर्यात्रा करता हुआ जान लेता है कि उड़ान सीख लेने पर डंक मारने की इच्छा से महरूम हो जाता है मनुष्य। ठीक इसी स्थल पर जब स्मृति में अज्ञेय की पंक्ति – साँप, तुम सभ्य तो नहीं हुए – कौंध जाती है तो अनेक अर्थव्यंजनाओं से चमत्कृत और पानी-पानी होता हुआ वह अपने भीतर 'पंख' और 'डंक' के अनुपात का जायजा लेने लगता है। उदात्तीकरण की ओर ले जाने वाली डगर यहीं कहीं से शुरू होती है।

कहने की बात नहीं कि जीवन के प्रति कहानी और उपन्यास की एप्रोच और प्रयोजन में बुनियादी फर्क है। पात्रों का जमावड़ा, आकार की पृथुलता, घटनाओं की बहुलता और एक समग्र-गहन दृष्टि से समय-समाज को थहाने की व्याकुलता – कहानी से अलग उपन्यास के स्ट्रक्चर को सिद्ध करने के लिए इन विशेषताओं को गिनाना जरा भी कठिन नहीं। लेकिन कभी-कभी काल की नोक में बँधी घटनाविहीन कहानियाँ एक अर्थगझिन संश्लिष्टता के साथ देश-काल की जटिलताओं को उजागर भी करने लगती हैं; और सिर्फ उजागर नहीं, एक मंत्रविद्ध बेचैनी के साथ पाठक से संवेदना के सहारे उन्हें रच कर जीने का आग्रह भी करती हैं। अज्ञेय की 'गैंग्रीन', यशपाल की 'करवा का व्रत' और जैनेन्द्र की 'पत्नी' कहानी को मैं ऐसी ही औपन्यासिक कहानियों की कोटि में रखना चाहूँगी जो अपनी घुटी चुप्पियों की जुबान से धर्मशास्त्रों और सांस्कृतिक संरचनाओं पर कशाघात करती पंडिता रमाबाई, ताराबाई शिंदे, अज्ञात हिन्दू महिला की फुँफकार को शब्दबद्ध करती हैं तो स्त्री को स्त्री बनाई जाने वाली दीक्षाओं को सीमोन द बउवार के शब्दों में प्रश्नांकित करने लगती हैं। अलग-अलग घटनाओं-पात्रों के साथ अलग-अलग कहानियाँ रचने के बावजूद अमूमन हर रचनाकार संवेदना में लिपटी अपनी बुनियादी व्यग्रताओं को बार-बार हर रचना में दोहराता है – मानो अपने ही सवालों और द्वन्द्वों के साथ मुठभेड़ करते हुए अपने को खोजने की जुगत कर रहा हो। अर्चना वर्मा की कहानियों में यह औपन्यासिक तत्त्व भरपूर है–इतना कि 'बँध कर बैठी' सुलभा का अवसाद आभा के सन्दर्भ में विश्लेषण का एक और कोण पाता है तो बन्धन को मूल्य बना कर इठलाती 'त्योहार' और 'राजपाट' कहानियों की कुलवधुओं को देख कर सिर धुनने लगता है। लेकिन रपटीली ढलान पर क्या सिर्फ ये दोनों स्त्रियाँ ही दीखती हैं?

उनके संग उसी भदेस भोग में संलिप्त उनके सहचर नहीं? और कि भोग में 'सुख' ढूँढ़ने का भ्रम आखिर कितना चलेगा? क्या यौवन का ज्वार उतरते ही आभा और अखिलेश का जीवन-सत्य उनका अपना 'सच' नहीं हो जायेगा जहाँ अखिलेश के लिए घर लौटना यन्त्रणा बन जाता है और आभा के लिए घर में उसकी उपस्थिति को सहना? जाहिर है इसीलिए मुझे 'भरम', 'त्योहार', 'अब यहाँ कोई नहीं रहता' और 'शिकायत' कहानियाँ एक ही संवेदना के विस्तार की कहानियाँ लगती हैं जो थ्री डी इफेक्ट के साथ पात्रों, घटनाओं, मानसिकताओं और परिणतियों को एक-दूसरे से अलगाने और जोड़ने वाले अन्तःसूत्रों को चाक्षुष हलचलों द्वारा उकेरती हैं। बहुत आसान है स्त्री-पाठक के लिए आभा के साथ तादात्मीकृत करना– एक निरर्थक अनुत्पादक व्यस्तता में अपनी ही परिधि पर अविराम घूमती आभा की यन्त्रणा और व्यथा को समझना जो मादाम बावेरी और शालिनी (मृदुला गर्ग की कहानी 'तुक' की नायिका) तक एक लम्बा सफर तय करने के बाद भी बरकरार है। जाहिर है जज की कुर्सी पर बैठ कर वह कठघरे में आभा को नहीं, अखिलेश को खड़ा करेगी। पुरुष-पाठक की पाठ-प्रक्रिया इससे भिन्न हो सकती है। घर में दो घड़ी चैन से न बैठने देने वाली आभा की चिड़चिड़ाहट से संत्रस्त अखिलेश उसे कहीं अपना-सा लग सकता है; पढ़ते-पढ़ते कहीं अहं भाव सहल भी जाता है कि अवसादग्रस्त पत्नी को व्यस्त रहने की रचनात्मक सलाह देकर (यानी कढ़ाई-बुनाई, कुकिंग-पेंटिंग वगैरह या कोई क्लास/क्रच आदि खोलना) या उसे खुश रखने के प्रयास में तोहफे देकर वह एक जिम्मेदार पति के फर्ज बखूबी निभा रहा है। यकीनन उसकी अदालत के कठघरे में आभा है। लेकिन जीवन अदालत का खेल तो नहीं। और सम्बन्ध सजा भोगने/देने का प्लेटफार्म। इसलिए अर्चना वर्मा की कहानियाँ ऐसे पाठक को सम्बोधित हैं जो अपनी लैंगिक पहचान (जाहिर है इसमें संस्कार और रूढ़ भूमिका प्रदत्त दम्भ शामिल हैं) भुला कर परकाया प्रवेश सम्भव कर सके। तब क्या उसे दोनों की व्यथा और अवसाद का मूल कारण एक ही दिखाई नहीं देगा–एक-दूसरे को फॉर ग्रांटेड/अ-महत्त्वपूर्ण समझने का भाव? एक ऐसी आत्मप्रवचंना जो एक-दूसरे को ठगने और उस 'सच' को मक्कारी से ढाँपने के लिए समर्पित दम्पती के स्वांग का रूप ले लेती है। अखिलेश की आत्मस्वीकृति क्या विवाह संस्था (पति-पत्नी) का सच नहीं? "असल खूबसूरती तो इस दिखावे में थी, ख़याल सचमुच न भी रह पाता हो तो क्या। बल्कि उसके बाद उन्हें लगने तो यही लगा कि जैसे-जैसे उनके ये प्रयत्न ज्यादा नियमित, निष्प्रयास और अभ्यस्त होते जा रहे हैं, वैसे-वैसे आभा की जगह उनके ख़्यालों से कम होती जा रही है। जैसे कोई काम पूरा करके अलग रख देने के बाद छुटकारा सा मिल जाता है।" यह आत्मप्रवंचना एक ऐसा सुरक्षा कवच है जो सम्बन्ध के टिकाऊ बने रहने की निश्चिन्तता तो देता है, लेकिन साथ ही सम्बन्ध को लुब्रीकेट करते रहने के लिए अपने आप को नित नवा बनाने की कला से भी

वंचित कर देता है। क्या निष्कवच व्यक्ति अधिक 'मनुष्य' नहीं?

अर्चना वर्मा की खासियत है कि स्त्री के अवसाद के मूल में उसकी निष्क्रियता और विचारशून्यता के सच को उकेरने के बाद वे उसे अँधेरों से निकलने के लिए जूझते हुए दिखाती हैं। छोटे बच्चों और असम्बद्ध व्यस्तताओं से खदबदाते घर से आँख बचा कर दो घड़ी को बाहर निकल कर भागी आभा ने भैंरो मन्दिर के द्वार पर प्रसाद के रूप में मदिरा पायी है—एक बिल्कुल अप्रत्याशित निर्बन्ध दुनिया; बिल्कुल अलग जीवन-शैली और आचार-संहिता के साथ। घर के बन्द कपाटों के भीतर वह इस दुनिया की भनक तक नहीं पा सकती थी, लेकिन साक्षात्कार कर लेने के बाद भी क्या खुद इसे स्वीकार कर सकी है? सवाल समाज-भय का नहीं, अपने को मुक्त करने में आड़े आने वाले भीतरी निषेधों से लड़ने का है, क्योंकि बाहर से आकर कोई दूसरा नहीं बाँधता। इसलिए अपने ही हाथों से अपने बन्धनों को खोलना है और भीतर का रस खुद पीना है; "किसी दूसरे के ओठों के बिना वह कैसे पिया जायेगा, इसका रास्ता खोजना है, बस।"

विज़न और दृढ़ता के बिना आत्मसाक्षात्कार को मुक्ति-पर्व में पर्यवसित नहीं किया जा सकता। ऊपर उठने के लिए गुरुत्वाकर्षण की जकड़ को काटना ही पड़ता है। चूँकि कहानियाँ स्त्री को केन्द्र में लेकर रची गयी हैं, और स्त्री के कोने-अन्तरों की पड़ताल कर उसकी बेबसी और छटपटाहट को सतह पर लाया गया है, इसलिए लग सकता है कि जकड़ी हुई सिर्फ स्त्री है; पुरुष कर्त्ता और स्वावलम्बी होने के कारण मुक्त है और ग्रन्थिहीन भी। 'त्योहार' कहानी में अर्चना वर्मा मुक्ति के रंग-रूप और आकार-प्रकार को भी चीन्ह लेना चाहती हैं। साथ ही इस सवाल को भी कि क्या स्त्री और पुरुष के लिए मुक्ति का अर्थ एक ही है? क्या अवैध सम्बन्धों को जीते लम्पट पति से अलग हो जाना मुक्ति है—इस दर्प के साथ जुड़ी आत्मसार्थकता से दिपदिपाते हुए कि स्वाभिमान को बनाये रखने के लिए अपने बूते जमाने भर की कुटिलताओं से जंग जीती है उसने? या मुक्ति का अर्थ एक ऐसी नयी पीढ़ी को रचना है जो अपने से परे दूसरों के संग अपनापा जोड़ने की हार्दिकता अर्जित कर सके? मुक्ति ऐश और आर्थिक आत्मनिर्भरता में अभिव्यक्त होती है? या घर फूँक तमाशा देखने की मनोवृत्ति में? सोलह साल की कच्ची उम्र में कुछ माह के शिशु को गोद में लेकर पतिगृह को अलविदा कह देने वाली नैरेटर यदि सैल्फ मेड होने के दंभ में इतराना चाहे तो कुछ गलत भी नहीं। जवान-अफसर बेटा उसके संघर्ष की जीती-जागती मिसाल है और एक प्राध्यापक के रूप में उसका अपना रुतबा क्या ज़रा भी कम है? तब सफलता के मद को च्यूइंगम की तरह क्यों न चुभलाए वह? आभा और सुलभा से अलग अपनी एक कोटि बनाती स्त्रियाँ गिनती में विरल ही होती हैं। लेकिन अर्चना वर्मा अवसाद की तरह अभिमान को भी ज्यादा देर तक टिकने नहीं देतीं। अचानक रसभंग की स्थिति से उपजा कोई उखड़ा-उजड़ा

पल...और चकरघिन्नी की तरह गोल-गोल घूमता-घुमाता वक़्त – स्मृतियों के साथ, सपनों के साथ, कभी पीछे लौटाता, कभी फलक छू लेने को उमड़ता। पुरुष (पति) से मुक्त होकर पुरुष (पुत्र) को अपने जीवनाभिमान और सफलता की कसौटी बनाती नैरेटर! मुक्ति के हिंडोले से कूद कर जेल की सुरक्षित दीवारों में सिमट जाने का उपक्रम नहीं यह? बेटा जगन अंकल का नाम उछाल कर प्यार की भाषा में ब्लैकमेलिंग कर रहा है और बेटे का बेटा अपने अबोध बचपन में पितृसत्तात्मक व्यवस्था के सच को प्रौढ़ भंगिमा में व्यावहारिक रूप दे रहा है कि "आवाज देते-देते गला फट गया, सुनाई नहीं देता? बहरी हो या कानों में रूई घुसेड़ रखी है?" चाहे तो छाती कूट स्यापा कर सकती है कि संघर्ष का यही सिला मिला उसे कि बेटा माँ की शिक्षा-दीक्षा को 'कवायद परेड' कह कर परे सरका दे और बेटे का बेटा 'मर्द' होने के गुमान में छोटी बहन को अकारण-सकारण टँगड़ी मार कर गिरा दे? चाहे तो आत्मभर्त्सना से अपने को छलनी करते चले जाने का 'सुख' पा सकती है कि "उनका बेटा!! यह!!! इत्मीनान के सिवा और किसी मुद्रा में कभी दिखता ही नहीं। तृप्त, सन्तुष्ट, आत्मलीन। कीचड़ में लोटता सूअर!" अपने को विशिष्ट दिखाने के प्रयास में एक हिकारत भरे दम्भ के साथ दूसरे को फटकारते-रौंदते हुए भी हम उसे कस कर अपनी मुट्ठी में लिए साथ चलते ही रहते हैं। ऐसे में क्या "रास्ता यहाँ से अलग होता है" का उद्घोष कर बेटे से अलग भीड़ से छिटकी अपनी दुनिया में प्रविष्ट कर जाना जरा भी अप्रत्याशित नहीं? तो फिर मुक्ति कहाँ है? जगन के संग एन जी ओ चलाने में और पीड़िता लड़कियों के कल्याण के लिए अपनी सारी जमा-पूँजी लगाने में? नहीं, यह व्यस्तता का सकारात्मक उपक्रम है, और समझने की बात यह है कि घुटन और जकड़न में सर्जनात्मकता भी दम तोड़ देती है। मुक्ति वैचारिक औदार्य, सहिष्णुता, प्रेम, क्षमाशीलता और आत्मविस्तार के रंग-रेशों से बुनी कोई शै है जो दूसरों के भीतर अपने 'मैं' को चीन्हना सिखाती है। इसलिए मुक्त होने के प्रयास में नैरेटर पाती है कि वात्सल्य को मोह का नागपाश मान वे अपने को ही छलती रही हैं, वरना रक्षक या सनद रूप में बेटे की उपस्थिति को समय रहते चीन्ह न लेतीं? बेटा अन्त तक रहा तो स्नेह का पात्र, जिम्मेदारी का पात्र। अलबत्ता मुक्त तो वे उस दिन हुईं जब जगन के साथ सख्य के गहरे रिश्ते में बंध कर उन्होंने अपने भीतर की बंजर ज़मीन में हरियाली के सोते फूटते देखे; और जाना कि एक के प्रति अपरिमित घृणा पूरी जाति के प्रति नफरत का उबाल नहीं बन सकती; कि एक बार छले जाने का अर्थ ज़िन्दगी भर दूसरों की नेकनीयती पर शक करने का वीज़ा नहीं है। जगन के जरिए उन्होंने अपने को मुक्त किया है और बदले में दोनों के आसमान को अथाह विस्तार और अनन्त ऊँचाई से भर दिया है। "सारी चिन्ताओं, आशाओं, दुराशाओं की साझीदारी का ऐसा रिश्ता जो क्षण भर को भी उन्हें अपने औरत होने के अहसास के प्रति चौकन्ना, बोझिल या क्षुब्ध नहीं

बनाता; उन्हें सहज मन से सिर्फ होने देता है।" (पृ. 83) अर्चना वर्मा जगन के रूप में स्त्री के चिर काम्य सहचर को रचती हैं। यह सहचर द्रौपदी और कृष्ण के सख्य भाव के स्मरण के साथ-साथ सुभद्राकुमारी चौहान की कहानियों की स्मृतिरेखाओं को जहाँ-तहाँ आलोकित करने के उपरान्त एक निस्तब्ध उसाँस के साथ मातबर सिंह (भरम) और शशिकान्त (जोकर) को विलोम रूप में भी रच देता है।

अर्चना वर्मा की कहानियाँ स्त्री विमर्श के रूढ़ एवं संकुचित अर्थ में नयी व्यंजनाएँ भर कर उनका अर्थ विस्तार करती हैं। ये कहानियाँ मूलतः स्त्री (और पुरुष दोनों यानी मनुष्यमात्र) के सम्मान की कहानियाँ हैं—सम्मान की पात्रता अर्जित करने, बाँट कर सम्मान का विस्तार करने, और महिमामंडन के दिखावे से विच्छिन्न कर सम्मान को संवाद और विश्वास के तंतुओं में विन्यस्त करने की कहानियाँ। दरअसल पाखंड और दोगलापन—दोनों से सख्त चिढ़ है लेखिका को। इसलिए शशिकान्त मृत्यु के इतने बरस बाद भी देह पर रेंगते कीड़े की जुगुप्सा भरी स्मृतियों से अधिक कोई और रूप नहीं ले पाता मिसेज शशिकान्त वर्मा की चेतना में। हाँ, वह जी-जान से पति की समाज-कल्याण चिन्ताओं और उनके सबूत स्वरूप 'मातृका' के दफ्तर को ग्लोरीफाई करने का जतन करती है, लेकिन तय नहीं कर पाती कि बलात्कार का असफल प्रयास करता फोटोग्राफर ज्यादा घिनौना है या 'सब कुछ' माफ कर देने के बड़प्पन में बिंध कर उसकी देह की पोर-पोर में फोटोग्राफर के स्पर्श की टोह लेता शशिकान्त। पाखंड की ज़मीन पर आत्मपीड़न और आत्मगोपन के साथ-साथ आत्मानादर और अविश्वास की फसल ही तो लहलहाएगी। तब कैसा संवाद? और कैसा साहचर्य? हादसे सम्बन्धों की प्रगाढ़ता को विरल कर दें तो जान लेना चाहिए कि सम्बन्ध वहाँ थे ही नहीं। थीं तो ढोंग की मजबूरियाँ या ढोंग की अभ्यस्त चर्याएँ।

लेखिका जानती हैं कि संश्लिष्ट होने की वजह से उनकी कहानियाँ बहुपरती और अर्थगर्भित हैं। त्वरित पाठ के जरिए उन्हें समझा नहीं जा सकता। वे वैचारिक चौकन्नेपन और एकाग्रता की माँग करती हैं—ठीक मुक्तिबोध की कहानियों की तरह। अपनी मिठास और तरलता को छिपा कर बेहद कठोर और अनाकर्षक रूप में स्वयं को प्रस्तुत करते जटाजूटधारी नारियल की तरह ये कहानियाँ भी स्वयं को आकर्षक पैकेजिंग में बाँध कर तुरत-फुरत पाठक की दुलारी-प्यारी होने के लोभ में डगमगाती-फिसलती नहीं। लेखिका जानती हैं कि पाट चौड़ा और गहराई अपेक्षा से कुछ ज्यादा ही हो तो नदी सपाट मैदान में निर्बाध धीर-प्रशान्त गति से ही बहती है। इसलिए विलंबित लय में विश्लेषण और मनन के लिए वे पात्रों को भरपूर स्पेस देती हैं—भाँय-भाँय करते आतंक भरे निर्जन सन्नाटे से बुना एकान्त, जहाँ आकांक्षाओं और दुर्बलताओं में गुँथे अपने अन्तर्विरोधों से दो-चार होने की दरकार है तो व्यवस्था के षड्यंत्रों को समझ कर अपनी भागीदारी कबूलने की शर्म भी। घटनाबहुलता अर्चना वर्मा की कहानियों में नहीं, ठीक वैसे ही जैसे तेज गति से दौड़ते वक़्त और समाज

के बीचोबीच किंचित ठहरी और घटनाविहीन ज़िन्दगी जीता है इंसान – अमूमन हर नये दिन पुरानी दिनचर्या को दोहराते हुए। घटनाविहीनता घटना के न होने की संकेतक नहीं, ज़िन्दगी के साथ रागात्मक सम्बन्ध विकसित न कर पाने की अक्षमता से उत्पन्न ट्रेजेडी है क्योंकि जीवन अवसाद या भोग में डूब कर सड़ता नहीं, सड़ने की क्रमिक प्रक्रिया में अपनी अन्तःशक्तियों को बटोर कर मुठभेड़ को जीवन दर्शन बना लेता है। मुठभेड़ बाहर और/या भीतर शून्य को पछाड़ कर जब अपने और जगत को प्यार करने की ताकत देती है, तब हर पल दायित्व और कर्म की हजार व्यस्तताओं के साथ हलचल भरा एक पूरा जीवन जी लेता है। 'जोकर' और 'नेपथ्य' की कहानियों का शिल्प इसीलिए तो 'शिकायत', 'अब यहाँ कोई नहीं रहता', और किसी सीमा तक 'त्योहार' कहानियों के ठहरे गतिहीन शिल्प से भिन्न है। बेशक सृजन के लिए गति और स्फूर्ति जरूरी है, लेकिन उससे पहले मन को थहाने के लिए अकेलेपन को सृजनधर्मी एकान्त में तब्दील करने का सकारात्मक विवेक भी। इसलिए जहाँ 'त्योहार', 'शिकायत' और 'अब यहाँ कोई नहीं रहता' की भीतरी परतों तक में धँसा आत्मालोचन इन्हें अकेलेपन, कशमकश और सन्नाटे की घटनाविहीन कहानियाँ बनाता है, वहीं 'जोकर' और 'नेपथ्य' में नियोजित घटना बहुलता अतिरिक्त वाचालता के सहारे अतिरिक्त ऊर्जा, अतिरिक्त आक्रोश और अतिरिक्त सृजनधर्मी सक्रियताओं को सतह पर लाती हैं, मानो लक्ष्य निर्धारण कर लेने के बाद अब उसे पा लेने की आखिरी लड़ाई ही शेष बची हो। 'जोकर' और 'नेपथ्य' बेशक पहले पाठ में मुग्ध कर देने वाली कहानियाँ हैं, लेकिन मैं इन्हें स्ट्रक्चर्ड कहानियाँ कहना अधिक पसन्द करूँगी। या फिर बड़बोली कहानियाँ मानो पात्र योजना से लेकर वस्तु, प्रयोजन, दृष्टि और प्रभाव सब पहले से ही तय कर लिए गये हों। बस, एक कुशल रंगनिर्देशक की तरह उन्हें मंच पर अभिनीत करना बाकी हो। बेशक स्त्री विमर्श के सारे सवालों और सरोकारों की पड़ताल यहाँ खूब हुई है– अस्तित्वसंकट, अस्मिता की लड़ाई से लेकर सशक्तीकरण के हौसलों और निर्णय क्षमता तक। इसके लिए तर्कसंगत वैज्ञानिक पद्धति का जम कर उपयोग हुआ है–ऑब्जर्वेशन (पर्यवेक्षण), परीक्षण (वैरीफिकेशन), तुलनात्मक अध्ययन, रणनीति का निर्माण और क्रियान्वयन। 'नेपथ्य' कहानी मन में दबी ऐतिहासिक चेतना और सामन्ती वृत्तियों का विखंडन करती है; रूढ़ छवियों को पारम्परिक अर्थों और पूर्वाग्रहों से मुक्त कर हर देश-काल में ठहरे एक से राजनीतिक-सांस्कृतिक दबावों को देशकालातीत बनाती है और हाशिए के आर्त्तनाद को अस्मिता की लड़ाई का विचारोत्तेजक रूप देती है। तब कहानी कालिदासीय 'अभिज्ञानशाकुन्तल' से कन्नी काट कर प्रेम-विरह-मिलन की शृंगारिक रचना नहीं रहती, स्त्री का उपयोग कर कूटनीति के सहारे अपने वर्चस्व को बचाती पुरुष-व्यवस्था की बानगी बन जाती है। प्रसिद्ध इतिहासकार रोमिला थापर के शकुन्तलाविषयक विश्लेषण का स्मरण कराती यह कहानी स्त्री सशक्तीकरण का

आख्यान ही नहीं करती, स्त्री द्वारा इतिहास, वर्तमान और भविष्य स्वयं लिखने की जरूरत को भी उकेरती है। वक़्त को 'नागरिक' की तरह जीने और वक़्त के सच को लिखने की यही मुस्तैदी 'जोकर' में भी है जो 'नेपथ्य' की तुलना में जटिल है और अर्थव्यंजक भी। यहाँ स्त्रियाँ देह के द्वार पर पुरुष द्वारा अनादृत अवश्य हुई हैं, लेकिन पुरुष-संरचनाओं द्वारा पराजित नहीं। घटनाओं का जाल भीतर के संशयों और विचलनों की तरह बेतरह उलझा है; वर्तुलाकार भी जो बार-बार हर दिशा से यात्रा तय करने के बावजूद डैड एंड पर ही जाकर खत्म होता है। स्त्रियाँ, स्त्री-देह पर किया जाने वाला यौन उत्पीड़न, और यन्त्रणा की कसक – सब बिल्कुल एक सा – इतिहास की जड़ता और आवृत्ति को जीता हुआ। लेखिका जानती हैं कि घटनाओं का जंगल पाठक के ध्यान को बाँध भले ही ले, स्वयं कहानी को वहीं कहीं भटकता छोड़ कर दिशाहीनता में विघटित हो सकता है। जाहिर है कहानी को दिशा देने के लिए एक और घटना की नियोजना व्यर्थ है। इसलिए अर्चना वर्मा कहानी के विन्यास को पूरी तरह पलट देती हैं। बलात्कार की मुख्य कथा गौण बन जाती है, और मुख्य कथा बन जाती है आदिवासी कबीले की डायन सरीखी तंत्र-साधिका तुलसा द्वारा की गयी तंत्र साधना में नैरेटर की भागीदारी और किसी कल्पित शत्रु के दरवाजे पर आटे का पुतला रख उसे मटियामेट कर देने की भौतिक अभिलाषा। एक-एक लहर मिल कर जिस तरह प्रभाव को सघन करते हुए भँवर में तब्दील होती है और बलात्कार के मनोवैज्ञानिक-सांस्कृतिक सन्दर्भों को विश्लेषित करते हुए आटे के पुतले यानी कल्पित शत्रु को 'डर' और फिर डर को जोकर का रूप देकर उसे अपनी ही कुंदजहनी के दरवाजे पर रखने की तजवीज की जाती है, वह कहानी को स्त्री मुक्ति की अभिलाषा से पहले पाठक से स्त्री के प्रति सम्मान की आदत पाल लेने का आग्रह करती है।

बेशक बड़बोलापन कालजयी साहित्य का लक्षण नहीं माना जाता, लेकिन अस्मिता की लड़ाइयों में हथियार के रूप में उसकी उपयोगिता से इंकार भी नहीं किया जा सकता। अर्चना वर्मा इसे बखूबी जानती हैं और अपने चारों ओर उगे स्त्री द्वेष को भी। दिग्भ्रमित अनैतिक स्त्री (जो असल में ठीक पुरुष जैसा उच्छृंखल जीवन जीने की हिमायती है) को लक्षित कर स्त्री मुक्ति सन्दर्भों को देह विमर्श का पर्याय बना देने वाली वर्चस्ववादी कूटनीतियों से वे खूब परिचित हैं। सिर्फ पुरुष क्यों, बराबर की दोषी स्त्री भी है जो देह को अन्तिम मान कर इसके पार देखने की दृष्टि ही अर्जित नहीं कर पाती। इसलिए वे 'जोकर' में चपला बनाम सुगन्धा प्रकरण की नियोजना करती हैं। चपला यानी क्षणांश की एक कौंध यानी देह का इस्तेमाल कर दुनियावी बुलन्दियों को हासिल करने की महत्वाकांक्षा। सुगन्धा यानी सुवास बन कर चेतना और वातावरण में रच-बस जाना यानी प्रतिभा का उपयोग कर प्रतिकूल परिस्थितियों को नियन्त्रित करने का अर्जित आत्मविश्वास। देह को अस्वीकारती

नहीं अर्चना वर्मा, लेकिन देह को मनुष्य जीवन का अन्तिम सत्य मान कर स्त्री की नियति को उसकी देह के खूँटों से भी नहीं बाँधतीं। देह चेतना से विच्छिन्न भोज्य सामग्री नहीं, समूचा व्यक्तित्व है। जाहिर है 'सरे बाजार' उघाड़ने और भोगने की फूहड़ता लोलुपता की परिचायक हो सकती है, किसी मानवीय अस्मिता की नहीं। फिर जब जेंडर सेंसिटाइज़ेशन को आदत बना कर रोजमर्रा की ज़िन्दगी में उतार ले इंसान, तो क्या ऐसे कुत्सित उघाड़-पछाड़ खेल खेल सकता है वह?

लेकिन अभी तो बहुत लम्बा सफर तय करना है स्त्री को, पुरुष को—समाज को, मुक्ति के साझे स्वप्न को साकार करने के लिए। डेढ़ सौ साल में कुल एक या दो डग ही तो आगे बढ़ पाये हैं हम। 'त्योहार' कहानी में लेखिका जिस सांकेतिकता के साथ सीता और दुर्गा की प्रतिमाओं को पहले प्रतीकों में और फिर सवाल में व्यंजित करती हैं, वहाँ हताशा नहीं, एक क्रिटिकल आत्मालोचन की जरूरत है। दुर्गा-गति, ऊर्जा, निर्णय क्षमता, जीवटता और कर्म का पुंजीभूत रूप—की प्रतिमा का विसर्जन और सीता—अनुगता, समर्पिता, वेदना और मौन हाहाकार का समुच्चय-की आराध्य राम के वामांग स्थित 'पत्नी' के रूप में प्रतिष्ठा—दरअसल अब भी स्त्री और पुरुष की स्थिति, तथा पितृसत्तात्मक समाज व्यवस्था के प्रति हमारी पारम्परिक निष्ठा के परिचायक हैं। जाहिर है अपनी आँखों को 'ज्योति' हमें स्वयं देनी है। अलबत्ता इतना और जोड़ना चाहूँगी कि कथा-पाठक की अर्हताएँ कहानी-कलेवर के बाहर भी जस की तस बनी रहती हैं क्योंकि जीवन एक विराट कथा है और 'स-हृदय' जीवन का रक्षक।

बहेलिए से होड़ लेते सुर्खाब के पंख

उस दिन जब वे जाल समेत उड़ीं और अपनी दोस्त चुहियारानी के बिल तक पहुँच कर ढेर हुईं तो मानो सूरज की साँस में आयी। अन्दर के तेज को पंखों की ताकत बना कर उड़ती उन चिड़ियाओं को रास्ता दिखाने के लिए उसने भी सख्ती से अपने सातों घोड़ों की वल्गा मुट्ठी में भींच ली थी। नहीं, रोशनी को अँधेरी खोहों के हवाले वह नहीं कर सकता, खास तौर पर तब जब हिम्मत और उम्मीद को उसकी सबसे ज्यादा जरूरत हो। बँधे बँधाए ढर्रे और नियम टूटते हों तो टूटें। लोग अचरज करते रह गये थे कि आज शाम का धुँधलका देर तक सिन्दूरी आभा बन कर आसमान पर क्यों ठिठका खड़ा है। और जब वह खुद घोड़ों की रास ढीली कर घर की ओर मुड़ा तो रोज की तरह थका-ऊबा-बुढ़ाया हुआ नहीं था, हुलसकर सीटियाँ बजा रहा था। अब जो कुछ करना था, दोस्त चुहियारानी को ही करना था। अपनी पूरी बिरादरी के साथ मिलकर चुहियारानी ने जब जाल का आखिरी फंदा काटा, तब रात गहरा कर तवे सी काली हो चुकी थी।

'हमें अँधेरे में भी उड़ने की आदत डालनी चाहिए।' भोर की प्रतीक्षा में चिड़ियाएँ अधीर हो रही थीं। बिछड़े परिवार से मिलने की तड़प से ज्यादा वे अपनी कमजोरियों को गुनने-बुनने लगी थीं। वे जानती थीं, जाल में फँसने के बावजूद ज़िन्दा बाहर निकल कर उन्होंने इतिहास में एक नयी मिसाल कायम कर ली है, लेकिन सफलता की खुमारी में डूब कर अपनी उपलब्धि को वे मटियामेट नहीं करना चाहती थीं। उपलब्धियाँ माइलस्टोन की तरह अपने खूँटे पर अडिग नहीं रहतीं, नया जोड़-जोड़ कर उन्हें ताजा और जीवन्त करना पड़ता है। पहली बार उनके भीतर उजाले का जो सोता फूटा था, उसमें अपने को जाँचने और जगे रहने का कैसा तो सम्मोहन था। उन्हें दीख पड़ने लगा था कि चुग्गा चुनना और चूज़ों की चोंच में दाना डालना ही ज़िन्दगी नहीं है। घेरे को तोड़कर बाहर निकलते ही आसमान के पार कितने ही आसमान दिखने लगते हैं। उन्हें नाप आना यदि उनकी मजबूरी है तो अँधेरों को चीरने के लिए अपनी आँखों में नयी ज्योति तो उतारनी ही पड़ेगी।

यह कैसा वक़्त बुना है हमने जहाँ समभाव के नारे लगा कर बर्बरता के नृशंस खेल को मनपसन्द टाइमपास की तरह खेलते हैं हम!!!

जाने कहाँ-कहाँ से दौड़ कर मुझ तक पहुँचने लगती हैं कहानियाँ।... और अपने वक़्त की हलचलों को मुट्ठी में बाँध जब मैं उनमें उतरती हूँ तो वे कसकर मेरा हाथ पकड़ लेती हैं– 'कहीं और चलें।' कहानी के फ्रेम में बँधी वे कहानियाँ कैद से मुक्त होने को बेताब हैं। उन्हें कोई हमराही चाहिए जो अगले मुकाम तक भले ही न ले जाये, एक-दूसरे की दुनिया में जाकर अपने होने को एक साझे और तार्किक भाव से महसूस तो कर पाये। अल्पना मिश्र की कहानी 'स्याही में सुर्खाब के पंख' पढ़ते हुए मैं बहेलिए को अँगूठा दिखाकर जाल उड़ाकर ले जाती चिड़ियाओं में निरूपमा दी की तड़प को गूँथ देना चाहती हूँ।

और सिर्फ निरुपमा दी को ही क्यों? उनके साथ जुड़ी लड़कियों के हुजूम को भी जिन्हें देख असमंजस में है कथा-नैरेटर कि "हमने अब तक जाना ही नहीं था कि हमारे शहर में इतनी लड़कियाँ हैं"; कि "लड़कियाँ एक साथ बोल दें तो स्टेशन हिल सकता था।"

सचमुच!

लेकिन लड़कियों की बात बाद में, पहले निरुपमा दी की बात।

शलवार को दोनों हाथों से पकड़कर ज़मीन पर बैठ हिलक-हिलक कर रो रही है निरुपमा दी। मैं सोचती हूँ क्या उनकी स्मृति में इस वक़्त चीरहरण की यन्त्रणा झेलती द्रौपदी नहीं आयी होगी? तब क्या इस स्मरण और साम्य से उन्हें कुछ-कुछ सान्त्वना नहीं मिली होगी? न, लंपट समूह द्वारा सार्वजनिक अपमान का दंश किसी भी पूर्व-परम्परा की मरहम या पैर पसारती अपसंस्कृति की रुलाई से कम नहीं किया जा सकता। वह जो उस दिन घटा, कुछ मिनटों के दौरान रचा गया खेल तो नहीं था। उसकी जड़ें और शाखाएँ-प्रशाखाएँ बहुत दूर तक जाती हैं। लेकिन इससे भी निरुपमा दी के जख्मों की टीस हलकी नहीं होती। कैलेंडर के हिसाब से दौड़ते वक़्त की गोद में बैठ वे भले ही हादसे के दिन से बहुत दूर निकल आयी हों, लेकिन चेतना अपनी मर्माहत संवेदना के साथ उसी लम्हे के चारों ओर चक्कर काटे जा रही है, चौबीसों घंटे – स्वप्न और जागरण, सभी अवस्थाओं में। उस दिन जब सूरजकुमार के प्रेम-छल को जान कर अपने में डूबी घर लौट रही थी, तब सरे-बाजार अचानक तो लड़कों की भीड़ ने जैसे ज़मीन फाड़ कर उसे घेर लिया था। चेयरमैन साहब के लड़के ने चुटकी भर सिन्दूर उसकी माँग में डाल सगर्व घोषणा की, "अब से तुम हमारी हुई।" हतप्रभ सी जब तक वह कुछ समझती, लड़कों के दल ने उसकी मांग में सिन्दूर डालने का 'उत्सव' शुरू कर दिया। वे हाथ, पैर, नाक, मुँह छू-छू कर देखने लगे। छूने के इस क्रम में खींचतान होने लगी। कपड़े जगह-जगह से फटने लगे। निरुपमा दी जकड़े हुए हाथों को छुड़ाने की कोशिश करतीं, पैर चलातीं, गालियाँ

देतीं, चीखतीं। लेकिन उनकी आवाज कहीं नहीं पहुँचती। उनका दुपट्टा किसी ने खींच कर दो टुकड़े कर दिया। फिर दो लोगों ने उसे अपने-अपने सिर पर बाँध लिया। जब कपड़े फट गये, कुर्ते के अन्दर से ब्रा झाँकने लगी। फिर ब्रा के अन्दर से शरीर झाँकने लगा। शलवार का नाड़ा खींच लिया गया। तब चेयरमैन साहब के लड़के ने कहा, "बस, बस, उत्सव बन्द करो।" शलवार को दोनों हाथों से पकड़े रोती-बिलखती निरुपमा दी की तरफ मुड़ कर चेयरमैन साहब के लड़के ने कहा, "ऐसे रो रही है जैसे रेप हुआ हो। अभी तो हमने कुछ किया ही नहीं। जा, पुलिस बुला ले। चलो भई, साथियो!" और सब हो-हल्ला मचाते, हँसी-ठट्ठा करते आगे बढ़ गये।

निरुपमा दी जार-जार रोये जा रही हैं...

कहानी के भीतर से निकल कर कितनी ही पदचापें समय के गलियारे में भटकने लगी हैं... और मैं समय की कराहों को घटनाओं, चरित्रों और शब्दों में गूँथ कर कहानी के भीतर घुसी जा रही हूँ। मेरे साथ हैं निर्भया और मुख्तार माई... जन्तर-मन्तर पर धरना देती भगाणा की पीड़िताएँ बदायूँ के पेड़ पर फल की जगह लटकी दो बहनें... बंगलौर की छः साला बच्ची... हजूम बढ़ता जा रहा है... इतना कि कथा-नैरेटर की तरह मुझे भी विस्मय ने घेर लिया है—इतनी लड़कियाँ! कहा तो यह जाता है कि स्त्रियों की संख्या कम है! चिंदी-चिंदी हुई लड़कियों की भीड़ में उझक कर मैं साबुत लड़की देखना चाहती हूँ... या शायद कोई भी एक साबुत इंसान... लड़का हो या लड़की!

चिंदी-चिंदी होकर निरुपमा दी अपने आपको रेशा-रेशा देख रही हैं। साथ-साथ समय और समाज-व्यवस्था को भी। स्थितियों के संज्ञान ने उनकी चेतना की आँख को पहली बार खोला है। अब बने-बनाये ढर्रे पर चलने की बजाय उन्हें अपनी लीक स्वयं बनानी है। आहत हैं निरुपमा और अबोध भी। जोश और होश दोनों ही सही अनुपात और मात्रा में नहीं हैं उनके पास। कहानीकार अल्पना मिश्र एक परिपक्व संवेदनशील हितैषी की तरह उनके पास आती हैं। बताती हैं कि किसी एक जय-पराजय के साथ युद्ध खत्म नहीं होता, बल्कि असलियत यह है कि "युद्धों के बीत जाने पर भी युद्ध नहीं बीतते"; कि हार अन्त की घोषणा नहीं, "सम्भावना में जीवन हरदम खदबदाता रहता है"; कि जैसे बार-बार बोला गया झूठ सच बन जाता है, उसी तरह बार-बार देखा गया ख्वाब हकीकत का रूप ले लेता है। जरूरत है युद्ध (रणनीति), जिजीविषा (उत्साह और संघर्ष) तथा स्वप्न (लक्ष्य-सन्धान) को अपना जनून बनाने की।

"जाल समेत उड़ती चिड़िया की तरह।" मैं बात को साफ करने के लिए अपनी टेक दोहराती हूँ।

"अन्त से आगे नयी शुरुआत की सम्भावनाओं पर विचार करते रहने की।" सुबह की प्रतीक्षा में अपने अँधेरों से लड़ने की जुगत बनाती चिड़ियाओं ने मेरी बात के अधूरेपन को अपनी दृढ़ता से पूरा कर दिया है।

साजिशें कहर नहीं ढातीं। कहर ढाती हैं वर्जनाएँ उर्फ 'आग की बिन्दी' से अग्नि-स्नान तक का सफर।

लेकिन मैं यह कैसे यकीन से कह सकती हूँ कि 'स्याही में सुर्खाब के पंख' निरुपमा दी की कहानी है, जबकि लेखिका ने बड़े सलीके से कहानी को दो खूँटों से बाँधा है। एक ओर हैं सोनपती बहन जी और दूसरी ओर वैशाली सारस्वत उर्फ चड्ढा जिसका सारस्वत से चड्ढा हो जाना ही कहानी के सारे किरदारों समेत धुर विपरीत छोर पर एक खूँटा सम्भाल कर खड़ी सोनपती बहन जी को काठ किये हुए है।

सोनपती बहन जी को कोई तवज्जो नहीं देना चाहता। भले ही हमारी सांस्कृतिक मर्यादाएँ स्त्रियों को लीक पर चलना सिखाती हों, लेकिन सिर झुका कर, अंग सिकोड़ कर लीक पर चलती स्त्री में किसी की दिलचस्पी नहीं रहती। हमेशा नीले-सफेद प्रिंट की साड़ी में लिपटी सोनपती बहनजी की जीवन-शैली और सोच दोनों बाबा आदम के जमाने की है। असूर्यम्पश्या स्त्री के आदर्श को जीते हुए वे झोले में बटुवा, माचिस और छाता लेकर जिस यांत्रिक भाव से जीवन जी रही हैं, वही भाव संस्कार रूप में अपनी चारों बेटियों के भीतर भी उतार देना चाहती हैं। लड़कियाँ बुलबुल की तरह चहकना चाहती हैं; हिरनी की तरह चकित आँखों से सारे संसार का वैविध्यपूर्ण सौन्दर्य निहार लेना चाहती हैं; और तितली की तरह निर्बन्ध यहाँ-वहाँ डोल लेना चाहती हैं। सोनपती बहन जी उन्हें विरासत में अपने भीतर का पथरीला अँधेरा देने को आमादा हैं; वे कतरा भर आलोक की चाहत में कूद कर खिड़की के सींखचों से आ लगती हैं। सोनपती बहन जी कड़क अध्यापिका हैं। जानती हैं, जंगल में हिंसक जानवरों को डराने और आत्मरक्षा के लिए माचिस की एक तीली काफी है। वे बेटियों के पैरों में 'आग की बिन्दी' का शृंगार कर उन्हें अँधेरी खोहों में ही दुबके रहने की यन्त्रणा देती हैं। कैसी विडम्बना है कि पितृसत्तात्मक व्यवस्था की यह खुर्राट चौकीदार सतही तौर पर आर्थिक रूप से आत्मनिर्भर आधुनिका स्त्री के लक्षणों से सुसज्जित है। छोटी सी उम्र में पति की मृत्यु के बाद इस-उस कन्धे का सहारा लेने की बजाय स्कूल में अध्यापिका की नौकरी... शिक्षा और आर्थिक स्वतन्त्रता और अपना आशियाना... वर्जीनिया वुल्फ की मानें तो अपनी पशु-सरीखी जून को सुधारने के लिए स्त्री को इससे अधिक और क्या चाहिए। लेकिन सोनपती बहन जी स्त्री-चिन्तकों की बनी-बनाई कसौटियों पर सवालिया निशान लगा कर आधुनिका स्त्री की अवधारणा को पुनः परिभाषित करने के लिए उकसाती हैं।

मैं परिभाषाएँ गढ़ने से परहेज करते हुए फिलहाल यह देखना चाहती हूँ कि स्त्री-मुक्ति की लड़ाई नये तरह के अँधेरों में जाकर गुम क्यों हो गयी?

अल्पना मिश्र इस विघटन के मूल में शिक्षा के मौजूदा ढाँचे की भूमिका को देखती हैं। जब शिक्षा व्यवस्था पंचवर्षीय योजनाओं में दिए गये आँकड़ों/टारगेट को पूरा करने की सरकारी लीपापोती, पैसा कमाने का मुफीद व्यवसाय, या डिग्रियाँ बाँटने

का कारखाना बन कर रह जाये, तब वह जड़ता और अँधेरों को तोड़ती नहीं, और भी गहराती है। जब तक शिक्षा चिन्तन की तड़प पैदा न करे, वह अपने साथ दुनिया के दो-तरफा सम्बन्ध को पढ़ने का विवेक नहीं देती। न ही अपनी हस्ती में इतनी अलमस्ती, आत्मगौरव और दृढ़ता भरती है कि इस दो-तरफा सम्बन्ध के त्रुटिपूर्ण/अपूर्ण पाठों को सुधारने/जोड़ने की विवेकपूर्ण जिद से समय में सकारात्मक हस्तक्षेप करे। सोनपती बहन जी गाँव के जड़ माहौल को आत्मसात करती उस सच्चाई की प्रतिनिधि हैं जो शिक्षा को ज्ञान-रस बना कर खून में नहीं घुलाती, लाठी बना कर दूसरों को प्रताड़ित करने में सुख पाती है। शिक्षा अपने को निरन्तर जाँचते रहने की चेतना का नाम है। जो शिक्षा आत्मपड़ताल की इस बुनियादी जरूरत को पूरा नहीं कर पाती, वह समृद्धि और प्रवंचना के कारोबार कितने ही चला ले, एक अदद नागरिक पैदा करने की कुव्वत नहीं रखती।

न, सोनपती बहन जी अपने पाले में अकेली नहीं हैं। उनके भीतर जैसे पूरा शहर ही उमड़ रहा है। कथा-नैरेटर की माँ के लिए तो वह आदर्श है ही कि लड़कियों को नियंत्रित करने का हुनर कोई उनसे सीखे। शिक्षा ने बेशक उन्हें 'इंसान' नहीं बनाया, इतनी चौकस निष्ठा जरूर उनके भीतर रोप दी है कि पितृसत्तात्मक व्यवस्था की "शिक्षा के सबसे जरूरी पाठ की तरह याद रखने के लिए" उनसे बेहतर अन्य कोई उदाहरण नहीं। लड़कियों को बेशकीमती 'माल' समझना और माल को सात-सात तालों के भीतर रखना उन्हें खूब आता है। दृश्य से अनुपस्थित आँखों में कड़क जेलर मौजूद है जिसके लिए लड़कियों का खिलखिला कर हँसना और दुपट्टे का सीने से खिसक कर नीचे ढलक जाना किसी संगीन अपराध की श्रेणी में आते हैं।

कौन जाने सोनपती बहन जी की लड़कियों ने भी निरुपमा दी की तरह स्कूल आते-जाते वक्त मनचले लड़कों की छींटाकशी, धौल-धप्पा, छुआ-छुआई झेली हो, और दहशत और नफरत की ठंडी आग में जलते हुए उसके दंश को अपने तक ही छुपाए रखने की दोगुनी मर्मांतक पीड़ा झेली हो। अन्याय की खिलाफत करने वे जायें भी तो कहाँ? माँ बटुए में 'आग की बिंदियाँ' लिए बैठी है जिन्हें तुरन्त पैरों में दाग कर अपना दायित्व पूरा कर लेती है। जिन धर्मग्रन्थों के सहारे वह सतीत्व की अवधारणा को पुष्ट करती है, वे औरतों को हरा-भरा खेत कहते हैं। छुट्टे साँड़ की तरह लपक कर 'फसल' पर मुँह मारने वाला अपराधी नहीं। अपराधी 'फसल' है क्योंकि वासंती हवाओं में झूम कर अपने यौवन की गन्ध और उन्माद जहाँ-तहाँ फैला रही है। मैं देखती हूँ सोनपती बहन जी का शहर नहीं, मेरा अपना शहर और शहर दर शहर पूरा समाज एक सुर में लड़कियों की 'आधुनिकता' को गरिया रहा है। क्यों निकलती हैं लड़कियाँ शाम सात-आठ बजे के बाद घर से बाहर? ऐं, दोपहर में भी होते हैं बलात्कार? तो क्यों पहनती हैं पश्चिमी पहनावे? ऊँची तंग कुर्तियाँ, जींस? ऐं,

भगाणा-बदायूँ की लड़कियाँ खाँटी शलवार-सूट वाली थीं? तब जरूर कामुक निमन्त्रण देती होंगी लड़कों को? ठीक लिखा है शास्त्रों में, नाक न हो तो औरत गू खाये।

सोनपती बहन जी की समस्या है कि उनके पास अपना कुछ नहीं है। शरीर अपना है, पर नियन्त्रण धर्मशास्त्रों का है। खुद धर्मशास्त्र पढ़े होते, तो गुनने और छांटने की प्रक्रिया में अपने वक़्त को भी विश्लेषित करते-करते पुनर्सर्जित करती चलतीं। लेकिन दुनिया भर के झमेलों के बीच 'पढ़ना' ही कहाँ सम्भव हो पाता है पढ़े-लिखे लोगों से? मौखिक परम्परा जड़ कर्मकांडियों के हत्थे चढ़ कर धर्मादेश (फतवे) का रूप ले लेती है। तब जो समाज बनता है, वह होता इंसानों का है, लेकिन चाल भेड़ों की रहती है। एक सी आशंकाएँ, एक से भय, एक सी वर्जनाएं, एक सी 'हवलदारी' मुद्राएँ... अल्पना मिश्र सूत में से सूत कातते हुए जिस अनायास ढंग से समाज-व्यवस्था का विश्लेषण करती चलती हैं, वह कहानी को विश्वसनीयता और पाठकीय आँख को ज्योति देता चलता है। यही वह स्थल है जहाँ कथा के दोनों खूंटे अपनी-अपनी जगह अडोल रहने के बावजूद एक-दूसरे को अपनी प्रभाव-तरंगों से प्रभावित करने लगते हैं। इसलिए वैशाली सारस्वत उर्फ चड्ढा जैसे ही 'भेड़चाल' छोड़ अपनी चाल चलने लगती है (जिसे समाज लड़की का 'भागना' नाम से ज्यादा जानता है), वह समाज के लिए खतरे के तौर पर निशानदेह कर दी जाती है। खतरा इसलिए कि कहीं इस बिगड़ैल के पीछे-पीछे आत्मलीन भेड़ों का हजूम ही न चलने लगे? खाप पंचायतों के फरमान और घर से भागे लड़का-लड़की को चीर कर फेंक देने के प्रसंग दरअसल समाज में दहशत फैलाने के उद्देश्य से की गयी सांगठनिक हिंसा है ताकि शिक्षा और आत्मनिर्भरता के घालमेल से बनी आधुनिक चेतना लोकतांत्रिक अधिकारों की आड़ में भारतीय संस्कृति को अपदस्थ न कर दे। सोनपती बहन जी अपनी मासूमियत और अन्ध निष्ठा के साथ जिस तरह हिंसा को एक आवश्यक मूल्य की तरह अपने जीवन में शामिल करती चल रही हैं, वह संवेदना के चुकने और सम्बन्ध को अपनी किसी सहूलियत का पर्याय बना देने की सांस्कृतिक ऊसरता का परिचायक है। ऐसे में बेटियों के होने की अर्थवत्ता ही क्या रह जाती है? सिर्फ प्रजनन मशीन के रूप में? क्या बेटियों के मन-आँगन में प्रवेश कर सूखे पत्तों को बटोर लेना और नये बिरवे रोपना माँ का दायित्व नहीं? आखिर माँ-बेटी दोनों के दुख, दंश, लालसाएँ और सपने बहुत कुछ समानधर्मी ही तो होते हैं।

सोनपती बहन जी की दीक्षा उन्हें बेटियों को अपने अधूरे सपनों और दमित आकांक्षाओं का वाहक बनाने का निषेध करती है। वह उन्हें लक्ष्मण-रेखाओं में घेरने का प्रशिक्षण देती है और उत्साही कार्यकर्त्री के रूप में बेटियों के पैरों को जब-तब माचिस की तीली से दाग देने का सम्मान भी। लड़कियाँ जीवन के इस बड़े खेल में कहीं भी जीवित नहीं हैं। वे संख्या (आँकड़े) हैं या देह। इसलिए झुलसते रहना उनकी नियति है—पैर से लेकर हृदय तक। ऐसे में जब चारों बेटियाँ बचपन से

आग की बिन्दी के साथ खेलते-खेलते एक साथ अग्नि-स्नान का निर्णय लेती हैं, तब उनकी मृत्यु खबर या हादसा नहीं रहती, अपने वक़्त की व्यवस्था को जाँचने की जरूरत बन जाती है।

मैं सोचती हूँ, काश! सोनपती बहन जी अपनी बेटियों का मन पढ़ पातीं कि वैशाली सारस्वत हो जाने की लालसा के साथ-साथ अपनी माँ के विश्वास को भंग न करने की दृढ़ता उन्हें कितना-कितना मथे जा रही थी; कि वैशाली सारस्वत ही कौन सा 'मुक्ति' का नया मुहावरा गढ़ रही थी? वह मौजूदा समाज-व्यवस्था से विद्रोह को पलायन के जरिए व्यक्त कर रही थी। पलायन के इस खेल में मुख्य खिलाड़ी की भूमिका भी नहीं थी उसकी। वह महज मुहरा थी, जिसका इस्तेमाल चड्ढा नामक युवक ने अपनी हसरतों या इरादों को पूरा करने के लिए किया। सोनपती बहन जी की चारों लड़कियों की तरह वैशाली सारस्वत का मन भी पूरी तरह से दबा-ढँका है कहानी में। वे सामाजिक-सांस्कृतिक छलनाओं को झेलती कुंठित मानसिकता का प्रतीक हैं या वर्जनाओं के अतिक्रमण के प्रयास में आत्मछलना का शिकार होती जड़ता का। प्रतीक को थोड़ा और खींच कर आगे ले जाऊँ तो अपनी तमाम असहायता और भीरुता के स्वीकार के साथ स्वयं को जीवन से बेदखल करती ये चारों लड़कियाँ शंख-घड़ियाल-धूप-पुष्पहार से सजे सांस्कृतिक समारोह में 'तेजोमय सती' कह कर महिमामंडित कर दिये जाने की सारी सम्भावनाओं से सम्पन्न हैं। इसके ठीक विपरीत एक स्वस्थ, सन्तुलित, समग्र जीवन की माँग करती वैशाली 'कुलटा' का खिताब अर्जित कर इस नये सांस्कृतिक मुहावरे की ब्रांड एम्बेसडर बना दी जाती है ताकि विद्रोह और असन्तोष जैसे शब्द सांस्कृतिक शब्दकोश में रहें ही नहीं। स्त्रियों को उनके व्यक्तित्व के साथ देखने-बतियाने का संस्कार अभी भी नहीं है हमारे सभ्य समाज में। वे बाड़े में बन्द रंभाती गाएँ ही हैं, आज भी। बस!!

लेकिन यह जो 'आग की बिन्दी' और अग्नि-स्नान में 'आग' है, मैं उसकी बात क्यों नहीं कर रही हूँ???

जब दीपक का विकल्प मौजूद हो तो अँधेरे रास्तों को टटोल कर ही क्यों आगे बढ़ा जाए हर बार?

कहानी के दोनों खूँटों की पड़ताल कर अब मैं यकीन के साथ कह सकती हूँ कि यह कहानी निरुपमा दी की ही कहानी है। एक स्त्री की कहानी! एक स्त्री के सपनों और संघर्ष की कहानी! उसकी असफलताओं, हताशाओं और नाइटमेयर के बीच से उगती दृढ़ता और गतिशीलता की कहानी! निरुपमा दी किसी को इतनी स्वतन्त्रता नहीं देतीं कि उनके कृत्यों का मूल्यांकन कर वह उनके माथे पर कोई खास पर्ची चिपकाये। वह सोनपती बहन जी की चारों लड़कियों का विलोम हैं। जमाने भर को ठेंगे पर रखती यह लड़की मुझे वैशाली सारस्वत के अन्तर्मन को पढ़ने का

अवसर देती है। वैशाली, जो अँधेरे की कालिख में लिपटी किंवदन्ती बना दी गयी है, और बकौल लेखिका 'किंवदन्तियों के बीत जाने पर भी वे बची रह जाती हैं', तीन अलग-अलग परिणतियों के साथ मेरे सामने प्रत्यक्ष होती है। क्या वह चड्ढा के साथ सुखी है? (तब चड्ढा की व्यक्तित्व-संरचना पर अलग से ध्यान देने की आवश्यकता है।) क्या परम्परागत प्रेमी/पति की तरह चड्ढा उसके साथ दुर्व्यवहार करता है? (उफ! पूरा समाज कैसे कुटिल हँसी को अपनी बत्तीसी और आँखों की कोर में छुपाने की कोशिश में लहालोट हुआ जा रहा है!) क्या एक बार फिर इस चुने हुए नर्क से भाग कर अब वह अपने 'पैरों पर खड़ी' है? एक ही सलाई पर निरुपमा दी और वैशाली सारस्वत की अलग-अलग रंगों की ऊन को फंदों के सहारे बिनने बैठी तो एक-दूसरे की संगति में अपने को उघाड़ती दोनों एक नया ही डिजाइन बन कर उभरने लगीं। सोनपती बहन जी जैसी माँ (अभिभावक) के बावजूद वैशाली के पास चड्ढा जैसी किसी लड़के (क्या वह सूरजकुमार और चेयरमैन के लड़के का विलोम है?) से प्रेम करने, अगाध विश्वास करने और इस थोड़ी सी पूँजी के बल पर अपने भविष्य को बुनने का सपना है, ठीक निरुपमा दी की तरह। फर्क यह है कि वैशाली ने 'भाग' कर अपनी प्रेम-कथा को उजागर किया है, और निरुपमा दी ने बरसों-बरस समाज के बीचोबीच समाज की उपस्थिति से बाखबर होकर। प्रेम में होने की स्थिति ने उसे चाँद-तारों की दुनिया की सैर नहीं कराई है, मनचले लड़कों और कुंठाग्रस्त अभिभावकों की विकृतियों और काम-ग्रन्थियों का निशाना बनाया है जिसे 'सिन्दूर उत्सव' के रूप में झेलने से बहुत पहले वह डॉ. सारस्वत (सूरजकुमार और वैशाली के पिता) की व्यंग्योक्ति में झेल चुकी हैं कि "किस-किस से इश्क लड़ाती फिर रही है तू लड़की?" चरित्र हनन के जरिए लड़की को टँगड़ी मार कर गिराने का यह पहला दाँव है। दूसरा दाँव लड़के की बाप की हैसियत से लड़की को धमकाना और ब्लैकमेल करना है। वैशाली नहीं, निरुपमा दी मजबूती से अपनी ज़मीन पर अडिग खड़ी इस प्रबल अन्धड़ को गुजरते देखती है। सूरजकुमार के पिता की शहर छोड़ कर गायब हो जाने की धमकी का जवाब वह सुरजकुमार को खून से लिखी पाती के जरिए देती है—एक माह के भीतर भागने नहीं, प्रेम को धर्म (विवाह) बनाने का आग्रह करके। वह जानती है, प्रेम भागने की सुविधा का नाम नहीं, बँध कर रचने का संयुक्त दायित्व है। भागने की बदहवासी में आसपास की हकीकतों को अनदेखा करने की जो मनोवृत्ति है, वह भाग कर ठहरने और बसने की दुरूह यात्रा के दौरान ज़मीन से जुड़ने और परिवेश को जाँचने का विवेक नहीं देती। वैशाली बनने के सपने में (जो लड़कियों की आँख में भाग कर 'मुक्त' होने की गुलाबी ललक बन कर बसा है) दरअसल चड्ढा को पा लेने की लालसा है; और निरुपमा दी हैं कि मौज-मस्ती के लिए मनचले लड़कों द्वारा घेर लिए जाने की 'मासूम' सी कोशिश के बाद से सूरजकुमार पर ही शक करने लगी हैं। नहीं,

तो वैशाली की तरह सूरजकुमार के बुलावे पर बेधड़क लखनऊ न चली जाती। सूरजकुमारों को निरुपमा जैसी लड़कियाँ नहीं भातीं। इतनी जिरह! इतनी कड़ाई! कैसे समझाये इस मूर्खा को कि प्रेम का शगल ब्याह के मंडप तक नहीं ले जाया जाता। जाति-बिरादरी की अड़चनें... माँ के अरमान... पिता का स्वास्थ्य... समाज का दबाव... यथास्थितिवादियों के स्वर में नैतिक ताकत हो न हो, जिद की टेक पर खोंखियाना खूब आता है। सूरजकुमार वैशाली सारस्वत का भाई है तो इसका मतलब यह नहीं कि 'जो गलती वैशाली ने की है, वही गलती' वह भी दोहराता फिरे। वह सोलहों आने सामन्ती 'मर्द' है। गुड़िया सरीखी बहन की जासूसी करने वाला शख्स प्रेमिका को गुड़िया से ज्यादा तवज्जो देना क्या जाने। निरुपमा दी के तर्कों के सामने वह नहीं, उसकी गुर्राहट बोलती है, "जो समझना चाहो, समझो। मैं अब माता-पिता को और मुसीबत में नहीं डाल सकता। इसका जो भी अर्थ लगाना है, लगाओ। नौटंकी जाकर कहीं और करो। जाओ, यहाँ से।"

निरुपमा स्तब्ध है और वैशाली नज़र चुरा कर इधर-उधर झाँक रही है। ज़मीन छोड़ कर भागो या ज़मीन ठोक कर लड़ो, हश्र एक ही है। तो क्या लड़कियों की नियति में सोनपती बहन जी की बेटियों का हश्र है और लड़कों के ललाट पर चेयरमैन के लड़के सा दुस्साहस? या सीमोन द बउवार के शब्दों में अपनी व्याख्या जोड़ते हुए कहूँ कि जिस प्रकार बेटी पैदा नहीं होती, बनाई जाती है, उसी प्रकार बेटा भी पैदा नहीं होता, साँड बना कर छुट्टा छोड़ दिया जाता है? या 'सोनपती बहनजियों' की फौज उगाई ही इसलिए जाती है कि समाज में 'आग की बिन्दी' और 'सिन्दूर उत्सव' का जोश बरकरार रहे? कहानी के इस स्थल पर अल्पना मिश्र अचानक बेचेहरा लड़कों का झुंड सामने ले आती हैं। मानो पूछ रही हों कि 'सहूलियत भर दोस्ती', 'सहूलियत भर प्यार' – बस, यही चाहिए तुम्हें? जिम्मेदारी बिल्कुल नहीं? उनकी बात का जवाब देने के लिए लड़के वहाँ मौजूद नहीं हैं। यूँ भी मनचलों से संजीदा सवालों के जवाब पाने की उम्मीद नहीं की जा सकती।

मैं लेखिका से मुखातिब हो गयी हूँ। 'कुछ यूँ करो कि स्त्री-मुद्दों पर स्त्री-पुरुष सबको संवाद के एक मंच पर ले आओ। जब तक गाइनिकोलॉजी विभाग बन कर यह बहस 'स्त्रियों की, स्त्रियों द्वारा, स्त्रियों के लिए' तक सीमित रहेगी, संवाद और सहयात्रा के लिए उपयुक्त पात्र की तलाश नहीं की जा सकेगी। लड़के सूरजकुमार या चेयरमैन का सुपुत्र बन कर पैदा होते रहें तो क्या माँएँ अपनी गोद सूनी रखने की दुआएँ नहीं माँगने लगेंगी?'

निरुपमा दी के पास मेरी हर बात का जवाब है। कहानी में हमेशा अपने भाई के संग वह दिखाई देती है। भाई की छाया में नहीं, भाई के कन्धे से कन्धा मिला कर आगे बढ़ते हुए। भाई की गिद्ध नज़र की चौकसी में नहीं, भाई के साथ भविष्य को बचाने की जुगतें बनाते हुए। लेखिका ने निरुपमा दी के घर की खिड़की खोल

कर वहाँ लहलहाते जीवन को आँख भर झाँकने की अनुमति पाठक को नहीं दी है, लेकिन मैं देखती हूँ कि उस घर की माँ का चेहरा सोनपती बहन जी से बिल्कुल अलग है। चार सदस्यों के इस परिवार में पारिवारिक रिश्तों की ऊँच-नीच और दूरी कम, दोस्ती और सौहार्द ज्यादा है। परिवार जानता है स्कूल की छुट्टी के बाद निरुपमा किसी सूरजकुमार के साथ बाजार जाती है, गमले खरीद कर रिक्शा में लदवाती है तो सारा शहर आँख बन कर उन्हें निहारता रह जाता है और कान बन कर उनके हर शब्द को पी लेना चाहता है। बेटी का 'तमाशा' बन जाना और तमाशबीनों का न्यायाधीश बन कर उसमें आनन्द लेना, हो सकता है, उन्हें भी सालता हो, लेकिन अपनी परवरिश और बेटी की स्वायत्तता पर अगाध विश्वास है उन्हें। बकौल लेखिका विश्वास "एक दिन में तैयार नहीं" होता। "इसमें बचपन से लेकर अब तक का समय भरा था।" यह वही विश्वास है जो प्रत्युत्तर में निरुपमा दी में आत्मविश्वास और दृढ़ता का संचार करता है, साथ ही सबको साथ लेकर चलने का दायित्व-बोध भी देता है। निरुपमा दी माता-पिता की देख-रेख में अंकुरा कर पुष्पित-पल्लवित हो जाने की जिस विरासत की उत्तराधिकारी हैं, वह पेड़ की तरह अपने फल आप नहीं खाती, हरियाली और सृष्टि के क्रम को बनाये रखने के लिए अपने ही फल से बीज बन कर दुबारा धरती की गोद से फूटती है।

मैं अवाक् यहाँ एक पल को थम जाती हूँ। क्या निरुपमा दी देना-पावना के अनवरत चक्र का खुलासा करते हुए बताना नहीं चाहतीं कि हम समय से वही तो पा रहे हैं जो बीज रूप में उसके गर्भ में रोप रहे हैं? विभीषिकाएँ अनायास किसी बाहरी ताकत द्वारा हम पर आरोपित नहीं की जातीं, वे हमारी कारस्तानियों का अक्स और आकांक्षाओं का प्रतिफल होती हैं। चारों बेटियों के जल कर सिकुड़े अंगों को देख फूट-फूट कर रोती सोनपती बहन जी के आँसुओं से मैं जरा भी द्रवित नहीं हो पा रही हूँ। बस, कभी प्रार्थना में दोनों हाथ बाँध कर खड़ी हूँ कि परमात्मा सोनपती बहन जी को सद्‌बुद्धि दे, तो कभी दोनों हाथ उठा कर दुआ माँगती हूँ– ओ यीशु, माफ कर खुदा के इन बंदों को जो नहीं जानते इन्होंने क्या किया है।

हमारे यहाँ बलात्कार, यौन हिंसा या यौन शोषण की कहानियाँ अक्सर पीड़िता के पक्ष में सहानुभूति का सैलाब उमड़ाने के लिए कही जाती हैं। यह कोशिश उत्पीड़क को नज़र बचा कर गायब होने का अवसर देने के लिए है या उत्पीड़िता की समूची ज़िन्दगी को उसी एक लम्हे के इर्द-गिर्द दफन कर देने की साजिश– यकीन से कहा नहीं जा सकता, लेकिन निरुपमा दी भंवरीबाई, मुख्तार माई और लक्ष्मी की तरह उस लम्हे के चक्रव्यूह को चीर कर जीवन के रणक्षेत्र में कूद पड़ती हैं। लड़कियाँ मक्खन की टिकिया नहीं होतीं कि छू भर लेने से पिघल कर नष्ट हो जायें। या कि वहशी लड़कों द्वारा माँग में सिन्दूर डाल देने से नगरवधू ही बन जायें। सोनपती बहन जी के अभिशाप और प्रभाव को तोड़ने के लिए उन्हें दूने वेग से शिक्षा के भीतर छिपी

'अप्प दीपो भव' की दीक्षा को ग्रहण करना होगा और फिर अपने-अपने दीप को पाँत देकर आलोक-उत्सव को राष्ट्रीय पर्व बनाना होगा।

ब्याह की हल्दी-रस्म के दौरान उसाँस भर कर सोनपती बहन जी की बड़ी बेटी बस एक ही बात पूछती है अपनी सखी से– "ऐसे लड़के मिलते कहाँ हैं... वैशाली के चड्ढा जैसे।" वैशाली का चड्ढा यानी दम्भी मुक्तिदाता नहीं, हृदय की भाषा पढ़ कर भीतर की कोमलताओं को संरक्षित करने वाला स्त्री-हृदय पुरुष; कि संवाद में तकरार-विचार बेशक हो, दूसरे को अपनी सत्ता से थर्राने का कायराना भाव न हो। पिछले पाँच सौ सालों से मीराबाई से लेकर अब तक स्त्री ऐसा ही सहयात्री तो पाना चाहती है। दरअसल स्त्री-लेखन स्त्री-सरोकारों के बहाने स्त्री की दुर्दशा की प्रामाणिक तस्वीरें खींचने या स्त्री के अँधेरे तलघर को आलोकित करने से ज्यादा एक संवेदनशील पुरुष की तलाश में समय और समाज के आसमान का चक्कर काटता है। मैं कल्पना करती हूँ सोनपती बहन जी के घर पलने वाला पुरुष (बेटा) दाढ़ी-मूँछ उग आने के बाद क्या बनता? हो सकता है घर में माँ की तरह अपनी बहनों के साथ आग की बिन्दी का खेल खेलता, और घर से बाहर दूसरों की बहनों के साथ चीर-हरण का लुत्फ उठाता। वर्जनाओं की खिड़की यदि एक विशेष वर्ग/जाति/लिंग की ओर खुली हो तो दूसरा पक्ष उतने ही अनुपात में निरंकुश, उच्छृंखल और स्वैराचारी होता चलता है। यह सामान्य सा ज्ञान बिना सिखाए आदमजात उसी तरह ग्रहण करता है जैसे साँस लेना। इसलिए आश्चर्य नहीं होता जब लेखिका इस चिर-आकांक्षित पुरुष का अवतरण निरुपमा दी के घर उसके भाई के रूप में करती हैं। यानी सारा मामला विवेकशील बेहतर परवरिश का है जहाँ पितृसत्तात्मक व्यवस्था के दबाव नहीं, 'मनुष्य' बनने की आकांक्षाएँ ज्यादा महत्त्वपूर्ण हैं।

अल्पना मिश्र के पास जितनी प्रखर दृष्टि है, उतनी ही तरल संवेदना और कवित्वपूर्ण अभिव्यक्ति जो अपनी लय में सांद्र इसलिए है कि स्वप्न और संघर्ष, संवेदना और दृढ़ता, गति और दिशा को कभी आपसी टकराहट में बिखरने नहीं देती। इसलिए निरुपमा दी की फैंटेसी में भाई का दौड़ कर शामिल होना और निरुपमा दी का हाथ बढ़ा कर उसका हाथ थाम लेना एक ऐसे मुकम्मल इंसान को गढ़ता है जो रिश्तों की ज़मीन को सींचे बिना अपने को पा ही नहीं सकता। कहना न होगा कि रिश्तों की इस ज़मीन पर बनने वाला पहला और आखिरी रिश्ता मनुष्य और मनुष्य के बीच पनपने वाले अपरिभाषेय सम्बन्ध के अलावा और कुछ नहीं हो सकता।

साहित्य का महत्त्व कृति के भीतर नहीं, कृति के जरिए समाज से संवाद की सम्भावनाएँ खोलना है

कहानी (साहित्य) रोज के देखे-भाले समाज को एक नयी आँख से देखने का हुनर है। एक गहरे उद्वेग और व्याकुलता के साथ यह समाज-व्यवस्था से मुठभेड़ कर जड़ता को रिव्यू करने और पोषक उर्वर तत्वों को बचाये रखने की जद्दोजहद

भी है। कहानी के फ्रेम में बँधी कहानी किसी पारदर्शी मूर्च्छा में बँध कर अपनी ही अन्तर्निहित सम्भावनाओं को चबाती दीखती है। इसलिए कहानी को सबसे पहले लेखक की डिक्टेट्स और फ्रेम की कैद से मुक्त कर अपना बनाना पड़ता है। वह अस्तबल के सबसे बिगड़ैल घोड़े की तरह है जो जोड़ीदार सवार पाकर हवा से बातें करना चाहती है, लेकिन किसी सवार को अपनी परिधि में फटकने भी नहीं देती। कहानी का पाठ घोड़े और सम्भावित सवार की तरह आँख में आँख डाल कर एक-दूसरे की ताकत को तोलने और तदनुरूप निर्णय लेने की प्रक्रिया है। मैं लेखक के साथ कहानी के भीतर घुसने की कोशिश करती हूँ तो मुर्गे की तरह जरा सा पंख फड़फड़ा कर वापस अपनी चौहद्दी में लौट आती हूँ। लेकिन जैसे ही लेखक को अँगूठा दिखा कर उसके सिधाए घोड़े की रास अपने हाथ में थामती हूँ, आसमान और पाताल की दूरियाँ एक साथ नाप आती हूँ। इसलिए कहानी के कहानीपन को छोड़ सिर्फ दो बीज-शब्दों में मैं अपने जमाने के क्रूर सत्य को ढूँढ़ लेना चाहती हूँ। वे बीज-शब्द हैं – आग और युद्ध। संहार और सत्ता की अभिलाषा? या जीवन का आलाप और संरक्षण का निनाद? मैं चकित हूँ कि एक ही शब्द अर्थ-ग्रहण की प्रक्रिया में एक-दूसरे को काटती दो भिन्न-भिन्न दिशाओं की ओर कैसे मुड़ सकता है? यानी शब्द के लक्ष्यार्थ को सुनिश्चित करने वाला घटक है शब्दकार, उसकी मनोवृत्तियाँ और उनके अनुरूप आकार लेता समूचा सन्दर्भ। शब्द के भीतर छिपी अनेकानेक अर्थ-सम्भावनाएँ दरअसल उस शब्द विशेष के एकाधिक पर्याय नहीं होतीं, शब्द के भीतर बीज की तरह छिपे विचार/भाव तक पहुँचने की सीढ़ियाँ होती हैं। एक-दूसरे के साथ उलझ-गुँथ कर ये अर्थ-व्यंजनाएँ जिस क्रमिक भाव से मर्म तक ले जाती हैं, उसे न किसी एक टुकड़े को उठा लेने से समझा जा सकता है, न अलग-अलग टुकड़ों को अलग-अलग इकाइयाँ मान कर गुनने से। मैं 'आग' शब्द को उठाती हूँ। 'ऊर्जा' अर्थ के साथ फुदक कर मेरी गोद में आ बैठता है वह। उसके भीतर 'ऊष्मा' और 'ताप' धधक रहे हैं; साथ ही 'ऊर्जा' को संकेन्द्रित कर सकने के लिए ठोस वैचारिक/भावनात्मक ज़मीन की तलाश का जज्बा भी। प्रेरणा और सृजनात्मक विकलता के जरिए 'ऊष्मा' आत्मीयता को गति की डोर में पिरो कर 'ताप' को कोमलता की नमी के साथ सींचने लगती है तो ज्ञान की लौ आलोक-वृत्त बन कर दिपदिपाने लगती है। सारा कौशल ऊर्जा को संकेन्द्रित कर सकने की क्षमता में निहित है, अन्यथा विकेन्द्रित होकर वह नफरत, क्रोध, अहंकार, ईर्ष्या, प्रतिशोध और संहार का रूप ले लेगी। आग में प्रकाश भी है और खाक कर देने का आतंक भी। दोनों अवस्थाओं में 'जलाना' उसका गुणधर्म है और यहीं शब्द अपने धारक की मनोवृत्ति के अनुरूप अर्थ-ग्रहण करने लगता है। संकीर्णताओं और मनोविकारों का दहन अन्तस को प्रकाशित करता है, तो भीतर की कोमलताओं और सद्वृत्तियों का दहन संहार का तांडव बन कर समूची सृष्टि को खाक में मिलाने का

हठ बन जाता है। विचार और संवेदना के एकमेक हो जाने से उपजा विवेक 'आग' को 'सृजन' अथवा 'संहार' के विकल्प में ढाल कर शब्द-प्रयोक्ता के व्यक्तित्व को उद्घाटित करता है। दमन की आकांक्षा और विजय के लक्ष्य के साथ 'आग' शब्द अपनी परिधि का विस्तार करते हुए जब समूचे समाज-राष्ट्र को अपनी सीमा में ले लेता है, तब 'युद्ध' का बाना पहन लेता है। सोनपती बहन जी से शुरू कर लेखिका जिस क्रमिक भाव से 'आग' को पितृसत्तात्मक व्यवस्था की दमनकारी पहचान तक लाती हैं; और फिर जिस उत्साह से दमन को अपना मानवीय मूल्य बना कर पितृसत्तात्मक व्यवस्था स्त्री को पुरुष के सन्दर्भ में बूझती-व्याख्यायित करने लगती है, वह दरअसल एकतरफा युद्ध में विजयी होने की शौर्य-गाथा है। "युद्धों के बीत जाने पर भी युद्ध नहीं बीतते थे"—लेखिका स्त्री के प्रति द्वेष, घृणा और प्रतिशोध की आग को लहकाए रखने के षड्यंत्रों को देखने का आग्रह करती हैं पाठक से। स्त्री-पुरुष सम्बन्ध क्या चीन और पाकिस्तान से भारत के रिश्तों की तरह कसैले हैं जहाँ आपसी नफरत की आग भी धधकती रहे और वाणिज्यिक सम्बन्धों/समझौतों के सहारे भौतिक जरूरतें भी पूरी होती रहें?

पितृसत्तात्मक व्यवस्था द्वारा अनुमोदित स्त्री-पुरुष सम्बन्धों की संरचना मेरे भीतर एक प्रतिप्रश्न पैदा करती है—सहूलियत भर समझौते और सहूलियत भर लड़ाई का राग अलाप कर व्यवस्था के सहारे घिसटते चलना ही क्या जीना है? आग (ऊर्जा) की पूँजी के सहारे युद्ध (पुनर्निर्माण) तो लड़ना ही होगा। आतंक के सहारे रची गयी शान्ति दरअसल विजेता पक्ष द्वारा निरन्तर युद्धक्षेत्र में शस्त्रों की टंकार को बनाये रखने का कौशल है। तो, जब दृश्य-अदृश्य युद्ध चल ही रहा है, तो दूसरा पक्ष शान्ति के झूठे आश्वासन को 'सत्य' का दर्जा क्यों दे? क्यों नहीं अपने सपनों और आकांक्षाओं को ठोस दावों में पिरो कर अपनी ओर से युद्ध की घोषणा करे? प्रतिपक्षी द्वारा लादे गये युद्ध में आत्मरक्षा एक बात है; स्वयं युद्ध का उद्घोष कर अपनी शर्तों द्वारा प्रतिपक्षी को उसकी सुरक्षित खोहों से निकाल बाहर लाना दूसरी बात है।

लेकिन असल समस्या यहीं है। ऊर्जा को संकेन्द्रित कर आलोक-वृत्त में ढालने की। सपने और आकांक्षाएँ ढोर-डंगर की तरह हँकाये-चराये जाते रहे तो वे खड़ी फसल भी चट कर जाएँगे। उन्हें ज़मीन पर उतारने के लिए तमाम अतिरेकी विकृतियों और विचलनों से बचते हुए एक ब्लू प्रिंट का रूप देना होता है। यही ब्लू प्रिंट आगे बढ़ कर युद्ध की स्ट्रैटजी बनाता है। 'कुछ' पाने की साध में बेतहाशा दौड़ती स्त्रियाँ नहीं जानतीं, वे क्या चाहती हैं। इच्छाओं के जोर से इच्छाओं को पूरा नहीं किया जा सकता, ठीक वैसे ही जैसे उत्पीड़ित होते रहने की त्रासदी से उत्पीड़न को खत्म नहीं किया जा सकता। व्यवस्था के खिलाफ युद्ध आतंक और दमन के जरिए प्रतिपक्ष को हरा कर नहीं जीते जाते; वे संवाद की सम्भावनाओं का फैलाव करके जीते जाते हैं।

संवाद शब्दों के पुल के जरिए नहीं, संवेदना के प्रसार से सम्भव है।

दूसरी, और अहम बात यह कि लैंगिक समानता की लड़ाई में पक्ष-प्रतिपक्ष का निर्धारण भी सरल नहीं। स्त्री-पक्ष ही कौन पूरा का पूरा उत्पीड़ित है? सोनपती बहन जी जैसी स्त्रियों के सहारे पितृसत्तात्मक व्यवस्था के विरुद्ध लड़ाई का बिगुल फूँकना सम्भव नहीं। इस दुराग्रही सोच को जड़ समेत उखाड़ फेंकना जरूरी है कि स्त्री-देह धारण करने के कारण सभी स्त्रियाँ उत्पीड़ित हैं, और पुरुष-देह धारण करने की वजह से सभी पुरुष उत्पीड़क हैं। देह जैसी स्थूल चीज नहीं, देह के भीतर व्यक्तित्व पैदा करती 'चेतना' उत्पीड़क-उत्पीड़ित पक्षों का निर्धारण करती है। फिर, स्त्री की लड़ाई पुरुष से तो है ही नहीं। वह है पुरुषवादी व्यवस्था से जो स्वयं पुरुष का आखेट कर रही है और समाज में किसी भी स्त्री के यौन शोषण की खबर आते ही सारे लड़कों को अचानक 'चालाक और बहलाने-फुसलाने वाले बहेलिए' का प्रतिरूप बना देती है। फैंटेसी के बीचोबीच लेखिका जिस 'भेदिए' की आशंका से त्रस्त हो लड़कियों के झुंड के तितर-बितर हो जाने की बात करती हैं, वह अपने गन्तव्य और मन्तव्य दोनों को न चीन्ह पाने की अक्षमता से उगा वैचारिक अँधेरा है। आग जलाये बिना युद्ध का ऐलान सम्भव नहीं।

लड़कियों के झुंड के तितर-बितर होते ही मुझे मोर्चे पर डटी निरुपमा दी दिखाई देती हैं। अकेली! फिर भी दृढ़! अविचल! मानो सुर्खाब के पंख उग आये हों। अपने बारे में कोई खामख्याली नहीं। किसी के प्रति किसी भी तरह के पूर्वाग्रह और दुर्भावना नहीं। है तो अपनी एक टेक! सुर्खाब के पंख लगा लेने से अगर वक़्त को रचने की दृष्टि, दिशा, गति और संस्कार मिलते हैं तो क्यों न अपने-अपने भीतर छिपी निरुपमाओं को बाहर लाकर अपना एक नया अध्याय लिखें। क्यों न इस अध्याय की पहली इबारत जाल समेत उड़ कर मित्र चुहियारानी के पास पहुँची चिड़ियाओं के अनुभव से लिखी हो कि 'अँधेरे में अपना रास्ता सही-सही चीन्ह लेने का आलोक भीतर से संचित करना होगा। बाहरी अँधेरे भीतरी अँधेरों की तुलना में हमेशा विरल और अल्पजीवी होते हैं।'

पुनश्च : विमर्शवादी साहित्य की आलोचना (और रचना) को लेकर अक्सर एक आरोप लगाया जाता है कि समाजशास्त्रीय विश्लेषण के इर्द-गिर्द सारी बहस केन्द्रित करके साहित्य के कला-पक्ष की उपेक्षा कर दी जाती है। बेशक, बात कुछ हद तक सही है। सौन्दर्यशास्त्र के परम्परागत प्रतिमानों के सहारे विमर्शवादी साहित्य को मूल्यांकित (रचित) नहीं करता है आलोचक (सर्जक)। संघर्ष-सौन्दर्य उसका नया कथालोचना-प्रतिमान है क्योंकि वह जानता है, विमर्शवादी रचनाकार भी अपनी कृति में संघर्ष-सौन्दर्य को अंग-वर्णन या प्रकृति-चित्रण करके अलंकृत बैकड्राप की तरह अलग से नहीं टाँकता। वह तो रचना को कन्सीव करने की प्रक्रिया में घटना और

चरित्रों के साथ-साथ क्रमशः उभरते हुए कृति के केन्द्रीय तत्व का रूप ले लेता है। एक आलोचक के तौर पर संघर्ष-सौन्दर्य को कथालोचना का प्रतिमान बना कर जब मैं पितृसत्तात्मक व्यवस्था के विरुद्ध लड़ते अल्पना मिश्र के पात्रों के भीतर समूची समाजशास्त्रीय व्यवस्था को देखती हूँ और एक-दूसरे की संगति में अपने-अपने अँधेरों को पछाड़ते लेखक-पात्र-पाठक के त्रिक् के साथ तादात्मीकृत होती हूँ, तब अलग से शिल्प पर बात करना जरूरी नहीं रहता। कथा में फाँक होगी तो तादात्मीकरण की प्रक्रिया कैसे सम्भव होगी? कथालोचना चलनी में पानी भर कर प्यास बुझाने का खेल तो नहीं न! हाँ, इतना जरूर कहूँगी कि अपनी पूर्ववर्ती शैली से भिन्न अल्पना इन दिनों जो कहन-शैली विकसित कर रही हैं, वह ज्यादा बिम्बात्मक, लयात्मक और कवित्वपूर्ण तो है ही; लेकिन बेहद तीव्रता के साथ विनोदकुमार शुक्ल की याद भी दिलाती है। और यह तय है कि जब कोई शैली रचना-पाठ के दौरान बार-बार रचना से बाहर जाकर किसी और की याद दिलाये, तब वह अपने व्यक्तित्व की नैसर्गिक महक खो देती है। भीतर किसी स्तर पर दरार और दरकन है, तभी तो दूसरे का प्रभाव पानी का रेला बन कर घुसने की जगह पा लेता है।

सपने में बसी कस्तूरी

"डूंगा का गाँव ए बी रोड के किनारे बसे अनेक गाँवों में से एक था। गाँव की एक बाजू में प्रदेश की व्यावसायिक राजधानी के नाम से विख्यात शहर और दूसरी बाजू में एक औद्योगिक शहर। दोनों शहर गाँव के विकास और उद्धार का डंका बजाते... अपनी मस्ती में मस्त साँड़ की तरह डुकराते... गाँव की ओर बढ़ते... शहर के हस्तक्षेप से गाँवों के हुलिए जिस गति से बदल रहे थे, उस तेजी से डूंगा सरीखे देख-समझ भी नहीं पा रहे थे।" 'लाल छींट वाली लूगड़ी का सपना' (पृ. 115)

"सभी के हुलिए बदल रहे थे, और न केवल हुलिए, बल्कि लोगों के रहन-सहन का ढंग, बातचीत के तौर-तरीके, त्योहार मनाने के तौर जैसा बहुत कुछ बदल रहा था। शादी-ब्याह में दिखावटीपन बढ़ गया था। बाल-विवाह, घूँघट, पवणई, मामेरा, त्यारी जैसी कई बुराइयाँ बरकरार थीं और उन्हें करते वक़्त आधुनिकता हावी रहती थी। बाजार हावी रहता था। महँगी और अनावश्यक चीजों की भरमार और दबदबा रहता। रिश्ते तेजी से अविश्वसनीय होने लगे और अपने अर्थ भी बदलने लगे।" 'लाल छींट वाली लूगड़ी का सपना' (पृ.120)

"डूंगा ऐसे समय और महान देश का किसान था, जिसमें डूंगा तो क्या उसके जैसे गाँव के किसी भी रामा बा या सामान्य किसान का पेट भरने के अलावा कोई सपना देखना और मेहनत की फसल बेच कर जीते-जी सपना पूरा करने का सोचना गुनाह से कम न था। ऐसा करने का मतलब सरकार और उसकी नीतियों की खुल्लम खुल्ला तौहीन करना था।... सरकार ने बहुत ही विकसित और ताकतवर देशों की सरकारों की मंशानुसार जो नीतियाँ बनाई थीं, उन्हें समझना डूंगा जैसे धोती छाप गावदियों के बस का तो था ही नहीं।" 'लाल छींट वाली लूगड़ी का सपना' (पृ. 126)

मैं अब और ज्यादा देर लेखक की उँगली पकड़ कर नहीं चल सकती। जानती हूँ विषाक्त वातावरण उतनी तेजी से दम नहीं घोंटता, जितनी तेजी से विषाक्त वातावरण में जीने की बाध्यता मनोवैज्ञानिक बेचैनी बन कर दम घोंटने चली आती है। अपनी फूली साँस पर काबू पाने की कोशिश में मैं डूंगा के सपने को आँख में भर लेना चाहती हूँ। एक ऐसा सपना जो अपनी टूटी किरचों के बीच भी आशा की झीनी डोरी में बँधा साँस ले रहा है। •

होरी! सपने की उस नस्ल को पहचान कर मैंने उसे पुकार लिया – "गाय सरीखा सपना!"

होरी नहीं, होरी का पोता मंगल सामने चला आया। अपना नाम-धाम न बताता तो कहाँ पहचान पाती उसे। 1936 में जब होरी का मृत्यु हुई, पाँच-छः बरस का बालक ही तो था वह। अब... होरी से ज्यादा बूढ़ा और जर्जर!

"विरासत में कंगाली के अलावा सपने ही तो मिलते हैं हमें।" वह मुस्करा दिया, "पर देखो न, कंगाली की इतनी आदत पड़ गयी कि सपनों की ऐयाशी लूटने में भी कंगाली करने लगे हम।"

"हम... माने?" अबूझ सी मैं उसके उलझे चेहरे की सलवटों में जवाब तलाशने लगी।

"माने... डूंगा... गाय की बजाय लूगड़ी का सपना पूरा करने के पीछे ही हलकान हो गया छोरा!"

"छोरा... माने डूंगा तुम्हारा... ?"

"हाँ जी, हाँ जी, डूंगा पोता है हमारा। और हम उसके दादा..." मंगल के चेहरे की कठिन सलवटों में जैसे स्नेह की लुनाई दौड़ गयी एकाएक।

मैं भौंचक। होरी के वंशवृक्ष में डूंगा... कभी सोचा भी न था।

सत्यनारायण पटेल जानते थे यह सब?

तो क्या इसीलिए वे यहाँ डूंगा की नहीं, डूंगा के बहाने पीढ़ी दर पीढ़ी पराजय की यन्त्रणा भोगते होरी की कहानी कह रहे हैं? सपने के टूटने की कहानी? उस दौर में जब सपनों के सौदागर आँखों पर तिलिस्म की पट्टी चढ़ा कर नकली को असली, सपने को हकीकत बताने-बनाने की कला में पारंगत हो चुके हैं?

बेशक!!!

शहर और शिक्षा की हवा पाकर जागरूक होती नयी पीढ़ी को लेकर होरी की तरह डूंगा ने भी तो उन्नत भविष्य की तस्वीरें गढ़ ली थीं। लेकिन अब जब वही पीढ़ी पूँजीवादी ताकतों की एजेंट बन कर अलग राह पर निकल गयी है तो क्या करे वह? हतप्रभ है डूंगा। बुढ़ापे की लाठी हाथ में न हो तो काँपती हड़ियल काया और दीठहीन आँखों के साथ कौन सी राह निकले वह? डूंगा की ही तरह कहानी भी तो मोहभंग, हताशा और दायित्वबोध के तिराहे पर ठिठकी खड़ी है ... स्तम्भ और किंकर्तव्यविमूढ़ता के साथ।

...और संशय से घिरी मैं भी तो जहाँ की तहाँ खड़ी हूँ कि जहाँ हर दूसरी-तीसरी कहानी किसी न किसी डूंगा की पीड़ा को लेकर लिखी जाती हो; जयशंकर प्रसाद की कहानी 'पुरस्कार' से लेकर प्रियंवद की कहानी 'दास्तानगो' तक कितनी ही सशक्त कहानियाँ भूमि अधिग्रहण समस्या को कई-कई आयामों में विश्लेषित कर चुकी हों, वहाँ 'लाल छींट वाली लूगड़ी का सपना' में मौलिकता और ताजगी की तलाश भी कर पाऊँगी मैं? सवाल अँधेरे का आवरण बन कर पूरी कहानी को ढाँप

लेता है। जानती हूँ स्थिति से बाहर रह कर फतवे दिये जा सकते हैं, स्थिति की विकरालता को अनुभव बना कर जिया नहीं जा सकता। इसलिए घुप्प अँधेरे से घबरा कर बैठ भी नहीं सकती। भीतर उतरने के लिए मद्धिम ही सही, रोशनी का एक बिन्दु तो चाहिए ही। यह भी जानती हूँ कि भीतर के सर्जनात्मक लोक को अपने संवेदन और विवेक से आलोकित किये बिना मैं किसी और के सर्जनात्मक लोक में उतर नहीं सकती क्योंकि कहानी अपनी मूल संकल्पना में दो सर्जनात्मक व्याकुलताओं के बीच संवाद की प्रक्रिया ही तो है जो क्रमशः आलाप की ऐसी तान बन जाती है कि मनुष्य होने के अतिरिक्त इंसान की तमाम लौकिक पहचानों को छिन्न-भिन्न कर डालती है।

वक़्त की तरह लेखक भी सदैव गतिशील रहने के लिए नियतिबद्ध है। ठहरने का 'सुख' तो वह जानता ही नहीं। अपनी सीमाओं और पाठक की बढ़ी हुई अपेक्षाओं के बीच दोलायमान वह जानता है कि कहानी भाषा, पात्रों, घटनाओं से बुने पाठ के भीतर नहीं होती, पाठ से तरंगायित होने वाले प्रभाव में होती है जो पाठक के बोध और चेतना के स्तर से आकार ग्रहण करती है और पाठक की सुस्पष्ट रुचि, दृष्टि एवं कोण के अनुरूप कहानी का पुनः सृजन करती है। या यूँ कहें कि कहानी वह नहीं जो लेखक द्वारा पन्नों पर उतारी जाती है, बल्कि वह है जो पाठक द्वारा ग्रहीत की जाती है। इसलिए प्रत्येक कहानी के साथ उसके मूल्यांकन के निकष भी अनायास अलग हो जाते हैं और कहानी में निहित अनेकविध व्यंजनाओं को पकड़ पाना भी आसान हो जाता है। सार्थक कहानी अक्सर एक बिम्ब, भाव या सवाल बन कर चेतना को आप्लावित कर लेती है। और ठीक यहाँ मानो लेखक को मनचीता करने का रास्ता मिल गया है। 'म्हारे नी बेचनो है म्हारे खेत' खंजड़ी को कस कर पकड़ते रक्तरंजित डूंगा का आर्त्तनाद भावापूरित बिम्ब बन कर पाठक के भीतर तक उतरता चलता है।

डूंगा की जिद से ज्यादा डूंगा की बोली-बानी मन को बेचैन करती है। न, मालवी बोली का प्रयोग अनायास भाव से नहीं हुआ है। यह बोली डूंगा की पहचान को उसकी मिट्टी के साथ जोड़ती है, और फिर उसके खून-पसीने के साथ घुल-मिल कर उसे एक भास्वर अस्मिता प्रदान करती है। तभी तो कहानी भूमि अधिग्रहण के खिलाफ खेत को बचाने की कवायद न रह कर अपनी मानवीय अस्मिता को बचाने की गरिमामयी लड़ाई बन जाती है जो वर्तमान विडम्बनाओं से दिशा, परिप्रेक्ष्य और चुनौती लेने के बावजूद तात्कालिकता का अतिक्रमण करते हुए हर देश-काल को रचने वाले मनुष्य के संघर्ष की दास्तान बन जाती है।

सत्यनारायण पटेल काल की चौखटों में बँधे रहना भी जानते हैं और पंख फैला कर व्योम को नाप आने का हुनर भी। अद्भुत किस्सागो हैं वे – चित-पट के खेल में माहिर। 'मैं' बन कर कथानायक के अन्तस की बारीकियों की जाँच भी कर डालते हैं (वर्टीकल एप्रोच) और निःसंग भाव से युगीन दबावों के बीच उसे

टूटते-बनते देखते भी रहते हैं (हॉरिजोंटल एप्रोच); और इस प्रकार दोनों को ताने-बाने के रूप में पिरोने के कारण कहानी संश्लिष्ट डिजाइन के रूप में उभरती है। सत्य पटेल के पास एक और खूबी है–निःसंग आसक्ति (डिटैच्ड इन्वॉल्वमेंट)। यह ऐसी विशिष्टता है जो कहानी के साथ लेखक के सन्तुलित सम्बन्ध को ही नहीं दर्शाती, पात्रों की बुनावट को हर तरह के लेखकीय हस्तक्षेप से मुक्त कर अपना वजूद आप अख्तियार करने का स्पेस भी प्रदान करती है। फिर भी सूत्रधार तो वे हैं ही। कहानी के शुरुआती पन्नों में ही वे ऐसे तीन स्थलों की नियोजना करते हैं जहाँ निःसंग आसक्ति के साथ डूंगा को एक निश्चित व्यक्तित्व देने के लिए एड़ी-चोटी का जोर लगा सकें। पहला स्थल है भदेस, विकृत, बीभत्स, अमानवीय स्थितियों में जीते डूंगा की लघुमानव सरीखी उपस्थिति। स्वयं लेखक देर तक बिम्बों का खेल रचाते हुए उसे डूंड के रूप में प्रस्तुत करते हैं – लेटा हुआ डूंड, गेहूँ के रंग का डूंड, हिलता हुआ डूंड, एक अदद पेट से लैस डूंड... नहीं, इतने भर से सन्तुष्ट नहीं है लेखक। अब वे 'तकिया' को डूंगा का रूपक बना कर उसका ब्योरेवार विस्तार देने लगते हैं। तकिया यानी 'फटे चेथरों को खोल में भर कर बना माकणों (खटमलों) का घर'। "जब किसी भी घर में सफाई अभियान के कारण माकणों पर घासलेट या फसलों पर छिड़कने वाली दवा से हमला किया जाता, तब माकण गारे की भीतों की दरारों से, ईंस और पाए की दरारों से यानी जो जहाँ होता, वहाँ से जान हथेली पर लेकर भागता और डूंगा के तकिए में आकर राहत की साँस लेता।" डूंगा की अनुपस्थिति में तकिए का अभिन्न हमदम है उसका पालतू कुत्ता टगड़ा - नींद और 'सू-सू' दोनों के लिए पाएदार दोस्त। टुल्लर को लगता रहे कि यह तकिया नहीं, ईंट के टुकड़ों से भरी छोटी बोरी' है, लेकिन डूंगा के लिए नींद (विश्रांति) और सपनों (संघर्ष) का आधार है। चूँकि इस पूरे प्रकरण में भावनाओं के अतिरेकी ज्वार से बचा गया है, इसलिए 'पीड़ा' और 'दया' की चिरपरिचित निष्कर्षात्मक अभिव्यक्तियों में दम तोड़ने की बाध्यता से मुक्त भी हो सका है। अपनी अन्तिम परिणति में यह प्रकरण अनायास वॉन गॉग की विख्यात कलाकृति 'पोटेटो ईटर्स' का स्मरण करा देता है। तब पीड़ा, करुणा, सहानुभूति के साथ आक्रोश और घुटन के गोले पेट में उठने लगें और पूरी ताकत के साथ दिलोदिमाग को बेचैन कर दें तो यह रचनाकार की सफलता ही कही जायेगी न!

डूंड यानी डूंगा यानी भदेस बीभत्स लघुमानव... मैं सोचती हूँ यह वर्ग हमारी दृष्टि, सोच और भावनाओं के दायरे से हर बार बाहर कैसे छूट जाता है? या कि हमारे भीतर का शुतुरमुर्ग ऐन वक़्त पर रेत में गर्दन गड़ा कर सामने के दृश्य को मुल्तवी कर देता है? सत्य पटेल कहानी में कहीं संकेत तक नहीं देते, लेकिन जाने क्यों मुझे लगता है कि डूंगा का 'लहू पीने को आमादा 'टुल्लर' की आन्तरिक बुनावट में वह हर शख़्स मौजूद है जो ज़मीन और फसल के साथ इंसानी वजूद के घनिष्ठ सम्बन्ध को भूल कर त्रिशंकुनुमा चकाचौंध के पीछे लहालोट है। यकीनन

इस टुल्लर का दायरा बहुत बड़ा है – हम सब के शतुरमुर्गी 'मैं' से बना हुआ। तो क्या इसीलिए यह कहानी डूंगा को सहानुभूति और दया देने की माँग नहीं करती? एक सवाल! लेकिन माकूल जवाब क्या गहरे उतरे बिना पाये जा सकते हैं?

दूसरे स्थल का चुनाव करते हुए लेखक ने अभाव की सन्तान डूंगा को श्रम के पर्याय के रूप में सर्जित किया है। यह स्थल लेखकीय स्टेटमेंट के रूप में आया है– "डूंगा की धोती मानो धोती नहीं थी। उसकी कमर के आसपास लिपटा पूरा समुद्र थी।" इस समंदर में श्रम का पसीना है और हिम्मत-हौसले की गहराई जो पीढ़ी दर पीढ़ी हस्तान्तरित होकर डूंगा के पास एक अदम्य विश्वास के रूप में आयी है कि "फसल के गोड़ में मेहनत, भावना और नींद के मिश्रण से बनी खाद" डालो, "एक-एक पौधे को खून के पसीने" से सींचो तो "फसल को अच्छा होना ही पड़ेगा।" इतना अच्छा कि तबाह करने को आमादा बैरी भी रश्क करने लगें और वैकल्पिक कूटनीति अपनाने को बाध्य हो जाये कि "यह ऐसी मेहनत करता रहा, ऐसी फसल काटता रहा... कर्जा तो यूँ ही पटा देगा। पर रुपये के बदले रुपये लेने को थोड़े ही दिया था कर्जा। कर्जा दिया था ताकि उसके बदले खेत आ सकें।" मैं सोचती हूँ ऐसे श्रमजीवी और मजबूत इरादे के धनी व्यक्ति को आखिर लेखक वक़्त के हाथों पटकनी खाते क्यों दिखाना चाहता है? खासतौर पर सुविधाभोगी मानसिकता के उस युग में जब 'टके सेर भाजी टके सेर खाजा' सरीखी अंधेरनगरी 'मूल्य' बन गयी हो और मिल्टन का कॉमिक हीरॉइक एपिक 'रेप ऑव द लॉक' वक़्त का हसीन तब्सरा? या फिर इसलिए कि इसी लीक पर टकराहट, विडम्बना और त्रासदी को घनीभूत करना जरूरी है ताकि निष्क्रियता के नीचे धड़कती सक्रियता वैचारिक प्रखरता और कर्मठता का बाना पहन कर हम अपने-अपने डूँगा की रक्षा में बाहर आ सकें? डूंगा और टुल्लर फिलवक्त पाले में आमने-सामने खड़े दो प्रतिद्वन्द्वी भले ही हों, अन्तःसम्बन्ध के उस बिन्दु को रेखांकित करने की माँग अवश्य करते हैं जहाँ कभी एकमेक होते हुए भी वे दो विरोधी रेखाओं की तरह एक-दूसरे को काटते हुए विपरीत दिशाओं की ओर तेजी से बढ़ते गये।

डूंगा का अनथक श्रम सपने को साकार करने की हुलस के साथ बँधा है और सपना साँस की डोरी बन कर डूंगा के मन-प्राणों से लिपट गया है। मानो अपनी निःसंग आसक्ति को लेखक ने डूंगा में पिरो दिया हो, और डूंगा के भीतर प्रतिष्ठित होते ही वह गीता के कर्मयोग सिद्धान्त में समा गया हो। सत्यनारायण पटेल कर्मयोगी डूंगा की इसी चारित्रिक दृढ़ता के साथ कहानी का पट खोलते हैं। शंख की फूँक से निष्प्राण डूंगा में गति, ऊर्जा, उत्तेजना, दृढ़ता और आत्मबल का संचार होना डूंगा की कन्विक्शंस को एक भक्त की अनासक्त दृढ़ता और ऊँचाई का रूप देते हैं। भक्ति कर्मकांडी भक्त की तरह डूंगा को पाखंडी नहीं बनाती, आत्मस्थ होने की उस कगार तक ले आती है, जहाँ विवेक के उजले आलोक में उसे अपना हौसला दीखता है और लक्ष्य तक ले जाने वाली पथरीली डगर भी। मन्दिर की आरती में रोज-रोज आत्मलीन

होकर खंजड़ी बजाने वाला यह नास्तिक-भक्त हिन्दी कहानी के विरल महानायकों में एक बन जाता है जो कर्म सौन्दर्य का नया शास्त्र रचने लगता है। डूंगा को कोई लघुमानव कैसे कहे? माना कि 'डूंगा का घर यानी मुसीबतों का पीहर', लेकिन इससे क्या वह हेमिंग्वे के उपन्यास 'ओल्ड मैन एंड द सी' के बूढ़े महानायक सा विराट नहीं हो जाता? सत्यनारायण पटेल की खासियत है कि वे अपनी ही स्थापनाओं को काट कर पात्र के साथ-साथ आगे बढ़ते हैं। शायद इसलिए कि अपने ही भंवर से मुक्त हुए बिना वक़्त की लहर के साथ चला नहीं जा सकता।

'लाल छींट वाली लूगड़ी का सपना' कहानी डूंगा की पागल जिद का ऐलान है —अपनी बोली-बानी, परिवार-संस्कृति के साथ जड़ों और ज़मीन को बचाने की पागल जिद! फिर भी कैसी विडम्बना कि खेत में फसल के रूप में नकदी उगाने वाला डूंगा स्वयं फटेहाल है और फसल दर फसल सृष्टि की विकास परम्परा को अविच्छिन्न आगे बढ़ाने वाला घटक वक़्त के किसी शुरुआती मोड़ पर ठिठक कर आदिम सभ्यता का प्रतिनिधि ही बन कर रह गया है। राजाज्ञा (अनुकंपा?) की अवहेलना से खेत के बदले मिली थाल भर स्वर्ण मुद्राओं को राजा के ऊपर न्यौछावर करती मधूलिका (प्रसाद की कहानी 'पुरस्कार') की ठंडी निश्शब्द विद्रोह ज्वाला में डूंगा का पागल प्रतिरोध बौखला रहा है कि 'म्हारो नी बेचनो है म्हारो खेत'। लेकिन डूंगा में मधूलिका की तरह आड़ी-तिरछी चालें चल कर बिसात को पलट देने की चाह भी नहीं। दरअसल इस भूमिपुत्र को किसी भी तरह के शतरंजी खेल का कोई इल्म ही नहीं। उसकी हसरतें जितनी छोटी हैं, उतनी ही छोटी है दुनिया—घर, मन्दिर और खेत के बीच फैली दुनिया में सपना एक है और चिन्ताएँ अनेक जो डंकल और अंकल के डसने-हँसने के बीच अपने वजूद को बनाती-फैलाती चलती हैं। 'दास्तानगो' में प्रियंवद पुल पर पलटी घोड़ागाड़ी को लूटते भिखमंगों की फौज के अन्तस्तल में नहीं उतरते, लेकिन न जाने क्यों मुझे उस भीड़ में सम्पत माय के बेटे किशोर समेत रामा बा और डूंगा की आने वाली पीढ़ियाँ दिखाई देने लगी हैं। आखिर कब तक मंदी का आलम विश्व-बाजार के सैलाब को रोके रहेगा? फैटेंसी के तौर पर अच्छा लग सकता है कि मॉल और मल्टीप्लेक्सों की गोद से निकल कर विकास वापस खेत की ओर मुड़ जायेगा; कि ऊर्जा केन्द्रित हवाई जहाज-एयरकंडीशर और रेफ्रीजिरेशन जैसी सुविधाओं की जगह दीए की टिमटिमाती लौ जल-जंगल-जमीन से हमारा रिश्ता पुख्ता कर देगी, लेकिन इतना तय है कि उठी हुई लहर कभी पीछे नहीं लौटती। डूंगा के सपने को बचाने के लिए लेखक मन्दी जैसी किसी तात्कालिकता को समाधान के रूप में प्रयुक्त कर फौरी तौर पर भले ही समस्या की विकरालता से मुक्त हो जाये, लेकिन 'सोने की जमीन' को लीलने के लिए उठी ताकतों से निपटना इतना इकहरा और सरल तो नहीं। आश्चर्य नहीं कि ये तीनों कहानियाँ – पुरस्कार, दास्तानगो और 'लाल छींट वाली लूगड़ी का सपना' ज़मीन और जमीर की रक्षा में सन्नद्ध सेनानियों को औदात्य के शिखर पर ले जाती हैं। प्रसाद ने द्वन्द्वग्रस्त मधूलिका के

जरिए प्रतिशोध को राष्ट्रद्रोही हरकत बेशक बताया हो, प्रतिरोध की ताकत को 'मृत्युदंड' के पुरस्कार के रूप में सम्मानित अवश्य किया है। भूख और बेहाली के कारण लूट-खसोट की दिशाहीन कारगुजारियों में विघटित होती भूमिहीनों की भीड़ को प्रियंवद ने उम्र और अनुभव से पके-तपे सेनापति का फौलादी नेतृत्व देकर वक़्त को सँजोने का प्रयास किया है। सत्यनारायण पटेल इन दोनों से अलग सपने की अहमियत और स्निग्धता के बरक्स विकास, पूँजी, धर्म और राजनीति के चरित्र की परतें खोलने लगते हैं। अब ज्यादा देर अनासक्त बने रहना उनके लिए सम्भव नहीं रह गया है। कोई न कोई लेखकीय युक्ति ढूँढ़ उन्हें बाजार की सर्वग्रासी भूख से सपने और संघर्ष के प्रति व्यक्ति की आस्था को बचाये रखना है। वे जानते हैं कि ज़िन्दगी अपनी रवानगी में इंसान को जय-पराजय का आकलन करने को वक़्त नहीं देती। बल्कि सच तो यह है कि एक अकेले व्यक्ति की हार-जीत व्यवस्था या समाज पर कोई बड़ा प्रभाव भी नहीं डालती। लेकिन जीवन की अनुकृति होने के बावजूद कहानी जीवन जैसी जटिल अबूझ और अथाह नहीं। वह निश्चित कूल-किनारों में बँधी है और उतार-चढ़ाव के निश्चित ग्राफ के साथ जीवन की किसी एक विडम्बना को अपनी नज़र से तोड़ती-बुनती है। जाहिर है यहाँ जय-पराजय (दृष्टि) का मसला जीवन के साथ लेखक के सम्बन्ध का उद्घाटन करने लगता है और कहानी जीवन की कोख से निकलने के बावजूद जीवन का सृजन करने का जरिया बन जाती है। पाश्चात्य नाट्यशास्त्र में जिसे देनूमा (denoument) कहा गया है, वह उतार की क्लांत यात्रा नहीं, न ही साँझ ढलने पर जाल समेटते मछुआरों की यांत्रिक गतिविधि है, बल्कि सरोकार और संवेदना की धुरी पर टिक कर त्रिलोक की यात्रा कर आने के बाद अपनी कन्विक्शंस को मूर्त रूप देने की ललक है। बेशक नाट्य अवस्थाओं को कहानी में ठीक उसी रूप में मूर्त करने की माँग बेमानी है, लेकिन देनूमा ही वह स्थल है जहाँ जीवन-समय-समाज के साथ अपने अतःसम्बन्धों को गुनते-रचते लेखक-पाठक को भी संवेदना और विचार के उसी धरातल पर ले आकर एक साझी दायित्वशीलता के साथ सृजन का नयौता देता है। काव्यशास्त्रीय प्रतिमान इसे उदात्तीकरण की भावभूमि का नाम देना चाहें तो देते रहें, मैं इसे लेखक की निजता और विशिष्टता का आधार-बिन्दु मानूँगी जो किस्से में पहली बार प्राण-प्रतिष्ठा कर इसे 'कहानी' का रूप देता है, वरना इससे पूर्व तो वह चतुर किस्सागो द्वारा सुनाई जाने वाली रोचक दास्तान ही थी। यह वह स्थल है जहाँ लेखक के लिए किसी भी किस्म का मुखौटा पहनना सम्भव नहीं। मन्दी यानी बाजार के पराभव की परिकल्पना कर लेखक कहानी के उद्देश्य को साफ-साफ शब्दों में बयान कर देते हैं कि "जब तक खेत बचा है, खेती करने की इच्छा बची है, अपनी मेहनत की फसल के दम पर लाल छींटदार लूगड़ी लाने का सपना बचा है... बहुत कुछ बचा है।" डूंगा का सपना उनका अपना सपना है और आम आदमी के जीने का आधार भी। आधार बना रहेगा तो आस्था और संघर्ष की लौ भी जगमगाती रहेगी। इसलिए लेखक की गिरफ्त से

छूट कर कहानी स्वयं डूंगा के सपने को टूटने-छीजने से बचाने की कवायद में जुट जाती है। कहानी जो डूंगा के सपनों की नहीं, 'मेरे' सपनों की राजदार बन जाती है और जानती है सपना टूट गया तो सम्बन्धों की मिठास और आपसी विश्वास का सूत्र भी टूट जायेगा। लूगड़ी पोशाक होती तो डूंगा कब का खरीद कर माँ-पत्नी को पहना-ओढ़ा चुका होता। लूगड़ी बतर्ज कबीर 'सन्तोषधन' है जहाँ अपनी न्यूनतम मानवीय गरिमा को बचाने के लिए इंसान को अभाव, आतंक, उत्पीड़न और कदाचार के दलदल में न उतरना पड़े। इसलिए कहानी डूंगा के पराभव की कहानी बन ही नहीं सकती थी। अपनी मूल संकल्पना में यह विकास की गति और नीति पर व्यंग्य की कहानी है। सपने के टूटने की नहीं, सपने को बचाने की जद्दोजहद की कहानी है। डूंगा सपने देखने में मग्न रहता तो शेखचिल्ली की तरह कब का भुला दिया गया होता। वह सपनों को साकार करने का हौसला बन कर सामने आता है। सपने को बचाने की खातिर परिवार और समाज से टकराता डूंगा अकेला खड़ा है—अडिग, अविचल, स्थिर। मानो परिवर्तन का चक्र सबको लाद कर चलता बना हो और डूंगा उसे समझाता ही रह गया हो कि "किसान का बेटा खेत में खटता नी, अपने मन से जुटता है—अपनी धरती माँ की गोदी में खेलता है।"

मैं सोचती हूँ क्यों न रुक कर 'किसान का बेटा' कही जाने वाली शख्सियतों के साथ मुलाकात ही कर लूँ। डूंगा, रामा बा, किशोर तो हैं ही, डूंगा का साला मदन और टुल्लर के छोरे भी तो हैं किसान के बेटे। लेकिन किशोर ने तीस लाख रुपये में दो बीघा खेत बेच कर घर के सामने कार खड़ी कर ली है; और मदन खेतीबाड़ी करने जैसी 'फिजूल' की दिनचर्या से मुक्ति पाकर दिनदहाड़े गाँव के बीचोबीच जुआ खेल कर पैसा बनाने का चरखा चलाने लगा है। बेशक उसके साथियों में कुछ निठल्ले कामचोर बदमाश हैं तो कुछ उस जैसे 'समझदार' किसानपुत्र भी जो हवा का रुख भाँपते ही अपनी कार्यशैली बदल लेते हैं। आखिर मदन और किशोर करें भी तो क्या करें? जब खेतों में फसल की जगह कारें, बंगले और मल्टियाँ लहलहाने लगें, खेत बेच कर इतने पैसे मिलें कि सम्हाले न सम्हलें तो फिर वे फकीरी और फटेहाली में क्यों रहें? उनके रोके विकास की आँधी रुकेगी तो नहीं। और फिर वे रोकें भी क्यों? जिन सपनों को देखने के लिए छुटपन से आँखे तरसती थीं, वही मानो अब सभी सीमाएं तोड़ कर उनके पास आने को बेचैन हैं। विकास की हवा ने खेत लील लिए है तो क्या, बेहद उर्वर 'रोजगार' भी तो मुहैया कराया है—जमीन की दलाली। गाँव के भीतर तक घुस आये महानगरों को अपनी साख बनाने के लिए आनन-फानन में बहुत कुछ करना है— चौड़ी-चिकनी सड़कें, मल्टीप्लैक्स, पेट्रोल पंप, इंडस्ट्रियल टाउनशिप, पार्क। ज़मीन के बिना कुछ भी सम्भव नहीं। सो ज़मीन दिलाने का जिम्मा दलाली के नाम पर ज़मीन से बेदखल कर दी गयी इसी आत्मरतिग्रस्त पीढ़ी के पास।

अपने भविष्य से बेपरवाह यह पीढ़ी न श्रम के महत्त्व को जानती है, न जीवन-मूल्यों की उपयोगिता और न आत्मसम्मान की दमक। भोग, अनास्था, अराजकता और 'स्व' का सँकरा कीचड़ भरा दायरा – इससे बाहर यदि कोई दुनिया है और उसमें डूंगा जैसे लोग अपनी प्रतिरोधी ताकत के साथ लाल छींट वाली लूगड़ी का सपना जुटाने का संकल्प लिए बैठे हैं तो यह एजेंट पीढ़ी छल से, बल से उन्हें धूल चटाने को तैयार है। निष्ठा और आतंक को एक-दूसरे का पर्याय मान कर इन्होंने वफादारी और अपराध में पाये जाने वाले फर्क को मिटा दिया है। नहीं तो वे सिर्फ इस बात के लिए रामा बा की बेटी का अपहरण और सामूहिक बलात्कार न करते कि उसने खरे-खरे शब्दों में ज़मीन का सौदा करने से इन्कार कर दिया है। दरअसल जब मिट्टी सोना बन जाये और जीवन देने की बजाय तृष्णाओं की तिजारत करने लगे, तब न विवेक शेष रहता है, न सम्बन्ध। महत्त्वपूर्ण हो जाता है अपना अहं और मूल्यवान हो जाती है अपनी हर इच्छा। जाहिर है बाधा पहुँचाने वाला हर व्यक्ति 'शत्रु' बन जाता है और युद्ध नीति यही बताती है कि शत्रु का सिर कुचले बिना 'शान्ति' की स्थापना सम्भव नहीं। अलबत्ता सिर कुचलने की प्रक्रिया शत्रु को नष्ट करने भर के लिए नहीं होती, सम्भावित शत्रुओं के हौसले पस्त करने की टंकार भी होती है। इसलिए आश्चर्य नहीं कि डूंगा जैसे दिलेर को सपने में लूगड़ी की बजाय कभी रामा बा की बेटी की तरह अपनी बेटी पवित्र नंगी-निचुड़ी दिखाई देने लगती है और कभी लहलहाती फसल राख का ढेर बन जाती है। यह अनिष्ट की आशंका से होने वाली सिहरन नहीं, अवश्यंभावी अनिष्ट के सामने छीजते चले जाने की स्वीकृति है।

माथे पर हाथ धर कर न बैठे तो डूंगा क्या करे? खेत बचाने के अलावा बेटी ब्याहने की चिन्ता भी है उसे। पढ़ी-लिखी संस्कारशील बेटी को ब्याहने के लिए उसके जोड़ का दूल्हा ही चाहिए, लेकिन पढ़-लिख कर 'भणे-गुणे' लड़के या तो पुलिस-फौज में जा रहे हैं या प्राइवेट नौकरियों में। खेती (गाँव और माँ-बाप में भी) में किसी की रुचि नहीं। नौकरीपेशा लड़कों को चाहिए ऊँचा दहेज। जो एक छींटदार लूगड़ी न खरीद पाया हो, वह दहेज का ढेर कैसे लगाये? और नौकरीपेशा लड़के भी क्यों न चाहें दहेज? जब खरबूजे को देख कर खरबूजा रंग बदल लेता हो और खातियों की शादियों में दहेज-दिखावा-औरतबाजी का चलन बढ़ गया हो तो ऊँची कही जाने वाली जातियाँ क्योंकर पीछे रहेंगी? आखिर होरी भी तो 'महतो' (जमीन से डेढ़ अंगुल ऊपर) होने के नशे में कहाँ-कहाँ समझौते नहीं करता फिरा? लेकिन डूंगा होरी नहीं। समझौताविहीन ज़िन्दगी जीने की जिद ने उसे तोड़ दिया है। दमड़ी बंसोर के साथ मिल कर भाइयों से थोड़ा छल-फरेब करने की होरी-सरीखी कुशलता डूंगा में बिल्कुल नहीं। न ही अरमान (मर्यादा) और अवसर की लहर पर सवार होकर लड़कियों के ब्याह के लिए दो अलग-अलग तरह के निर्णय लेने की व्यवहारकुशलता। स्मरण रहे कि बड़ी बेटी सोना के ब्याह के समय समधियों द्वारा

दान-दहेज न दिये जाने के निर्देश के बावजूद होरी कर्ज लेकर धूमधाम से ब्याह करता है क्योंकि परम्परागत भारतीय परिवार में शादी (और खासकर पहली शादी) के समय ही अपने रुतबे और ताकत को दिखाने की प्रथा है। लेकिन वही होरी अन्तिम सन्तान रूपा के ब्याह के समय न केवल कुशकन्या देने का निर्णय लेता है, बल्कि वर से कन्या-शुल्क के रूप में दो सौ रुपये भी वसूलता है। बेशक कर्ज के तौर पर ही, लेकिन वह चोर-मन को समझाने की एक अदा भर है। डूंगा के पास एक ही इल्म है—मेहनत करते हुए सूखी छड़ी-सा तन कर खड़ा रहना। इसलिए वह झुक्कमुड़ कर प्रतिकूलताओं की विकरालता से स्वयं को बचा नहीं पाता, टूट जाता है। होरी के व्यक्तित्व में गुँथी लोचशीलता (व्यवहारकुशलता) धनाभाव एवं समयाभाव के बावजूद उसे 'पंच पोसाक' पहन कर जमींदार के दरबार में 'नजराना' और 'बेगार' पेश करने के लिए प्रेरित करती है, डूंगा का अड़ियल स्वभाव और कर्मठ वृत्ति कभी रुक कर अपने को भीतर-बाहर से निरख-परख कर 'चीन्हने' का अवकाश नहीं देती। अपने ही प्रति अनुदार डूंगा मानो अपने और अपने परिवार-परिवेश से अपरिचित होता जा रहा है। इतना अधिक कि आईने में खुद को न पहचान पाये। पलट कर पीछे देखे कि कौन बूढ़ा बैठा है। भीतर यौवन की उमंग और बाहर बुढ़ापे की ढलान – रियलाइजेशन (यथार्थ की प्रतीति) की इस प्रक्रिया में ठगा सा रह गया है डूंगा कि 'पुपलाता मुँह, धँसी आँखें, पुतलियों के आसपास फफूंद जैसा कुछ जमा हुआ, भाल-नाक और गाल पर मकड़जाल, और जाल के नीचे आटा छननी के माफिक छोटे-छोटे-छेद—इस डूंगा को वह बिल्कुल नहीं पहचानता, ठीक वैसे जैसे दुर्गन्धयुक्त खटमल भरे चीकट तकिए की असलियत से वह खुली आँखों दूर रहता है। तो क्या यह 'सिधाई' (जिसे मूर्ख कड़ियल जिद का नाम भी दे बैठते हैं लोग) ही डूंगा के व्यक्तित्व की बड़ी दरार है जो उसे धीरे-धीरे क्षरित कर रही है? "कसो घनचक्कर है हूँ भी" – खोपड़ी में एक टप्पू मार कर बुदबुदाता-हँसता डूंगा पाठकीय सहानुभूति बटोरने में जरा भी देरी नहीं लगाता, लेकिन सहानुभूति का उफान उतरते ही उसकी अति विनम्रता अहं की बू से गंधाती दीखने लगती है। बेशक 'सीधा' दीखता डूंगा इतना सीधा भी नहीं है। जमाने के हिसाब से अपना बदलना भले ही उसने मुल्तवी रखा हो, बदलते जमाने की चाल को पहचानता है वह, और उस चाल में कदम मिला कर चलने को बेताब पत्नी-बेटी की व्यकुलता को भी। जानता है कि टी. वी. धारावाहिकों को देखते-देखते पवित्रा ठीक वैसे ही जेवरों, सितारे जड़ी लाल चूनड़ी और राजकुमार सरीखे दूल्हे के सपने लेने लगी है। अनुमान भी है कि अपने को 'भणी-गुणी' लड़कियों की श्रेणी में रख कर वह ब्याह के बाद 'किसी के यहाँ गोबर सोरने और कंडे थेपने' का काम बिल्कुल नहीं करेगी। टी. वी. धारावाहिकों के डिजाइनर घर, डिज़ाइनर सम्बन्ध और डिजाइनर सपने एक पूरी पीढ़ी को भरमा रहे हैं, मेहनत की जगह तिकड़म को मूल्य बना कर पोस रहे हैं। ज़मीन मेहनत का

पर्याय है, इसलिए वह आँख में खटकती है। कारखाना करूँ के खजाने का पर्याय है, जिसे लगाना बहुत आसान है। बस, ज़मीन बेच कर पैसे खरे करने हैं, और फिर उन्हें कारखाने की शक्ल में ढाल देना है। चाहो तो अपने सपने को पूरा करने के लिए लूगड़ी बनाने का कारखाना ही क्यों न खोल ले इंसान—डूंगा... और कारखाना संभालने के लिए टी. वी. धारावाहिकों में आने वाले किसी हीरो को घरजंवाई बना ले। सब कुछ कितना आसान... और सपने की तरह भारहीन... सुहाना। ज़मीन की 'मुसीबत' बीच में से निकल जाए, बस। ममत्व की डोर से बँधा डूंगा पवित्रा की तर्कहीन सोच पर सौ जान से फिदा है, लेकिन पारबती को प्रताड़ित करने से नहीं चूकता। अलबत्ता सीधे-सीधे पारबती से अपनी नाखुशी बयान करने का हौसला (स्पष्टता) उसमें नहीं, पारबती के भाई मदन के बहाने पारबती के कानों में सीसा सा घोल देता है कि "... जिको मन जी (माँ) का दूध से नी भरियो, जी का खून पीना से, गोश्त खाना से कैसे भरोगे?"

शायद यह प्रताड़ना पारबती के साथ-साथ अपने लिए भी है क्योंकि मन ही मन वह जानता है, भीतर बैठा 'चोर डूंगा' ज़मीन बिकने से मिले पैसों का पहाड़ देख-देख कर मुदित हो रहा है और कुलाबे बाँध रहा है कि "किशोर के दो बीघा के तीस लाख तो मेरे दस बीघा के कितने होंगे। अयं अयं! डेढ़ सौ लाख! बहुत ऊँची और चौड़ी खंडार होगी। पूरी बैलगाड़ी भर जायेगी। लेकिन एक बैलगाड़ी भर नोट में कितनी बैलगाड़ी भर लूगड़ी आयेगी। फिर मैं, मेरी पड़ोसन सम्पत काकी को ही नहीं, परगाँव की भी कई सम्पत काकियों, पारबतियों और पवित्राओं को लूगड़ी दे सकूँगा। धरती माँ की हरेक बेटी को लाल छींटदार लूगड़ी ओढ़ा दूँगा।" इस चोर डूंगा का मुँह छेंकने के लिए डूंगा को सजग और लाउड होकर जगह-जगह सवालों के पहरेदार तैनात करने पड़ते हैं कि "डूंगा, खेत बेच देगा तो काम क्या करेगा? रोटी कहाँ से कमाएगा? क्या तू धरती का बेटा धरती को बेचे पैसों से रोटी खरीद कर खायेगा?... खेत में मेहनत करे बगैर तुझे रोटी हजम हो जायेगी? नींद आ जायेगी? कोई बेटा अपनी माँ का सौदा करके चैन से सो सकता है?"

माया और मृगतृष्णाओं के आसमान से आच्छादित यह ठीक वही स्थल है जहाँ डूंगा और टुल्लर अपनी-अपनी किंकर्तव्यविमूढ़ता और अस्पष्टता के साथ विचलित से एक-दूसरे के सामने ठिठक कर खड़े हैं। दोनों के सामने एक ही सवाल है—बुनियादी भी और चुनौतीपूर्ण भी कि खेत बेच दिये तो खाओगे क्या? जवाब के तौर पर कोई ठोस जमीनी समाधान नहीं, देखी-सुनी बातों की नजीर कि अपनी 'सोने की जमीन' बेच कर दूर कहीं 'गारे की जमीन' खरीदो, हाली के ईमान के भरोसे ज़मीन और फसल छोड़ कर गाँव लौट आओ; खाली वक़्त में ताश-पत्ते खेलो; दूसरों की बहू-बेटियों को ताको; लोगों की ज़मीन बिकवाने का फायदेमंद धन्धा अपनाओ। ऐसी नजीरें तृष्णाओं को हवा देने के लिए होती हैं, भविष्य का दीदार करने के लिए

नहीं। इसलिए नोटों की गड्डियाँ और उनसे खरीदी ऐयाशियाँ दीखती हैं, धीरे-धीरे चुक कर शून्य होता आर्थिक आधार नहीं दीखता। चंचला लक्ष्मी जिस गति से आती है, उससे दूनी तेजी से लौट भी जाती है, यह बात किसी से क्या छिपी है? लेकिन कड़वी सच्चाइयों का स्मरण स्वप्नाविष्ट अवस्था में कोई नहीं करना चाहता। इसलिए कार-बंगले-बन्दूक और रुपयों की गर्मी में इतराती 'त्रिशंकु मानसिकताएँ' नहीं देख पातीं कि अकर्मण्यता और अपराध की जुगलबंदी दो-तीन पीढ़ियों बाद उन्हें ठीक वैसे ही नेस्तनाबूद कर देगी जैसे भाखड़ा-नंगल बाँध के लिए अधिग्रहीत जमीनों का मुआवजा पाने और हरित क्रान्ति के बाद पंजाब का मेहनतकश किसान अपना आपा खोकर धीरे-धीरे नशे, आतंक और अपराध का गुलाम बन बैठा। डूंगा इन सवालों और दूरगामी परिणामों पर विचार करना भी जरूरी समझता है। इसलिए नौ नकद न तेरह उधार वाली नीति को अपना मूलमंत्र मान कर चलता है। वह बखूबी जानता है कि सपने देखना और सपना पालना दो अलग-अलग चीजें हैं। पारबती की तरह सपने देखने का मोहाविष्ट क्षण उसे गुदगुदाता भी है ("जल्दी ही उसके घर के सामने भी कार खड़ी होगी और पवित्रा का लाड़ा कार को कपड़ा पहनाएगा। डूंगा और वह खाट पर बैठे-बैठे देखेंगे।") और हूक बन कर किशोर के प्रति ईर्ष्याविदग्ध भी कर डालता है कि वह "रोज एक-दो लूगड़ी का तेल तो फूँक ही देता होगा" लेकिन टुल्लर या किशोर की तरह अपने हाथ-पैर काट कर दूसरों को नहीं थमाता। डूंगा की जिद में उसका होश कायम है जो उसकी मानसिक शक्ति को और मजबूत करता है। रामा बा और किशोर ठोस उदाहरणों के रूप में उसे अपना कर्त्तव्य-पथ चुनने का विश्वास देते हैं। रामा बा हार कर भी विजेताओं के सामने चुनौती की तरह डटे हुए हैं जिन्हें नेस्तनाबूद करने में स्वयं पूँजीवादी ताकतों के छक्के छूट रहे हैं। किशोर अधकचरे प्रतिरोध की मिसाल है जो हारी हुई लड़ाई लड़ने का हुनर नहीं जानता; जरा सा दबाव आते ही घुटनों के बल बैठ जाता है और फिर रिरियाता हुआ पूँजीवादी ताकतों से पनाह माँगने चला जाता है। टुल्लर के लिए वह आसानी से हस्तगत किया जा सकने वाला मुहरा है और पूँजीवादी ताकतों के लिए अपनी जीत का ऐलान। सुविधाभोगी रीढ़विहीन लोगों के लिए किशोर प्रतिरोध और संघर्ष की मिसाल हो तो हो, डूंगा किशोर की तरह बाजार के बहकावे में आकर अपने पैरों तले की पुख्ता ज़मीन नहीं छोड़ सकता। वह पढ़ा-लिखा ज्ञानी न सही, अनुभव का ताप सह कर 'त्रिशंकु' होने की त्रासदी जान गया है। इसलिए मानता है कि नोटों की गड्डियों से खरीदे जा सकने वाले सपने आत्मसार्थकता का सन्तोष नहीं देते, मरीचिका की अन्धी बदहवास दौड़ में धकेल देते हैं। पवित्रा और पारबती के सपने में शामिल होने की हर कोशिश उसे और भयभीत, अकेला और असुरक्षित कर देती है। वह जानता है कि मनचली पतंग की तरह सातवें आसमान की बुलन्दी तक ले जाकर जब सपना इंसान को नीचे धकेलता है तो उसके बाद

साबुत बचने की जरा सी भी गुंजाइश नहीं छोड़ता। गजाधर बाबू सरीखा (उषा प्रियंवदा की कहानी 'वापसी') होता डूंगा तो पत्नी को बेटी, बाजार और मायावी सपनों के पाले में जाते देख अपना बोरिया-बिस्तर समेट अकेले आत्मसम्मान की दमकती ज़िन्दगी जी लेता, लेकिन तभी जब परिवार सुरक्षित हो। वह तो नियति के उस दाँव पर अवसन्न है कि अभावों के बीच भी दाम्पत्य के माधुर्य से पगा खेल खेलती सहचरी उम्र की ढलान पर आकर इतनी अपरिचित और तीखी क्यों हो गयी कि डूंगा की आँख में तैरते सपने के परिपार्श्व में उगे असुरक्षा, भय और बेबसी को देख ही नहीं पा रही। रुपये क्या सम्बन्ध और संवाद दोनों से भारी पड़ने लगे हैं? क्यों नहीं समझती पारबती कि परिवार का सहारा मिले तो पूरे संसार से टक्कर ले सकता है आदमी? तो क्या जुझारू रामा बा की लड़ाई में उनका परिवार साथ है? डूंगा अनिश्चित सा मानो सिर खुजलाता जवाब की टोह में रामा बा के भीतर तक उतर जाना चाहता है। इतने बड़े हादसे के बाद दो-दो जवान बेटियों के बाप को क्या बेटियों और उनकी महतारी से किसी किस्म के सहयोग की अपेक्षा करनी चाहिए? डूंगा गुणा-भाग नहीं जानता, लेकिन रामा बा के मुकाबले अपने को बौना होते जरूर महसूस करता है। रामा बा उसकी प्रेरणा हैं और ताकत का सतत स्रोत भी। बाजार और व्यवस्था को चाहे वह पलट न सके, लेकिन अपने प्रतिरोध को दर्ज कराने का रचनात्मक दायित्व क्योंकर न सम्पन्न करे?

जाहिर है युग नाम बदल कर किसी भी रूप में क्यों न आये—सतयुग, त्रेतायुग, कलियुग —सत्-असत् का द्वन्द्व कभी समाप्त नहीं होता। न ही मूल्यों के विघटन या अन्त की हाय-हाय के बावजूद जीवन-मूल्यों के बुनियादी ढाँचे में कोई हेर-फेर होता है। अपनी आदिम मनोवृत्तियों और महत्वाकांक्षाओं के साथ मनुष्य पतन, निष्कृति और उन्नयन के उन्हीं-उन्हीं द्वारों पर दस्तक देता चलता है जहाँ से गुजर कर उसके पूर्वज अपने वक़्त में एक सकारात्मक हस्तक्षेप करने की आकांक्षा में कालजयी लड़ाइयाँ लड़ते चले गये। 'लाल छींट वाली लूगड़ी का सपना' कहानी अपनी मूल संकल्पना में वक़्त को आज के फ्रेम में पिरोकर भी चीन्हती है और तमाम हदबंदियों से मुक्त कर अखंड समय के भीतर स्थित हो कर मनुष्य की जिजीविषा और संघर्षाकुलता के बरक्स आत्मपरक आततायी ताकतों की नृशंसता और स्वार्थपरता को सन्दर्भ भी देती है। तब डूंगा को सत् यानी संकल्पदृढ़ता, तेज और कर्म-सौन्दर्य का रूपक बना कर कहानी आम आदमी के लिए परिवार, सम्बन्ध और विश्वासपगी आत्मीयता को जीवन की हर साँस में पिरोने का आख्यान बन जाती है तो सपनों की सौदागर लम्पट पीढ़ी के लिए डूंगा को ज़मीन हथियाने के कारोबार का सबसे बड़ा रोड़ा बना देती है क्योंकि एकमात्र वह ही जानता है, जब तक सपने हैं, तब तक श्रम और संवेदन से उर्वर ज़मीन पैरों के साथ वजूद को भी टिकाये-बनाये रखने की ताकत देती रहेगी।

‘आराधन का दृढ़ आराधन से दो उत्तर’

“बोले विश्वस्त कंठ से जांबवान – रघुबर
विचलित होने का नहीं देखता मैं कारण
हे पुरुष सिंह, तुम भी यह शक्ति करो धारण
आराधन का दृढ़ आराधन से दो उत्तर
तुम वरो विजय संयत प्राणों से प्राणों पर।
रावण अशुद्ध होकर भी यदि कर सका त्रस्त
तो निश्चय तुम ही सिद्ध करोगे उसे ध्वस्त
शक्ति की करो मौलिक कल्पना, करो पूजन
छोड़ दो समर जब तक न सिद्धि हो रघुनन्दन।”

(राम की शक्तिपूजा, निराला)

“मौन और मितव्ययिता के कथाकार कैलाश वानखेड़े। दलित अस्मिता को बिना किसी कुंठा, प्रतिशोध और बड़बोलेपन के मनुष्योचित गरिमा से उकेरता उनका कहानी संग्रह ‘सत्यापन’। अपनी छिनी हुई ज़मीन आत्मविश्वासपूर्ण अधिकार से वापस लेने और उस पर तने आसमान में मुक्त उड़ान भरने का साक्ष्य रचती हैं इस संग्रह की कहानियाँ – विशेषकर ‘सत्यापित’, ‘अन्तर्देशीय पत्र’ और ‘तुम लोग’। मानो सूत से सूत कात कर कथा-वितान फैला रही हो बूढ़ी नानी, और इतिहास अपनी करनी पर लज्जित माफी माँगता पीछे-पीछे चला आ रहा हो। इतनी सूक्ष्म व्यंजकता, आब्जर्वेशन का पैनापन और उद्देश्य की कलात्मक संश्लिष्टता – सचमुच अप्रतिम है।”

कहानीकार कैलाश वानखेड़े के संग्रह ‘सत्यापन’ को पढ़ने के तुरन्त बाद लिखी टिप्पणी को एक लम्बे अन्तराल के बाद निःसंग भाव से पुनः पढ़ रही हूँ और सोच रही हूँ कि इतना भर यथेष्ट नहीं होता किसी रचना और रचनाकार को जानना। रचना कुआँ नहीं होती कि उसकी जगत पर खड़े होकर सतह पर ठिठके पारदर्शी जल में अपने संवेगों और अपेक्षाओं की सूरत निहार कर सन्तुष्ट हो जाओ। साहित्य कुंओं के भीतर प्रवाहमान जल के अजस्र सोतों की तलाश में की गयी सत्यान्वेषण की संश्लिष्ट यात्रा है जो किसी मुकाम तक पहुँच कर सम्पन्न नहीं होती बल्कि हर

मुकाम को अस्थायी पड़ाव मान आगे ही आगे किसी अन्य गहन रहस्य की तलाश में निकल पड़ती है। प्रकृति और मनुष्य के अन्तर्मन के रहस्यों की पार कहाँ तक पा सका है कोई? ये दोनों बाहर से जितने निरीह और सरल हैं, भीतर से उतने ही जटिल, उलझे और अनन्त। एकदम वक़्त की मानिंद जो अपनी क्रमिक गति में किसी को तेजी से सदियाँ फलांगता दीखता है तो किसी को मलूकदास के अजगर की तरह आलस में अपनी ही परिधि पर ठिठका खड़ा। वक़्त की किताब बेआहट वरक पलटती चलती है और किसी को कानोंकान खबर नहीं होती कि काल-चक्र के गोल-गोल घूमने, तेजी से आगे बढ़ने या द्वन्द्वग्रस्त स्थिति में पेंडुलम की तरह दाएँ से बाएँ, बाएँ से दाएँ भटकने की प्रक्रिया शुरू हो गयी है। सांसारिकता में लिप्त व्यक्ति बस जीता चलता है और दुखिया दास कबीर जागते-रोते हुए वक़्त को साक्षी भाव से शब्दों की दुनिया में अमरत्व दे डालता है। लेकिन कबीर होना क्या इतना सरल है? हर कलाकार कबीर होता तो व्यवस्था की पोषक ताकतों को अपने लिए भाट-चारणों का हजूम क्यों आसानी से सुलभ हो पाता? कबीर होने का अर्थ फक्कड़ वैरागी स्थितप्रज्ञ, जुझारू योद्धा और मानतावादी होना भर नहीं है। कबीर होने का अर्थ है इन सब को रचनात्मक स्पन्दन से जोड़ वक़्त की आहटों के भीतर छिपे नाद और लिखावट को समझना और 'लाल की उस लाली' में रंग कर नये मनुष्य की रचना करना। जब तक कृति रचयिता के वर्चस्व और व्यक्तित्व को अपदस्थ कर स्वयं अपना सिक्का न जमाये, तब तक रचना-शक्ति से भरपूर रचना कैसे हो सकती है?

बेशक कसौटी कठिन है। तो भी मुझे इसी पर कैलाश वानखेड़े की रचनाधर्मिता को कसना होगा। दलित लेखन की एक पूरी परम्परा निराला और प्रेमचन्द के मुकामों पर क्षण भर रुक कर जोतिबा फुले की रचनाओं पर आ टिकी है। लेकिन कलेजे की हूक है कि कहीं ठहरने नहीं देती। मन बार-बार दौड़-दौड़ कर 73ई. पू. रोम के बाहरी क्षेत्र में सूली पर टँगी अधज़िन्दा-अधखाई लाशों को एकटक निहार रहा है। गिद्धों के झुंड के बीच खून और दुर्गन्ध से सनी लाशों को देख कर मितली नहीं आती। गर्म लहू लावा बन कर इन लाशों को जिला देने के जुनून में ढल जाना चाहता है। स्पार्टाकस जैसे हर विद्रोही की रग में बह कर वह एक बार फिर अखाड़े में घुस जाना चाहता है। इस बार भूखे शेरों के साथ निहत्थे दो-दो हाथ करने नहीं, न ही अपनी जान बचाने के नाम पर अपने जैसे किसी ग्लेडिएटर को मार कर अभिजन समाज की प्यासी आँखों और मुरादों को ठंडक पहुँचाने के लिए। इस बार वह अपमान, तिरस्कार और मौत के खौफनाक दर्द को अपने आकाओं की आँख में उतार देना चाहता है। न, यह प्रतिशोध का खूनी खेल नहीं। दूसरे के पैर में फटी बिवाई के दर्द की सिहरन दौड़ा देने की मासूम चाहत है ताकि वह दूसरा उसके पैरों की बिवाइयों के सदियों पुराने दर्द की लहर को महसूस सके। 'घायल की गति घायल जाने' — मीरांबाई विद्रोहिणी हैं, दमनकारी

नहीं। फिर अज्ञेय भी तो कह गये हैं न कि 'दुख सबको माँजता है'। सुख के सरोवर में गोते लगाने वाला सूखी तलैया के दर्द को नहीं जान पाता जो अपने दरके सीने को उघाड़ देने के बाद भी किसी से दो बूँद पानी नहीं ले पाती।

सचमुच, एक और कठिन कसौटी ले आयी हूँ मैं। 'स्पार्टाकस' की मर्मबेधी संवेदना, कलात्मक संयम और वक़्त को बुनती/वक़्त के साथ बुनी जाती बीहड़ सच्चाइयों का दो टूक आख्यान। क्या औदात्य के सारे प्रपंचों को तार-तार कर इस ज़मीनी क्रन्दन को कैलाश वानखेड़े आँसुओं में नहीं, आत्माभिमान की दर्प भरी सर्जनात्मक लड़ाई में उकेर पाएँगे हावर्ड फास्ट की तरह, जहाँ रचनाकार दृष्टिओझल हो जाता है? सामने रह जाता है अपने ध्येय के लिए लड़ता स्पार्टाकस। न न, प्रकाश-पुंज! जिसकी रश्मियों में है एकाग्रता, दृढ़ता, निर्भीकता, लक्ष्यगत स्पष्टता और मृत्यु को पराजित करती जिजीविषा। कृति इसीलिए तो 'रचना' है कि रची जाकर वह रुद्ध और बिद्ध नहीं होती, पल-पल बदलते वक़्त के साथ अपने को रच कर नव्या बनी रहती है।

हावर्ड फॉस्ट भाग्यशाली हैं कि इतिहास ने उन्हें स्पार्टाकस जैसा जांबाज ग्लेडिएटर दिया है और वक़्त ने अपनी पुरानी फाइलों को खोल-टटोल कर तिथियों में बँधे विद्रोह की सिलसिलेवार घटनाएँ। कैलाश वानखेड़े के पास इतिहास नहीं, पुराण आता है – कुछ पात्रों और आख्यानों के साथ। विद्रोह-कथा कहने नहीं, उत्पीड़न को महिमामंडित करने के हुनर को लेकर। एकलव्य और बर्बरीक शौर्य और न्यायप्रियता के प्रतीक में ढाल कर रास्ते से हटा दी गयी शख़्सियतें हैं जिन्हें अपनी पीड़ा और आक्रोश के साथ सभ्य समाज के सामने उपस्थित होने की छूट नहीं दी गयी। शायद छूट न दिया जाना ही बेहतर रहा क्योंकि मनोहारी छल और प्रवंचना का शिकार होने के बाद स्वयं अपने भीतर की छटपटाहट और कड़वाहट को कहने का मौका कर्ण की तरह मिलता भी तो क्या कर पाते वे? क्या वे नहीं जानते कि सूतपुत्र होने के गुनाह ने कर्ण के पराक्रम और आवाज दोनों का गला घोंटा दिया था? वक़्त के अन्तरिक्ष से तैर कर कैलाश वानखेड़े के पास पहुँची है एक हूक जिसे सवाल बना कर प्रस्तुत करते हैं वे कि "जो हमें नहीं जानता, नहीं पहचानता, वही हमें सत्यापित करता है। उसी न जानने वाले के दस्तखत से हमें जाना जाता है। कभी-कभी लगता है कि ये कौन हैं, कहाँ से आये हैं जिनके पेन से ही तय होती है हमारी पहचान?" इसलिए अनायास नहीं कि उनके यहाँ सवाल की टंकार नायक का दर्जा पाती है और इस प्रकार कथाकार के तौर पर वे कथा-संरचना की पहली रूढ़ि को अनायास तोड़ जाते हैं। चूँकि सवाल उनका नायक है, इसलिए कहानी-दर-कहानी असहमति और विरोध का सिलसिला आगे बढ़ता हुआ विद्रोह में संघटित हो जाता है—"इन्तज़ार वाले अगर हाथ में हाथ डाल कर एक चेन बना लें तो...?"

कैलाश वानखेड़े जानते हैं यदि सवाल नकार और दिशाहीनता की ओर कदम

बढ़ाने लगे तो प्रतिशोध में विघटित होकर अपनी अर्थवत्ता स्वयं खो बैठता है। अपने से एक पीढ़ी पुराने सहयात्रियों की साहित्य-यात्रा का हश्र वे देख चुके हैं। साथ ही पा चुके हैं यह ज्ञान कि मंडल-कमंडल के इर्द-गिर्द भुनगे की तरह मँडराते आन्दोलन राजनीतिक लाभ और सुर्खियाँ बटोरने की फौरी युक्तियाँ हैं, सवालों के जवाब ढूँढ़ने की क्रमिक अवस्थाएँ नहीं। दरअसल सवालों के जवाब बाहर से पाये ही नहीं जा सकते। उन्हें रोजमर्रा की ज़िन्दगी के बीचोबीच टंगे हुए देखना और जानना जरूरी होता है। अपमान की बिलबिलाती मार के कारण भीतर भले ही वे निरीह हैं, लेकिन 'सबद की चोट' और 'सबद' के मर्म दोनों को समझते हैं। "शब्दों की मार कितनी खतरनाक होती है– यह वही जान सकता है जिसने सही हो शब्दों से प्रताड़ना। जिसके झुलस गये हों शब्दों की आड़ में तमाम सपने। शब्दो, तुम प्रताड़ना और पीड़ा के लिए क्यों हथियार बनते हो?" सवाल चूँकि नायक है और शब्द-लीला को खूब समझता है, इसलिए सचेत होकर अपने व्यक्तित्व में एक मानवीय गुण तो भर ही लेना चाहता है कि भाषा का असंयत, आक्रामक और अश्लील प्रयोग वह न करे।

कैलाश वानखेड़े साहित्य के स्वतःस्फूर्त चरित्र में सजगता और सचेतनता की बिनाई करना बेहद जरूरी समझते हैं। यह वह खूबी है जो प्रवंचना और दमन की परम्परा को खत्म करने के लिए हिंसा और बहिष्कार की सरल-इकहरी कार्यशैली को नहीं अपनाती, बल्कि चेतना को मनुष्य की गरिमा में रूपायित कर संवाद की पहलकदमी करती है। वे जानते हैं "होने वाले अपमान का विचार ही अपमापित कर देता है। होने के बाद तो वह पीड़ा से एकाकार हो जाता है।" चूँकि पीड़ा "गीली लकड़ियों की तरह" कसैले धुएँ और कड़वे आँसुओं से मन के आंगन को भर देती है, इसलिए वे परपीड़ा के साम्राज्य का विस्तार नहीं करना चाहते। एक शिष्ट-सौम्य दृढ़ता के साथ अपने प्रतिरोध को दर्ज करते हैं–"जब मुस्कराहट भरे मेरे चेहरे को क्लर्क ने देखा था तो वह परेशान हो गया था। दूसरों का हँसता चेहरा खुशी नहीं देता... मेरा काम हो या न हो, लेकिन क्लर्क से अभद्रता का बदला लेने की हसरत ने मुस्कराहट बढ़ा दी। गोया कोई यंत्र लगा हो कि क्लर्क की परेशानी उसके चेहरे को बदरंग कर रही थी, उतनी ही मात्रा में मेरे चेहरे को रंगीन बना रही थी। खेल अपने चरम पर आ गया। उपेक्षा और उपहास क्लर्क को परेशान कर रहा था। धैर्य रखना है मुझे।"

घनघोर असहनशीलता के युग में धैर्य रखने की सलाह पलायन या सब्मिशन के लिए नहीं, एक स्ट्रैटजी के तहत है। धैर्य चेतना को प्रखर बनाता है और अपनी सीमाओं-अपेक्षाओं को थहाने का विवेक भी देता है। अपने अधिकारों को पाने की लड़ाई तब तक सम्भव नहीं जब तक मनुष्य के रूप में आत्मादर का भाव अर्जित न करे व्यक्ति। व्यवस्था से विरोध है तो सबसे पहले आँखों पर चढ़े व्यवस्था के चश्मे को तोड़ना होगा। घीसू, रमुवा, गोबर, चतुरी, कलुवा...नामों में भी वर्णव्यवस्था! मानो

पुकारने के नाम व्यवस्था के कोड़े बन कर व्यक्तित्व पर बरसने लगते हैं और फिर लद्दू खच्चर बना कर मनचाही जोत में जोतने के लिए प्रशिक्षित कर देते हैं। सवर्ण समाज का संस्कार ही यदि सभ्य समाज है तो कैलाश वानखेड़े अपने पात्रों को उसी ज़मीन पर उसी नाम-पहचान के साथ उतारते हैं—रत्नप्रभा, प्रज्ञा, तेजस, समर, असीम, मिलिंद। यह दूसरों की ज़मीन को हथियाने या अपनी हथियायी ज़मीन को पाने की रस्साकशी नहीं, सजग आत्मविश्वास के साथ सबकी साझी ज़मीन पर सबके साथ चलने का अधिकार है। एक गहरी आन्तरिक इच्छा की प्रतीकात्मक अभिव्यक्ति!

बेशक, व्यवस्था के दबावों को ढहा देने की ताकत आ जाये तो अपने को एसर्ट करना सरल हो जाता है। "पैसा मिले, नीं मिले, लेकिन बात तो सीधे मुँह करनी चाहिए। वो तो मेरे को देखती और काटने लगती" — भौतिक लाभ की आकांक्षा नहीं, आत्माभिमान का भाव। इस मोड़ पर आकर कैलाश वानखेड़े के सवाल—नायक के पास शिकायतें हैं, असहमतियाँ हैं और मनोग्रन्थियों से उबर कर अपनी आवाज को पुल बनाने का जज्बा भी है। उल्लेखनीय है कि इक्कीसवीं सदी के पहले दशक में अपने पात्रों को विन्यस्त करते हुए कैलाश वानखेड़े जब जोतिबा फुले के सामाजिक आन्दोलन को अंबेडकर के राजनीतिक संघर्ष के साथ जोड़ते हैं, तब वर्ण-व्यवस्था की अमानुषिकता अपने सांस्कृतिक सन्दर्भों के साथ पूरी तरह उभर कर सामने आ जाती है। संवेदना की तरलता और आत्ममंथन की प्रखरता से सिरजे हुए हैं कैलाश वानखेड़े के पात्र। व्यवस्था से टकराने से पहले अपने को सौ-सौ निगाहों से जाँचने की तदबीरें हैं ताकि पैरों तले की ज़मीन पोली होकर न दरके। 'हम' और 'वे' का विभाजन यदि इतनी स्पष्ट इबारत में समाज की स्लेट पर लिखा है तो क्या उसके प्रति उत्पीड़ित वर्ग के विद्रोह के स्वर उसमें नहीं जुड़े होंगे? फिर वे उसे अनदेखा कर 'तू तू' 'मैं मैं' का रार क्यों बढ़ाये जा रहे हैं? 'सत्यापित' कहानी का वह मरियल सा आदमी भाऊ साहेब इंगले अड़ा है अपनी बात पर कि उसके गाँव चापोरा में कोई महारवाड़ा नहीं। वह बौद्धवाड़ा में रहता है और यही उसका स्थायी पता है। फिर कैसे कोई नर्स (या सरकारी आदमी) उसके सत्य को झुठला कर उस पर अपना मनोनुकूल सत्य चस्पां कर दे कि नहीं, उसकी पहचान है—'महारबाड़ा, चापोरा'। उसका यह कृत्य महज एक व्यक्ति द्वारा एक अन्य व्यक्ति की पहचान को बेदखल करना नहीं, एक प्रभुत्वशाली वर्ग द्वारा इतिहास की किताबों में धधकती राजनीतिक चेतना को दफन कर देने का षड्यंत्र है जिसने उन्नीसवीं और बीसवीं शताब्दी को समानता-स्वतन्त्रता-बन्धुत्व की संवेदना से सींचने का काम किया। दरिद्रता और अभावों को अपनी नियति मान उनसे जूझने का हौसला रखता है भाऊ साहेब इंगले। डॉक्टर द्वारा दो दिन बाद दिखाने की टरकाऊ सलाह देकर उसकी गर्भवती पत्नी को हस्पताल में न भर्ती किया जाना, रेलवे स्टेशन पर गर्भवती पत्नी और माँ के साथ इन्तजार के दो दिन काटना; दर्द से बिलखती पत्नी का अस्पताल के गेट के बाहर

ही बच्चे को जन्म देना; ट्रक लेकर गये भाऊ इंगले का चालान हो जाने पर मालिकों द्वारा कई-कई दिन छुड़ाने की पहल न करना—भाऊ साहेब इंगले इन सब बातों को बदनसीबी के खाते में डाल कर सब्र कर सकता है; लेकिन अपने लिए 'तुम लोग' सम्बोधन नहीं सुन सकता। 'तुम लोग' यानी समाज के शरीर से काट कर फेंक दिया गया कोई अनावश्यक या घृणित हिस्सा – छिंगुली जैसा। यदि वह काट कर फेंक दिया जाने वाला ऐसा ही कोई घृणास्पद अंग है तो क्या वह इस देश का नागरिक नहीं? यदि नागरिक है तो उसके संविधान-प्रदत्त अधिकारों पर आक्रमण करने वाला व्यक्ति क्या दंडनीय नहीं? उस व्यक्ति के पीछे यदि समूची व्यवस्था की ताकत है तो क्या वह व्यवस्था ही कानून के कटघरे में न ले जायी जाये? ये इंगले के सवाल नहीं, मंथन की क्रमिक कड़ियाँ हैं। कहानी में शब्दबद्ध रूप में नहीं आतीं, एक साफ पारदर्शी समझ के तहत शिकायत – असहमति और विरोध का सम्मिश्रित रूप – बन कर आती है कि "मेरे को ये बोलना कि वो नरस क्यों नीं मानती हमारी बात? जो हम कहते, वो क्यों नीं लिखती? क्यों नीं मानती हमारी बात को सच्ची? वो तय करती है कि क्या लिखना है। किसने दिया है ये हक... किसने?"

मैं यहाँ अनायास थम जाती हूँ। न रिरियाहट, न खिसियाहट, न तिल-तिल दम तोड़ने की व्यर्थता। मरियल से भाऊ साहेब इंगले में इतना दम कि निश्चयात्मक दृढ़ता के साथ उस 'रुके हुए आदमी' को रुकने को कह कर अपनी शिकायत दर्ज कराने हाशिए से मुख्यधारा में प्रविष्ट हो जाये। भाऊ साहेब इंगले क्या जोतिबा फुले हैं या उनकी कहानी 'तृतीय रत्न' का पात्र जोगाई, जिसने सपत्नीक जोतिबा फुले की रात्रिशाला ज्वाइन कर दमन और अन्याय के इतिहास की बारीक समझ और क्रान्ति की सन्तुलित चेतना अर्जित कर ली है? लेकिन उससे पहले तो वह निरा गँवार है – यदि गँवार को अन्धविश्वासी, कर्मकांडी, धर्मभीरु, बेवकूफ अर्थ में संकुचित कर दें, तो। गर्भस्थ शिशु की विपरीत ग्रह दशा का डर दिखा कर ब्राह्मण ज्योतिषी जोशी इस मूर्ख दम्पति से उसकी कुल सम्पत्ति ही नहीं ठगता, वरन् तेईस ब्राह्मणों को घी-रोटी का भोज कराने की अनिवार्यता दिखा उन्हें महाजन के कर्ज तले भी झोंक देता है। दूसरों की आह-कराह से उसे क्या? उसकी अपनी पाँचों उँगलियाँ घी में होनी चाहिए और सिर कड़ाही में। ठीक कहता है विदूषक (क्या यह विदूषक जोतिबा फुले नहीं जो ब्राह्मण और कुनबी दम्पत्ति की बातचीत को परिप्रेक्ष्य देने स्वयं कथा में उपस्थित होते रहते हैं?) कि 'ब्राह्मणों ने अपने मन से ग्रहों को पैदा किया है, लेकिन अपने अज्ञान में मग्न कुनबी दम्पति को उन ढोंगियों की बातें उपदेश सरीखी लगती हैं। ब्राह्मण 'मैं' और 'वह' के भेद को ब्रह्म-विधान के रूप में तर्कसंगत ठहराते हैं; और कुनबी दम्पति बिना विचार किये उस फर्क को अंगीकार करते हुए कोने में सिकुड़ते चलते हैं। इतना अधिक कि आत्मानादर और आत्मपीड़न जिस अनुपात में उनका स्वभाव बन गया है, उसी अनुपात में ब्राह्मणों की पूजा करना उनका धर्म। इसलिए

एक ठंडे स्वीकार के साथ उस फर्क को गहराने में अपना योगदान भी दिये चलते हैं कि "हम लोग केवल भेली के पानी के साथ रोटियाँ खाते हैं", उनको "खटाई की तरह पेट भर के घी खाने को चाहिए।"

मुझे जोगाई और उसकी पत्नी में कभी जोखू और गंगी (प्रेमचन्द की कहानी 'ठाकुर का कुआँ' के पात्र) दिखाई देने लगते हैं, कभी दुखी चमार और उसकी पत्नी झुरिया (सद्गति)। 'हम' और 'वे' का विभाजन समाज में विषमता का प्रसार ही नहीं करता, दोनों पक्षों से 'मनुष्य' होने की पहचान छीन लेता है। एक पक्ष को आतंक, त्रास और हैवानियत का प्रतीक बनाता है तो दूसरे पक्ष को भय और अभाव से सिहरती पिंजर काया। 'ठाकुर का कुआँ' कहानी सिनेमोटोग्राफी इफेक्ट के साथ आँख के सामने घूमने लगी है। आखिरी दृश्य में कुएँ की चरखी से रपट कर पानी में छप्प से औंधे मुँह जा गिरी बाल्टी अपनी साँसें बचाने के लिए डुब्ब-डुब्ब पानी में डूब-उतरा रही है। आत्मरक्षा के प्रयास में इतना शोर कि दूर-दूर तक पसरी रात की निस्तब्धता जाग कर पाँचों इन्द्रियों समेत पानी-चोर को तलाशने लगी है। गंगी के भीतर का आतंक बाहर रात के अँधेरे में और भी घनघोर हो गया है। उसके अपराध-बोध ने उसकी मानवीय इयत्ता को 'चोर' में तब्दील करते ही ठाकुर को खुर्राट हवलदार के बेपनाह हक सौंप दिये हैं। गंगी की भय-कातरता ठाकुर की ताकत है। ठीक वैसे ही जैसे ब्राह्मण के द्वार के बाहर दुखी की लाश को घेर कर चमारटोले की स्त्रियों का छातीकूट रुदन और धोती में मुँह छुपाए पड़े पुरुषों का पलायन न ब्राह्मण महाराज की सफेदी को दागदार कर पाता है, न किये गये अन्याय की कैफियत देने को मजबूर कर पाता है। अपने आदर्श स्वरूप में साहित्य पाठक के पूर्वाग्रहों को तोड़ कर उसे अधिक संवेदनशील और मननशील बनाने का दावा करता है, लेकिन सत्य यह है कि संस्कारों के खोल में बन्द पाठक के एक बड़े वर्ग को वह अपनी ज़मीन से रंच भर भी हिला नहीं पाता। इसलिए जब-जब इस पाठक वर्ग के संस्कारों को चोट लगती है, वह 'लिहाफ' (इस्मत चुग़ताई) या 'खोल दो' (मंटो) के बहाने कोहराम मचाने लगता है। गिद्ध-कौओं के सुपुर्द करने के लिए दुखी चमार की लाश को घसीट कर ले जाता पं. घासीराम उसके भीतर के अभिजात दम्भ का मूक समर्थन पाकर वर्णव्यवस्था को बदल डालने की टंकार नहीं बनता।

मैं अनायास चौंक जाती हूँ। यह जो साहित्य को समाज का दर्पण कहने की परम्परा चली आ रही है, वह क्या महज इस तथ्य को प्रतिपादित करने के लिए कि व्यवस्था के वर्चस्व के बरक्स हाशिए पर धकेल दी गयी अस्मिताओं की नतशिर स्थिति ही सनातन सत्य है? अपने पाले में दुबक कर नतशिर रहें तो पालतू बना सकने वाली पशु-प्रजातियों के रूप में आइडेंटिफाई कर उन्हें कृपापूर्वक 'भालू-वानर' नाम दे दिया जाता है, अन्यथा अपनी मनुष्य अस्मिता की लड़ाई के लिए बराबर के दमखम के साथ ललकारने लगें तो 'राक्षस' कह कर 'अ-मनुष्य' साबित करने

में कोई कोर कसर नहीं छोड़ी जाती। मजबूत दावों के बावजूद साहित्य का सृजन/पाठ अखंड समग्र मनुष्य की परिकल्पना के जरिए नहीं होता। रचनाकार/पाठक देश-काल में अपनी सुनिश्चित पोजीशनिंग के साथ परतों के भीतर छिपे अर्थ को पकड़ता-गुनता-सम्प्रेषित करता है। पोजीशनिंग ही किसी रचनाकार को जोतिबा फुले बनाती है और दूसरे को प्रेमचन्द या निराला। एक की रचनाओं में आग और गति का तूफान लाती है, दूसरे की रचनाओं में आँसुओं के सैलाब के साथ निराशा-हताशा और जड़ता का घटाटोप। प्रेमचन्द जिस बिन्दु पर अपनी कहानियाँ खत्म करते हैं, कैलाश वानखेड़े वहीं से अपना कथा-वितान बुनना शुरू करते हैं —नितान्त दूसरी दिशा में घूमते हुए। जोतिबा फुले मानो दोनों की दृष्टियों का समाहार कर शोषण और विभाजन की क्रूर व्यवस्था को अथ-इति की क्रमिक पड़ताल के साथ साक्षात् कर देना चाहते हैं।

सृजन की अनेकायामी सम्भावनाओं के धनी कैलाश वानखेड़े की कहानियों का एकल पाठ मेरे लिए सम्भव नहीं, और समकालीन हिन्दी दलित लेखन परम्परा में रख कर मैं उन्हें समझना नहीं चाहती। शायद इसलिए कि अपनी ही परम्परा से बहुत दूर जाकर वे प्रयासपूर्वक स्वयं को उसके प्रभाव, लक्ष्य और शैली से मुक्त करने में जुटे हैं क्योंकि जानते हैं ''टोस सामाजिक सन्दर्भों का बयान करने वाली कहानियाँ अक्सर 'अन्य' को प्रतिपक्ष में खड़ा करने या खुद प्रतिपक्ष बनने की चेष्टा तक सीमित हो जाती हैं।" कैलाश वानखेड़े की ताकत उनके अनुभव नहीं, विवेक की सान पर चढ़ा कर जीवनानुभवों को अन्तर्दृष्टि में विकसित करना है ताकि नैतिक मूल्यों का क्षरण करती हर बेहयाई को सवाल के कठघरे में खींच कर लाया जा सके। प्रेमचन्द के लिए साहित्य यथार्थ का यथातथ्य चित्रण हो सकता है, कैलाश वानखेड़े के लिए नहीं। यथार्थ की खुरदरी ज़मीन को सर्वग्रासी दलदल में विघटित करती ताकतों के साथ उन्हें लोहा लेना है, इसलिए वे मुझे जोतिबा फुले के नजदीक जान पड़ते हैं। फर्क इतना है कि चिंतक-सुधारक फुले के पास सर्जनात्मक कौशल जरूरत भर नहीं है। कैलाश वानखेड़े की तरह एक संयत संजीदगी के साथ आक्रोश और जुगुप्सा को धधकते ज्वालामुखी में ढालना वे नहीं जानते। लेकिन कहन की कसक को हर तरह की सपाटबयानी से बचा ले जाकर मिशन में ढालने का हुनर तो जानते ही हैं। फुले के जोशी जी (तृतीय रत्न) प्रेमचन्द के पं. घासीराम (सद्गति) और विप्रजी महाराज ('सवा सेर गेहूँ') जितने क्रूर नहीं हैं, लेकिन फिर भी फुले उन्हें बख्शने को तैयार नहीं। प्रेमचन्द की तरह विदीर्ण हृदय के साथ वे रोने नहीं बैठते, ब्राह्मण वर्ग की क्रूरता को शब्दों में बाँध कर जन-जन तक पहुँचा आने का जतन करते हैं। विदूषक की भूमिका में मानो हर एक को बता कर वे उसकी सहमति भी बटोर लेना चाहते हैं कि "साहूकार भी कर्ज देकर सुविधा से किस्त के हिसाब से पैसा वसूल करते हैं, लेकिन जोशी जैसे लोग यमराज की तरह पीछा करके बड़ी

बेसब्री से लेते हैं; कि नहीं?" (जोतिबा फुले रचनावली, भाग 1, पृ. 30) यह फुले की रचना-शैली की पहली पायदान है। उनका आत्यंतिक लक्ष्य उपदेश देना नहीं, पहले जोगाई जैसे दलितों का उद्‌बोधन करना है और फिर उन्हें जुझारू रणबाँकुरों के रूप में प्रशिक्षित करना। फुले के पास अपना पक्ष मजबूत करने के लिए न कोई कानून है, न संविधान। है तो मनुवादी शास्त्र जो उनके हौसलों को पस्त करने का बीड़ा उठाये है। इसलिए पादरी (अंग्रेजी राज के कानूनों, कल्याण-कार्यक्रमों और सुविधाओं का पुंजीभूत रूप) के पास जाना उनकी मजबूरी है जो समानता के साथ-साथ शिक्षा का आलोक देकर उनके भीतर की हीन ग्रन्थियों और अपराध बोध को खत्म करने का प्रयास करता है। शिक्षा का प्रसार समाजसुधारक फुले का बुनियादी एजेंडा है। इसलिए वे विद्रोह को आवेशजनित तोड़-मोड़ में नहीं, वैचारिक क्रान्ति के जरिए लाना चाहते हैं। फुले कथा का क्रमिक विकास करने की कला नहीं जानते, कथ्यगत अभीष्ट को सम्प्रेषित करना जानते हैं। इसलिए जोशी जी के चंगुल में फँस कर अपने आपको जिबह करता जोगाई पादरी के सान्निध्य में मानो अपना अन्तर्मन खोलने लगता है। कीड़े की तरह रेंगती अमानुषिक परिस्थितियों के बीच सुरक्षित वर्तमान और बेहतर भविष्य की कामना – जोगाई सोलहों आने आम आदमी जैसा आदमी है। "बड़ी-बड़ी प्रतिष्ठा पाने वाले लोगों को जब हम अपनी आँखों से देखते हैं, तब हमारे मन में पढ़ने की भावना क्या जागती नहीं होगी? नहीं नहीं, हमारे मन में हमेशा यह आता है कि हमको भी विद्वान होकर तहसीलदार तो होना ही चाहिए, लेकिन यहाँ के ब्राह्मण पंडितजी के षड्यंत्र को आप क्या कहेंगे?" (महात्मा जोतिबा फुले रचनावली, भाग-1, पृ. 40) कौन कहता है जोगाई ऐतिहासिक चेतना से सम्पन्न नहीं? उसके इस सवाल में क्या वे तमाम अन्तर्ध्वनियाँ नहीं गुँथीं जो वेद-पाठ की कौन कहे, वेद-श्रवण के अपराध में कानों में गर्म पिघला सीसा उँडेल देने की परम्परा की साक्षी रही है? ऐसे में जब वह भगवान की मूर्तियों को तहस-नहस करके ईश्वर और ब्राह्मण दोनों के अस्तित्व को धूल में मिला देने का आह्वान करता है, तब वह कथा-चरित्र के रूप में भले ही अविश्वसनीय जान पड़े, लेकिन 'सत्यशोधक समाज' की रचना की पक्षधरता तो कर ही जाता है। उसके विद्रोह में यदि फुले के विद्रोह की स्वतःस्फूर्तता, दिशा और प्रखरता है तो महज इसलिए कि वे साहित्य को सचमुच मशाल बनाना चाहते हैं। विभीषिका को 'नाइटमेयर' बनाने से निष्क्रमण के रास्ते नहीं खुलते। गंगी की असहायता को विकल्पहीनता का पर्याय बना कर प्रेमचन्द कठिन-कठोर यथार्थ का संश्लिष्ट चित्रण अवश्य कर पाते हैं, व्यवस्था की जड़ता और शठता को तोड़ कर जीवन का स्पन्दन नहीं बिखेर पाते। निराला के पास भी, प्रेमचन्द की तरह, अपने पात्रों को देने के लिए सहानुभूति है, लेकिन वे उनके भीतर उबलते असन्तोष को देख भी पाते हैं, और उसे निष्कृति का मार्ग भी सुझाते हैं। जोखू, दुखी, घीसू-माधव, शंकर और हल्कू से काफी अलग है चतुरी चमार। न उतना

जड़, न उतना अज्ञानी, न आत्मसन्तुष्ट, न निर्लिप्त, न भाग्यवादी, न गैर-जिम्मेवार। वह अपने दर्द की जाति भी जानता है और विद्रोह की औकात भी। जमींदार के सिपाही को हर साल एक जोड़ा जूता बेगार में देना उसकी मजबूरी है, लेकिन मुफ्त में अपने श्रम को 'भेंट' दे देने की कसक इतनी-इतनी तीखी है मानो अपनी ही देह के चाम का जूता बना कर बेगाने पैरों में पहना दिया हो। अपनी सीमाओं को जानता है, इसलिए बेटे को पढ़ा-लिखा कर 'आदमी' बनाना चाहता है। लगान-डिगरी के खिलाफ अपने दम पर मुकद्दमा लड़ने का जज्बा है उसमें। सब कुछ गँवा कर अब क्या सँभाल लेगा वह? हालात बदतर हो जायें तो जमींदार कुर्की करा कर क्या ले जायेगा उससे—"छेदनी-पिरकिया आदि (जूता गांठने के औजार) मालिक ही ले लें"। (निराला रचनावली, भाग-4, पृ. 369) सब कुछ भूल कर कानूनी लड़ाई लड़ने के बावजूद रह-रह कर बेगार की कचोट उसे तिलमिलाती है। जब उसका बनाया जोड़ा दो साल मजे में चल जाता है, तब सिपाही भगतवा और पंचमा से भी हर साल जूता क्यों ऐंठता है? ज्यादा लेकर कोई चमड़े की बरबादी क्यों करे? उपहास को सान्त्वना में ढाल लेखक ने उसे शान्त करने की कोशिश की है—"चतुरी, इसका वाजिब-उल-अर्ज में पता लगाना होगा। अगर तुम्हारा जूता देना दर्ज होगा, तो इसी तरह पुश्त-दर-पुश्त तुम्हें जूते देते रहने पड़ेंगे।" चतुरी शान्त नहीं हुआ, उद्विग्न हुआ — यह जानने के लिए कि 'अब्दुल-अर्ज' में उसकी देनदारी के रूप में क्या-क्या दर्ज है? निराला कथा में स्वयं कुछ नहीं कहते, धर्मशास्त्रों पर टिकी समाज-व्यवस्था के आधार को खिसका कर दुखी चतुरी के चेहरे पर विजय की हँसी पोत देते हैं—"काका, जूते और पुरवाली बात अब्दुल-अर्ज में दर्ज नहीं है।" जाहिर है चतुरी की अपने खेत बचाने की लड़ाई अन्त तक आते-आते वजूद की ज़मीन बचाने की लड़ाई बन जाती है। संयम और तटस्थता निराला की विशेषताएँ हैं। जोतिबा फुले की तरह वे अपने पात्रों की लड़ाइयाँ खुद नहीं लड़ते। मुक्ति की आकांक्षा निराला का जीवन-संघर्ष है। इसलिए प्रेमचन्द की तरह रोते-धोते हुए वे अपने पात्रों को व्यवस्था की दीवारों के बीच ज़िन्दा दफ्न किया जाता नहीं देख सकते। वे जानते हैं विद्रोह के लिए जज्बा होना जितना जरूरी है, उतनी ही जरूरी है अपनी कमियों की तीखी पहचान। तमाम सदिच्छाओं के बावजूद चतुरी को विद्रोही नायक का दर्जा देने में संकोच कर जाते हैं निराला —"वह एक ऐसे जाल में फँसा है जिसे वह काटना चाहता है, भीतर से उसका पूरा जोर उभड़ रहा है, पर एक कमजोरी है जिसमें बार-बार उलझ कर रह जाता है।" (निराला रचनावली, भाग-4, पृ. 363)

निराला की सहानुभूति में यथास्थितिवाद का पोषण नहीं। वे स्वयं विद्रोही हैं, अतः जानते हैं विद्रोह भीतर की अन्तःप्रेरणा से सार्थक होता है, तश्तरी में परोस कर उसे ज्यादा देर तक टिकाये नहीं रखा जा सकता। इसलिए सम्भावनाशील नायक को रच कर वे उसे अपनी कमजोरियों का संज्ञान कर लेने की डगर पर खुद

निकल पड़ने को कहते हैं। बेशक यह कमजोरी अशिक्षा है जो अन्धविश्वास के साथ-साथ हठधर्मिता, भाग्यवाद, जड़ता और आत्मतुष्टता को भी ले आती है। शिक्षा अक्षर-ज्ञान या डिग्रियों का संग्रह भर नहीं है, अपने और व्यवस्थाओं के अन्तःसम्बन्ध को ऐतिहासिक परिप्रेक्ष्य में विश्लेषित करने की तमीज है। यह ऐसा बिन्दु है जहाँ प्रेमचन्द को पीछे छोड़ फुले, निराला और कैलाश वानखेड़े एकमेक हो जाते हैं। प्रेमचन्द इन्वॉल्व हुए बिना समाज-सत्य का जो शब्द-चित्र अपनी कहानियों में उकेरते हैं, निराला उससे सहमत भी हैं, और असन्तुष्ट भी। लेकिन जहाँ "चमार दबेंगे, ब्राह्मण दबाएँगे। दवा है, दोनों की जड़ें मार दी जायें, पर यह सहज साध्य नहीं।" (निराला रचनावली, भाग-4, पृ. 366) कह कर निराला सवर्ण वर्ग का प्रतिनिधित्व करते हुए वस्तुस्थिति से असम्पृक्त हो जाते हैं, वहीं कैलाश वानखेड़े दलित वर्ग के प्रतिनिधि के रूप में अपनी असहमतियों को दृढ़तापूर्वक रखते हैं कि "हम नहीं कह सकते हैं वैसा का वैसा जैसा तुम सोचते हो। हम नहीं मान सकते हैं कि जो तुम कहते हो, वह सच है। तुम्हें लगता है हम भी तुम्हारी तरह सोचें और रहें। अगर न कह पायें तो तुम कहते हो, हमारे में सौन्दर्य-बोध नहीं है।" दृष्टि का फर्क जिस तरह प्रेमचन्द को निराला से, निराला को कैलाश वानखेड़े से अलग करता है, उसी तरह 'सलाम', 'पच्चीस चौका डेढ़ सौ' आदि कुछ कहानियों को छोड़ दें तो कैलाश वानखेड़े दलित-लेखन परम्परा से विच्छिन्न हो अपनी ज़मीन खुद तैयार करते दीखते हैं। उनकी रचनाओं में आक्रोश दूसरों के दामन पर थूकने की ओछी हरकत बन कर नहीं आता, आत्म-पड़ताल की कठिन साधना बनता है जो पहले अपने भीतर पसरे ब्राह्मणवाद और सामन्तवाद को उखाड़ डालना चाहता है। बेशक वे मानते हैं कि वर्ण-व्यवस्था खापा (फसल काटने के बाद पौधे का नुकीला हिस्सा जो खेत में रह जाता है) की तरह पैर में धँस कर शरीर को बुरी तरह जख्मी कर देती है, और इसलिए 'खापा' को भूसा बनाने का स्वप्न पालते हैं। लेकिन इसके लिए वे आरोपों-प्रत्यारोपों की मार के साथ प्रतिपक्षी की अस्मिता को रौंदने का मारक रास्ता नहीं चुनते, साझी सहभागिता के साथ संवाद का पुल बना लेना चाहते हैं।

तीन विशिष्टताएँ जो कैलाश वानखेड़े को दलित-लेखन परम्परा के मौजूदा स्वरूप से अलगाती हैं, वे हैं—असहमतियों और विरोध को संगठित मोर्चे का रूप देकर अपनी आकांक्षाओं का ठोस एवं सकारात्मक ड्राफ्ट तैयार करना; अस्मिता की इस लड़ाई में संवाद को टूल एवं लक्ष्य की तरह इस्तेमाल करना; और मुस्कान के जरिए परस्पर विश्वास और सम्मान में गुँथे सम्बन्ध का निरन्तर विकास करना। "ज़िन्दगी, मैं तुझ से बेइन्तहा प्यार करती (करता) हूँ"— रचनाकार की यह आत्मस्वीकृति जीवन के प्रति आसक्ति या लिप्सा बन कर अपने नागपाश में नहीं कसती, निरन्तर मनन और परिष्कार के साथ जीवन के संग अपने सम्बन्धों को जानने-संवारने-प्रगाढ़तर करने की प्रेरणा बनती है। "पढ़ो कि इतिहास में क्या दर्ज है? पढ़ो कि समाज के ढाँचे

का निर्माण कैसे हुआ? कैसे बना अर्थतंत्र?" इन उद्‌बोधनात्मक सवालों में व्यवस्था का पर्दाफाश करने की सनसनी नहीं, खरे-कड़े शब्दों में अतीत का हिसाब चुकता करने की उतावली भी नहीं, एक गहरे धीरज और अन्तर्दृष्टि के साथ व्यवस्था की साजिशों पर उँगली रखते हुए व्यवस्था को इस प्रकार पलट देना है कि न ऊँच-नीच की गुंजाइश रहे, न 'अन्य' होने का दर्द। "तुम लोग! तुम लोग! दुकानदार कहता है तुम लोग! सब्जीवाला कहता है तुम लोग! बोलते वक़्त क्या रहता है इनके दिमाग के भीतर? चेहरा, कपड़ा, जूते-चप्पल, जेब, कॉलोनी, घर... क्या रहती है दिमाग में जाति?" जाहिर है सवाल का पहला कदम इसी कँटीली फाँस से स्वयं को मुक्त करना है और फिर पाले को कठिन करते प्रतिपक्षी के सामने विचार के लिए एक बड़ा चुनौतीपूर्ण सवाल प्रस्तुत करना है कि "तुम क्यों नहीं भूल जाते कि तुम बामन हो...?"

कैलाश वानखेड़े की संवेदना आलाप बन कर वक़्त और वातावरण को दूर तक सम्मोहित कर लेती है। सतही नज़र से देखें तो वे आसानी से 'घरघुस्सू' टाइप के कहानीकार कहे जा सकते हैं। अपने निकट के यथार्थ को ही गुनने-बुनने में तल्लीन। रत्नप्रभा बन कर बेटे की नर्सरी राइम – मछली जल की रानी है – सुनते हैं तो उसमें डूब कर अपने बचपन को नहीं जीते, किनारे खड़े होकर जल की रानी मछली को तड़पते-मरते देखते हैं। सवाल पहले परेशान करते हैं, फिर लहूलुहान कि जीवन की बुनियादी जरूरतों से वंचित कर किसी भी व्यक्ति/वर्ग को तिल-तिल मरते देख कोई कैसे हँस सकता है? क्या नर्सरी राइम्स हमारे भीतर अमानुषिकता (insensitization) के बीज बोती हैं जिनसे अपनी आदमियत से परे दूसरे के प्राणों का मोल समझना कठिन रह पाता है? यदि हाँ, तो सवालों और नृशंसता पर हँसने वाली शिक्षा का आत्मरतिग्रस्त चरित्र क्या सामाजिकता का प्रसार कर पाएगा? क्या ऐसी शिक्षा के हाथों नयी पीढ़ी को सौंप कर समग्र-सन्तुलित व्यक्तित्व सम्पन्न नायकों को पाने की कल्पना सम्भव है जो देखे-भोगे गये सच और ओढ़ाए गये सच में फर्क ही न कर पाये?

बेशक हाशियाग्रस्त समुदाय के यथार्थ को नहीं उकेर पाता है स्कूली शिक्षा का ढाँचा। वह सवर्ण सपनों का संवाहक है और अपने अड़ियल चरित्र पर नाज़ करता हुआ हर असहमति को प्रतिपक्षी की उद्दंडता या उजड्डता का रूप दे देता है। इसलिए कैलाश वानखेड़े यथार्थ से जुड़ी शिक्षा और उसकी गुणवत्ता पर बल देते हैं। सवर्ण और दलित वर्ग के लिए अलग-अलग शिक्षा का विधान करके नहीं, एक साझा पाठ्‌यक्रम बना कर जहाँ एक-दूसरे के विपरीत खड़ी जीवन-स्थितियों का आकलन करते हुए उनके मनोविज्ञान को समझा जाये और साथ ही आदान-प्रदान की सम्भावनाओं के जरिए विषमताओं को खत्म करने का प्रयास किया जाये। लेकिन व्यवस्था तो शिक्षा का दो स्तरों पर बँटवारा करती है– प्राइवेट स्कूल, सरकारी स्कूल। तमाम खामियों,

अभावों और जड़ अध्यापकों के पैकेज के साथ चलने वाले सरकारी स्कूल प्रायः दलित वर्ग के लिए चलाये गये शिक्षा-अभियान का प्रतिनिधित्व करते हैं। सवर्ण शिक्षा का यह एकांगी पैटर्न विद्यार्थी को यथार्थ के साथ मुठभेड़ कर नये आलोक में चीन्हना नहीं सिखाता, जड़ता और यथास्थितिवाद को रट्टू तोते की तरह हृदय में उतार लेने का प्रशिक्षण देता है। फुले की परम्परा से जुड़ कर कैलाश वानखेड़े जब शिक्षा के बुनियादी ढाँचे में आमूलचूल परिवर्तन की मांग करते हैं तब 'चतुरी चमार' में निराला की आत्मस्वीकृति मानो शिक्षा को लेकर सवर्ण समाज के मन्तव्यों और लापरवाही को उजागर करने लगती है– "मैं अर्जुन (चतुरी का बेटा) को पढ़ाता था तो स्नेह देकर, उसे अपनी ही तरह का एक आदमी समझ कर, उसके उच्चारण की त्रुटियों को पार करता हुआ। उसकी कमजोरियों की दरारें भविष्य में भर जायेंगी, ऐसा विचार रखता था। इसलिए कहाँ-कहाँ उसमें प्रमाद है, यह मुझे याद भी न था।" (निराला रचनावली, भाग-4, पृ. 366) सहानुभूति परम्परा का संरक्षण करती है, तटस्थ विश्लेषण नहीं। इसलिए कैलाश 'मन खोलने वाली' शिक्षा के हिमायती हैं। व्यवस्था की साजिशों से लड़ने का जज्बा उनके हर पात्र को रचयिता का व्यक्तित्व देता है जो जानता है लड़ाई में विरोधी पाले भी बनते हैं; जय-पराजय की आकांक्षाएँ भी सिर उठाती हैं, लेकिन आत्यन्तिक लक्ष्य के तौर पर मानवीय गरिमा की लड़ाई कभी एक व्यक्ति, एक वर्ग, एक समूह या एक जाति की जय/पराजय पर समाप्त नहीं होती' बल्कि वह मनुष्य की अस्मिता के हित में खड़ी होकर हर तरह के वर्ग/समूह/जाति/विषमता के उन्मूलन की लड़ाई बन जाती है। जब तक मुस्कान के जवाब में मुस्कान न लौटाए समाज, तब तक 'चार वर्णों की हजार रस्सियों के भीतर उलझने वाले धर्मशास्त्र के ठेकेदारों' से लड़ने का हौसला पाले हुए हैं लेखक।

कैलाश वानखेड़े की भाषा तकरार की भाषा नहीं, आत्म-पड़ताल की भाषा है। वह चीत्कार के उफनते परनालों में बह कर कीचड़ होती बारिश नहीं, दरकी ज़मीन की भीतरी परतों तक पहुँच कर उसकी कठोरता और प्यास के साथ मजबूत होती चलती चेतना है– "अँधेरे के भीतर का अँधेरा उतना भयानक होता है, जितना ज्वालामुखी के भीतर की आग।" उनकी भाषा विचार बन कर जो फसल लहलहाती है, वह अपने 'मैं' को छुपाने या अतिरेकपूर्ण ढंग से दिखाने की विकृत कोशिश नहीं बनती, बेधक सच की तस्वीर बन जाती है जहाँ करुणा और हिंसा, समर्पण और तिरस्कार सब बेमानी हो जाते हैं। टिका रहता है एक अदद चित्र – अन्याय और दमन की शृंखला को राजनीतिक-सांस्कृतिक विरासत के साथ चेतना पर ठकठकाता हुआ– "(मामा का) यह अन्तर्देशीय पत्र अब कौन खोलेगा? जो खोलेगा, वह उसे कर देगा गीला।... पत्र को खोलते ही बारिश के पानी से भरे घर में तैरते बर्तनों, खाली डिब्बों, फटे कपड़ों के साथ 'सूखे' हुए मामा थे। वे खाली बर्तन थे, फटे कपड़े, सूखी लकड़ी या फिर मरे हुए चूहे – अन्तर्देशीय पत्र बता नहीं पाया।"

विनोदकुमार शुक्ल के गद्य की आन्तरिक लय बेआहट कैलाश वानखेड़े की कहानियों में चली आयी है। तमाम विडम्बनाओं के बीच तिलमिलाती लेखनी के सहारे ज्वालामुखियों की बरसात करना जितना आसान है, उतना ही कठिन है भीतर की ज़हरीली हवाओं से मुक्त हो जीवनदान देती अमृत-फुहारों से अन्दर-बाहर की ज़मीन सींचना। कैलाश के पात्रों में यह सामर्थ्य है, इसलिए मन और बाहर दो स्तरों पर एक साथ जीते हैं वे – विध्वंस और सृजन का राग गाते हुए। वे जिस क्षण निःसंग आत्मविश्लेषण करने में तल्लीन हैं, उसी क्षण स्पर्श और मुस्कान के साथ आत्मीयता का घेरा भी विस्तृत कर रहे हैं। यह विशिष्टता संवेदना के सहारे भीतर की तिक्तता और कड़वाहट को धो डालने और समूची मनुष्यता को हर तरह की कड़वाहट से बचाने की जद्दोजहद भी बन जाती है जहाँ दैन्य आत्म-समर्पण नहीं, दिपदिपाता आत्माभिमान मनुष्य होने की पहली शर्त बन जाता है। 'मनुष्य' होने के इस वरदान को भरपूर पाया है कैलाश के पात्रों ने। ठीक वैसे ही जैसे निराला की कविता 'राम की शक्तिपूजा' में जांबवान रघुबर को विचलित न होने की सलाह देकर आवेश को विवेक से जीतने के एकमात्र विकल्प पर गौर करने की बात कहते हैं। दमन के विरोध में दमन, नकार के विरोध में नकार स्थिति को बदतर बनाने के लिए हैं। जड़ व्यवस्था के आमूल उच्छेदन के लिए जड़ता को प्रश्रय देने वाली कुटिलताओं और संस्कारग्रस्तता की बारीक पड़ताल करनी ही होगी। वहीं से उसके रचनात्मक प्रतिरोध की रणनीति निकलेगी और वही सर्जक के तौर पर मनुष्य का परिचय भी होगा। चूँकि सत्ताएँ संवाद नहीं करतीं, अतः 'स्व' को सुदृढ़ करने की कोशिश में वे अपने आपको विशिष्ट मानने लगती हैं। कैलाश मानो इस तथ्य की ओर संकेत करते जान पड़ते हैं कि सवर्ण व्यवस्था के खिलाफ खोला गया मोर्चा भी एकांगी और संवेदनहीन दृष्टि रखने के कारण उतना ही जड़, दमनकारी और प्रतिशोधी हो जाता है। इसलिए जब तक अपनी 'शक्ति' (लड़ाई) को 'आराधन' (अन्तःशक्ति जो विवेकशील संकल्पदृढ़ता का दूसरा नाम भी है) बना कर सत्ता और वर्चस्व के लोभ से मुक्त न किया जाये, मुक्ति सम्भव नहीं। दरअसल प्राथमिक स्तर पर मुक्ति भीतर के मनस्ताप (विकारों) को नष्ट कर जीवन का अभिषेक करने का मूलमंत्र देती है, और फिर उसे मनुष्य मात्र के प्रति प्रतिबद्धता में संकेन्द्रित करती है। स्पार्टाकस के सीने में धधकती आग में इसी दृढ़ता का ताप है। कैलाश इस आँच में रत्नप्रभा के ध्वस्त होते सपनों की बनावट को देखने-बूझने का जतन करते हैं–"न चाहते हुए भी उन बूँदों को गीली लकड़ियों के ऊपर डालने और सुलगने की उम्मीदों के बीच क्या स्वाहा होता होगा? तभी जाना मैंने कि पहली बूँद गिनती के पहले शब्द से होकर गुजरती होगी तो वह अपने साथ सुखी घर के सपनों को भी घसीटती होगी। सुख की यह आकांक्षा भी गिरती होगी, जैसे गिरती है आकाश से बारिश की निर्मल मासूम बूँद और कीचड़ में शामिल हो जाती है। अगली बूँद का

वक़्त आने पर भूल जाता है दिमाग सुख, सुखी जैसे शब्दों के मायने और अगली बूँद इसलिए गिरती है कि उसे गिरना ही है, कि तीसरी बूँद धकेल देती है उसे, कि अगला दिन कुछ नया होकर आयेगा, इसी उम्मीद के साथ।''

आरोपों-प्रत्यारोपों का लिजलिजा/उबलता सिलसिला नहीं, व्यवस्था की विघटनशील सड़ाँधभरी परतों का क्रमिक उद्घाटन; और उसके ठीक बगल में अपनी दृढ़ कन्विक्शंस का आरेखन। व्यवस्था की बड़ी लकीर के सामने चुनौती और चेतावनी की असमाप्त अग्निलीक! "दूसरी कॉलोनी क्या दूसरा देश होता है?" – माचिस की डिबिया जितनी घुटन में अँधेरे और अभाव के ऐश्वर्य के साथ फैली अपनी बस्ती से निकल कर लेखक/मिलिंद (अन्तर्देशीय पत्र) जब 'सभ्य समाज' के पक्के-सुव्यवस्थित-विकसित संसार में जाता है तब इस सवाल के जवाब में रचनात्मक हस्तक्षेप की जिम्मेदारी 'दूसरे देश' के प्राणियों की भी हो जाती है, कहने की जरूरत नहीं।

युगीन परिदृश्य बुनते छोटे-छोटे सच

संजय कुन्दन की कहानी 'निवेशक' पढ़ने के तुरन्त बाद कहानी के अन्तःसूत्रों को गुन कर अपना अन्तर्पाठ करने की प्रक्रिया में मुझे अनायास प्रेमचन्द की कहानी 'बड़े भाई साहब' याद हो आयी है। न, दोनों कहानियों में वस्तुगत साम्यता बिल्कुल नहीं। अलबत्ता शिल्पगत समानता तो है ही। जो कहानी बिना किसी दाँव-पेंच या नट-करतब के आदि-मध्य-अन्त के अनिवार्य एवं बुनियादी ढाँचे का अनुसरण करे, वह समानधर्मा तो होगी ही। 'बड़े भाई साहब' कहानी को पढ़ कर मैं अक्सर किंचित खिन्न मुद्रा में अपने से ही पूछती रही हूँ कि ऐसी कौन सी बात है कि यह एक अविस्मरणीय कहानी बन जाये। बड़े भाई साहब जैसे कितने ही पात्र घर-समाज में रोज़-रोज़ दीख जाते हैं– रोज़मर्रा की दिनचर्या में मामूली और लगभग उपेक्षित ज़िन्दगी जीते हुए। वे इतने निरीह और हमशक्ल हैं कि मैं उनकी बेचारगी को डॉन क्विकजोट सा औदात्य भी नहीं दे सकती। जानी-चीन्ही घटनाएँ, जानी-चीन्ही परिणतियाँ – अपने बड़प्पन के दम्भ में घिरा यह काठ का उल्लू – बड़े भाईसाहब – एक भी तो ऐसी विशिष्टता नहीं रखता जिसके सहारे उसके चारित्रिक वैशिष्ट्य को दर्शाया जा सके। 'जो अपने को साध कर अपनी पहचान नहीं बना सका, वह वक्त को साध कर समाज को क्या खाक बनाएगा' – मैं अपनी निर्णयात्मक टिप्पणी के साथ 'बड़े भाई साहब' को खारिज करने के हरचन्द प्रयास के बावजूद उन्हें अपने स्मृति कोश से नहीं निकाल पाती। मेरी असफलता सवाल बन कर कुलबुलाने लगती है कि साहित्य की असली ताकत कहाँ छिपी है? कुछ नया या मौलिक रचने में या बार-बार देखे गये को पुनः दिखाने में? साहित्य यदि एक्सप्लोरेशन की रोमांचक यात्रा है तो नये का उद्घाटन किये बिना वह कैसे कालजयी कलाकृति बन सकता है? साहित्य चूँकि लार्जर दैन लाइफ है, इसलिए जीवन पर टिप्पणियाँ करते हुए उसे जीवन को दिशा-निर्देशित करना ही होगा। दर्पण बन कर वह उसके 'अधीन' ही रहेगा, रचयिता होने का गौरव प्राप्त नहीं कर पायेगा। लेकिन 'बड़े भाई साहब' और 'निवेशक' में जिस अनुपात में दर्पण के भीतर से गुजर कर प्रतिच्छायाएँ कहानी में घुसती चलती हैं, और एक-दूसरे की संगति में बेहद अनुशासित भाव से अपना-अपना स्थान ग्रहण कर लेती हैं, वहाँ न आपसी टकराहट के जरिए किसी नवीन उद्भावना

की सम्भावना है, न पात्रों के अन्तर्द्वन्द्व से निथर कर आने वाली कोई हुंकार। सब कुछ अपेक्षित और अनुमानित। एक सीधी सपाट कहानी का क्राफ्ट! लेकिन मनुष्य की फितरत है कि सीधी सपाट ज़िन्दगी की कामना के बावजूद वह सीधी सपाट ज़िन्दगी से बहुत जल्दी उकता जाता है। जो अनुपलब्ध है, वही महत्वपूर्ण है और मूल्यवान भी, इसलिए उसी की खोज में कस्तूरी मृग की तरह भटकता रहता है, ताउम्र। साहित्य मनुष्य को अपनी नाभि में छिपी कस्तूरी को खोजने की समझ देता है और सीधी सपाट ज़िन्दगी में गुँथी तमाम हलचलों को पहचानने और उनसे मुठभेड़ कर नया वक़्त सिरजने की ताकत भी। यह तय है कि स्मृति में कोई भी चीज अपनी किसी न किसी विलक्षणता की वजह से बसती है। इसलिए मेरे लिए 'बड़े भाई साहब' कहानी भाई साहब के चारित्रिक वैशिष्ट्य का आख्यान न रह कर व्यक्ति की उस मूलभूत मनोवृत्ति की कहानी बन जाती है जो अपने रुतबे को डंडे की तरह इस्तेमाल कर दूसरों पर रुआब डालने का काम करती है और उसी रुआब से सिहर कर अपनी कमजोरियों को छुपाने के लिए बड़प्पन का नकाब लगाये घूमती है। आत्मप्रवंचना का मार्ग प्रशस्त करती आत्मरतिग्रस्तता की यह मनोवृत्ति क्या हमारा अपना परिचय नहीं? 'बड़े भाई साहब' का अन्तर्पाठ समाज की इस ललकार भरी टंकार के साथ मेरे भीतर गूँजता है। मुझे लगता है अब ठीक वक़्त आ पहुँचा है कि मैं साहित्यालोचकों के इस वक्तव्य के प्रति अपनी सहमति व्यक्त करूँ कि साहित्य की ताकत शब्दों-घटनाओं या चरित्रों की प्रस्तुति में नहीं, उनके 'होने' की स्थिति से निष्पन्न समग्र प्रभाव में है, लेकिन साथ ही कहीं एक छोटा सा क्षेपक भी जोड़ दूँ कि प्रभाव की सघनता का स्तर पाठक के वैचारिक-संवेदनात्मक बोध के अनुरूप निरन्तर परिवर्तनशील है। आश्चर्य नहीं कि इसीलिए कभी एक ही कहानी को लेकर दो पाठकीय/आलोचकीय प्रतिक्रियाएँ धुर विपरीत हो जाया करती हैं। लेकिन पाठक और आलोचक की भूमिका को एक ही पलड़े में रख कर तोला नहीं जा सकता। दोनों में एक बड़ा बुनियादी फर्क यह है कि आम पाठक जहाँ वक़्त के एक छोटे से लमहे में रचना के साथ अपने अन्तःसम्बन्ध को जीता है, वहीं आलोचक इस सम्बन्ध को सृजन की पीठिका बना कर समय और समाज के साथ विश्लेषणधर्मी संवाद की शुरुआत करता है। दरअसल साहित्य की ताकत का मूल उद्गम स्रोत भी यही है जो कथागत पात्रों के साथ-साथ पाठक को अपने भीतर उतरने, आत्मविश्लेषण एवं आत्मविस्तार के जरिए पूरे मानव समुदाय से जुड़ने और एक जिम्मेदार नागरिक के रूप में अपने दायित्वों का निर्वहण करने का विवेक देता है। अपने आप को पहचान कर ही अपने को बदलने और विसंगतियों से जूझने की रणनीति बनाई जा सकती है। जाहिर है इस दृष्टि से जब मैं 'निवेशक' पढ़ती हूँ तो 'सीधी सपाट' लगने वाली यह कहानी बेहद प्रामाणिक ढंग से हिन्दी पट्टी के बुनियादी चरित्र का उद्घाटन करने लगती है।

संजय कुन्दन अपने समकालीनों की तरह उपभोक्ता संस्कृति के बढ़ते प्रसार से बेहद क्षुब्ध हैं। खासतौर पर उपभोक्तावाद ने जिस तरह निष्क्रियता और दिशाहीन प्रतिद्वन्द्विता को मूल्य बना कर मनुष्य की गरिमा को क्षरित करते-करते वस्तु में तब्दील कर दिया है, उसे लेकर वे खासे सजग अन्दाज में अपना स्टैंड दर्ज करते हैं। समकालीन रचनाकारों से भिन्न इस अर्थ में हैं कि 'बॉस की पार्टी' सरीखी कहानी में वे उपभोक्तावाद की सर्वग्रासी लहर को गरिया कर अपने कथानायक को 'बचाते' नहीं, बल्कि बेचारगी के मूल में छिपी उसकी कुटिलता को उजागर भी करते हैं और छब्बेजी बनने की चाह में दुबे बन कर रह जाने वाले चौबेजी की त्रासदी का मजाक भी उड़ाते हैं। लेखकीय तटस्थता संजय कुन्दन की विश्लेषण क्षमता को पैनी धार देती है जिस कारण सीधी-सरल बात कहते-कहते वे अनायास उसके भीतर छिपी जटिलताओं को बाहर ले आते हैं। तब उनकी कहानियाँ किसी एक समस्या या विडम्बना का विखंडन भर नहीं रह जातीं, बल्कि मनुष्य की मनोवृत्तियों का विश्लेषण बन जाती हैं जो कर्त्ता बन कर स्वयं समस्याओं को रचती हैं और भोक्ता बन कर उनसे कष्ट पाती हैं। इसलिए बाजार-संस्कृति के बीचोबीच विन्यस्त कहानी 'निवेशक' मुझे भूमंडलीकरण की चुनौतियों से टकरा का परित्राण के विकल्प ढूँढ़ती बौद्धिक-भावनात्मक जागरूकता नहीं जान पड़ती, सामन्तवादी मानसिकता के अवशेषों पर बैठे खोखले दम्भ और भय का आख्यान ज्यादा लगती है जो वैचारिक एवं नैतिक दुर्बलता तथा आत्महीनता के कारण सही परिप्रेक्ष्य में नये के साथ अपने अन्तःसम्बन्धों को रच ही नहीं सकती।

संजय कुन्दन की विशेषता है कि वे फूलनसिंह और जानू (जितेन्द्र) को सामन्तवादी मानसिकता और उपभोक्तावादी संस्कृति के प्रतिनिधि के रूप में रचते हैं; एक शार्प कंट्रास्ट में दोनों की कार्यशैली, दृष्टि और जीवन शैली को उभारते हैं, और फिर उन्हें अपनी-अपनी ज़िन्दगी में रचने-बसने के लिए स्वतन्त्र छोड़ स्वयं नेपथ्य में चले जाते हैं। लेकिन कथा के विकास के साथ-साथ ज्यों-ज्यों ये पात्र खुलते चलते हैं, त्यों-त्यों उनकी सारी पृथक्ताएँ क्रमशः तिरोहित होने लगती हैं और एक-दूसरे का विस्तार बन कर वे सुविधाभोगी मानसिकता के प्रतीक बन जाते हैं। मानो अप्रत्याशित मोड़ लेकर कथा किसी नितान्त अजनबी क्षेत्र में आ पहुँची हो और अब पाठक को एक नये सिरे से इन देखेभाले चरित्रों से रिश्ता तय करना होगा।

सौ बीघा ज़मीन के मालिकाना अहंकार से पोषित फूलनसिंह के पास अपना निरापद वर्तमान हो न हो, रोब-दाब से दूसरों को आतंकित करता अभिमान भरा अतीत तो है ही कि वह उस जोगीसिंह का पोता है जिसके 'पेशाब से गाँव में दीया जलता' है। राजा-रजवाड़ा न सही, सामन्त का ठसका तो उसे बपौती में मिला ही है। इसलिए इस ग्रेजुएट बबुआ के लिए कॉलेज शिक्षा प्राप्त कर आत्मविकास करने की संस्था नहीं, मौज मस्ती करने की चरागाह और दादागिरी करने का अखाड़ा

है। पैतृक वैभव और बाजुओं के विवेकहीन दम के बल पर फूलनसिंह सरीखा हर अविकसित मस्तिष्क चाटुकारों की भीड़ जुटा कर और दूसरों को अपने इशारों पर नचा कर अपने को श्रेष्ठ साबित करते रहना चाहता है। वह जान ही नहीं पाता कि गँदली तलैया में उसे आकंठ डुबो कर चाटुकारों की भीड़ वक़्त के दरिया में बह कर कब आगे बढ़ गयी। फूलनसिंह जान कर भी तैरना नहीं चाहता क्योंकि तैरने के लिए हाथ-पैर भी मारने होंगे, दम भी साधना होगा, और बीच रास्ते आने वाली बाधाओं से अकेले अपने दम निबटना भी होगा। इसलिए तलैया का विकल्प क्या बुरा जिसमें भैंस के संग नहा भी लिए और पूँछ पकड़ कर बाहर भी निकल आये। इसलिए आश्चर्य नहीं कि पुलकित यादव जैसे नये उभर रहे दादा से पिट कर वह दूने जोश से अपनी खोई हैसियत अर्जित करने की स्ट्रैटजी नहीं बनाता, दुम दबा कर वहाँ से ज्यादा महफूज जगह – घर – लौट आता है। घर ऐसा अखाड़ा है जहाँ पुरुष होने के नाते उसे हर प्रतिद्वन्द्वी को बिना हाथ हिलाये वाणी की नोक पर चित कर देने की छूट है। घर जहाँ भोग और स्वामित्व का अबाध सुख है, संयुक्त परिवार प्रणाली में निष्क्रियता को जीभर जी कर पूरी ऊर्जा और ताकत के साथ दिवास्वप्नों में खोये रहने की स्वतन्त्रता है; और बढ़ती उम्र के बावजूद निरन्तर 'अबोध शिशु' बने रहने का अधिकार है। कहानी के कैनवस पर संजय कुन्दन अधेड़ फूलनसिंह की विस्तृत जीवन-यात्रा के ब्योरे उकेरते चलते हैं, लेकिन कहीं भी स्वतन्त्र निर्णय लेकर अपने जीवन को दिशा और गति देता फूलनसिंह नज़र नहीं आता। घोर अकर्मण्यता और पलायनवाद – उसके चरित्र का ताना-बाना रचते हैं। लौकिक मानदंडों के अनुरूप वह शिक्षित है, लेकिन शिक्षा जिस चिन्तनशील, विवेकशील, संवेदनशील व्यक्ति की रचना का लक्ष्य लेकर चलती है, वह उसके आसपास भी नहीं। इसलिए लीक पीटना, प्रवाह में तिनके सा बहना, और 'भूख', 'प्यास' का बोध होने पर हरकत में आना – उसे एक ऐसा चौपाया बनाते हैं जिसे मनुष्य समाज में बहुतायत से देखा जा सकता है। विवाह उसके लिए भोग का पर्याय है, गृहस्थ आश्रम की संयुक्त जिम्मेदारी नहीं जो नवागतों के भविष्य-निर्माण की तत्परता से जुड़ी हो। इसलिए अपनी हैसियत के अनुरूप बच्चों की संख्या का निर्धारण उसके लिए जरूरी नहीं, जरूरी है बुढ़ापे की लाठी सँजोने के प्रयास में 'रामलखन' की जोड़ी पैदा करना। अलबत्ता 'ज्वाइंट फैमिली' के दबावों का रोना रोकर अपने को निर्दोष साबित करने की 'कुटिलता' उसमें भी कूट-कूट कर भरी है, अन्यथा क्या वजह है कि पैसों की जरूरत होने पर इसी ज्वाइंट फैमिली के सारे कायदे-कानूनों को ताक पर रख कर वह उन्हीं के सामने फेंटा कस कर खड़ा हो जाता है और बँटवारा कराये बिना हथियार नहीं डालता।

फूलनसिंह मुझे अनायास श्रवणकुमार के अन्धे माँ-बाप की याद दिला जाता है। और मैं उनके 'अन्धत्व' पर विचार करते हुए अपने से ही सवाल पूछने लगती हूँ

कि क्या वे अभिधात्मक दृष्टि से सचमुच अन्धे थे या सन्तान के प्रति दायित्वहीनता के कारण उन्होंने यह विशेषण अर्जित किया? साथ ही एक और सवाल भी मन में घुमड़ने लगता है कि हमारे भारतीय संस्कार माता-पिता के महिमामंडन का स्तवन-गान करते हुए क्या उन्हें बच्चों को अपने हाथ की कठपुतली बनाये रखने का प्रशिक्षण नहीं देते? सन्तान यानी निरापद भविष्य के लिए इन्वेस्टमेंट—'निवेशक' कहानी के केन्द्र में हमारी बूर्जुआ संस्कृति का यही संस्कार विद्यमान है, लेकिन अपने सांस्कृतिक पतन की पराकाष्ठा को हम आधुनिक परिस्थितियों के गले मढ़ कर 'पवित्र' बने रहना चाहते हैं।

दो बेटियों और दो बेटों के पिता फूलनसिंह के पास बँटवारे के बाद हिस्से में आयी दस-पन्द्रह बीघा ज़मीन है जिसे बेच कर पच्चीस-तीस लाख रुपए पाये हैं उसने। इस पूँजी के साथ उसे शहरी जीवन की दूसरी पारी शुरू करनी है जहाँ जानू (अरिंदम चौधरी?) के गुरु-मंत्र उसकी डूबती आर्थिक-नौका को पार लगाने में मदद करेंगे। उसे सिर्फ दो बातों पर फोकस करना है। एक, पैसे को रियल एस्टेट, शेयर बाजार और चिट फंड कम्पनी में इन्वेस्ट करना ताकि एक दिन धनकुबेर बन कर अपने हर सपने को मूर्त कर सके वह। दूसरे, अपनी जीवन-शैली को सुसभ्य बनाना जिसमें नये चलन के फर्नीचर, सैकेंड हैंड कार के साथ मोबाइल फोन रखने की अनिवार्यता भी शामिल है। अभाव के बीच इस बाहरी टीमटाम के लिए ढेर पैसा चाहिए फूलनसिंह को। आर्थिक स्रोत चूँकि एकमात्र यही पूँजी है, जो रोज-रोज घटते-घटते एक दिन बिल्कुल ही उड़ जायेगी, इसलिए इसके समुचित प्रबन्धन के लिए अन्य अनावश्यक खर्चों की कटौती की जानी जरूरी है। उन अनावश्यक खर्चों में सबसे ऊपर है बच्चों की पढ़ाई पर 'नष्ट' होने वाली धनराशि। इसलिए गाँव से शहर आये फूलनसिंह के बच्चे अब उतनी भी शिक्षा ग्रहण नहीं कर पा रहे हैं जो उन्हें गाँव के सरकारी स्कूल में निःशुल्क मिल जाया करती थी। यहाँ अकस्मात यह खयाल आता है कि फूलनसिंह की सामन्ती सोच क्या हमारे देश की प्रशासनिक सोच का ही अक्स नहीं जो देश के आर्थिक विकास के लिए एड़ी चोटी का जोर लगाते हुए शिक्षा जैसी आधारभूत जरूरत को उपेक्षित रखती है? और अन्तरराष्ट्रीय संगठनों के दबाव तले हर बच्चे को शिक्षा उपलब्ध कराने की मजबूरी में न्यूनतम वेतन पर लगभग अशिक्षित या कुपढ़ अध्यापकों को नियुक्त करती है? तब समझ नहीं आता कि यह शिक्षा के प्रसार का राजकीय कदम है या नयी पीढ़ी को ज़ेहनी तौर पर और भी कुंद बनाने का अभियान?

फूलनसिंह के जरिए संजय कुन्दन पतनशील सामन्तवादी व्यवस्था पर मर्मान्तक चोट करते हैं। श्रम को हिकारत से देखने वाली यह व्यवस्था शोषक और दमनकारी ताकतों के हाथ की डुगडुगी है। फूलनसिंह एक साथ मिर्जा सज्जादअली भी है और मीर रौशनअली भी। (सन्दर्भ प्रेमचन्द की कहानी 'शतरंज के खिलाड़ी') पिता

की मृत्यु और बड़े भाई झूलनसिंह के किनारा कर लेने के बाद चार बच्चों के बाप फूलनसिंह को सूझता ही नहीं कि आमदनी के लिए वह क्या करे? क्या नहीं कर सकता – इसका खूब पता है। खेती? नहीं, इसका कोई तजुर्बा नहीं उसे। चपरासी या सेल्जमैन की नौकरी? छिः छिः! जोगीसिंह का पोता होकर इतना ओछा काम? क्लर्की? हाँ, ठीक है, एक लाख रुपया रिश्वत देकर काम बन सकता है तो चलो, कर लेंगे नौकरी। लेकिन लिखित परीक्षा? तौबा! अब इस उम्र में बूढ़ा तोता पढ़ाई करेगा भला? जाने क्यों मिर्जा सज्जादअली और रौशनअली के आभिजात्य को धकिया कर मुझे फूलनसिंह में घीसू-माधव की प्रतिच्छवि दीखने लगी। क्या उत्तरदायित्वहीनता के साथ कामचोरी की मानसिकता हर शख्सियत को कफनचोर नहीं बना देगी?

फूलनसिंह की ठहरी ज़िन्दगी और ठस्स सोच के बरक्स जानू डायनेमिक पात्र है। वक़्त के साथ कदम दर कदम मिला कर चलते हुए वह वक़्त के मिजाज और मनोविज्ञान को अच्छी तरह जान गया है। वह वर्तमान में जीता है ताकि भविष्य को मुट्ठी में बाँधने के लिए जुगाड़ बैठा सके। आर्थिक उदारीकरण को सदमे की तरह लेकर वह हाय-हाय करता निष्क्रिय नहीं बैठा, बल्कि इसके चरित्र और चाल को बारीकी से पढ़ने लगा है। अपने ग्रामीण समाज में वह शुरू से ही पूँजी को सम्बन्धों और सामाजिक रुतबे के अनिवार्य घटक के रूप में देखता आया है। वह जानता है कि पूँजी के आतंक ने ही उसे फूलनसिंह जैसे दादा की चिरौरी करते रहने पर मजबूर किया था। लेकिन अब बाजार में पूंजी के खुले खेल में वह भी शामिल हो सकता है, बशर्ते पूंजी को संचालित करने वाले बाजार की नब्ज उसकी पकड़ में आ जाये। जानू के लिए ग्लोबलाइजेशन भय नहीं, चुनौती बन कर आता है। मानो उसने एक गहरी नज़र से अपने आप को और समाज की हर इकाई को भीतर तक टटोल लिया हो। पैसा हर इंसान की कमजोरी है, और हवस भी। पाठक की तरह उसकी स्मृतियों में माँ-दादी-परदादी से सुने कितने ही किस्से कौंध गये हैं जब पैसा या गहने दुगुने करने का झाँसा देकर ढोंगी बाबा घर भर की सारी नकदी या सोने के आभूषण लेकर नौ दो ग्यारह होते रहे हैं। वह जानता है अपने दादा और परदादा की उस हर बचकानी कोशिश को, जब जुआ खेल कर मालामाल होने की फिक्र में अपनी जेब की फूटी कौड़ी भी गँवाते रहे हैं वे। अपरिग्रह और असन्तोष को दुनिया का सबसे बड़ा धन मानने का उपदेश देकर उसने धर्माधिकारियों को अपने यजमानों को 'दुहते' देखा है। भारत का सामाजिक-सांस्कृतिक इतिहास 'बेपर्दा' होकर उसके सामने खुला पड़ा है और मानो वह स्वयं बाजार से पूछ रहा है कि उपभोक्ता को लुभाने का इतना जतन क्यों कर रहा है वह? पैसा हाथ में हो और खर्च करने के अनेकविध उपाय सामने हों तो क्या वह आप ही आप चल कर बाजार तक नहीं पहुँचेगा? जानू को अपना लक्ष्य मिल गया है—नादान लोगों को पैसा खर्च करने के विकल्पों को सुझाना यानी फाइनेंशियल कंसल्टेंसी। "तुम गाँव के उन पिछड़े भूपतियों

में से हो जिनका एसेट नॉन-प्रोडक्टिव होता जा रहा है। वह हमारी इकॉनमी के किसी काम नहीं आ रहा।" जानू की क्लाइंट लिस्ट में फूलनसिंह जैसे महत्वाकांक्षी नवधनाढ्य लोग बहुत हैं।

गौरतलब है कि जानू एक अकादमिक अभिमान के साथ जिस प्रोडक्टिविटि की बात करता है, वह कहीं से भी उत्पादक अथवा रचनात्मक नहीं, बल्कि जुआ तथा ठग विद्या को इन्वेस्टमेंट का नाम देकर प्रतिष्ठित कर रही है। और मानो संजय कुन्दन यहाँ लेखकीय तटस्थता छोड़ पाठकों को बता देना चाहते हैं कि आर्थिक उदारीकरण के जिन दो चक्कों – रियल एस्टेट और शेयर बाजार – के बीच वह खुशी-खुशी घिसट-घूम रहा है, वे न रचनात्मक हैं, न रियल। तिलिस्मी लोक (वर्चुअल) की सृष्टि कर वे मुनाफे के जिस माया-मृग की कल्पना करते हैं, वह असल में दैत्य मरीच है जो कभी लैंड माफिया तो कभी हर्षद मेहता/केतन पारीख का रूप धर कर हर फूलनसिंह को अपने शिकंजे में कस लेता है। यहाँ यह सवाल अचानक मुखर हो जाता है कि क्यों अमूमन सारा देश (जिसमें मध्यवर्गीय गृहिणियों के साथ-साथ दफ्तरों, बैंकों, निजी एवं सरकारी उद्यमों में कार्यरत कर्मचारी-अधिकारी भी शामिल हैं) सेंसेक्स के स्तर को लेकर इतना संवेदनशील हो गया है? क्या इसलिए कि द्यूतक्रीड़ा (ईजी मनी) मनुष्य का आदिम स्वभाव रही है? (लेकिन यह भी तय है कि जुआरियों को रोल मॉडल बना कर कभी किसी युग ने पेश नहीं किया, बल्कि शकुनि के रूप में उसकी धुरीविहीन-रीढ़विहीन इयत्ता का मजाक ही बनाया है।) या इसलिए कि श्रम की महत्ता का अवमूल्यन करते चले जाने के सामन्ती संस्कार और बौद्धिक श्रम करने की लियाकत अर्जित न कर पाने की असमर्थता के कारण 'उत्पादकता' के अर्थ को गुनना ही भूल गये हैं? वस्तुतः उत्पादकता का सीधा सम्बन्ध निजी लाभ और शॉर्ट कट से न होकर सामाजिक उत्पादकता से है। जानू प्रोडक्टिविटि के साथ रिस्क और इन्वेस्टमेंट जैसे पारिभाषिक जुमलों को जोड़ कर अपने और फूलनसिंह के 'व्यवसाय' को गरिमा देने की कोशिश भले ही कर ले, लेकिन वह भी जानता है कि रियल एस्टेट और शेयर बाजार में पैसा लगा कर उसके फलने-फूलने की राह देखने का 'व्यवसाय' न आर्थिक उत्पादन की प्रक्रिया का अंग है, न सामाजिक जिम्मेदारी की ओर बढ़ा एक कदम। इसलिए संजय कुन्दन कथा में फूलनसिंह द्वारा किये गये इन्वेस्टमेंट के हश्र को नियोजित करना भी नहीं भूलते। चिट फंड कम्पनी का रातोंरात गायब हो जाना; शेयरों के दाम इतने गिर जाना कि मूल रकम एक तिहाई रह जाये; भू-माफिया के साथ मिल कर स्थानीय नेता टिंगू भैया द्वारा औने-पौने दामों में प्लॉट खरीद लेना – ये कुछ ऐसी हकीकतें हैं जिन पर हवाई किले बनाने वालों को औंधे मुँह गिरना पड़ता है।

फूलनसिंह के हम-बिरादरों में मैं दिल्ली एन. सी. आर. का दर्जा प्राप्त हरियाणा के उन गाँवों के भूमिपतियों का जिक्र करना चाहूँगी जो अपनी पुश्तैनी ज़मीन

को कई-कई करोड़ रुपये के एवज में बिल्डरों के हवाले कर रातोंरात धनकुबेर हो गये हैं; पुश्तैनी हवेलियाँ तुड़वा कर आलीशान बँगले और फार्महाउस बनवा रहे हैं; हाथी-घोड़े-पालकी की तरह लम्बी-लम्बी गाड़ियों और एस. यू. वी. को घर के द्वार पर सजाये रखते हैं; और लाइसेंस या बिना लाइसेंस के हथियारों के साथ अपने रुतबे और रुआब को बनाये रखने के लिए छेड़छाड़, अपहरण, ड्रग एडिक्शन जैसी वारदातों को अंजाम देते हैं। बेशक अपनी अकूत धन-सम्पदा के कारण अभी इन्हें फूलनसिंह की तरह चिन्ता करने की जरूरत नहीं कि "उनके पास बैंक में दस-बारह लाख रुपये हैं जिन्हें वे चार-पाँच साल में खा जायेंगे। उसके बाद क्या होगा?" जाहिर है इसलिए हरित क्रान्ति के बाद मालामाल बने पंजाब के किसानों की जीवन शैली, आदतों और परिणति को देखने के बाद अपने अँधेरे भविष्य की तस्वीर देख कर दुबले होने की दुश्चिन्ता भी नहीं। लेकिन क्या यही वह बिन्दु नहीं जहाँ अपनी विवेकशीलता और दूरदर्शिता का परिचय देते हुए मनुष्य को उत्थान और पतन की ओर ले चलने वाले दो मार्गों में से किसी एक का चुनाव कर लेना चाहिए। डैड एंड पर पहुँच कर सिर पीटने या पतन के गर्त्त में पहुँच कर बिला जाने में कहाँ की बुद्धिमानी है? लेकिन भौतिक उत्कर्ष के पलों में संवेदनाएँ अक्सर भोंथरी हो जाया करती हैं। इसलिए सही-गलत गड्डमड्ड होकर अपनी बुनियादी पहचान खो देते हैं और एक दिपदिपाता अहंकार गलत (भ्रष्टाचार, उद्दण्डता और अव्यवस्था) को नये युग का नया मूल्य बना कर शान से जीने लगता है। यही वजह है कि फूलनसिंह और जानू दोनों को 'कुछ' 'दे-दिला' कर फर्जी डिग्रियों के इन्तजाम के जरिए बच्चों को शिक्षित करने का विकल्प बुरा नहीं लगता। बल्कि इस विकल्प में फायदे ही फायदे हैं। न स्कूल-कॉलेज के एडमिशन और फीस के लम्बे-तगड़े खर्चों का झंझट, न चौबीस घंटे किताबों में सिर गड़ा कर बच्चों को अपनी आँखें फोड़ने की मजबूरी। जैसे 'दे दिला' कर डिग्रियाँ हासिल की जायेंगी, वैसे ही 'दे दिला' कर नौकरी भी मिल जायेंगी। आज के जमाने का दस्तूर यही है तो बहती गंगा में हाथ क्यों न धोए जायें। बस, जो जरूरी अर्हता है, यानी आधुनिक और शिक्षित होने की एकमात्र निशानी – फर-फर अंग्रेजी बोलना – उसे जरूर हासिल कर लिया जाये। इसलिए फूलनसिंह जैसा घोर परम्परावादी मानस, जो जमाने की हवा लगने की आशंका से बेटियों को सात तहखानों में बन्द रखने का हिमायती रहा है, प्राइवेटली मैट्रिक पास गँवार बेटी पूजा को 'हाई-फाई' बनाने के लिए इंग्लिश स्पीकिंग कोर्स में दाखिला कराता है, ब्यूटी पार्लर को उसके जीवन की अनिवार्यता बनाता है, और फेमिनिन वाइल्स के सहारे 'वर' का आखेट करने का प्रशिक्षण देता है।

फिर भी, कहानी की सार्थकता युगीन परिदृश्य को पुनः प्रस्तुत करना नहीं है, गौण/अदृश्य पात्रों/घटनाओं द्वारा युग के मनोविज्ञान को बुनते समीकरणों के विश्लेषण में है। मैं यहाँ दो प्रकरण लेना चाहूँगी। पहला प्रकरण फूलनसिंह द्वारा

खरीदी गयी ज़मीन को हथियाने के लिए भेजे गये चार गुंडों का है। ये गुंडे सरे बाजार फूलनसिंह को घेर कर बेहद शालीन और विनम्र मुद्रा में उस प्लॉट विशेष को नेताजी द्वारा खरीदने की मजबूरी का जिक्र करते हुए जिस शातिर ढंग से कमीज के नीचे छिपे रिवाल्वर को दिखा कर ब्लैकमेल करते हैं, वह स्मृति को फ्लैशबैक में ले जाकर कॉलेज दिनों के दादा फूलनसिंह और उनके गुर्गों को उन चारों की भूमिका में तब्दील कर देता है। फिर फ्लैशबैक से निकल कर फैंटेसी के जरिए यह प्रकरण फूलनसिंह के घर में प्रविष्ट हो जाता है। दस-पन्द्रह वर्ष का अन्तराल पार कर फूलनसिंह के दोनों बेटे जवान हो चुके हैं। बचपन से उन्होंने निठल्ले पिता को किन्हीं जानू अंकल की बैसाखियों पर चलते और फिसलते देखा है; ऊपरी टीमटाम के नीचे घर में अभाव है। समय पर सही स्कूलिंग न होने के कारण पढ़ाई और अनुशासन दोनों ही उन्हें अप्रिय लगने लगे हैं। मसें फूटने के बाद घर में बैठना 'जनाना' काम लगता है। बाहर मुस्टंडों का संग-साथ पाकर उन्हें अपनी इच्छाओं को पूरा करने के रास्ते सुलभ होने लगे हैं। राजनेताओं के संरक्षण में खुले सांड सी उद्दंडता और ऐयाशी! सपने मजबूती से आँखों में बसे रहें तो कौन जाने कल को राजनेता बनने की राह भी यहीं से निकल आये। तब वर्तमान में लौट कर मिमियाता फूलनसिंह और 'विनीत' गुंडे एक ही स्थिति का विस्तार लगते हैं—विवेकहीनता और अनुशासनहीनता से उपजी रुग्ण महत्वाकांक्षाओं के संवाहक। क्या इन्हें 'इग्नोर' कर बेफिक्री में आगे बढ़ सकता है पाठक? एक जिम्मेदार नागरिक?

दूसरा प्रकरण फूलनसिंह और जानू दोनों के नकाब उलट कर उन्हें एक ही चेहरा देता है। यह प्रकरण फूलनसिंह की बेटी पूजा की स्वतन्त्रता (मोबिलिटी) से जुड़ा है। कठपुतली पूजा ने महानगर के आधुनिक माहौल में इंग्लिश स्पीकिंग कोर्स ज्वाइन करने के दौरान गुड़िया और कपड़ों की गठरी के रूप में हावी अतीत को अलविदा कह अपनी नयी आइडेंटिटी पायी है। अब उसे अपने चारों ओर लिपटी निर्देशों की डोरियाँ चुभने लगी हैं। वह किसी की तिजोरी का माल या कन्धे पर पड़ी बोझ की गठरी नहीं, एक जीवित इंसान है जिसका अपना अदद वर्तमान और भविष्य है, अपनी रुचियाँ और फैसले हैं। सम्बन्ध हैं, लेकिन वहीं तक जहाँ वे एक-दूसरे के आड़े न आयें। पूजा (नयी पीढ़ी) अपना रास्ता खुद चुनने को आमादा है। उसने जितना ग्रो किया है, पुरानी पीढ़ी वहाँ तक वैचारिक-मानसिक दृष्टि से पहुँचना नहीं चाहती। इसलिए पूजा की 'स्वतन्त्रता' को बाधित-प्रतिबंधित करने के लिए उसकी जासूसी की जाती है ताकि "किसी लड़के से उसकी दोस्ती वगैरह न हो जाये" और "कोई उसको गलत रास्ते पर न ले जाये।" मैं एक बार फिर इस प्रकरण में हस्तक्षेप करना चाहती हूँ। इस बार मेरे सामने 16 दिसम्बर के उस काले शनिवार की घटना है जिसने स्त्री-पुरुष सम्बन्ध की व्याख्या 'माल' और 'हिंसा' के रूप में करके पूरी मनुष्यता को शर्मसार कर दिया है। बलात्कार किन्हीं रुग्ण मानसिकता या आपराधिक

तत्त्वों की दरिन्दगी का आख्यान नहीं, लैंगिक संवेदनहीनता की क्रमिक प्रक्रिया है जिसे पितृसत्तात्मक व्यवस्था सदियों से पोषित किये जा रही है। स्त्रियों को बुद्धिहीन तथा भोग्या समझे जाने का संस्कार आधी आबादी के मानवीय अधिकारों का हनन ही नहीं करता, बल्कि श्रेष्ठता दम्भ में इतराती शेष आधी आबादी की मनुष्यता–संवेदनशीलता एवं विवेकशीलता का सम्मिश्रित प्रारूप – को भी क्षरित करता है जो घरों में पत्नी पर की जाने वाली घरेलू हिंसा/अवमानना के रूप में उभरती है और अमूमन दोनों पक्षों द्वारा ही स्वीकृत है। (क्या यहाँ गीत चतुर्वेदी की कहानी 'गोमूत्र' का उल्लेख जरूरी नहीं जहाँ पत्नी को नैरेटर कभी कपड़े धोने वाली, कभी चाय बनाने वाली, तो कभी प्यार करने वाली कह कर सम्बोधित करता है गोया वह 'मनुष्य' न हुई, कामकाज करने वाली मशीन हुई जिसे उसके उपयोग/कार्य विशेष के सन्दर्भ में नामित किया जाता है? यूँ हिन्दी साहित्य परम्परा में पत्नी को मनुष्य रूप में देखने का चलन नहीं है जिस कारण, विशेषकर जैनेन्द्र की रचनाओं में, बुद्धिजीवी पति की अहम्मन्यता के बरक्स कूढ़मगज पत्नी की हीनता बराबर सामने आती रहती है। उदाहरण देखना हो तो उनकी 'पत्नी' कहानी मौजूद है।) इसी के साथ जुड़ा दूसरा संस्कार है स्त्रियों की यौन शुचिता और सतीत्व को मूल्य बना कर कुटुम्ब की 'इज्जत' का नाम देना जो प्रकारान्तर से एक-दूसरे को नीचा दिखाने की पुरुष-राजनीति में 'वंश की इज्जत' को सरे-राह मटियामेट कर देना चाहती है। ये दोनों ही स्थितियाँ मनुष्य रूप में स्त्री-पुरुष के संवाद के रास्ते को बाधित करती हैं और इस आरोपित निष्कर्ष को हर स्वतन्त्रा चेता युवा पर थोपती नज़र आती हैं कि हर लड़का अनिवार्यतः लड़की (मादा देह) का फायदा उठा कर उसे 'खराब' करेगा और लड़कों से बात करने वाली हर लड़की अनिवार्यतः बदचलन है और परिवार को बदनाम करेगी। कहना न होगा कि वर्जनाओं के घटाटोप तले सन्देह का माहौल बना कर फूलनसिंह और जानू दोनों जेंडर डिस्क्रिमिनेशन को जायज ठहराने वाले परम्परावादी समाज का चेहरा हैं जो एक-दूसरे के लिए घृणा, विद्वेष और भय को सिरजती रूढ़ भूमिकाओं को ही स्त्री और पुरुष का बुनियादी परिचय मानता है। यह वही मानसिकता है जो लड़की के लिए प्रेम पर पहरे बैठाती है लेकिन स्वयं संयोगिता-रुक्मिणी हरण से लेकर अम्बा-अम्बालिका-अम्बपालिका के अपहरण को जायज मानती है। यह वही मानसिकता है जो ब्रह्म द्वारा सरस्वती और इन्द्र द्वारा अहल्या का बलात्कार करने पर पुरुष को दोषी नहीं ठहराती, स्त्री को पत्थर बना कर उपेक्षित और अनादृत कर देती है। कहना न होगा कि सम्बन्धों की संवेदनात्मक गहराई न समझ पाने वाला यह हठधर्मी पूर्वग्रह खाप पंचायतों में न्यायाधीश के आसन पर बैठ कर मर्जी से अपना जीवन जीती स्त्रियों को दंडित करके विशेष 'सुख' पाता है। लेकिन क्या हम खाप पंचायतों के बर्बर विधान को अपने युग का परिचय बनने देना चाहेंगे? जाहिर है तब कहानी का एक पाठ पूजा के संघर्ष के बरक्स उसके

संरक्षकों की जड़ता की सार्वजनिक निन्दा की पैरवी भी करता है।

मुझे लगता है कहानी में संजय कुन्दन इन सारे छोटे-छोटे प्रकरणों को इसलिए नहीं गूँथते कि अनुमोदन की मुद्रा में हम सिर हिला कर रसातल में जाते समाज या व्यवस्था पर निष्क्रिय शोक जताएँ, बल्कि ये प्रकरण एक दर्पण की तरह हैं जो हमारे भीतर के सच को प्रतिबिम्बित कर हमें नंगी आँख से देखने को बाध्य करते हैं। क्या शिक्षा और फर्जी डिग्रियों को एक-दूसरे का पर्याय मान कर ही हम शिक्षित होने के दम्भ में इतराते नहीं घूम रहे हैं? क्या नौकरी के 'जुगाड़' में रुपयों का थैला भर कर हम किसी स्थानीय दादा/नेता के चक्कर नहीं काट रहे जो किसी मंत्री के दरबार में हमें नाक रगड़ने का एक मौका उपलब्ध करा दे? क्या भ्रष्टाचारविरोधी आन्दोलन में शिरकत करने के दौरान हम मित्रों के साथ उस एजेंट के मोबाइल नम्बर का एक्सचेंज नहीं करते जो हज़ार-पाँच सौ रुपये लेकर घर बैठे हमारे किशोर बेटे/बेटी का ड्राइविंग लाइसेंस बना कर दे जाये? जाहिर है तब फूलनसिंह की जगह अपने आप को देख कर कहानी में 'रस' लेना सम्भव नहीं हो पाता। हमारा अपना ही चेहरा जब डराने लगे तो एक हिंसक आक्रामकता के साथ हम परिस्थितियों को दोष देकर अपने को बचाने की कोशिश में जुट जाते हैं, लेकिन पाते हैं कि इससे बेहयाई और ज्यादा उघड़ कर नंगा कर रही है। उस दिशाहारा स्थिति में जब परित्राण के लिए तिनका तक उपलब्ध नहीं होता, तब अपने निख़ालिस 'मैं' को चीन्हना और मनुष्य बनने की उदात्त यात्रा अकेले तय करने का हौसला संयोजित करना ही एक नयी शुरुआत का पहला कदम बन जाता है। ऊपर उठने की यह बीहड़-सघन यात्रा रपटने की यन्त्रणा से कहीं अधिक मुक्तिदायी है—इसे 'डॉ. फॉस्टस' के उदाहरण के जरिए गेटे से लेकर मार्लो तक बार-बार रेखांकित कर चुके हैं।

जगमगाहटों में छिपी अँधेरी दुनिया

परिवर्तन और नवीनता – ज़िन्दा रहने की साध है मनुष्य की। तभी तो मृत्यु से बच कर जीवन के अछोर सीमान्तों को छू पाता है वह। 'सनातन' जिए हुए बेहतर को चिन्हित कर बचाये रखने की बुजुर्ग जिम्मेदारी है तो 'परिवर्तन' जिए जा रहे विडम्बनापूर्ण यथार्थ की ज़मीन पर आशाओं की फसल उगाने का जोशीला सपना। 'सनातन' और 'परिवर्तन' के बीच प्रवाहमय है जीवन, वक़्त, मनुष्य और मूल्य। एक-दूसरे के साथ गहरे संश्लिष्ट रिश्ते में जुड़े-गुँथे। एक इकाई बन कर बेशक किसी एक को खारिज करने के हठपूर्ण अभियान में जुट जाये व्यक्ति – 'मनुष्य' बन कर उसे अविच्छिन्नता के अन्योन्याश्रित सूत्र को स्वीकार करना ही पड़ेगा। वक़्त के भीतर उगती ज़िन्दगी में 'मनुष्य' और मूल्य के परस्पर सम्बन्ध पर विचार करते हुए। दरअसल साहित्य को पढ़ने-समझने और रचने का यही एकमात्र मंत्र है। इसलिए साहित्य की बात करते हुए नये और सनातन के द्वन्द्व और दिशा को पहचानना बेहद जरूरी हो जाता है। हालाँकि यह सवाल भी उतना ही जरूरी और मानीखेज है कि क्यों उँगली पकड़ कर चुपचाप साथ चलती एक पीढ़ी अचानक उँगली छुड़ा कर सधी चाल चलने लगती है तो उसकी भाषा 'बेगानी' हो जाती है।

'असम्भव'!

भीतर की आस्था दुलार-पुचकार कर 'असम्भव' की उग्रता को शान्त करने लगती है कि 'एक ही वक़्त में एक ही सफर पर निकले दो अजनबी भी साथ-साथ चलते हुए इतने दूर और बेगाने नहीं रहते। फिर घर के आँगन में पलती अपने ही खून से सिरजी पीढ़ी कैसे बेगानी हो जायेगी भला?'

लेकिन बेगानेपन का कसैला दर्द तो शायद एक आमफहम इंसानी अहसास है। उतनी ही शिद्दत से इसे झुठलाता एक खोखला विश्वास कि काँधे पर मूल्यों का झंडा उठा कर हम आसमान को ढहने से रोक लेंगे; कि हर भटकन के बाद उन्हीं लीकों पर लौट आना हर पीढ़ी की नियति है–उनकी अपनी पीढ़ी की बचकानी 'विद्रोही' हरकतों की तरह; कि विद्रोह कैमरे के सामने अपनी मनमोहक (अतिरंजित) फोटो खिंचवाने का नामुराद शौक है जो कुछ बरस एलबम में 'अटकने' का विश्रांति भरा महिमामंडित सुकून देने के बाद धूल चाटने की निर्जन नियति भोगता ही है। लेकिन

क्या ज़िन्दगी के ऐन बीचोबीच कठघरा खींच वकीलों की तरह बहस-मुबाहस के साथ सही-गलत की अनिर्णीत लड़ाई लड़ी जा सकती है? फतवे देकर आप दूसरों को दोषी साबित नहीं करते, बेशर्मी से ताकत की लाठी भाँजते हुए अपनी दरिंदगी और कमजोरियों पर शराफत का मुलम्मा चढ़ाने लगते हैं। जाहिर है हर चमकने वाली चीज सोना नहीं होती। यदि तथाकथित रूप से नयी पीढ़ी उद्दण्ड और भ्रमित है तो क्या दोष सिर्फ उसी का है? या उसे 'ऐसा' बनाने की कोशिश में मीडिया और अपसंस्कृति का? यदि मीडिया और ग्लोबल अपसंस्कृति के कीटाणु इतने ही विषाक्त हैं तो क्यों नहीं एक सा मारक असर नयी-पुरानी पीढ़ी पर होता? जिन मूल्यों पर इतरा कर नयी पीढ़ी के लिए नाक-भौं सिकोड़ती है पुरानी पीढ़ी, वे मूल्य आगे हस्तान्तरित करने की जिम्मेदारी आख़िर थी किसकी? मूल्य सम्पत्ति की तरह घोषणा करके लिये-दिये नहीं जाते, दुलार और विश्वास की तरह पोर-पोर में संचारित किये जाते हैं। तो क्या नयी पीढ़ी की तथाकथित उद्दण्डता, आत्मलिप्सा और खुदगर्जी में पुरानी पीढ़ी के कुचले सपनों की धमक है जहाँ अपनी इच्छाओं का दमन करते-करते और बड़ों के सामने आँख उठा कर बात करने का मौका तलाशते-तलाशते खुद बूढ़ी हो गयी पुरानी पीढ़ी? अपने सपनों और आकांक्षाओं को अपनी ही सन्तान में रोप कर उनके साथ पुनः अपने बचपन को जीने की अभिलाषी पुरानी पीढ़ी क्या कहीं भी कसूरवार नहीं? यदि पूत कपूत निकले तो करुणा और सहानुभूति की ज़द में सुरक्षित कर क्या आत्मप्रवंचना में हम अपनी ही राहें बीहड़ नहीं कर लेते?

जाहिर है यह लम्बी भूमिका इसलिए नहीं कि पीढ़ियों के वैचारिक मतभेद को फतवों में बाँध कर हार-जीत की घोषणा करूँ, बल्कि वैचारिक मतभेद से असहमतियाँ होते हुए भी उन सनातन बिन्दुओं को रेखांकित करूँ जो 'मनुष्य' की गरिमा की रक्षा के लिए संघर्षरत हैं। मेरा यह पाठ इसी 'आदर्श' (यदि आप इसे पूर्वाग्रह मानना चाहें तो मान सकते हैं) से संचालित है कि साहित्य आत्मान्वेषण (एक्सप्लोरेशन) की समुन्नत यात्रा है, अनावरण (एक्सपोज) की क्षणिक मरीचिका नहीं।

1

'बेहूदा बात! सब गढ़ी हुई संरचनाएँ!'

आत्मान्वेषण और अनावरण! माई फुट! 'आदर्शवाद की आड़ में कपट जाल फैलाती बुढ़ाती पीढ़ी!'[1] हिकारत से तीव्रतर होता स्वर। मानो फतह की गयी ज़मीन की रक्षा के लिए बारूद का जखीरा खड़ा कर लिया हो किसी ने। लेकिन धमका कर अपने विवेक को तो चुप नहीं करा सकते आप, आँख भले ही चुरा लें। मेरे सामने फैले हैं कुछ सवाल! चिन्ताएँ! आशंकाएँ कि विचार और व्यवहार की एकता वांछनीय है लेकिन यदि वह मानव की गरिमा की रक्षा न कर पाये तो क्या उसे नये युग के नये मूल्य के रूप में स्वीकृत किया जा सकता है? वक़्त को रचने की आकांक्षा में

नवलेखन क्या वर्तमान को अतीत और भविष्य के साथ एक सीध में रख कर देख पा रहा है? वर्तमान की कोख से निकल कर जिस भविष्य का अभिषेक वह करना चाह रहा है, उसका स्वरूप क्या है?

"इस माध्यम में अगर बड़ा बनना है तो ब्लैक एंड व्हाइट को ब्लैक एंड व्हाइट नहीं, 'मोनोक्रोम' कहना चाहिए।"[2]

"वह रातोंरात सब कुछ पा लेना चाहता था। वह सब जो बाजार में दिखाई देता।"[3]

"मध्यमवर्गीय उत्सुकताएँ, जिनमें कुछ भी गहरा नहीं होता, बस रोजमर्रा की चीजें जानने की सतही सी इच्छा होती है। रोज जो घट रहा है। जिसे हमेशा जाना है। बस उन्हीं चीजों को लेकर उपजी उत्सुकताएँ। उन उत्सुकताओं में कोई विशेष बात न थी।"[4]

बेशक नवलेखन इस संकटापन्न चुनौतीपूर्ण समय में 'युगान्त' के लिए तत्पर जिस नयी पीढ़ी के नायक की रचना कर रहा है, वह बेहद तनाव, अनिश्चय और घुटन में जी रहा है। सूचनाओं का अंबार है उसके पास और तेजी से भाग कर अतीत में विलीन होते वक़्त के कतरे। नहीं है तो अवकाश और धीरज कि ढेरों ढेर सूचनाओं के भीतर छिपे सच-झूठ की शिनाख्त के साथ उसकी ऐतिहासिक परम्परा की खोज भी कर ले; कि खबर को अखबार के टुकड़े से अलगा कर व्यक्ति तक जाये तो उसके अन्तर्मन की संश्लिष्ट परतों के साथ होने वाली टकराहट को सुन-गूँथ सके। हाँ, तथ्य से राई-रत्ती भी नहीं बिचलता आज का युवा कथाकार। उसकी ताकत ही है तथ्यात्मकता लेकिन फैक्ट को फिक्शन बनाने के लिए जिस गहरी संलग्नता, संवेदना, अन्तर्दृष्टि और आस्था (बेहद बूर्जुआ शब्द?) की जरूरत है, वह तो वहाँ है ही नहीं। अखबार में छपी खबर पढ़ कर अचानक खबर बन गये किसी परिचित की याद आती है उसे और सतह पर डोलती घटनाओं के जरिए वह जिसे कहानी में लाता है, वह जमाने भर की विकृतियों और विडम्बनाओं का लुंजपुंज रूप जरूर होता है, अपनी हस्ती को बचाने और पाने के लिए अपनी ही हदों को तोड़ता-बनाता मनुष्य नहीं बन पाता। इसलिए खबरों की तरह आज के युवा लेखन में पेज थ्री की दुनिया है, स्टिंग आपरेशन हैं, दहशतगर्दी है, माल से ठसाठस ठुँसे मॉल हैं, और चौड़ी-चिकनी सड़कों पर भागती महँगी कारें हैं। मैं इनमें दिलचस्पी लेना चाहती हूँ, लेकिन 'मैं' इनमें कहीं नहीं। यह दुनिया चौंकाती है, थर्राती है; सम्मोहित भी कर लेती है और तृष्णाओं के मरुस्थल में तपती रेत पर तड़पने को अकेला छोड़ देती है। तेज दौड़ती दृश्यावली की तरह बिना छुए फिसल जाती है नज़र के घेरे से बाहर — दूर। बह कर भीतर तक नहीं समोती कि 'मैं' और 'वह' 'दो' न रह कर 'एक' हो

जाये; कि 'मेरे' भीतर की दुनिया अपने तमाम विस्मयों और रहस्यों के साथ 'उसकी' दुनिया के तमाम आश्चर्यों और भेदों के साथ एकाकार हो जाए – अभिन्न और अविच्छिन्न जैसे 'तीसरी कसम' का बाई जी से बतियाता हीरामन बैलगाड़ी सहित मन के किसी कोने को मीठी टीस में भिगोता चलता है। आज मीडिया में चेहरे हैं ही नहीं, न नाम और पहचान। हैं तो पोशाकें, आउटकट, सिसकारियाँ और सरसराहटें, बम-बन्दूकों के धमाके, नकाबपोश आतंकवादी, कटे-फटे शव, गूँगी चुप्पियाँ, उकताता खौफ, ठहरी हुई अफरा-तफरी और सायरन बजा-बजा कर दौड़ती कारों के बीच घटे हुए को 'स्टोरी' बना कर बार-बार एक कोण से घटित किये जाने की 'मौलिकता'। सनसनी फैला कर युगीन विकृतियों को नंगा करने की युक्ति। विकृतियों को बनाने वाली युगीन ताकतों की शिनाख्त की जरूरत नहीं। शिनाख्त की यह प्रक्रिया लम्बी ही नहीं, पेचीदा भी है क्योंकि वस्तु और घटना से होकर यह व्यक्ति और समुदाय को अपनी गिरफ्त में लेती है और फिर अनायास विकृति के पोषक के रूप में हमारी अपनी 'नगण्य' किन्तु 'ठोस' भूमिका की ओर भी संकेत करती है। अवसाद और तृष्णा के हिंडोले पर सवार हम ज़मीन पर आना ही नहीं चाहते क्योंकि ज़मीन जड़ों की ओर खींचती है और जड़ें आत्मान्वेषण और एक्सप्लोरेशन की ऊर्ध्व प्रक्रिया की ओर। त्रिशंकु होकर बने रहने में जो अवसाद भरा सुख है, वह जमीनी ताकतों के प्रति प्रतिरोध की क्रान्तिकारी भूमिका निभाने का शहादत भरा बड़प्पन देता है और स्वर्ग से धकेल दिये जाने वाली बूर्जुआ ताकतों से सन्धि न करने का बड़बोलापन भी। उदाहरण के लिए एक साँस में गिनाई जा सकती है कुणाल सिंह की कहानी 'शोकगीत', 'रोमियो जूलियट और अँधेरा' और 'इति गोंगेश पाल वृत्तांत', प्रभात रंजन की 'फ्लैश बैक' और 'डिप्टी साहेब'; रवि बुले की 'हीरो : एक लव स्टोरी' और 'एक असाहित्यिक की कथा', मो. आरिफ की 'लू'। 'शोकगीत', 'हीरो : एक लव स्टोरी' और 'एक असाहित्यिक की कथा' में लम्पट दीखते नायक को लम्पट नहीं कहना चाहता लेखक। वह तो तमाम नेकनीयती के साथ प्यार की पतंग आसमान में ऊँचे से ऊँचे उड़ाना चाहता है, लेकिन 'लूट' लिया जाता है अपने ही पक्के दोस्त सैफू द्वारा। उसके अनुभव चूँकि उसे ज़मीन से नहीं जोड़ते, इसलिए प्यार और हवस, लूट और अर्जन में फर्क वह जानता ही नहीं। एक दुर्निवार विडम्बना को झेलता नयी पीढ़ी का यह युवक कहानी का लेखक और नायक दोनों एक साथ हीरो बनना चाहता है लेकिन असफल हो जाने पर तुरन्त दूसरे विकल्प पर विचार करने को भी उत्सुक है कि "फिलहाल लिखने की छोड़ दे। पैसा बनाने की सोच। असली चीज वही है।... पैसा कमाने का मौका कभी-कभी आता है... वह निकल गया तो हाथ मलते रह जायेंगे।... पैसा बनता है हाथ की सफाई से।" (एक असाहित्यिकी कथा, पृ. 97) यानी रसातल को खुलती पगडंडियों पर कदम बढ़ाने की ललक। 'रसों में रस क्राइम रस' की दीक्षा लेकर वह 'हत्यारा' होकर भी निर्दोष घूम सकता है क्योंकि

'चरित्र की हत्या' क्राइम नहीं और चरित्र हनन का सामान जुटाने की जुगत में बारबालाओं/वारवनिताओं को पेशे में झोंकती 'शराफतों' से लेकर उनका इस्तेमाल/दलाली करती 'नेकनीयती' उसे कहीं भी बेजा नहीं लगती। इस रपटती दुनिया में रपटने में जो आनन्द है, वह कहीं पैर टिका कर सुस्ताने में कहाँ? कदम-कदम पर शराफत से ढँकी धूर्त्तताओं का पर्दाफाश– राजनीतिज्ञ बनने की ललक में भेड़ की खाल ओढ़ता भेड़िया कल्लू उस्ताद जिसने प्रतिद्वन्द्वी लल्लू जी की 'चरित्र-हत्या' (स्टिंग आपरेशन) की सुपारी देकर अपना मार्ग निष्कंटक करना चाहा है; साहित्यिक चोरी से साहित्य की चोटी पर पहुँचे लेखक लल्लू लाल जी[5] और जानबूझ कर कपटजाल फैला प्यार को चुराता अपना ही यार सल्लू।[6] यह युवक कहानी का नायक भले ही न बन पाया हो, नैरेटर जरूर बन गया है। इसलिए हमदम सल्लू के साथ रपटते चले जाने के अनोखे आनन्द से कभी-कभी उकता भी जाता है–"हम ब्लैकमेलर नहीं हैं सल्लू। कवि, कहानीकार, साहित्यकार हैं। हम रंडियों के भड़वे, दलाल और झूठे नहीं हैं।" (वही, पृ. 107) लेखक उसकी उकताहट से खासा चिढ़ा हुआ है। उसके आदर्शवाद को ठोंक-पीट कर देह से बाहर निकाल देना चाहता है – कभी सल्लू स्टाइल नसीहत देकर कि "दुनिया हमें कभी कुछ नहीं देती। हम उससे वही हासिल कर पाते हैं जो हम उससे चुरा लेते हैं। यदि दुनिया में अपने ढंग से जीना है तो उससे चुराना सीखो। यदि दुनिया का मुँह टूँगते रहोगे तो वह तुम्हारी इच्छित चीजें दूसरों में बाँटती चली जायेगी।" (वही, पृ. 115) तो कभी निःसंग रहने की तोताचश्म शैली अपनाने का सुझाव देकर कि "मैंने सोचा कथा के प्रवाह के विरुद्ध बहने के बजाय एक छोटा सा ब्रेक ले लूँ। कथा की धार से बाहर निकल मैं टेबल पर सिर टिका कर सुस्ताने लगा।... (फिर) मैंने खुद पर काबू पाया और अपने को समझाया, दिल की सुनेगा तो मरेगा जल्लू... होश में आकर मैंने फिर कथा की धार में छलाँग लगाई।" (वही, पृ. 110) अलबत्ता अब वह उसके उद्‌बुद्ध रूप पर तुष्ट है कि "दुनिया अब फिसड्डी लोगों को अपने कन्धों पर लाद कर आगे नहीं बढ़ती। उलटे उन्हें एक लात और जमा कर राह से परे पटक देती है।... इसलिए आइए प्रिय पाठक, हम बेकार एक सी भावुकता में पड़ने की बजाय अपने समय के यथार्थ को स्वीकार करें और आगे बढ़ें।" (वही, पृ. 116)

अपने कैरियर को लेकर इतनी ही 'साफ' और प्रयोगधर्मी सोच है 'फ्लैशबैक' और 'डिप्टी साहेब' कहानियों के नायक/नैरेटर की। पैसा, शोहरत और ताकत –जीवन का सपना! माध्यम – तिकड़म और दादागीरी। गन्तव्य – राजनीति या शेयर मार्केट। "मैं एक ही झटके में राजनीति के माध्यम से लम्बा हाथ मारना चाहता था।" प्रभात रंजन का नैरेटर मीडिया के जरिए कस्बों में बहने वाली हवा में साँस लेकर एक ही सपना बुनता है–"दिल्ली के सांसद निवास में रहूँगा। ट्रांसफर-पोस्टिंग में पैसा बनाऊँगा। किस्मत चली तो रूस में लड़कों को मेडिकल-इंजीनियरिंग में

दाखिला दिला कर कमाऊँगा... न सही टाटा सफारी, टाटा सूमो तो खरीद ही लूँगा। समाजसेवा और उसके माध्यम से मेवा बनाने के अनेक रास्ते अपने आप निकलने लगेंगे।" ('फ्लैशबैक', पृ. 22) या 'डिप्टी साहेब' के असफल कलक्टर की तरह सोते-ऊँघते कस्बे में 'ऑन लाइन शेयर ट्रेडिंग' और सेंसेक्स का मन्त्रोच्चारण कर पूरे कस्बे को माया के फेर में डाल चाँदी कूटना। सोने को दुगुना करने का लालच देकर सब कुछ लूट कर चंपत होते ढोंगी बाबा पिछले जमाने का सत्य थे तो शेयर मार्केट के उजले विस्तृत फलक में कार्पोरेट ठसके के साथ अपना कपट जाल फैलाते आज के ढोंगी बाबा आज के युग का सत्य। दोनों फले-फूले इसलिए कि 'आखेट' होने के लिए तैयार बैठी लोलुपता हर बदलते वक़्त के बावजूद अपरिवर्तनीय रही। मनुष्य मन की इस सनातन प्रवृत्ति को लेकर मौन है इधर का साहित्य। बाजार को पीट-कोस कर क्या अपनी लपलपाती लालसाओं को 'क्लीन चिट' दी जा सकती है? शर्मिला बोहरा जालान 'कॉर्नसूप' कहानी लिख कर कम से कम अपने भीतर को साफ-साफ देखने का साहस तो बटोरती ही हैं।

सवाल फिर वही कि कहाँ से आया है रपटने को ललकता यह युवक? क्या 'सिटी पब्लिक स्कूल, वाराणसी' (चंदन पाण्डेय) जैसी संस्थाओं से जहाँ के 'शोषित' अध्यापक अपने विद्यार्थियों के जेबखर्च जितनी तनख्वाह को बचाये रखने के लिए उनकी हर ज्यादती को सहने/नज़रअन्दाज करने को मजबूर हैं? जब गुरु के पास ही तेज, आत्मसम्मान, भाषा और दृष्टि नहीं तो अपनी अन्धी आँखों और गूँगे शब्दों से उसे कहाँ ले जायेगा? पूर्ववर्ती कहानी के 'मास्टरजी' में तब्दील होकर जमाने भर की जलालत भोगते इस अध्यापक को इतना दयनीय और उपहासास्पद किसने बनाया है? उपभोक्तावादी नवधनाढ्य ताकतों ने जो दूसरों को अपने स्टेटस के आतंक से थर्रा कर अपने लाडले को 'राजकुमार' का दर्जा दिलाने को बेचैन है? या शिक्षा को व्यवसाय में तब्दील करती मुनाफाखोर ताकतें जो जेबें भरने की हड़बड़ी में एक पूरी पीढ़ी को अन्धे कुएँ में ढकेले जा रही है? दरअसल सब कहीं हड़बड़ी ही है—पैसा कमाने, ताकत दिखाने और जीवन के हर 'अनुभव' को भोग लेने की हड़बड़ी – भले ही उसके लिए तन और मन, बुद्धि और विवेक परिपक्व ही न हुए हों। चन्दन पाण्डेय की खासियत है कि अपनी कहानियों में युग-सत्य को उसकी ऊपरी परत के साथ जरा सा खुरच कर वहीं छोड़ नहीं देते, भीतर ही भीतर पहुँच कर उसकी जड़ों में लिपटे समाजशास्त्रीय दबावों और मानव मनोविज्ञान को पढ़ने-खोलने की कोशिश करते हैं। जाहिर है इस प्रक्रिया में 'खबर' युगीन परिदृश्य पर एक टिप्पणी भर नहीं रहती, युग के दबावों को बनाने और जीने वाली मानवीय अस्मिता में तब्दील हो जाती है। रवि बुले की कहानियों का सैफू और सल्लू यहाँ तरुण के रूप में मौजूद हैं। स्कूल की बड़ी कक्षा का यह छात्र ब्लू फिल्मों के जरिए उम्र से पहले अधकचरा सैक्स ज्ञान पा लेना चाहता है; क्लासफैलो लड़कियों में एक अदद

प्रेमिका की तलाश करता है; और प्रेमिका पा जाने पर उस पर मिल्कियत का ठप्पा भी लगाना जानता है। तमाम हिंसा और अधिकार के साथ। हैरतअंगेज बात यह है कि उसकी हिंसा और अधिकार दोस्तों के साथ-साथ निकी (प्रेमिका) तक को कबूल है—भले ही उस स्वीकृति में छटपटाहट छिपी है, लेकिन उस 'पट्टे' को तुड़ा कर भागने की ललक नहीं। तो क्या ये ऊँचे पब्लिक स्कूल लड़के-लड़कियों को जेंडर और व्यक्तियों को 'वर्ग' (छोटा-बड़ा) बनाने के सामन्ती मूल्यों का पोषण करने के कारखाने हैं? लिंग और वर्ग के बोध से शून्य एक अखंड खालिस मनुष्य की परिकल्पना ही नहीं इनके पास? क्या यह तरक्की की बदहवास दौड़ में उलटी दिशा का प्रतिगामी सफर तो नहीं?

शंका नहीं, यकीनन! तो फिर इस प्रतिगामी वक़्त का प्रतिरोध कोई भी क्यों नहीं कर रहा? क्यों लड़की 'जूती' बन कर रौंदे जाने को अपनी नियति मान चुकी है? क्यों अध्यापक अपनी महिमामंडित लाचारगियों के बीच 'मिट्टी का लोंदा' बन गया है? वक़्त सर्जक है अच्छे और बुरे दोनों का। आज का वक़्त भी सुजीत के रूप में अच्छाई को रच रहा है। हो सकता है संख्या कम हो, लेकिन उस 'अच्छे' को अलक्षित करना क्या हमारी अपनी ही प्राथमिकताओं को उजागर नहीं कर देता? दरअसल कहानी कहते हुए हम सिर्फ युग-सत्य को नहीं कहते, युग-सत्य को देखने-समझने और बनाने वाली अपनी नज़र को प्रकट करते हैं। वह नज़र जो हमारे अवचेतन को हमसे बेहतर पहचानती है। इसलिए अपने नायकों/पात्रों के साथ बार-बार कठघरे में लेखक को ही खड़े होना है।

शायद लेखक इस बात को स्वीकारना ही न चाहे। बेहद सजगता के साथ कहानी दर कहानी वह अपने पात्रों के साथ असंलग्नता शायद इसीलिए तो पुष्ट करता जा रहा है – कथा-शैली के रूप में कम, अपने बचाव की युक्ति के रूप में अधिक। जब आप किसी के साथ 'इन्वॉल्व' ही नहीं तो आप 'वह' कैसे हो सकते हैं? आप लेखक हैं, 'कैरीकेचर' बना कर युगीन विकृतियों पर ठठा कर हँसते हुए। शायद यह प्रश्न लेखक को मथता भी हो कि "कहानी आगे है कि यथार्थ?" लेकिन यथार्थ की असंलग्न शिनाख्त करने के बाद कहानी रचने की आत्मपरक तरलता कमोबेश उसमें नहीं। वह अपने सामने उपस्थित सत्य का साक्षात्कार करने में घबराता है। 'शोकगीत' कहानी में यह 'सत्य' बेरोजगारी के रूप में उपस्थिति हुआ है जिससे नयी कहानी खूब जूझी है, लेकिन आज का युवक 'शहादत' और 'आत्मदया' का नया तेवर रचता है। किसी प्राइवेट कम्पनी ने तीन महीने का वेतन देकर नौकरी से छुट्टी कर दी है उसकी – एक साथ बीस लोगों की। वह रोज दफ्तर के समय घर से निकलता है, शाम को देर से लौटता है। सारा अभिनय दफ्तर जाने जैसा। घर में किसी को खबर नहीं क्योंकि किसी को उसका 'दर्द' समझने की 'संवेदना' नहीं। पिताओं में तो बिल्कुल नहीं क्योंकि "उनका कहना है कि उनके जमाने में ऐसा नहीं

होता था। वे समझते हैं कि हम ही नालायक हैं।" (कुणाल सिंह, शोकगीत, पृ. 18) यह 'लायक' बेरोजगार बेटा रटे-रटाये जुमले बड़ी शान से बोलता है—"दुनिया एक रेडीमेड उत्पाद है और मैं कुछ नहीं कर सकता।" जनवादी शैली में अनास्था का ढिंढोरा पीटते हुए सिस्टम को गरियाता है—"आजकल तो रुपये के सारे खेल हैं जनाब! गरीबों के लिए कोई ठौर नहीं।... आजकल कहीं भी जाइए, कांट्रैक्ट बेसिस पर ही नौकरी मिल रही है। हर साल नया एग्रीमेंट और नौकरी का नवीनीकरण। जब तक उनकी मर्जी आपसे काम ले रहे हैं, और जब जरूरत नहीं, पिछवाड़े लात मार कर निकाल देते हैं। ऐसी नौकरियों में आदमी के अन्दर अनिश्चितता की एक आशंका हमेशा घर किये रहती है। कभी भी वे कह सकते हैं... कल से और आने की जरूरत नहीं।" (वही, पृ. 18) बुद्धिजीवी होने का दम्भ भी है—"यह ठीक है कि हमें-आपको नौकरी, वेतन की चिन्ताएँ ही दिखती हैं। लेकिन व्यापक सन्दर्भों में देखना शुरू कीजिए। एड्स के प्रति मास में व्यापक जागरूकता लानी चाहिए। देश को शाहरुख खान और प्रमोद महाजन और आसाराम बापू से बराबर का खतरा है... हाँ जी, कुछ लोग ये भी कहते हैं कि यह युग चीजों की महाविजय का युग है। आज नहीं तो कल इस जुमले को भी हम ठीक से समझ सकेंगे।" (वही, पृ. 19) साथ ही अपनी 'योग्यता' का पूरा अहसास भी—"मेरी उम्र महज पच्चीस साल है। मैं सिर्फ इश्तहारों को पढ़ सकता हूँ और लड़कियों के साथ फ्लर्ट कर सकता हूँ। या ज्यादा हुआ तो मल्टीप्लैक्स सिनेमा पर बहस कर सकता हूँ।" (वही, पृ. 18) इस सारे बड़बोलेपन में वक़्त को पछाड़ कर अपने लिए कुछ सार्थक पाने की धुन नहीं। क्या इसलिए कि यह युवक ओवर-फैड, ओवर-प्रोटेक्टेड, ओवर-एक्स्पोज्ड परिवार से आया है जिसने उसे गोद से उतारा ही नहीं? या यह आत्मरतिग्रस्त युवक इतनी बड़ी दमनकारी व्यवस्था में घिर गया है कि अपने पूर्ववर्ती पात्रों शंकर (सवा सेर गेहूँ) और दुखियां चमार (सद्गति) की परम्परा को जीते घीसू-माधो की तरह 'अमानवीय' हो जाना इसकी अस्मिता की पहली निशानी हो गया है? क्यों इसके लिए संघर्ष का अर्थ पहली ही ठोकर खाकर हौसले छोड़ देना हो गया है? क्यों समझना नहीं चाहती यह पीढ़ी कि ज़िन्दगी मीडिया द्वारा उछाले गये जुमलों को ओढ़-बिछा कर नहीं जी जाती, हर मौसम और आग में तप कर अपनी टूटती-बनती गढ़त के साथ शिद्दत के साथ जी जाती है?

2

"एक अधूरापन मन में होता है। उसको भरने के लिए हम इन सपनों को देखने का पागलपन करते हैं। पर वह अधूरापन कभी नहीं भरता है। वह उन सपनों के साथ-साथ और गहरा हो जाता है। वह खालीपन हर सपने के साथ और बढ़ जाता है।"[7]

"मनुष्य के मन-मस्तिष्क किसी भी अज्ञात परिवर्तन को स्वीकारने से डरते हैं।

वास्तव में जब तक कोई चीज मनुष्य के ज्ञान की सीमा से बाहर रहती है, वह उससे डरता है। अज्ञान डर का मूल कारण है और डर व्यक्ति का मूल स्वभाव। व्यक्ति आजीवन स्वयं को इस मूल स्वभाव से मुक्त नहीं कर पाता। वह डर-डर कर जीता है और डर-डर कर ही एक दिन मर जाता है।"[8]

तो क्या सारा दोष नयी पीढ़ी का ही है? क्या नयी पीढ़ी सच में इतनी अहम्मन्य, खोखली और आत्मरतिग्रस्त है? इस बाहरी आक्रामकता, अहम्मन्यता और आत्मरतिग्रस्तता के पीछे क्या असुरक्षा और अकेलेपन की गहरी सुरंगें नहीं? वह जन्मना इतनी ओवर-फैड, ओवर-प्रोटेक्टेड, ओवर-एक्स्पोज्ड है या उसकी मासूमियत और बचपन को छीन कर उसे ऐसा बनाया गया है पुरानी पीढ़ी द्वारा? मीडिया से वह दिशा-निर्देश पाता है, लेकिन क्या दुधमुँहे दिनों में ही मीडिया (टी.वी., वीडियो गेम्स, कम्प्यूटर गेम्स) के सामने अकेला बैठा नहीं दिया गया था वह? बेशक पुरानी पीढ़ी के पास सौ-सौ जायज बहाने हों कि "नौकरी के झमेले, वक़्त की कमी, ट्रैफिक की किट किट, न्यूक्लियर फैमिली का दबाव, बदलता लाइफ स्टाइल, बच्चों को सारी सुविधाएँ मुहैया कराने की लालसा – बच्चों के साथ कितना वक़्त बिताएँ? और कैसे? बच्चे भी तो कार्टून नेटवर्क के आगे से हिलना नहीं चाहते। चलो, वे भी खुश, हम भी निश्चिन्त।" पुरानी पड़ती हमारी पीढ़ी आत्मग्लानि से ग्रस्त है और नयी पीढ़ी मीडिया को माँ-बाप-गुरु मानने के संस्कार से लकदक। "नहीं खाना चाहते दाल-सब्जी-रोटी – चलो, कोई बात नहीं, पिजा ऑर्डर कर देते हैं। होम डिलीवरी है। मुझे भी खाना बनाने से छुट्टी मिलेगी।" नौकरी की दोहरी थकान से राहत की साँस लेती माँ। इस माँ ने सुधा अरोड़ा की कहानी 'महानगर की मैथिली' की माँ जैसा भावनात्मक तनाव शुरुआती दौर में झेला था, आज वह पक्की कैरियरिस्ट है– तेज दौड़ती मशीन का चुस्त-दुरुस्त नट-बोल्ट। अपने सपनों को बच्चों के जरिए पाना वैसी ही निर्लज्ज उद्दण्डता है जैसे अपनी कामवासनाओं की तृप्ति के लिए पुत्र के यौवन को चुराना (याद कीजिए पुरु और ययाति का प्रसंग)। सपने अपनी आँख में सजें तो अस्मिता को तेजस करते हैं, दूसरों की आँख में रोप दिये जायें तो गधे की पीठ पर पानी से तर-बतर रूई की लदानी बन जाते हैं। यदि इस पीढ़ी ने ज़िन्दगी को ज़िन्दगी के साथ चल कर नहीं जिया, सपनों, खबरों और तस्वीरों के बीच पाया है तो इसके लिए कसूरवार वह नहीं, पुरानी पीढ़ी है। खुदगर्ज और तोताचश्म। नया कहानीकार 'पापा का चेहरा' (मो. आरिफ) में पुरानी पीढ़ी के चेहरे पर पड़े नकाब को झटक रहा है। पन्द्रह-सोलह साल की लड़की सोनल पर पढ़ाई के बोझ से भी ज्यादा है माँ-बाप की अपेक्षाओं का बोझ। प्री-बोर्ड की परीक्षा में सिर्फ 'एट्टी परसेंट' नम्बर – माँ-बाप के पैरों तले ज़मीन नहीं; और सपने हैं कि सानिया की तरह बेटी सोनल प्रेजीडेंट ऑव इंडिया से भेंट करे, अपनी सफलताओं

का राज बताते हुए टी. वी. पर इंटरव्यू दे। सोनल की आँखों में नींद नहीं तो सपने कहाँ से आयें? अलबत्ता सानिया की फोटो से खासी चिढ़ है उसे और उसी अनुपात में पढ़ाई से भी। वह 'पारुल की तरह पंखे से झूल जाना चाहती है', वह बोलना चाहती है—मन की बात लेकिन किससे बोले? उसे तो रट्टू तोते की तरह सिर्फ दो लफ्ज सिखाए गये हैं— 'जी पापा'।

"एग्जाम हॉल में घबराना नहीं बेटा – आराम से।

जी पापा।

हर प्रश्न को अच्छी तरह पढ़ लेना, समझ लेना, तब करना।

जी पापा।

बेटा, सब कुछ तुम्हारे हाथ है... तुम्हारी मम्मी, कुन्नी की आशाएँ।

जी...

हंड्रेड में हंड्रेड बेटा।

जी..." ('फूलों का बाड़ा', पृ. 80)

चन्दन पाण्डेय खुदगर्ज बुजुर्ग पीढ़ी की कस कर खबर लेते हैं 'भूलना' कहानी में। सोनल की ही तरह सपनों और आशाओं की गठरी लेकर अपने को पढ़ाई में तिल-तिल झोंक रहा है 1980 में जन्मा गुलशन। कहानीकार उसकी पीड़ा और अन्तर्द्वन्द्व का चित्रण नहीं करता। वह गुलशन का 'उपयोग' करने वाली पीढ़ी की अमानुषिकता को रेखांकित करता है जो पढ़ाई में तल्लीन गुलशन को (इसे यूँ भी कहा जा सकता है कि इशारों पर नाचता गुलशन) 'फॉर ग्रांटेड' लेती है और इसलिए निरापद स्थिति में उसे 'भूल' जाती है। यह 'भूलना' कई-कई दिनों तक चलने वाली लम्बी आदत में शुमार हो गया है जिस कारण उसकी भरी-पूरी उपस्थिति के बावजूद कमरे की बत्ती बुझा दी जाती है; जनगणना वालों के सामने बच्चों की संख्या तीन नहीं दो बताई जाती है; और भीतर से बन्द बाथरूम में घर के सभी सदस्यों को गिनने के बाद गुलशन के होने की सम्भावना से बेखबर किसी आतंकवादी के होने की कल्पना की जाती है। लेखक ने घटना को अतिरंजित रूप दिया है और अपनी ही 'फोकस्ड' तल्लीनता में कैद गुलशन को पुलिस और समाज के सामने अकारण 'आतंकवादी' घोषित होते दिखाया है। क्या यह रूपक इसलिए कि स्नेह, संवाद और विश्वास के अभाव में ही पनपता है आतंकवाद? और आतंकवाद का पहला शिकार है अपने में तल्लीन मासूमियत? गुलशन की तरह? या इसलिए कि हमारे भीतर की असुरक्षा और बदहवासी हमें स्थितियों को समग्रता में चीन्हने ही नहीं देतीं और बौखलाहट बन कर खुद हमें तोड़ने लगती है? या यह रूपक इसलिए कि द्वन्द्व और प्रश्न से परे दूसरों के सपनों का दुर्वह भार सहता हर गुलशन किसी न किसी भावनात्मक हादसे का शिकार होकर शारीरिक-मानसिक रूप से पंगु और पराश्रित ज़िन्दगी जीने को अभिशप्त है? अपनी हस्ती पर दूसरों द्वारा सवारी गाँठने के हर

प्रयास को झटकार कर चलता है नवलेखन क्योंकि अपनी मुक्ति के लिए उसे दूसरे के बाड़े से बाहर आना ही होगा।

नवलेखन की सबसे बड़ी सीमा यह है कि वह अपनी अनुभवहीनता (जो असल में संवेदनहीनता और अन्तर्दृष्टि के अभाव का दूसरा नाम है) पर मीडियापोषित फार्मूलों और चमत्कारपूर्ण शैल्पिक युक्तियों का मुलम्मा चढ़ा कर सर्जक होने का दम्भ पालता है। 'इति गोंगेश पाल वृत्तान्त' कहानी में यह प्रयास और असफलता एक साथ देखी जा सकती है। कथा में कमर्शियल ब्रेक हैं – इस आग्रह के साथ कि क्यों टी. वी. के दर्शक की तरह पोंगा पाठक इन्हें स्वीकारने से परहेज करता है? (यहाँ सिक्के का दूसरा पहलू नदारद है कि यह 'पोंगा पाठक' टी. वी. विज्ञापनों के बीच न्यूज और एंटरटेनमेंट की असफल तलाश के बाद टी. वी. से नाता तोड़ पुस्तकों की दुनिया में कूदने को लालायित हो उठता है।) गोंगेश पाल जादू विद्या के जरिए (प्रतीकार्थ हाथ की सफाई जैसा कोई गोरखधंधा या तिकड़म) शोहरत और पैसा भी कमाना चाहता है और अपनी सफलता को लेकर आशंकित भी है। चूँकि वह जीवन भर निष्क्रिय दर्शक रहा है, इसलिए कर्म और संघर्ष उसकी ज़मीन बन ही नहीं पाता। मृत्यु (इधर की कहानियों में कभी यह हत्या के रूप में आती है और कभी आत्महत्या के रूप में) उसका जीवन-सत्य है। दरअसल इस दौर की कहानियों का ड्राफ्ट इतना निर्दोष है कि इनकी विश्वसनीयता पर प्रश्नचिन्ह्न लग जाता है। गढ़े गये पात्र, बुनी गयी घटनाएँ, रोपे गये निष्कर्ष और उनके बीच विद्युत तरंग की तरह प्रवाहित अखबारी खबरें। बल्कि यह कहना अधिक सही होगा कि निष्कर्षों को सामने रख कर पात्र गढ़े जाते हैं, घटनाएँ बुनी जाती हैं और कहानी नहीं, 'स्टोरी' लिखी जाती है। ठीक वंदना राग की कहानी 'यूटापिया' की तरह। इस कहानी में है बाबरी मस्जिद ध्वंस के बाद हिन्दुओं और मुसलमानों के बीच वैमनस्य की गहराती फाँक;[9] इस परिवर्तन को सूँघ बेचैन होता आम आदमी जिसे सेकुलर और फंडामेंटलिस्ट जैसी शब्दावली का कोई ज्ञान नहीं;[10] पर्सनल को पोलिटिकल बना कर वहशियत का नंगा खेल खेलती अमानुषिकताएँ[11] समूचे युग सत्य को अपने औपन्यासिक कलेवर में समेट लेती है कहानी। यहाँ बाकायदा नाम के साथ उपस्थिति है विक्टिम नज्जो और आखेटक अच्युतानंद गोस्वामी उर्फ अच्चू भैया, लेकिन स्टीरियोटाइप्स से ऊपर उठ कर चरित्र नहीं बन पाये हैं ये। यानी अनुपस्थित है मानवीय संवेदन की ऐसी गहन अन्तर्यात्रा जो ईसा पूर्व रोम के युगीन परिदृश्य में संघर्षरत गुलाम स्पार्टाकस की लड़ाई के साथ एक मिशन की तरह जोड़ लेती है पाठक की चेतना को और उसकी संवेदना का उदात्तीकरण करती हुई एक नयी दुनिया में ले जाती हैं जहाँ का मूल्यबोध अपसंस्कृति और अवमूल्यन के युग का रोना रोकर अवसरवाद का पोषण करने का बहाना नहीं ढूँढ़ता, बल्कि मनुष्यता के संवर्धन से जुड़े सनातन मूल्यों की एक बार फिर पुरजोर ढंग से पैरवी करता है। असल में उदात्तीकरण अपने ही भीतर

की विकृतियों और संकीर्णताओं को खँगाल कर एक नये मानव बोध से लकदक होना है। फ्रेम की जकड़बंदी में कोई भी अन्तर्यात्रा सम्भव नहीं और विडम्बना है कि तमाम युगीन विडम्बनाओं की प्रस्तुति के बावजूद युवा कहानीकारों की अधिकांश कहानियाँ फ्रेम के बाहर की दुनिया से बावस्ता नहीं।

इसलिए ताज्जुब नहीं कि इधर की अधिकांश कहानियों के पुरुष (स्त्री भी) पात्रों का चेहरा खासा मर्दवादी है। मौज-मस्ती का आलम स्त्री-पुरुष दोनों पर इतना तारी है कि प्रेम और वासना के अन्तर को जानते ही नहीं। खासतौर पर लड़कियाँ तो देह सुख पाने के लिए आक्रामकता की हद तक उत्कंठित – उस स्थिति का विलोम रचते हुए जो अल्पना मिश्र की कहानियों 'मुक्ति प्रसंग', 'इस जहाँ में हम' और 'लिस्ट से गायब' में स्त्री के देह-शोषण के प्रति लेखकीय विरोध के रूप में तीव्रतर हुई है। दरअसल स्त्री को समग्रता में देखने की कोशिश पुरुष कहानीकारों ने की ही नहीं। 'हिल स्टेशन पर औरत' के बाद रवि बुले 'आईने, सपने और वसंतसेना' में फैंटेसी रच कर स्त्री के विरोध को जरूर दर्ज करते हैं कि क्यों हर पुरुष बिस्तर में पहले उसकी भरी-पूरी शख्सियत को नकारता है, और फिर 'वसंतसेना' के रूप में परिकल्पना कर 'बलात्कार' करता है? लेकिन 'बलात्कार' सरीखी रतिक्रिया के दंश को भोगती स्त्री मृदुला गर्ग के 'चितकोबरा' की मनु की याद नहीं दिलाती, साथी पुरुष में किसी मसखरे का अक्स ढूँढ़ देह सुख को पूरी तल्लीनता के साथ बटोरती है। सवाल यह है कि यह स्त्री के मानसिक विकास और प्रतिकार की ऊर्ध्व यात्रा है या भोग और प्रतिशोध का अधम रूप? स्त्री और पुरुष दोनों को 'भोगी' और 'बलात्कार' का चेहरा देकर जिस युग-सत्य को इस कहानी में खोजा गया है, क्या वह किन्हीं ठोस समस्याओं या सवालों से बावस्ता होकर जीवन को गति दे सकता है?

नहीं। हरगिज नहीं।

भोगवादी दृष्टि गम्भीर समस्याओं को भी मजाक बना देती है।

यकीन न हो तो कुणाल सिंह की कहानी 'रोमियो, जूलियट और अँधेरा' हाजिर है। आसाम में 'स्थानीयता बनाम बिहारी' के मुद्दे ने राज्य भर में स्थिति को विस्फोटक और तनावपूर्ण कर दिया है। लेखक ने अखबार की कतरनों को शिल्पगत चमत्कारों के साथ जोड़ सत्य को विभ्रम और सत्याभास जैसा कोई रूप देने की चेष्टा की है। हो सकता है यह कोई महत्त्वपूर्ण उत्तरआधुनिक युक्ति हो जो जटिल सत्य को कुटिल परिवेश के बीचोंबीच अधिक प्रभावशाली ढंग से कहती हो, लेकिन आम पाठक वही समझता है जो शब्दों के बीच छूटे अर्थों, रिक्तियों के बीच छिपी पूर्तियों और चुप्पियों के बीच जीती चीत्कारों से छन कर आता है। दूर की कौड़ी लाने के लिए दूर देश की छलाँग लगाने की मजबूरी में वह यदि कुछ 'वाइटल' खोता है तो अपनी मिट्टी से जुड़े होने की आत्मीय प्रतीति। इसलिए यह कहानी न आसामी

आक्रोश को कोई दिशा और आयाम दे पाती है, न बदमाशों द्वारा रामदहिन के घर में छिप कर रतिक्रीड़ा करते प्रेमी युगल के दुखद अन्त की घटना संवेदना पैदा करती है। अलबत्ता यह सवाल जरूर घुमड़ता है कि सब की आँखों में धूल झोंक कर आत्मसुख के लिए लपकती प्रेमी-युगल सरीखी पीढ़ी को जिम्मेदार, योग्य और निर्माता पीढ़ी कैसे कहा जाये?

मनीषा कुलश्रेष्ठ 'प्रेत कामना' कहानी में वृद्ध विधुर प्रोफेसर के जरिए व्यक्ति के जीवन में प्रेमांकुरण के किसी भी क्षण को उसकी दैहिक और भावनात्मक जरूरत ही नहीं मानतीं, बल्कि उसकी सामाजिक स्वीकृति भी चाहती हैं। प्रेम पर युवाओं और समाज-स्वीकृत सम्बन्धों का एकाधिकार क्यों? लेकिन जिस प्रकार प्रो. और अणिमा अपनी-अपनी प्यासी देहों को तृप्त करने की हड़बड़ी में लिप्त हैं, वह प्रेम के नाम पर अपने को भरमाने की कुटिल युक्ति है। प्रत्यक्षा और पंखुरी सिन्हा ऐसी किसी भी आत्मप्रवंचनात्मक युक्ति से पल्ला छुड़ा कर सीधे-सीधे तेज-तर्रार लड़की के पक्ष में जा खड़ी होती हैं जो अपनी दैहिक जरूरतों को अपनी भाषा में बयान करने का साहस भी रखती हैं। मो. आरिफ इस खिलंदड़ी लड़की के ऊहापोह को कन्या भ्रूण हत्या जैसे मुद्दे के साथ जोड़ कर एक नयी ही रंगत देते हैं 'फूलों का बाड़ा' कहानी में। बेशक स्त्रीवादी दृष्टि अख्तियार कर वे नायिका महारानी सेतिया की जुबानी स्त्री के मनोविज्ञान, दाम्पत्य एवं दाम्पत्येतर जीवन में स्त्री के दैहिक-भावनात्मक शोषण, बलात्कार से उपजे दंश, परिवार से जुड़े रहने की नैसर्गिक भावना और बेटियों के बावजूद बेटे के प्रति 'स्त्रियोचित' लालसा को दिलचस्प किस्सागो की तरह बयान करते हैं लेकिन महारानी सेतिया स्त्री नहीं, मेल स्टीरियोटाइप के रूप में अधिक उभरती है।[12] यह स्त्री वह नहीं जो चन्दन पाण्डेय की कहानी 'नकार' में पिछले पचास सालों से पाकिस्तान में कहीं 'खो' गयी माँ की तलाश में निकली छप्पन वर्षीया बेटी में मौजूद है। रिश्तों की कस्तूरी से महकती यह स्त्री स्वयं माँ है, इसलिए 'माँ' के जरिए एक पूरी पोषक परम्परा का इस्तकबाल करना चाहती है। चूँकि वह स्त्री भी है, इसलिए अनजाने पाकिस्तानी परिवार में बेटों-पोतों के साथ जीती जुबैदा में माँ को चीन्ह कर भी[13] खाली हाथ लौट आती है। स्त्री होने की नियति में परवशता और पीड़ा, खंड-खंड होकर अखंड बने रहने की मशक्कत, सपनों को मुल्तवी करते रहने की लाचारगी और सपनों को हकीकत के रूप में देख कर मुँह फेर लेने की बेबसी- सब कुछ तो शामिल है जिसे हाशिए पर जीती हर अस्मिता एक-सा महसूस कर सकती है। चन्दन पाण्डेय की यह स्त्री अल्पना मिश्र की उस स्त्री के बेहद करीब है जो रोजमर्रा की भीड़ में रोज-रोज देखी जाती स्त्री के परिचित चेहरे को एक नये ही कोण से उद्घाटित करती है।[14]

नये कहानीकारों की उपलब्धियों को लेकर एक बात अक्सर कही जाती है कि यह कहानी स्त्री विमर्श की धमक से दूर स्त्री-मानस का प्रामाणिक चित्रण कर रही

है। सवाल उठता है कि स्त्री विमर्श क्या ऐसी हौलनाक चीज है जिसके पास जाने से ही आपको जख्मी हो जाने का अंदेशा है या इतनी गलीज चीज कि छूते ही नापाक हो जायेंगे। स्त्री विमर्श मुक्ति के नाम पर न स्त्री देह का चटखारेदार वर्णन है (वैसे इन कहानियों में यह वर्णन अधिक है), न पुरुष और परिवार का विरोध कर अपनी स्वायत्त सत्ता का उद्दण्ड घोषणा पत्र। चूँकि स्वयं ज़िन्दा रहने के लिए दूसरों की जीवित उपस्थिति अनिवार्य है, अतः स्त्री मुक्ति अकेले सम्भव ही नहीं। स्त्री विमर्श अपनी मूल अवधारणा में सदियों से मौजूद सामाजिक कुरीतियों के संग-साथ यौन हिंसा, घरेलू हिंसा और कन्या भ्रूण हत्या जैसी संजीदा विकृतियों के सन्दर्भ में स्त्री की मानवीय अस्मिता पर विचार करने का अभियान है। इसे खारिज करने का अर्थ उन तमाम वैचारिक मुठभेड़ों, उद्वेलनों और संवेदनाओं को कुचलना है जो अपराधी के 'वर्चस्व' पर चोट करने के बाद उसे हिंसा और ताकत का खेल खेलने से रोकती है। नये कहानीकार का स्त्री विमर्श से बिदकना क्या एक बार फिर अनुभवहीन पीढ़ी की तोतारटन्त भाषा को जाहिर नहीं करता?

3

क्या इतना भर है युवा लेखन?

सवाल का कोण पलट दूँ तो यह कि क्या सचमुच इतना ही बीभत्स, रुग्ण और विकृत हो गया है वक़्त?

क्या भीतरी टूट-फूट के बावजूद पोषण और संवर्धन की कुदरती प्रक्रिया बीमारियों से लड़ते मनुष्य की तरह वक़्त को भी स्वस्थ और अखंड नहीं बनाये रखती?

"टूटने के कगार पर ही निर्माण की नींव डाली जाती है" – 'हिडेन फैक्ट' की तलाश में अपनी विकृतियों को नज़रअन्दाज कर दूसरों की कमजोरियों को बीनते-चुगते प्रभात रंजन 'पर्दा गिरता है' कहानी में जब निर्माण की अजस्र शक्ति के सम्मुख नतमस्तक होते हैं तो आश्वस्ति होती है। सचमुच टूट-फूट का संज्ञान लेकर नवनिर्माण का गुरु दायित्व वहन करना ही है नयी पीढ़ी को। सही-गलत, अच्छा-बुरा के मानवतावादी बोध से सम्पृक्त होकर। अपनी तमाम संकीर्णताओं और वासनाओं से मुक्त होकर; नैतिकता के प्रति आक्रोश भरी तमतमाती मुद्रा को परे फेंक कर क्योंकि जिस बुराई का प्रतिपक्ष रच कर आप इतने 'असहिष्णु' और 'आक्रामक' हो रहे हैं, वह उसी का हमजाद कंस्ट्रक्ट है, मानवतावादी दृष्टिकोण नहीं। मानवतावादी दृष्टि के पास सिर धुनने और गला काटने के लिए न वर्ग, वर्ण, जेंडर की संकीर्णताएं हैं, न सभ्यता, संस्कृति और भौगोलिक सरहदों की बाधाएँ।

लेकिन युवा लेखन के पास सिर्फ दलदल नहीं। स्वस्थ सकारात्मक मानवतावादी दृष्टि भी है। क्यों न उसे उकेरा जाए – उन मूल्यों की प्रतिष्ठा के लिए जिनके होने से व्यक्ति अपने भीतर की मनुष्यता को चीन्हता है, पास खड़े दूसरे व्यक्ति में उसका

अक्स देखता है और प्रसार करता चलता है दूर तलक। शर्मिला बोहरा जालान की 'बूढ़ा चाँद' कहानी सादगी भरे शिल्प के साथ बाहर की बुराइयों से घिनाए बिना जब भीतर की लौ को प्रज्वलित करने का बीड़ा उठाती तो सिर्फ अन्तस ही नहीं, बाहर का समूचा परिदृश्य भी स्निग्ध प्रकाश से भासमान हो उठता है। तरुण भटनागर अहसास की इस दुनिया में तैर कर दूर और गहरे उतरते चलते हैं। 'हैलियोफोबिक'— वे जानते हैं वक़्त की विभीषिकाएँ इस मानसिक बीमारी का संक्रमण कर वक़्त को पालतू बनाने वाली ताकतों की झोली भर रही हैं। 'हैलियोफोबिक' यानी एक खास किस्म की मानसिक बीमारी यानी इस बीमारी का मरीज दिन के आकाश और सूरज के साथ-साथ तारों भरे रात के आकाश से भी डरता है। प्रतीकार्थ का खुलासा करें तो अपनी ही क्षुद्रताओं में आपादमस्तक धँसते रहने की मानसिक विकृति जो मुक्ति के सपने, कल्पना की उड़ान और सृजन की निर्बन्धता के लिए आसमान के विस्तार का विरोध करती है। तो क्या 'हैलियोफोबिक' बीमारी से ग्रस्त हर मरीज का तिरस्कार करें या पागलखाने में डाल उसे अपनी मौत मरने के लिए छोड़ दें? एक विकल्प! या दूसरा विकल्प यह कि अपने भीतर अंकुराती इस बीमारी की सम्भावना को उखाड़ फेंके विश्वास, आत्मीयता, संवाद और स्नेह का प्रसार कर? लेखक तीन वर्ष की उम्र में अफगानिस्तानी युद्ध में माता-पिता सहित पूरे परिवार को खो देने की विभीषिका से ग्रस्त जिस 'हैलियोफोबिक' मरीज का चित्रण करता है, वह दरअसल युद्ध और हिंसा के विरोध में मनुष्यता को बचाये रखने की आस्था और संघर्ष का ही दूसरा नाम है।

इस आस्था को तरुण भटनागर बार-बार लगभग हर कहानी में जीते हैं—'बीते शहर से फिर गुजरना' में आपाधापी और विस्मृति के बीच 'कोमल' को बचाये रखने की लालसा के साथ और 'फोटो का सच' में अपनी भावनात्मक कमजोरी के कारण सीने पर शिला सी पसरी संवेदनहीनता के खिलाफ तरलता की तलाश साथ। 'बीते शहर से फिर गुजरना' में बीते दिनों को जीने का रोमान भरा नॉस्टेल्जिया नहीं, बीत कर भी स्मृति में ताजा रहे पलों और रिश्तों को उतनी ही समग्रता, सघनता और तल्लीनता के साथ जीने की व्याकुलता है जो पूरे शहर के साथ अनाम सा सम्बन्ध बना डालती है—"यह उसकी स्मृतियों का शहर है। वह नहीं होती तो इस शहर से गुजरती ट्रेन में मेरे होने का कुछ अलग मतलब होता। वह नहीं होती तो यह बीता हुआ शहर न होता। पता नहीं वह कहाँ होगी? पन्द्रह साल हो गये। पर आज भी इस शहर पर उसका बस चलता है। यह शहर आज भी उसका कहा मानता है। पता नहीं, वह कभी मिलेगी भी या नहीं? यह शहर भी मेरी तरह उसकी उम्मीद में धड़कता है। यह शहर नहीं मरेगा। उसकी यादें इसे मरने नहीं देंगी।" (गुलमेंहदी की झाड़ियाँ, पृ. 74) 'फोटो का सच' में युवा पुत्र की मृत्यु से उपजे दंश से बौराये बूढ़े माँ-बाप हैं जो एक-दूसरे को ढाढस बँधाये रखने की झूठी आस में अपने-अपने मोर्चे

पर अकेले अपनी पनीली आँख और थरथराती आवाज छुपा रहे हैं। संवदेनहीनता ने साझा दुख गाढ़ा कर दिया है कि बेटे का शरीर ही नहीं मिटा, स्मृतियाँ, सम्बन्ध और अस्तित्व भी मिट गया है। बूढ़ा बाप क्लेम देने वाले क्लर्क के सामने बेटे के जन्म और चिता की दो फोटो रख बेटे के साथ अपने सम्बन्ध की गहरी यात्रा कर आता है – अकेले। सम्बन्ध हादसे और घोषणा से खत्म नहीं होते, साँस और खून के साथ अजर-अमिट संग-संग चलते हैं।

अहसास का यह तरल संस्पर्श कुणाल सिंह की कहानी 'सनातन बाबू का दाम्पत्य' और मो. आरिफ की 'फुर्सत' और 'सत्यमेव जयते' में भरपूर नमी और हरियाली के साथ मौजूद है। 'सनातन बाबू का दाम्पत्य' विनोदकुमार शुक्ल की 'दीवार में एक खिड़की रहती थी' की याद और सुवास से आपूरित करता है तो 'फुर्सत' कहानी फुर्सत के लम्हों में रोजमर्रा के बाहर के अपरिचित परिवेश के प्रति विस्मय और दुख से भर कर अपने सम्बन्धों में पसरती अजनबियत को प्रयासपूर्वक झाड़ देना चाहता है। इस सजगता में अपने को लौटा लाने और अखंड जीने की ललक तमाम विडम्बनाओं का मुकाबला करने को तैयार हैं। 'सत्यमेव जयते' कदम-कदम पर 'पंच परमेश्वर' का विलोम रचती है लेकिन पंचायत में भाई के खिलाफ अन्याय के पक्ष में खड़ा जफ़र मुहम्मद धूर्त्त नहीं, उन सब दबावों की मारी निर्बल इकाई है जिनके खिलाफ संगठित लड़ाई लड़े बिना नवनिर्माण सम्भव नहीं। निर्माण के लिए जरूरी है दृष्टि और दृष्टि में साबुत अखंड मनुष्य अँट जाये तो नये-पुराने का द्वन्द्व, प्रतिरोध-प्रतिशोध का दंश कोई मायने रखता ही नहीं। कहना न होगा कि निर्माण की प्रक्रिया लम्बी और जटिल भी है और साझी भी। इन दो उद्धरणों के बाद संशय की कोई गुंजाइश शेष रह भी नहीं जाती।

"चेतना न हो तो कितना कुछ रुक जाये। न आगे जाये और न पीछे जाए। बात चेतना भर की नहीं है। यह बात उस धड़कन की है जो चेतना के खोल में रहती है... जो भ्रम तोड़ती है, स्वप्नों को सुधारती है, कविता के शब्द गढ़ती है...।"[15]

"उन बूढ़ी आँखों में छलक आने वाला पानी मुझे मेरे अपने देश के बूढ़ों की याद दिलाता है। उनकी चुप्पी घर की बात पर बाँध की तरह टूटती और मैं शार्ट हैंड में उसे समेट नहीं पाता था। कुछ था जो छूट जाता था। कुछ था जिसे लिखते नहीं बनता था। कुछ ऐसा जिसे हम कभी भी लिख नहीं पाये।"[16]

सन्दर्भ

1. "आजकल बहुत से लोग युवाओं की 'आदर्शविहीनता' पर जार-जार रोते और अतीत के किसी स्वर्णवाद की याद में दुबले होते दिख पड़ते हैं। आदर्शवाद के छद्‌म को जीते ये लोग अक्सर किसी न किसी चीज को बचाने की रट लगाते हैं और इस प्रकार दरअसल अपनी ही खत्म हो

चुकी ऐतिहासिक प्रासंगिकता को पुनर्स्थापित करने की जुगत में लगे होते हैं। आदर्शवाद की आड़ में अवसरवाद और थरथराती हुई कोमल संवेदना के आवरण में नृशंसता को छुपाने में यह तबका लम्बे समय तक कामयाब रहा है लेकिन खुद समय ने इसे बेनकाब कर दिया है। समकालीन युवा पीढ़ी के लिए विचार और व्यवहार की एकता एक बड़े मूल्य की हैसियत रखती है और दूसरों की बोई फसल काटने के लिए अब वह तैयार नहीं। अखंडित निष्ठा की खोज में इस युवा कथा-पीढ़ी ने अपने मुहावरे में नितान्त बड़ी कृतियों की रचना करके युगान्त की घोषणा कर दी है।'' कृष्णमोहन, नया ज्ञानोदय, अंक मई 2007, पृ. 170

तथा

"... युवा कथाकारों ने पुरानी आम सहमतियों को लगभग हर बिन्दु पर चुनौती दी है। पुराने सत्यों का दामन छोड़ कर, चाहे वे राजनीतिक सत्य हों या साहित्यिक, उन्होंने साहस के साथ अपने सामने उपस्थित सत्य का साक्षात्कार किया है और उससे अपने युग के लिए प्रासंगिक निकालने की प्रक्रिया में वे हैं। इस बात को न समझ पाने वाले अतीत की वैचारिकी में डूबे-उतराए, पक्के-अधकचरे तमाम तत्व जब रह-रह कर किसी पुराने स्वर्णयुग की रक्षा की गुहार लगाते हैं तो सच मानिए हमें उनसे कोई सहानुभूति नहीं होती।" कृष्णमोहन, नया ज्ञानोदय, अंक जुलाई 2007, पृ. 98

2. प्रभात रंजन, मोनोक्रोम, पृ. 13
3. प्रभात रंजन, सोप ऑपेरा, पृ. 5
4. तरुण भटनागर, गुलमेंहदी की झाड़ियाँ, कौन सी मौत, पृ. 94
5. "हुआ यह कि मैंने अपनी वह कहानी लल्लू जी को पढ़ने के लिए दी थी ताकि वे मुझे उस पर राय दें। उन्होंने कहा था – कहानी कूड़ा है। मैंने कहानी कूड़ेदान में डाल दी।... और अब क्या देख रहा हूँ। ...धोखा!... लल्लू जी मेरी कहानी चुरा चुके थे।" रवि बुले, आईने, सपने और वसन्तसेना, पृ. 115
6. "चल्लू के लिए तुम्हारे दिल में क्या था, इसकी मुझे खबर थी। मेरे दोस्त, तुम सामने होते तो मैं उसे अँगूठी नहीं पहना पाता।... कल्लू उस्ताद ने जो बताया, सब सच मानना।" वही, पृ. 114
7. तरुण भटनागर, गुलमेंहदी की झाड़ियाँ, बीते शहर से फिर गुजरना, पृ. 7
8. रवि बुले, आईने, सपने और वसन्तसेना, पृ. 72
9. "शहर के सारे सेठों का पैसा तो हिन्दुओं के त्योहारों में फूँका जा रहा है। अब मस्जिद के पास ही देख लो, 'नव दुर्गा समिति' बना कर बैठ गये हैं। ये तो सारी तंग करने वाली बातें हैं न। लौंडों की फौज है, वहीं गाना-बजाना करेंगे, हल्ला मचाएँगे और हमारी नमाज में खलल डालेंगे।" वंदना राग, यूटोपिया, पहल 87, पृ. 198

   तथा

   "हमें नीच समझा... डरपोक समझा... हम पर राज किया...। अब तो इकट्ठे हो जाओ और इस मस्जिद को खत्म करो, वरना नपुंसक कहलाओ। यह संदेश दो, हमारी कौम नामर्द नहीं, और उन लोगों को कह दो, इस देश में रहना है तो यहाँ का बन के रहें।" वंदना राग, यूटोपिया, पहल 87, पृ. 202
10. हालाँकि अम्मी को चन्दा माँगने वालों से परेशानी होती थी, लेकिन चन्दा माँगने में अचानक आयी तब्दीली बरसों से चले आये एक सिलसिले को कर्कश आवाज से तोड़ती थी। उसका तीखापन सूई से पैनी टीस के साथ एक नये उग आये घाव से फर्क की ओर इशारा करता था जिसे अम्मी का जी कबूल करने को राजी नहीं होता था।" वही, पृ. 199
11. "इस बार इस शहर में छः दिसम्बर की बरसी अभूतपूर्व ढंग से मनाई जायेगी और उस मियाइन और उसके परिवारवालों और उसके कौमवालों की ऐसी तैसी की जायेगी। साले, अच्चू भैया को

तबाह करने पर तुले हुए हैं। सालों को सबक सिखाने के मकसद से मस्जिद गिराई गयी थी, फिर भी नहीं सुधरते, डिस्टर्बेंस पैदा करते हैं।" वही, पृ. 207

12. यह मर्दवादी स्त्री मो. आरिफ की कहानी 'आग' में दहेज के मसले को लेकर ससुराल द्वारा जला दिये जाने की त्रासदी स्वयं देह और मन पर झेल चुकी है; पति से अलग अपने बच्चों के साथ एक स्वतन्त्र स्वाभिमानपूर्ण जीवन जी रही है जिसमें पुरुष-मित्र के रूप में एक शीतल बयार भी है। यह स्त्री अपने जले चेहरे के साथ अन्तरतम को भी छिपाए है। लेखक उसे उद्घाटित करना चाहता है तो बड़े बेटे के प्रेम विवाह के प्रसंग की नियोजना की जाती है। माँ को विवाह से कोई ऐतराज नहीं, बस, दो लाख रुपये की धनराशि दहेज के रूप में चाहती है। और लेखक भर्त्सना और धिक्कार का मोटा डंडा लेकर पिल पड़ता है कि "जिस आग में माँ जली थी, जिसकी लपटों में हम दोनों भाई वर्षों से झुलस रहे थे... वह आग तो उनके अन्दर लगी ही नहीं थी... आग के भभके के साथ उठी माँ की चीत्कार... मैंने देखा, पहले माँ थी, फिर उसकी जगह माधुरी ने ले ली। अब माँ माधुरी को जला रही थी। लेकिन जल्दी ही दोनों अपना-अपना जला शरीर लेकर अलग हो गयीं और उनकी जगह मैं था। और माँ के हाथ में गैलन। मेरे शरीर पर वे उँडेलने लगीं।" मो. आरिफ, फूलों का बाड़ा, पृ. 65

13. "अब अगर तू उससे मिले भी तो वह तुम्हें शायद ही पहचाने। समय का तकाजा ही ऐसा है। अपने माहौल का दबाव होता है। अपने भरे-पूरे घर को एक पराई या कभी की रही अपनी बेटी के लिए कोई नहीं छोड़ेगी... अपनों से बिछुड़ने का दर्द लगभग सभी निगलते हैं, पर कोई उसके पीछे जी-जान से लग जाए तो बहादुरी नहीं इसमें कोई।"

    तथा

    "उस रात किसी बूढ़ी औरत ने अपने कमरे को भीतर से बन्द किया। एक पुराने बन्द पड़े लोहे के बक्से से एक-एक सामान हटाया। फिर... बक्से की पेंदी से एक गुलूबंद निकाला जिसकी ऊनी फूलों की झालरें किसी छह साल की बच्ची ने चबा डाली थीं और उसका फिर से सिला जाना अधूरा रह गया था। एक हाथ पर गुलूबन्द डाल कर दूसरे हाथ से उसे देर तक सहलाती रही थी, फिर उसे बक्से में सहेज दिया था।" चन्दन पाण्डेय, नकार, पृ. 84- 85

14. अल्पना मिश्र, छावनी में बेघर, तमाशा, पृ. 44-64
15. तरुण भटनागर, गुलमेंहदी की झाड़ियाँ, बीते शहर से फिर गुजरना, पृ. 69
16. वही, हैलियोफोबिक, पृ. 15

सवालों का कठघरा और इक्कीसवीं सदी का स्त्री लेखन

'स्त्री लेखन स्त्री की मानवीय अस्मिता के लिए लड़ी जाने वाली वैचारिक लड़ाई है। इसका अभिप्रेत पुरुष को पछाड़ कर अपने वर्चस्व का परचम फहराना नहीं, बल्कि समाज में स्त्री-पुरुष के लैंगिक विभाजन और पहचान पर आधारित पितृसत्तात्मक व्यवस्था का कोई बेहतर समतामूलक मानवीय विकल्प खोजना है। यह एक सर्जनात्मक आन्दोलन है जो स्त्री-पुरुष दोनों को बद्ध भूमिकाओं और रूढ़ छवियों से मुक्त कर आत्मविश्लेषण एवं आत्मपरिष्कार का संवेदनात्मक आधार देता है।'

मैं मनोयोग से लिख रही हूँ और अपनी ही लिखी पंक्तियों को गाढ़ी स्याही से रेखांकित भी कर रही हूँ। शायद इसलिए कि स्त्री लेखन के औचित्य और वैशिष्ट्य को सिरे से खारिज करते विरोधी स्वर मेरी वैचारिक अवधारणा को ही नेस्तनाबूद कर देना चाहते हैं। वे मानते हैं कि स्त्री-पुरुष लेखन के विभाजनों से अछूता साहित्य केवल साहित्य होता है और रचयिता लैंगिक विभाजनों से ऊपर सिर्फ एक रचनाकार। बेशक मैं स्वीकारती हूँ कि सर्जना के अन्तरंग क्षणों में स्रष्टा न स्त्री होता है, न पुरुष, वरन् अखंड मनुष्य की ऊर्जस्वी अस्मिता का पुंजीभूत रूप बन कर वह 'स्व' के सहारे समष्टि की गुंझलकों को खोलता एक सतत 'सत्यान्वेषी' भर होता है। लेकिन इसे अधूरी टिप्पणी कह कर इतना भर और जोड़ना चाहूँगी कि सृजन की पूर्वपीठिका के दौरान समाज के बीचोबीच रहगुज़र करते हुए स्रष्टा एक विशिष्ट लौकिक पहचान के रूप में पहले अपना अस्तित्व ग्रहण करता है, फिर अस्मिता। लिंग, धर्म, वर्ग, वर्ण उसकी सामाजिक स्थिति सुनिश्चित करते हैं और इन सामाजिक-सांस्कृतिक-आर्थिक कारकों द्वारा निर्धारित की गयी परिधि के बीच परिचालित होते हुए वह जिस बोध-संस्कार और चेतना को, आकांक्षाओं-सपनों और संवेदनाओं को, रुचियों-पूर्वग्रहों और वर्जनाओं को, परम्परा और प्रभावों को लक्षित-अलक्षित भाव से ग्रहण करता चलता है, वही उसके व्यक्तित्व का निर्माण करते हैं। पहले वह अन्य व्यक्तियों की तरह एक जिम्मेदार नागरिक/इकाई मात्र है, लेकिन लिंग/धर्म/वर्ग/वर्ण के दबावों और संकीर्णताओं से जूझते हुए जब वह समूची मनुष्यता की मुक्ति के लिए चिन्तन की रचनात्मक उड़ानें भरता है, तभी स्रष्टा

व्यक्तित्व का स्फुरण उसके भीतर होता है। जाहिर है सर्जनात्मक उड़ान के लिए उसके पास अनन्त आकाश है, लेकिन प्रस्थान बिन्दु के रूप में उसके पास लिंग/धर्म/वर्ग/वर्ण की कँटीली बाड़ से घिरी एक सुनिश्चित लौकिक पहचान भर है जो उसके 'होने' का आधार भी है और जिसका अतिक्रमण कर अपने 'होने' को सार्थक करने का एक स्वप्न भी। जाहिर है इसलिए भक्त कवियों की भव्य चित्र वीथी में मीराबाई (लैंगिक पहचान – स्त्री) और कबीरदास (जातिसूचक पहचान –दलित) अपनी अलग पाँत बनाते हैं; और इसलिए तमाम विनयशीलता और भक्तिभाव के बावजूद मीरा के उद्‌गारों में ईश्वर को समर्पित भक्त की पलायनोन्मुख दुर्बलता दिखाई नहीं पड़ती, परम्परागत सामाजिक ढाँचे को तोड़ कर पति के स्टीरियोटाइप से अलग एक भिन्न स्वप्न-पुरुष (अर्धनारीश्वर) की प्रतीक्षा में रत आकांक्षिणी की व्याकुलता दिखाई देती है। मीरा सूर की यशोदा, तुलसी की सीता और जायसी की पद्‌मावती और नागमती के अमूर्त व्यक्तित्वों के कुहासे को चीर कर समाज व्यवस्था और राजतंत्र के उत्पीड़नों से बिलबिलाती औसत स्त्री हैं और इनके विरुद्ध प्रतिरोध दर्ज करती एक अकेली जुझारू आवाज भी। वह अमूर्त का महिमामंडन कर अपनी पराजय का जश्न नहीं मनाती, महिमामंडन के पीछे छिपी कुटिलताओं को चीन्हने का विवेक देती है। वैचारिक सजगता और भावनाओं की स्वतःस्फूर्तता का ठीक वही सम्मिश्रण जो एक ही कालखंड और एक ही परिवेश में रचनारत शिवरानी देवी को प्रेमचन्द से अलगाता ही नहीं, स्त्री-समस्या के सन्दर्भ में शिवरानी देवी के आवेग, आक्रोश और स्वतन्त्र निर्णय-क्षमता के बरक्स प्रेमचन्द के यथास्थितिवादी स्वर को समझने का तर्कपूर्ण आधार भी उपलब्ध कराता है।

मैं चकित हूँ कि इक्कीसवीं सदी की कहानीकार (अधिकांश) स्त्री विमर्श जैसी किसी भी अवधारणा के प्रति उमड़-उमड़ कर बहता प्रतिरोध दर्ज कराने की आतुरता में पुरुष से भिन्न अपनी लैंगिक अस्मिता (स्त्री) होने के तथ्य को भूल जाती हैं, लेकिन रचना के आत्मविस्मृतकारी क्षणों में 'देह' के रूप में अपनी बुनियादी पहचान को स्वीकारती और जीती चलती हैं। कृष्णा सोबती से लेकर जयश्री राय तक हिन्दी में स्त्री रचनाकारों की एक लम्बी कतार है जो पिछले साठ बरस के दौरान होने वाली सामाजिक उथल-पुथल के बीच स्त्री-मानस को, और स्त्री की वैचारिक सजगता, गतिशीलता और स्वतन्त्र निर्णय क्षमता के कारण होने वाले सामाजिक परिवर्तनों को लक्षित और रेखांकित कर रही है। कृष्णा सोबती की मित्रो और रत्ती (सूरजमुखी अँधेरे के), मृदुला गर्ग की मनु (चित्तकोबरा) और स्मिता (कठगुलाब), मैत्रेयी पुष्पा की मंदा (इदन्नमम) और नासिरा शर्मा की शाल्मली समाज के सन्दर्भ में स्त्री-मानस के द्वन्द्वों, अन्तर्विरोधों, आकांक्षाओं, दुर्बलताओं और दृढ़ताओं को उकेर कर जिस नयी स्त्री की रचना कर रही थीं, वह नब्बे के दशक के बाद परिवार, समाज और साहित्य तीनों जगह से गायब हो गयी है। 'क्यों' के रूप में एक बड़ा सा सवाल

मेरे सामने मौजूद है। क्या इसलिए कि अपनी लड़ाई लड़ने के जुनून में पुरानी पीढ़ी की स्त्री को अपने आँगन में पलती नयी पीढ़ी को संस्कार देने का अवकाश ही नहीं मिला? या इसलिए कि अपने अधूरे सपनों को बेटी की आँख में पोसने की धुन में उसने बेटी को बेटा (मर्द) बन जाने की अपनी अतृप्त ख्वाहिशें भी सौंप दी हों? या इसलिए कि सैद्धांतिक तौर पर पितृसत्तात्मक व्यवस्था के जिन षड्यन्त्रों को आइडेंटिफाई करके वह बाहैसियत रचनाकार अपनी रचनाओं में लड़ती है, वही एक माँ और औरत के रूप में उसे परिवार और समाज के बीच परिचालित करते रहे हों और पुरजोर नकार के बाद वह भी अनजाने ही बेटी को औरत और बेटे को मर्द बनाने के सांस्कृतिक अनुष्ठान में जुटी हो? मैं बाजार के प्रसार के रूप में एक अन्य विकल्प को भी रख सकती हूँ जो हमारी लड़ने और विश्लेषित करने की क्षमता को लील कर हमें एक आत्मरतिग्रस्त उपभोक्ता में तब्दील कर रहा है। लेकिन ऐसा करने से मैं स्वयं को बरज रही हूँ क्योंकि जानती हूँ कि बाजार और कुछ नहीं, मनुष्य की अपनी पतनशील सुविधाओं का जमघट भर है जहाँ उसे किसी और के प्रति प्रतिबद्ध नहीं होना है, बल्कि दूसरों को अपने उपभोग की सामग्री बनाना है। मैं यहाँ प्रत्यक्षा की कहानी 'ब्याह' को लेना चाहती हूँ जहाँ 'क्रान्तिकारी' पुरानी पीढ़ी (माँ) की क्रमिक विघटनशीलता और नयी पीढ़ी (बेटी) की व्यक्तित्वहीनता (याद रहे कि व्यक्ति को प्रोडक्ट और फिर ब्रांड में बदल कर बाजार उसकी निजता को छीन कर अनिवार्यतः उसे चेहराविहीन और व्यक्तित्वहीन बनाता है) को रेखांकित कर वे स्त्री-पुरुष स्टीरियोटाइप्स को पुष्ट करने वाली मानसिकता का चित्रण करती हैं। अपने वक़्त में तमाम सामाजिक-सांस्कृतिक संकीर्णताओं और कट्टरताओं से टक्कर लेकर सादगी भरा विवाह रचाती नायिका ढाई दशक के अन्तराल के बाद बेटी के ब्याह के समय अपने विद्रोह को सार्थक परिणति नहीं देती, बल्कि यू-टर्न लेकर तमाम अनुष्ठानों-परम्पराओं को चौगुने उत्साह से मनाते हुए अपने ही विद्रोह की निरर्थकता और दिशाहीनता का ढिंढोरा पीटने लगती है। तो क्या मित्रो से लेकर शाल्मली तक सभी विद्रोहिणियाँ सांझ ढलते ही बाड़े में बन्द होने के लिए 'रँभाने' लगती हैं? प्रत्यक्षा की पर्यवेक्षण क्षमता अद्भुत है जो माँ के सन्दर्भ में उसके अन्तर्विरोधों के चित्रण में अभिव्यक्त हुई है—"लौटना नियति था या फिर अपने संस्कारों की पकड़ इतनी गहरे पैठी थी कि उम्र होते, जैसे इम्यून सिस्टम कमजोर हुआ, बाहर आ निकले? अ ब्रीच इन द वाल? या फिर सन्तान की शुभकामना का अदम्य नैसर्गिक बोध...", तो बेटी के सन्दर्भ में 'खाओ पीओ मौज करो' दर्शन के साथ अपने को 'उपभोक्ता' पहचान में रिड्यूस करती नयी पीढ़ी के सच के जरिए—"हाँ मॉम, मुझे अच्छा लगेगा। हमेशा की टॉम ब्वाय लड़की कैसे मजे से लहँगे, चुनरी में रम रही थी। हमेशा शॉर्ट्स और जींस में रूखे बाल लहराते अब साड़ी, लहंगे, मेंहदी में कैसी नाजुक लचीली लग रही थी। उसके मन में क्या था? कुछ ईस्टर्न इरोटिका, कोई फैशन परेड, किसी

पुरानी फिल्म का स्टेज मैनेज्ड रोल, एक फैंसी ड्रेस? या एक लड़की के नैसर्गिक सजने-सँवरने की उत्कंठा?" (परिकथा, जनवरी-फरवरी 2009)

बेशक समय का साक्षात्कार करना औसत व्यक्ति के लिए सम्भव नहीं। इसके लिए जरूरी है यथार्थ का अतिक्रमण कर उसे निःसंग भाव से जाँचना। लेकिन रचयिता 'समय का साक्षात्कार' कर वहीं थम नहीं सकता। ऐसा करके वह ज्यादा से ज्यादा आलोचक बन सकता है। लेकिन वह रचयिता है ही इसलिए कि 'समय का साक्षात्कार' जैसी अमूर्त स्थिति को सर्जनात्मक दृष्टि के साथ निबद्ध कर एक समानान्तर लोक की रचना करता है जहाँ उसके अनुभव जगत के सत्य को जीते हुए चरित्र उसकी धारणाओं और विश्वासों को प्रतिध्वनित करते हैं। मैं विशेष रूप से मृदुला गर्ग की कहानी 'जीरोक्स' को लेना चाहूँगी जहाँ पितृसत्तात्मक व्यवस्था से सम्बल पाते नैतिक रूप से दुर्बल पुरुष साजन के बरक्स अपनी तमाम भौतिक-सांस्कृतिक दुर्बलता से 'अलंकृत' मेधा है, लेकिन पैरों तले से खिसकाई जाती ज़मीन और कुतरे जाते वजूद को पाने की लम्बी-एकाकी लड़ाई में उसने जिस आत्मविश्वास और दृढ़ता को पाया है, वह पुरुष और पितृसत्तात्मक व्यवस्था दोनों के गले की फाँस बन गयी है। मेधा अकेली है – टूट-टूट कर जुड़ने में भी और लड़ने में भी। इसलिए अपने हाथों में पूरी व्यवस्था की दमनकारी ताकत भर कर पुरुष के लिए उसे कुचलना आसान है। लेकिन मृदुला गर्ग मेधा की मृत्यु को एक हादसा नहीं बनातीं, भौतिक मृत्यु मर कर दसों दिशाओं से गूँजता सवाल बनाती हैं कि मेधा-सी स्त्री के साथ क्या समाज को सम्बन्धों के सारे पुराने समीकरण बदलने नहीं पड़ेंगे? कि क्या मेधा-सी स्त्री समाज की नसों में बहते लैंगिक वर्चस्व को तोड़ने के लिए जरूरी नहीं? कि जिन मानवतावादी मूल्यों की रक्षा के दम्भ में हमारी वर्णव्यवस्था और पितृसत्तात्मक व्यवस्था पीठ ठोंकते नहीं अघाती, वह साजन को अपना प्रवक्ता और प्रतिनिधि बना कर क्या कभी व्यक्ति की लैंगिक मुक्ति के जरिए मानव-मुक्ति की यात्रा तय कर सकेगी?

अफसोस कि आज ये सवाल इतनी तीव्रता के साथ कथा साहित्य में उपस्थित नहीं। सोचती हूँ शयनकक्ष में देह-भोग का उत्सव मनाती कहानियाँ पढ़ कर ममता कालिया की दीपशिखा ('बोलने वाली औरत') क्या क्रोधोन्माद में अपने ही बाल नहीं नोच लेती होगी? या सम्बन्धों की गरिमा की रक्षा करते-करते अपने भीतर के मनुष्य को सींचने वाली 'आत्मस्थ' रत्ती (सूरजमुखी अंधेरे के) क्या चौंक कर इस सवाल की टोह में अपने ही खोल से बाहर नहीं निकल आ जाती होगी कि क्या सचमुच मनुष्य का दर्जा पाकर स्त्री और पुरुष दोनों ने मिल-जुल कर एक नया समाज रच दिया है– एक-दूसरे के प्रति समर्पित, प्रतिबद्ध और दायित्वशील मनुष्य-समाज जहाँ सम्बन्धों और संस्थाओं को पोसती नैतिक अर्गलाएँ भी हैं और उनके समान निर्वाह की साझी तत्परताएँ भी। हो सकता है लहूलुहान होकर वह दूने

वेग से अपने खोल में लौट जाये क्योंकि बलात्कार की विभीषिका का शिकार होकर उसने विश्वास भंग की पीड़ा के साथ सत्ता के बर्बर आतंक को भी झेला है, लेकिन इन कहानियों की स्त्रियाँ विश्वासघात को हथियार बना कर सम्बन्धों को जिस प्रकार पुनःपरिभाषित कर रही हैं, वह सत्ता को अपने पाले में ढकेल कर प्रतिपक्ष पर उसी बर्बर आतंक को ढहाना है। स्त्री विमर्श यदि देह का दर्शन है तो सचमुच तिरस्करणीय है, लेकिन लेखिकाएँ दाम्पत्य प्रेम सम्बन्ध को दैहिक अन्तरंगता के जिन सन्दर्भों में चित्रित कर रही हैं, वहाँ नैतिक वर्जनाओं को भंग करने के अतिरिक्त उछाह के साथ देह-भोग का कुत्सित आनन्द ही तो है। ठीक वही मानसिकता जो रीतिकालीन कवियों को परकीय प्रेम का क्रान्तिकारी (?) पैरोकार बनाती है; घर की चौहद्दी में घिरी अलक्षित स्त्री को नायिका का रुतबा देकर पद्मिनी, शंखिनी, हस्तिनी कई-कई कोटियों में विभाजित करती है; और चेहरा-मोहरा (नखशिख वर्णन) तथा भाव-भंगिमाएँ (बारहमासा वर्णन) देकर उसे मांसल और भोग्या बनाती है। तो क्या इक्कीसवीं सदी का स्त्री लेखन रीतिकाल की वापसी का शानदार आयोजन है? नहीं, वक़्त पुराने पद-चिन्हों पर पैर टिका कर पुनः पुनः नहीं लौटता; अपनी ऊपरी साज-सज्जा में हेरफेर कर नूतनता का दम्भ लपेट कर लौटता है। इसलिए अब एक आतंकपूर्ण बौद्धिक ऊँचाई के साथ पुरुषवादी संरचनाओं की स्वीकृति है और कर्त्ता की भूमिका जीने का भ्रम देती नायिका असल में भोग्या होने की नियति को अपनी जीत समझने लगी है। जयश्री राय की एक के बाद एक तीन कहानियाँ – एक रात, औरत जो नदी है और देह के पार – रत्ती (सूरजमुखी अँधेरे के), मित्रो (मित्रो मरजानी), मनु (चितकोबरा), मंदा (इदन्नमम), स्मिता (कठगुलाब) और शाल्मली (शाल्मली) के पराजय बोध को गहराते हुए स्त्री को लजीज जिस्म के रूप में प्रतिष्ठित करती हैं। रीतिकवियों का आत्म-छल – 'आगे के कवि रीझिहैं तु कविताई, न तु राधिका कनहाई सुमिरन को बहानो है' – यहाँ भी मौजूद है। प्रत्यक्षतया विवाह संस्था के दमनकारी स्वरूप का विकल्प-संधान करती कहानियाँ हैं ये, लेकिन अन्ततः स्त्री को उसकी औकात (भोग्या होने की पहचान) बताना नहीं भूलतीं। मसलन 'देह के पार' कहानी। कहानी की नायिका नव्या जानती है कि वैवाहिक "रिश्ते के नाम पर उनके बीच एक छत और बिस्तर के सिवा कुछ भी नहीं बचा है"; कि वैवाहिक अतृप्तिजन्य प्यास "मरुभूमि बन गयी है, फैल रही है रात-दिन, सब कुछ रेत कर रही है। तृष्णा की हद यह कि सारा समन्दर, सारा आकाश पी जाये, मगर फिर भी यह आग न बुझे, यह अतृप्ति न जाये।" मैं मित्रो को नव्या के बरक्स खड़ा करने का जतन करती हूँ कि स्वयं को जानने-न जानने के द्वन्द्व में फँसी नव्या मित्रो के सामने बेहद बौनी हो उठती है। नव्या नहीं जानती, दूसरों से क्या पाना चाहती है वह। हाँ, स्वयं को देना जरूर चाहती है—अपनी सम्पूर्णता में। लेकिन क्या देना चाहती है—यहाँ वह फिर अनभिज्ञ है। बस, एक अपमान भरी तिलमिलाहट से निरन्तर

छीजती जा रही है कि "यातना बनी रहती है, स्वयं के न स्वीकारे जाने से, न पहचाने जाने से कितना कुछ बचा रह गया है उसके अन्दर, एक तरह से पूरी की पूरी ही। सारा ऐश्वर्य संचित रह गया, कुछ खर्च कर नहीं पायी। बस, छीजती रही देह के स्तर पर। मन घिसता है तो चन्दन बनता है, मगर शरीर घिसता है तो... कीचड़ और मिट्टी!" (पाखी, जनवरी 2012) लेकिन नहीं, इन क्लीशों के जरिए लेखिका उसका व्यक्तित्व सर्जित नहीं कर सकती। पति के स्वामित्व भाव से, उसके दाम्पत्येतर प्रेम सम्बन्ध से अपने को ठगा महसूस करती नव्या जब ठीक उन्हीं रास्तों पर चल कर अपने से दस बरस छोटे अभिनव से नेह (?) का रिश्ता जोड़े तो वासना की दलदल में न धँसने के लिए मन पर चाबुक बरसाने की लाख कोशिशों के बावजूद वह अरूप/अनिरुद्ध (कहानी के पूर्वार्द्ध में अनिरुद्ध नाम से सम्बोधित नव्या का पति उत्तरार्द्ध में अरूप नाम ग्रहण कर लेता है। सम्भवतया लेखकीय लापरवाही के कारण) का स्त्री-संस्करण ही बन कर रह जाती है। "वही वर्जित का दुर्निवार अदम्य आकर्षण और ग्लानि की अनवरत ताड़ना...", "बहुत लज्जाजनक है यह सब – अपनी दुर्बलता, यह गहरा लालच और इच्छा...", "वही विश्वासघात – स्वयं का दिया हुआ", "यह सब बस मृग मरीचिका है। जलते हुए मरु में पानी का भ्रम, और कुछ नहीं।"... मित्रो के ठीक विपरीत है नव्या जो दैहिक जरूरतों के ताप को महसूस करती जरूर है लेकिन सामाजिक मर्यादाओं और नैतिक वर्जनाओं का अतिक्रमण न कर पाने की दुर्बलता में दुराव-छिपाव या जस्टीफिकेशन का सहारा लेती है। मित्रो में दुराव-छिपाव का भाव नहीं, इसलिए न उसका कोई कृत्य लज्जाजनक है और न मुखौटों को अपना व्यक्तित्व बनाने की बेचारगी, जबकि नव्या का सच हैं मुखौटे – "तरस तो मुझे भी खुद पर बहुत आता है अभि... मगर क्या करें... अगर हम औरतें अपने सच को जीने लगें तो तुम्हीं लोग हमें एक पल में मार डालोगे।... सच को जीने से परहेज नहीं है हमें, सच को जीने के परिणाम से डर लगता है।" एक बार फिर क्लीशे का कलात्मक उपयोग, स्त्री की विवशता का महिमामंडन और 'रहस्यमयी' बना डालने की स्त्रीविरोधी चालों का समर्थन। जयश्री राय अपनी इस विद्रोहिणी (?) नायिका पर बलिहारी हैं। 'दीपशिखा' की संज्ञा देकर वे शायद उसे नयी पीढ़ी का रोल मॉडल भी बनाना चाहती हैं – "कैसा रूप था उसका – पानी और हवा में जलती दीपशिखा सा... वही कौंध, वही लहक, वही उजाला! एक शापग्रस्त यक्षिणी – उतनी ही भटकी-भूली हुई, मगर सधे कदमों से... यह बंजारापन उसी का चुना हुआ है जिसमें वह अपनी मंजिल से आगे निकल गयी है।" मैं हतप्रभ सी एक बार फिर कहानी के पन्ने पलटना शुरू करती हूँ कि अब तक रोती-बिसूरती या किंकर्त्तव्यविमूढ़ स्त्री यह स्त्री कायान्तरण कब कर बैठी और कैसे? डिप्टी के साथ अभिसार के लिए जाती मित्रों की ज़िन्दगी में भी अभिज्ञान का पल बिजली की लपट के साथ कौंधा था, जब माँ और सास को आमने-सामने रख उसने बूढ़ी

माँ की 'मसान' सी सूनी ज़िन्दगी के बरक्स सास की चिर युवा गृहस्थी की रंगीनियों और धड़कनों को एक साथ देखा-सुना था; जब ससुराल के आँगन में एक साथ पलते बचपन, जवानी और बुढ़ापे को मृत्यु को पछाड़ते देखा था। तन की रंगीनियों का क्षणिक उत्सव ज़िन्दगी में श्मशान सी वीरानियाँ भर दे तो ऐसे घाटे के सौदे में अपनी साँसों का निवेश क्यों करे मित्रो? मित्रो की सर्जक? इसलिए रत्ती बन कर वह पहले ग्रन्थियों से मुक्त होने की लड़ाई अपने आप से लड़ती है, और फिर महकबानो (दिलोदानिश) बन कर अपने मानवीय हक की लड़ाई समाज से। कृष्णा सोबती जिस स्त्री को गढ़ती हैं, वह महज अपने लिए नहीं जीती, क्योंकि समाज के बिना उसका होना ही व्यर्थ है, लेकिन वह सामाजिक जड़ताओं को भी अपने ऊपर हावी नहीं होने देती क्योंकि समाज के नवनिर्माण और नव-संस्कार में अपनी ठोस भूमिका का ठसक भरा अभिमान है उसमें। जाहिर है मैं 'दीपशिखा' नव्या की विलक्षणता का सन्धान करते-करते नव्या के उस कथन से दो-चार होती हूँ जहाँ कामुकता के वातावरण में दैहिक अन्तरंगता को नकार कर वह परम्परागत नैतिक मानदंडों को अक्षुण्ण बनाये रखती है—"बहुत करीब होना दूर जाना है। पा लेना खो देना है।" अरे! मेरे स्मृतिपटल पर 'एक रात' (जयश्री राय) की मन्दिरा अपने मैनरिज़्म और रहस्यमता के साथ कौंध गयी – मन्दिरा यानी डाकबंगले में कुल चार-पाँच दिन के परिचित मित्र प्रणय को कन्फैशन के लिए चुनती स्त्री, अपने मादक निमन्त्रण के साथ उसके भीतर कामोत्तेजना जगाती कामिनी; और फिर एक अनाम सी लक्ष्मण रेखा खींच यौन शुचिता की रक्षा करती 'सती' – "जरूरी नहीं कि स्त्री-पुरुष के जिस्म हमेशा प्रार्थना में दो हथेलियों की तरह जुड़ें। वे एक ही दुआ में दो हाथ की तरह अलग-अलग रह कर भी एक सनातन साथ में हो सकते हैं।" पल में तोला पल में माशा! नव्या और मन्दिरा का शयन-कक्ष से प्रस्थान मेरे भीतर लिजलिजा अहसास भर देता है। हमबिस्तर होना व्यभिचार नहीं, मानसिक कदाचार में डूब कर नैतिकता का ढोंग रचाना व्यभिचार है। तो क्या आज की स्त्री अपनी तथाकथित विद्रोही भंगिमा के भीतर के कुत्सित सत्य को नहीं देखना चाह रही कि यौन शुचिता के नाम पर नैतिकता के दोहरे मानदंडों को स्वीकार करना प्रकारान्तर से पितृसत्तात्मक व्यवस्था की ही स्वीकृति है? कि विवाह को बलात्कार की संज्ञा देकर दाम्पत्येतर प्रेम सम्बन्ध में क्या वह उन्हीं रूढ़ स्त्री-पुरुष भूमिकाओं को ही नहीं जी रही? 'एक ही दुआ में दो हाथ की तरह अलग-अलग रह कर भी एक सनातन साथ' की कामना यदि शरीर की चेतना से परे स्त्री-पुरुष के बीच मित्र भाव बनाये रखने की आकांक्षा है तो क्यों प्रेमी के रूप में जिस पुरुष का वरण कर रही है, वह अभिनव ('देह के पार') की तरह पुरुष-वेश्या है या सत्य ('औरत जो नदी है') की तरह आपादमस्तक लिंग। यदि उसका प्रिय (स्वप्न पुरुष) पति का ही पीड़क प्रतिरूप है तो फिर विवाह संस्था के विरुद्ध विद्रोह की आवश्यकता और औचित्य ही क्या? या शायद विद्रोह

करना और पुरुष सापेक्ष भूमिकाओं से इतर अपनी मानवीय अस्मिता पाना इस स्त्री का ध्येय ही नहीं? पुरुष-दृष्टि से अपने आप को जाँच कर पुरुष-रंजन के लिए स्वयं को प्रस्तुत करना उसका कुल 'ज्ञानात्मक संवेदन' है, इसलिए शास्त्रसम्मत उक्तियाँ उसका व्यक्तित्व सिरजती हैं–"ये असहाय-सी औरतें दरअसल कितनी सक्षम होती हैं – मर्दों को आकंठ लेती हैं, स्वयं में उतरने देती हैं, फिर विधाता की इस रचना को अपने साँचे में ढाल उसे दुबारा पैदा कर देती हैं - उसकी कमियों में अपनी पूर्णता का मिश्रण करके।... समन्दर की तरह उसका यह व्यवहार... किसी से कुछ न स्वीकारना, लहरों के हाथों किनारों पर लौटा जाना... उसकी गरिमा है कि दम्भ, खुद विधाता को मालूम है क्या?" ('अनकही') और कामी पुरुष को लुभाने वाले 'झूठ' उसके जीवन का 'सच' बन जाते हैं–"हर औरत अपने जीवन काल में कभी न कभी घर्षित होती है, चाहे यह मानसिक स्तर पर घटा हो या दैहिक स्तर पर, घटता जरूर है अपनी त्वचा पर मेरे दाँतों को गिनते हुए एक बार न जाने क्योंकर उसने यह बात कही थी... अपनी नुची-कुतरी देह को कपड़ों में समेटते हुए उसने कोई उपालंभ नहीं दिया था...।" इसलिए इन कहानियों में 'सूरजमुखी अँधेरे के' उपन्यास के सम्भोग दृश्य की काव्यात्मक सांकेतिकता और सौन्दर्य के उलट कामुकता की स्थूल ऐन्द्रिकता है और स्त्रियों को 'विसंगतियों' का पर्याय मानने की हठधर्मिता – "वह विसंगतियों का जैसे एक गुंजल थी। भोग्या बनी स्वयं भी जीवन को हर स्तर पर पूरी शिद्दत से भोगती – वह न जाने किस क्षण संन्यास की विरक्ति से भर उठेगी, मेरे मन में शंका बनी रहती है।" और फिर वही कलाबाजी! अन्त होते न होते स्त्री की परिपक्वता, सहिष्णुता, वैचारिक ऊँचाई का महिमामंडन! स्त्री का महिमामंडन असल में स्त्री की मानवीय अस्मिता के दमन का प्रस्थान बिन्दु है, स्त्री-विरोध का शानदार शास्त्र रचने का पहला सूत्र! मैं हठात् बुदबुदा उठती हूँ और वर्जीनिया वुल्फ की याद में डूब जाती हूँ। किस खूबसूरती से महिमामंडन के सहारे स्त्री का शोषण करते पुरुष की चालाकियों को 'अपना कमरा' में व्यक्त करती हैं वे। मैं हताशा से सिहर उठती हूँ – जानी गयी सच्चाइयों से आँख मूँद कर कबूतर की तरह कब तक ठगती रहेगी स्त्री स्वयं को? लेकिन जयश्री राय की यह स्त्री तो परम्परागत स्त्री का पुनरागमन भर है। इसमें 'नयापन' कहाँ? और यदि नया नहीं तो क्या शृंगारिक आस्वाद के लिए बिहारी ही पर्याप्त नहीं? स्त्री-लेखन स्त्री मानस की प्रामाणिक अभिव्यक्ति है, लेकिन पुरुष-मंतव्यों की गहरी समझ के साथ-साथ स्त्री-मानस को रचते पितृसत्तात्मक व्यवस्था के प्रभावों की सजग ऑडिटिंग भी। "मैं नमक सी घुली हूँ हर नस में, जीवन का स्वाद हूँ – सनातन स्वाद हूँ। शिवलिंग धारे हूँ, गौरी पट हूँ।" अपमान और भोग की दलदल में आपादमस्तक धँस कर महिमामंडन की ये पंगु कोशिशें स्त्री-लेखन को कमजोर करती हैं और उस पर पुरुष-दृष्टि का आरोपण भी, इसमें कोई दो राय नहीं। क्या यह वह बिन्दु नहीं जहाँ

अपनी कन्विक्शंस पर दृढ़ रह कर नयी ज़मीन तोड़ती विद्रोहिणियाँ 'छिनाल' बन जाती हैं और तमाम मानसिक-वैचारिक व्यभिचार के साथ जीती स्त्रियाँ 'सती'? क्या स्त्री विमर्श का विरोध अपनी गूढ़ व्यंजना में मैत्रेयी पुष्पा की स्त्री का विरोध नहीं बन जाता जो पुरुष संरचनाओं को अँगूठा दिखाने के लिए स्वयं को राजनीतिक स्तर पर मजबूत करने की मुहिम चलाती है? अन्यथा क्या वजह है कि सारंग और कलावती चाची ('चाक') की 'करनी' पर बवाल मचाने वाली आलोचना देह को प्रतिशोध का कुत्सित हथियार बनाती मधु कांकरिया की कहानी 'चूहे को चूहा रहने दो' की नायिका या सुदूर नेपाल जैसी विदेशी भूमि में पति की प्राण रक्षा के लिए साथी टूरिस्ट का सहयोग पाने की आकांक्षा में अपनी देह समर्पित करती 'चिड़िया ऐसे जीती है' की 'सती' पत्नी-आकांक्षा को लेकर हाय-तौबा नहीं मचाती? क्या इसलिए कि पुरुष-दृष्टि से रची इन कहानियों में पुरुष-पाठकों को देह-रस मिलता है और पुरुषवादी स्त्री-पाठकों को सुरक्षा कवच? इसी शृंखला में किरन सिंह की कहानी 'कथा सावित्री सत्यवान की' को भी जोड़ा जा सकता है जो एक ओर सतीत्व की आड़ में वेश्यावृत्ति करती है तो दूसरी ओर संसर्ग में आने वाले हर पुरुष को अनावृत्त भी कर जाती है। उल्लेखनीय है कि साहित्य नंगई का अखाड़ा नहीं, सत्, शिव और सुन्दर का समन्वय है। क्या आज की हिन्दी कहानी इस उदात्त लक्ष्य को गम्भीरतापूर्वक ले रही है?

एक सवाल और जेहन में टकराता है कि क्यों स्त्री रचनाकार पुरुष नैरेटर की ओर से स्त्री-मन को स्वर दे रही हैं? क्या यह अपनी 'स्त्री' पहचान को 'भुला' देने की बचकानी कोशिश है या स्त्री-मानस और समस्याओं को गहराई और समग्रता के साथ न जानने के 'अज्ञान' को छुपाने की सजगता? सवाल यह भी है कि क्यों इन कहानियों से समाज गायब है और क्यों ये कहानियाँ अपने वक़्त का क्रिटीक नहीं रचतीं? मैं यहाँ एक बार फिर प्रत्यक्षा का जिक्र करना चाहूँगी। इस बार उनकी 'स्वप्नगीत' और 'पहर दोपहर ठुमरी' कहानियों का। बेशक देशी पात्रों को लेकर रची ये कहानियाँ बरास्ता निर्मल वर्मा विदेशी परिवेश और विदेशी संस्कृति की याद दिलाती रही हैं, लेकिन भोग को ही मनुष्य जीवन का अन्तिम सत्य घोषित नहीं करतीं। "इस दुनिया में क्या हम सिर्फ औरत और मर्द बने रहने आये हैं?" ('पहर दोपहर ठुमरी') वे सवाल उठाती हैं और सम्बन्धों के बन्धनों को इतना ढीला/लचीला रखना चाहती हैं कि साथी को 'उड़ने को आकाश' और 'पाँव जमाने की जमीन' दे सके। सम्बन्ध में स्त्री-पुरुष दोनों की अलग-अलग महत्ता और स्वायत्तता को स्वीकारने का भाव कहानीकार को ऐसी विवेकपूर्ण परिपक्वता और अन्तर्दृष्टि देता है कि दूसरों की बैसाखियों पर चल कर मुक्ति-द्वारों की तलाश करना उन्हें बेमानी लगता है। "मैं अपने मन का ताला अपनी चाभी से खोलना चाहता हूँ... उस पार जाने के लिए दरवाजा मेरे ही अन्दर है" — मुक्ति के लिए 'मुक्त करने और मुक्त

होने' के दर्शन को सतह पर लाती प्रत्यक्षा आत्मरतिग्रस्तता और स्वच्छन्दता दोनों की विरोधी हैं। 'स्वप्नगीत' कहानी में उन्मुक्त देह सम्बन्धों का वितान फैलाते हुए बोहेमियन जय को वे जीत का डंका पीटते देखती हैं—"मैं चील था, आसमान में ऊँचा और ऊँचा उड़ता... मैं सम्पूर्ण था, एक समूची इकाई। मैं सुखी था।" लेकिन भोग के बाद छोड़ी हुई नायिका की चिट्ठी के बाद जरा सा इंटेरोगेट करते ही पाती हैं कि रेत के किले की तरह भरहरा कर ढह गया है वह। भोग यानी उत्तेजना का एक क्षरित पल – "मैं सिर्फ वर्तमान हूँ। मैंने कोई भविष्य नहीं जोड़ा। मनुष्यता के इस लम्बे लिंक में मेरी कड़ी यहीं मुझ तक समाप्त होगी।" जय के स्वर में घुला है मित्रो की माँ बालो का क्रन्दन! सिर धुनता पश्चात्ताप! और शायद इस पल के बाद भविष्य के गर्भ में छिपे अनगिन पलों को समाज और मनुष्यता से जोड़ने का दायित्व बोध भी।

प्रत्यक्षा अभिज्ञान के जिस बिन्दु पर कहानी समाप्त करती हैं, उसे अपनी कथा-यात्रा का प्रस्थान बिन्दु बना कर कविता सम्बन्धों की आंतरिकता को बनाये रखने वाले संवेदनशील और जिम्मेदार चरित्रों को रचती हैं। प्रतिरोध और नकार नहीं, सिर्फ सृजन की तन्मयता ('पत्थर माटी दूब') जहाँ दूसरों से अपेक्षाओं की वाचाल माँग के बजाय दायित्वों को निभाने और अपने हिस्से का आकाश जुटाने की व्यग्रता है। जाहिर है जहाँ प्रत्यक्षा की कहानियाँ अपने भीतर छिपे मुक्ति-द्वारों को खोलने के लिए चाभी तलाशती रह जाती हैं, वहीं कविता के कथा-चरित्र सम्बन्धों का नया शास्त्र रचते हुए मनुष्य को ही नये ढंग से परिभाषित करते हैं। तब जयश्री राय की कहानियों का विलोम रचने लगती हैं कविता की कहानियाँ। सोचती हूँ यदि 'देह के पार' की नायिका नव्या को कविता की 'उस पार की रोशनी' पढ़ने की सलाह दूँ तो क्या घृणा, प्रतिशोध, आत्मप्रवंचना की फिसलनों से बच कर वह सम्बन्धों के भीतर छिपे राग और विश्वास को खोज पाने का जतन करेगी? क्या वह समझ पायेगी कि क्लीशे भुलावों का घटाटोप गढ़ते हैं, ज़िन्दगी की गुँझलकों को सुलझाते नहीं? कविता के पात्र एक गहरी जिजीविषा और संलग्नता के साथ ज़िन्दगी में रचे-बसे हैं, इसलिए निरन्तर ज़िन्दगी से मुठभेड़ कर उसे बेहतर बनाने में लगे हैं। वे द्वन्द्व ग्रस्त हैं, हताश नहीं। दाम्पत्य विघटन को सूरज और वर्तिका दोनों ने अपने-अपने स्तर पर झेला है। दोनों के लिए अलगाव के कारण बेशक अलग रहे हों, पर त्रास और अकेलापन दोनों का एक सा रहा है – साथ-साथ रहते हुए अलग-अलग जीने का दंश। एक-दूसरे के लिए तिलमिलाती घृणा का आवेग नहीं, अपने-अपने खोल में दुबकने का भाव। यह अकेलापन सम्बन्ध समाप्ति की खामोश सूचना नहीं है, और न ही सम्बन्ध को ढोने की लाचारगी। शायद दोनों ही अपनी-अपनी जगह प्रतीक्षारत हैं उस एक क्षण की जब अपने-अपने खोल से बाहर निकल कर दोनों एक-दूसरे की ओर एक-एक कदम बढ़ाएँगे। न, अहं के टकराव की बासी ज़मीन पर कहानी नहीं

रची कविता ने। वे प्रौढ़ावस्था के साथ वयस्क होती समझ और संवेदनशीलता की कहानी रचती हैं जहाँ बरसों के सान्निध्य ने एक-दूसरे की दुर्बलताओं के साथ-साथ एक-दूसरे की सकारात्मकताओं को भी उद्घाटित किया है। यदि चयन उनके जीने का विकल्प है तो सकारात्मकताओं का चयन क्यों नहीं? प्रेम यदि ठंडेपन को जीत सकता है और विश्वास अकेलेपन को तो क्यों अपने भीतर के प्रेम और विश्वास को थाम वे अपने खोल से बाहर न निकलें? कविता के पास बुनने को समाज की ठोस सच्चाइयाँ हैं और कहने को व्यक्ति-मानस की अनगिन बारीकियाँ। इसलिए वे क्लीशे नहीं चुनतीं, द्वन्द्व की भीतरी परतों को चीर कर दबे-ढके जीवन-स्पन्दनों को बाहर लाती हैं। "तो क्या उनके जीवन का प्रतीक्षित पल आ गया था, सचमुच?" —अपराध बोध के कारण पत्थर की शिला बनी वर्तिका को अपने तईं चिंतित देख आह्लादित हो उठे हैं सूरज—यह चिन्ता नहीं, प्रेम का अंकुरण है, जीवन का स्फुरण। तब कन्फैशन के लिए आतुर वर्तिका को फिर-फिर उसी ग्लानि और अपराध बोध के दलदल में क्यों लौटने दें सूरज—"कुछ कहने-सुनने की कोई जरूरत नहीं है हमारे बीच, हम दोनों ने साथ-साथ ही तो जिया है और मैंने महसूस भी किया है सब कुछ। तुम्हारा अकेलापन, तुम्हारा दुख, तुम्हारी पीड़ा, तुम कहो कि न कहो..." ('नदी जो अब भी बहती है') यदि विवाह संस्था का कोई बेहतर विकल्प नहीं व्यक्ति के पास तो क्यों नहीं स्पेस के साथ विश्वास और सह-अस्तित्व के सहारे दाम्पत्य सम्बन्धों की नयी सैद्धांतिकी गढ़ी जाये? इस मायने में 'उस पार की रोशनी' सम्बन्धों के प्रति आस्था के साथ-साथ अपनी मनुष्यता को डिस्कवर करने की कहानी भी बन जाती है—अपने वक़्त के लिए अभीप्सित अर्धनारीश्वर पुरुष को गढ़ते हुए।

'लौट आना लीज़ा' बेशक दाम्पत्य विघटन की कहानी है, लेकिन एक बार फिर आशावादी नोट के साथ रची हुई कि हर समाप्ति मृत्यु का ही पर्याय नहीं; वह एक नयी शुरुआत का महत्त्वपूर्ण घटक भी है। फिर हाहाकार क्यों? नये अंकुरणों को सींचने और भीतर फूटती कोंपलों से स्वयं को हरियाने का जतन क्यों नहीं? लीज़ा के रूप में कविता जिस स्त्री को रचती हैं, वह खासी स्वाभिमानिनी है। ताउम्र माँ और पिता के कटु दाम्पत्य सम्बन्ध की साक्षी रही है वह। इसलिए जानती है कि 'प्रेम का जीवन से चुक जाना बड़ा दुखद होता है'। देव से प्रेम विवाह करके उसने अपने चारों ओर विश्वास और सुरक्षा की बाड़ लगा लेनी चाही है, लेकिन पति ही सेंधमारी करने पर उतारू हो जाये तो क्या करे वह? नहीं, लीज़ा असहाय नहीं है। प्रेम न सही, सम्मान बचाना तो उसके हाथ में है। "बर्ताव अच्छा हो कि बुरा, उसे करने के लिए एक खास निकटता की जरूरत तो होती ही है। वह निकटता, वह घनिष्ठता ही खत्म हो चली थी हमारे बीच में... और अब जबकि वह लगाव ही नहीं रहा हमारे बीच, महज एक खानापूरी की तरह आप सबके बीच बने रहने का मैं कोई मतलब नहीं समझती।" ('नदी जो अब भी बहती है') परछाइयों के

साथ जीने का ढोंग नहीं करना चाहती लीज़ा और न उस 'गये हुए' की प्रतीक्षा जो लौटने को तैयार न हो। गर्भावस्था को पैर की बेड़ी बना कर जीवन भर बिसूरना और सन्तान को घृणा और प्रतिशोध का संस्कार देना नहीं चाहती। तब एकमात्र विकल्प है – गर्भपात। "मेरा बच्चा देव के घर नहीं पलेगा, माँ और वह भी तब जबकि पलट कर उसने एक बार भी मेरा हाल नहीं जानना चाहा।" देव की माँ में अपनी माँ को पाया है लीज़ा ने–"माँ, मुझे एक बेटी की नज़र से देखिए, फिर समझ पायेंगी मेरी बात।" लीज़ा और देव की माँ सास-बहू के सम्बन्धों को जीते-जीते जिस मुकाम पर पहुँची हैं, वहाँ एक घोर अबोले या आग उगलते उलाहने के साथ दोनों दो विपरीत दिशाओं की ओर मुड़ सकती थीं। लेकिन कविता अपनी सर्जनात्मक दृष्टि का विस्तार करते हुए जिस स्त्री-संवेदन को रचती हैं, वह दोनों को माँ-बेटी के रिश्ते की प्रगाढ़ आन्तरिकता में बाँधता हुआ भगिनीवाद का विकास करता है। उल्लेखनीय है कि यह भगिनीवाद कहानी में नारे की तरह आरोपित नहीं किया गया है, बल्कि माँ के उस स्टीरियोटाइप को तोड़ने का कारक बना है जो बेटे की हर नालायकी को छुपा/पोस कर उसे बर्बर और अ-मनुष्य बनाती चलती है। रूढ़ छवियों को तोड़ कर स्त्री और पुरुष को नयी मानवीय पहचान और आधार देना कविता की कहानियों की खासियत है जो एकाग्र भाव से सामाजिक परिवर्तनों की मौन आहटों को बुनती रहती हैं।

स्टीरियोटाइप्स को तोड़ने का काम वंदना राग 'छाया युद्ध' कहानी में अपने तरीके से करती हैं। कविता की तरह उनके यहाँ संवेदना की तरलता नहीं है, व्यंग्य की मारकता है। वे उस पुरुष-शिशु पर ठठा कर हँसने का कोई अवसर नहीं छोड़तीं जिसकी अभ्यर्थना में पितृसत्तात्मक व्यवस्था, पुरुषवादी स्त्रियाँ और शरच्चन्द्र चटर्जी कोई कसर नहीं छोड़ते। माँ की मृत्यु के बाद भी माँ के आंचल में दुबके रहने की कातरता सिद्धार्थ का सच है–"नहीं शायना, मॉम चाहिए ही। तुम यह काम कर सकती हो। तुम हो न, तुम मॉम बन जाओ, मेरी मॉम, शायना... मुझे मॉम की तरह प्यार करो, बस! करो न! तुम समझती क्यों नहीं? करोगी न? मॉम बनोगी न? बनोगी न?" लेकिन इस सच से भी ज्यादा जुगुप्सा भरा सच है इसके कोने-दरारों से झाँकता पितृसत्तात्मक व्यवस्था का सच जो एक साथ स्त्री और पुरुष दोनों के दिमाग को कंडीशंड करता है। स्त्री को वह मातृत्व में रिड्यूस कर देता है– यशोदा के मिथक को रच कर उसे स्त्री की बुनियादी पहचान बताते हुए; और मासूमियत का 'सच' गढ़ कर वह पुरुष को शिशु छवि से आगे बढ़ने नहीं देता जो भावनात्मक रूप से अरक्षित है क्योंकि दुनियावी छल-प्रपंचों से नादान है; सबल है, कर्त्ता है और पूरी दुनिया का विजेता भी, लेकिन अपनी सारी उपलब्धियाँ स्त्री (माँ) के चरणों में समर्पित कर वह उससे भावनात्मक सुरक्षा पा लेना चाहता है। इस शिशु में मुझे अनीता राकेश की संस्मरणात्मक पुस्तक 'चन्द सतरें और' के घोर

अहंनिष्ठ उद्धत शिशु मोहन राकेश की तस्वीर दिखाई देने लगती है जो मानता है कि वह नालायक है, गैरजिम्मेवार भी, लेकिन चाहता है कि उसकी नालायकियों और गैरजिम्मेदाराना हरकतों पर नाज करने वाला 'घर' हो उसका; वह अपने मन की बात किसी से न कहे लेकिन 'घर' उसके मन की बात समझ कर उसके अनुरुप आचरण करता चले। पितृसत्तात्मक व्यवस्था की प्रहरी माँ को इस शिशु पर अभिमान है जो अपने फैसलों पर उसकी स्वीकृति की मुहर लगा उसे 'देवी' का दर्जा देकर कृतकृत्य करता है। कैसी विडम्बना है कि अबोध बालक को भाषा सिखाते-सिखाते माँ खुद-ब-खुद धीरे-धीरे वयस्क होते बेटे की भाषा बोलने लगती है – उसके मन की भाषा, आवेग और विचारों की भाषा। वह बेटे की जननी या पथ प्रदर्शिका नहीं रहती, उसके अहं का विस्तार बन जाती है; बकौल वर्जीनिया वुल्फ एक ऐसा दर्पण जिसमें पुरुष अपने अहं, औदात्य और औदार्य की कई गुणा बड़ी छवि देख कर उसे ही अपना वास्तविक परिचय मानता चलता है। अपनी लघुता को ठीक उसी आकार और परिमाण में कोई भी नहीं देखना चाहता। वंदना राग का कथानायक सिद्धार्थ भी नहीं। शायद इसीलिए इतनी कातर प्रार्थना पत्नी शायना से। वंदना राग अपने नायक का मन जानती हैं, लेकिन उसके इशारे पर 'नाचने' को कतई तैयार नहीं। इस शिशु को वयस्क किये बिना संवेदनशील और समझदार स्त्री का सहचर कहाँ से लायेंगी वे? हर बिसूरते पर ममत्व लुटाती स्त्री को भी बरजना है उन्हें। इसलिए शायना को वे सप्रयोजन गढ़ती हैं। उसकी माँ के रूप में सिद्धार्थ की संस्कारवान सुशील माँ का विलोम रचते हुए जो खिलंदड़ी है और दुनियावी तराजू में तोलें तो एकदम बुद्धू! अव्यावहारिक! व्यवस्था का समन्दर ऐसी स्त्रियों को रेत पर पड़ी मछली की तरह तड़पने के लिए छोड़ अपनी सारी लहरें समेट कर वापिस अपने साम्राज्य में लौट चलता है। वंदना राग इस स्त्री के साथ गहरा संवेदनात्मक साहचर्य अर्जित करती हैं और शायना में बुनती हैं अपनी प्रत्याशाएँ! असहमतियाँ! निर्णयात्मकता! पति को पूर्णता में पाने की चाह में पत्नी माँ, गृहिणी, बहन और वेश्या की भूमिकाएँ निभाते-निभाते क्यों अपनी निजता को खत्म करे? उसकी लड़ाई व्यवस्था से है और अपने से भी। जाहिर है हथियार और रणनीतियाँ भी नितान्त निजी। पारदर्शी नाइटी, झक टमाटरी लाल लिपस्टिक और जंगली लुक देते बिखरे बाल–माँ बन जाने की माँग के जवाब में वह बार-बाला बनने का विकल्प चुनती है–आडम्बरप्रियता पर एक झन्नाटेदार तमाचा! एक कोण से यह कहानी पति को उसके परिवार के प्रभाव और स्मृतियों से विच्छिन्न कर अपनी मुट्ठी में करते स्त्री के कुट्टनी धर्म की कहानी भी हो सकती है लेकिन इसमें गुँथी बारीक सकारात्मक अर्थ-व्यंजनाएँ इसे निश्चय ही पितृसत्तात्मक व्यवस्था के रिव्यू की कहानी बनाती हैं। वंदना राग के पास स्थितियों और चरित्रों को समझने की गहरी समझ है, लेकिन स्त्री की समस्याएँ उनके चिन्तन का केन्द्र बिन्दु नहीं। शायद वे धीरज के साथ स्त्री

के संग बतियाना ही नहीं चाहतीं। इसलिए 'शहादत और अतिक्रमण' में मुन्नी सिंह के मन को पढ़ने की आधी-अधूरी (लेकिन संवेदनात्मक) कोशिश के बाद वे जैसे उकता जाती हैं और फिर उसकी तमाम हताशा और दृढ़ता को देह-भूख का सन्दर्भ देकर लिजलिजे से कामी रमेश सोनाने के साथ भाग जाने को मजबूर कर देती हैं। यह अपनी ही सिरजी पात्र की हत्या है और अपने अन्तर्मन पर दस्तक देते स्त्री-स्वरों को न सुनने की हठधर्मिता भी।

मैं मानो अपनी ही धुरी की परिक्रमा कर पुनः उसी बिन्दु पर आ खड़ी हुई हूँ कि स्त्री को उसकी सामाजिकता के बीच देखने से अस्वीकारता आज का स्त्री-लेखन रचयिता के रूप में अपनी ही कन्विक्शंस को झुठलाने का प्रयास है। "मैं सिर्फ यही सब तो नहीं हूँ – एक देह! एक सोच भी हूँ, एक मन, एक जज्बात भी" – का उद्‌घोष करने से जीवन की विडम्बनाएँ जीती स्त्री को पन्नों पर पूरी शख्सियत के साथ नहीं उतारा जा सकता। न ही उसकी सोच को भावोच्छ्वास बना कर हवा में टाँगा जा सकता है। इसके लिए जरूरी है कि वह सम्बन्धों को नये सिरे से परिभाषित करे, अपनी ही सन्तान को लैंगिक पहचान से मुक्त संवेदनशील मनुष्य बनाये जहाँ शास्त्रों और व्यवस्थाओं की पड़ताल से लेकर घर और देश चलाने का जिम्मा साझा हो – एक गहरी समझ और अकूत विश्वास भरे सहअस्तित्व के साथ। स्त्री लेखन की बुनियाद में जब यह सपना समाएगा, तब कम से कम लैंगिक विषमताओं और विभाजनों से उपजे हाहाकार के बीच अपने को देह में रिड्यूस करती बेचारगी उसका वर्ण्य विषय नहीं रह जायेगी।

यूटोपिया???

आमीन!!!

❑❑